2023年主题出版重点出版物

中亚与丝路文明研究丛书

刘进宝　主编

鱼国之谜

——从葱岭东西到黄河两岸

冯培红 —— 著

读者出版传媒股份有限公司
甘 肃 教 育 出 版 社

甘肃・兰州

图书在版编目（CIP）数据

鱼国之谜：从葱岭东西到黄河两岸 / 冯培红著. -- 兰州：甘肃教育出版社，2023.3(2025.2 重印)
（中亚与丝路文明研究丛书 / 刘进宝主编）
ISBN 978-7-5423-5582-9

Ⅰ. ①鱼… Ⅱ. ①冯… Ⅲ. ①古代民族-研究-中国 Ⅳ. ①K289

中国国家版本馆 CIP 数据核字(2023)第 045895 号

鱼国之谜
——从葱岭东西到黄河两岸
冯培红 著

策　　划　马永强　薛英昭　孙宝岩
项目负责　伏文东　秦才郎加
责任编辑　秦才郎加　张静　宋春宇
封面设计　MM 末末美书

出　版　甘肃教育出版社
社　址　兰州市读者大道 568 号　730030
电　话　0931-8436489(编辑部)　0931-8773056(发行部)
传　真　0931-8435009

发　行　甘肃教育出版社　印　刷　山东新华印务有限公司
开　本　787 毫米×1092 毫米　1/16　印　张　24.25　插　页　2　字　数　324 千
版　次　2023 年 3 月第 1 版
印　次　2025 年 2 月第 3 次印刷
印　数　3 501～4 500
书　号　ISBN 978-7-5423-5582-9　定　价　96.00 元

总 序

浙江是我国名闻遐迩的丝绸故乡，敦煌则是丝绸之路的“咽喉之地”。自唐代开始，浙江又因丝绸经海上运输日本，成为海上丝路的起点之一。1900年，敦煌学兴起后，中国学者首先“预流”者，即是浙江籍的学者罗振玉与王国维，随后几代浙江学人奋随其后，为敦煌学的发展与丝路文化的发扬光大做出了巨大贡献。

浙江大学关于中亚等丝绸之路沿线区域的研究起步较早。1939年初，向达先生受聘为浙江大学史地系教授，从事西域历史文化与丝绸之路研究；1942年8月，方豪先生受聘为浙江大学史地系教授，主讲“中西交通史”和“元史”课程，后来出版的史学名著《中西交通史》，就是在浙江大学历年讲义的基础上增补修订而成的。20世纪80年代，黄时鉴先生在历史系带领团队成员从事中西关系史研究，出版了大量学术论著，培养了一批中外关系史方向的研究生。

2013年，国家提出“一带一路”倡议后，浙江大学充分发挥自身在敦煌学与丝绸之路研究方面的优势，于2015年发起成立“一带一路”合作与发展协同创新中心，主编出版了《“一带一路”读本》和《“一带一路”一百问》。经过几年的建设，形成了丝路文明研究的核心学术团队，于2016年组建成立了浙江大学人文学院丝路文明研究中心。丝路文明研究团队的成员承担了一批国家社科基金重大、重点项目和一般项目、青年项目，发表了一批有影响的学术论文，团队的集体成果“敦煌学与丝路文明”还入选浙江大学“十大学术进展”。

此外，丝路文明研究团队编辑出版的《浙江学者丝路敦煌学术书系》，全套计划出版40种，目前已经出版25种，且有多种重印。其中5种入选国家社科基金中华学术外译项目（将以11个语种出版），1种入选“经典中国国际出版工程”，并整体向台湾万卷楼图书股份有限公司输出了繁体字版权，已在台湾出版中文繁体字版13种。实现了社会效益和经济效益的双丰收。从2016年开始创办《丝路文明》学刊，每年一辑，已经出版7辑，得到了国内外学术界的高度赞扬和好评。同时还以学术研究反哺教学，主持承担“敦煌学与‘一带一路’”通识核心课程群，在全校开设通识核心课程和专业课程。

正是在这种良好的基础上，2020年8月，浙江大学中亚与丝路文明研究中心成功入选国家民委“一带一路”国别和区域研究中心名单。

中亚与丝路文明研究中心成立后，我们在继续编辑出版《丝路文明》学刊和《浙江学者丝路敦煌学术书系》的基础上，还主办了“敦煌学与丝路文明”系列讲座，邀请海内外著名学者前来切磋学术，加强本团队成员对国内外学术前沿动态的把握。

《丝路文明》学刊的编辑出版和“敦煌学与丝路文明”系列讲座的开办，得到了海内外学者的大力支持，也进一步加强了我们与国内外学界的联系与交流。为了感谢海内外学者对我们的信任与支持，我们编辑了《中亚与丝路文明研究》丛书。

本套丛书的作者，既有浙江大学中亚与丝路文明研究中心成员的成果，如冯培红《鱼国之谜——从葱岭东西到黄河两岸》、余欣《西域文献与中古中国知识-信仰世界》、罗帅《丝绸之路南道的历史变迁——塔里木盆地南缘绿洲史地考索》、刘进宝《西北史地与丝路文明》，更有海内外知名学者的论著，如南京大学刘迎胜教授的《古代中国与亚洲文明》、中国人民大学王子今教授的《汉代丝绸之路文化史》、北京大学荣新江教授的《唐宋于阗史探研》、日本大阪大学荒川正晴教授的《欧亚交通、贸易与唐帝国》。刘迎胜先生、王子今先生、荣新江先生和荒川正晴先生，都是海内外最著名的丝绸之路研究专家，浙江大学的诸位中青年学者，也在国内外学术界有较好的影响和地位，从而保证了丛书的质量。

《中亚与丝路文明研究》丛书，研究的内容涉及历史、地理、政治、经济、文化等各个方面，较为系统地反映了中亚与丝绸之路的历史变迁，多元文化的交流碰撞，多民族、多文明的交汇融合和共同繁荣，为读者进一步了解、认识中亚与丝绸之路的历史地理、民族文化、社会生态及其在东西方文明交流过程中的历史面貌和历史地位提供了全新的视角。

丛书既有对国内新成果、新资料的继承和利用，又有对国际学术界相关研究成果、研究方法的吸收和借鉴；既注意将中亚与丝绸之路研究置于中西政治、经济、文化交流的研究视角之下，对各种考古发现和文献文本材料进行精细解读、微观探讨，又注意将其置于国际学术视野中，从更长更大的时空维度来探讨“丝路文明”的价值和意义。

在本丛书即将出版之际，对各位作者表示衷心的感谢！尤其感谢刘迎胜先生、王子今先生、荣新江先生和荒川正晴先生对我们的信任，同意将其大著收入本丛书出版！感谢浙江大学亚洲文明研究院和社会科学研究院的大力支持！感谢甘肃教育出版社一如既往的倾力支持。

刘进宝

2022 年 12 月 18 日

目 录

缘 起 …… 1

第一章 鱼国的登场 …… 11

第一节 虞弘夫妇合葬墓的发现 …… 11

第二节 虞弘夫妇的墓志 …… 17

一、虞弘墓志 …… 17

二、虞弘夫人墓志 …… 28

第三节 虞弘墓志中的“鱼国” …… 34

第二章 鱼国之谜的探索历程

——以虞弘族属与鱼国地望为中心 …… 38

第一节 探索史回顾（上） …… 39

一、高车说 …… 39

二、粟特说 …… 43

第二节 探索史回顾（下） …… 51

三、步落稽说 …… 51

四、大月氏说 …… 54

五、地中海种族说 …… 56

六、突厥说 …… 56

七、波斯说 …… 57

第三节 小 结 …… 59

第三章 虞弘的家族与生平 …… 61

第一节 虞弘之家族 …… 61

一、所谓远祖：来自西域鱼国与攀附中华古帝 …………………… 61
二、祖□奴栖（balĭk）：鱼国领民酋长 ……………………… 63
三、父君陁：从茹茹国到魏朝 ………………………………… 65
四、夫人之谜 ………………………………………………… 71
第二节 虞弘之生平 …………………………………………… 78
一、姓名与籍贯 ……………………………………………… 78
二、茹茹时代：出使与叛逃 ………………………………… 81
三、北齐时代：沉沦与崛起 ………………………………… 89
四、北周时代：胡人聚落首领 ……………………………… 95
五、隋代：杨广部下与镇押并州 …………………………… 101
第四章 虞弘墓志中的改刻和佚缺之字
——兼论鱼国即跋禄迦国 ………………………………… 103
第一节 “鱼”字的改刻之谜 ………………………………… 103
第二节 □奴栖 = 步落稽 = balĭk（鱼） ……………………… 110
一、□奴栖 …………………………………………………… 110
二、步落稽 …………………………………………………… 112
第三节 论鱼国即跋禄迦国 …………………………………… 126
第五章 虞弘所戴鱼头冠的新发现 ………………………… 139
第一节 虞弘夫妇合葬墓石椁图像 …………………………… 139
第二节 石椁图像中的西域元素 ……………………………… 153
第三节 虞弘头冠中的鱼形图像 ……………………………… 164
第六章 “鱼”之关联：并州与漕国
——兼论从鱼国到漕国的迁徙 …………………………… 169
第一节 漕国王与虞弘的金鱼头冠 …………………………… 169
第二节 漕国祭祀顺天神与鱼脊骨 …………………………… 173
第三节 隋代西域南道上的漕国 ……………………………… 181
第四节 从顺天神的移动看鱼国人的迁徙 …………………… 185

第五节 虞弘墓志中的“鱼”字原为“漕” …………………… 190
第七章 从葱岭东西到黄河两岸
——鱼国人的东徙及其郡望的形成 …………………… 192
第一节 汉魏京兆长安的鱼氏人物 …………………… 192
第二节 十六国至唐冯翊下邽的鱼氏集团 …………………… 200
第三节 经河西会稽、灵武回乐到京兆栎阳 …………………… 210
第四节 从西域经漠北至晋阳及其周边 …………………… 222
第五节 其他地区的鱼氏人物 …………………… 239
一、河北 …………………… 239
二、河南 …………………… 240
三、江南 …………………… 246
四、岭南 …………………… 248
五、剑南 …………………… 249
第八章 步落稽白、鱼二氏的混融与共生 …………………… 253
第一节 步落稽中的白姓及其分布 …………………… 253
第二节 白居易家族的族属及迁徙路线 …………………… 270
第三节 龟兹白氏、跋禄迦鱼氏的东徙与混融共生 …………………… 287
第九章 鱼氏族人与中古政治 …………………… 292
第一节 释“东海大鱼”：前秦鱼遵家族的灭门之诛
——附说隋鱼俱罗兄弟之死 …………………… 292
第二节 释“以骆驼负函盛水养鱼而自给”：隋虞庆则父子之诛
…………………… 303
第三节 鱼氏女性与李唐皇室的联姻 …………………… 316
第四节 唐代权阉鱼朝恩的政治浮沉 …………………… 322
第五节 “甘露之变”中的双鱼火拼 …………………… 328
一、禁军首领宦官鱼志弘 …………………… 329
二、“水族”“鱼郑”：郑注与“甘露之变” …………………… 334

结语：开掘历史的潜流 …… 337
参考文献 …… 342
一、典籍文献 …… 342
二、出土文献 …… 345
三、中文论著 …… 347
四、日文论著 …… 365
五、西文论著 …… 367
图表目录 …… 369
后　记 …… 373

缘　起

1999年7月，山西省太原市西南的王郭村发现了虞弘夫妇合葬墓，精美的石椁图像，浓郁的西域和祆教风格，震惊了中外学界。当时，我已经在兰州大学教了两年书，并且考取了该校的在职博士生，暑假中撰写了一篇关于曹氏归义军节度使的论文，推测敦煌曹议金家族为粟特人。9月博士入学后，我将论文修订后投给《历史研究》，后来在2001年第1期刊出。从那时起，我开始关心西域民族的迁徙问题。继太原虞弘夫妇合葬墓之后，紧接着在2000、2003、2004年，西安城北相继发现了安伽、史君、康业等粟特人墓葬，位置相去不远。不过，对于出自鱼国的虞弘的族属，学界众说纷纭，最近越来越多的学者倾向于认为是粟特人。出于对西域民族的兴趣，我也一直关注着虞弘夫妇合葬墓及学界的研究成果。此墓被评为当年度"全国十大考古新发现"之一，稍后又被评为"20世纪百大考古重要发现"之一，引起了中外学者的高度关注，研究论文一篇篇刊出，学术会议也讨论热烈，抛出了一个又一个不同的观点，令人眼花缭乱。学界争论的焦点是虞弘的族属与鱼国的地望，观点五花八门，相当歧异。对于这种现象，我当时觉得十分诧异，总感到学者们在研究虞弘夫妇合葬墓的时候，大多是从局部的角度去作探讨，作出各种猜测性的判断，想要全方位彻底地解决这一问题还有待时日。

2007年2月15日，大阪大学森安孝夫教授送我一本他刚出版的新著《シルクロードと唐帝国》(《丝绸之路与唐帝国》)，当时我正在大

阪大学从事博士后研究，得以先睹为快。书中专列一节探讨虞弘墓，也将其视为粟特人。森安老师虽然指出“虞”不属于粟特昭武九姓，但从虞弘家族的出身、虞弘字“莫潘”为粟特语 Mākhfarn（月神的荣光），以及石椁图像的构造和拜火坛等出发，再参比安伽、史君、康业墓，最后判断虞弘为粟特人。读了以后，掩卷思索，觉得跟其他学者的论证模式颇相类似，都是在探寻虞弘身上的种族特征，但却总有一种没有落到要害之处的感觉。

从 2010 年起，我在兰大讲授本科生课程“中国古代史料学”、研究生课程“魏晋隋唐史专题”时，在课堂上与学生一起研读虞弘墓志；2016 年调到浙江大学后，在本科生课程“中国史史料研读”“丝绸之路与中外文化交流”和博士生课程“出土文献与中古史研究”，以及“西北出土文献与中古史研读班”上，继续并扩展到虞弘夫妇墓志和石椁图像的研读。在课堂教学和研读班讨论中，经过反复研读，教学相长，不断地有新的发现与收获。比如，对墓志中“鱼”字的挖改、“□奴栖”的判读、石椁图像中鱼冠的发现，都是在一次次研读中获得新知，这也要感谢一同读书的各位同学所给予的启发。与此同时，学界关于此墓的研究一直未有间断，直到今年仍有论文发表，但是始终没有突破原有的研究范式。

时至今日，距离虞弘夫妇合葬墓的发现已经有 20 年了。在这 20 年间，学界的研究大多聚焦于虞弘墓志中的“鱼国”一词，由此出发推测虞弘的族属与鱼国的地望。总的看来，我感到存在两个问题：第一，大多学者未将墓葬作为一个整体进行考察，对墓志的研读也不够细致。不要说将墓志与图像各自分开考证，即便是对墓志的研究，基本上也都集中在虞弘墓志，而很少涉及虞弘夫人的墓志；对于虞弘墓志，除了张庆捷、石见清裕教授外，无人关注两处“鱼”字的改刻，以及墓志中的其他细节性问题，这让人颇为惊讶；研究墓志的学者大多是引用相关史籍来诠释墓志，而研究石椁图像的学者所得出的结论，无论是对虞弘族属抑或鱼国地望，都显得较为笼统。第二，学界缺乏对中古时代鱼氏族群的全面观照，造成对鱼国胡人的探讨只见树木、不见森林。除了虞弘之外，学者们几乎都会提到同时代原本姓鱼的虞庆则，有的学者还言及鱼遵、鱼俱罗家族及其他个别鱼氏人物。目前尚无人对中古鱼氏族群的数据资料进行全面搜集整理，而缺失这一背景及在此基础上的相关分析，也就很难广泛而深入地认识鱼国的真实面貌。另外，“鱼”作为一个小姓，时至今日北方各地仍有不少鱼姓村落，这些地域与古代东迁的鱼国胡人居住地颇相一致，甚至还留下了一些独特的痕迹，也为索解鱼国之谜提供了一定的线索。

有鉴于此，笔者尽量在研究范式与方法上寻求突破，希望能彻底揭开鱼国之谜，即便不一定正确，也希望打开一条新的探索路径。一方面通过上课、读书班的形式，与学生共同研读虞弘夫妇合葬墓，关注墓中出土的所有文物，特别注意它们彼此之间的关联；另一方面多方爬梳各种文献和石刻中的鱼氏资料，调查与鱼氏有关的文物，同时追踪至今仍存在的鱼姓人物及村寨，尽可能全面地了解整个鱼氏族群的状况，然后再去观察和思考虞弘的生活世界。这样对判明虞弘族属和鱼国地望确实起到了作用，尤其是开拓了研究的视界，发现了更多的关联，也获得了不少原先意想不到的惊喜。

循着这样的思路，我在去年开始动笔，撰写了一系列探索中古鱼氏族群的论文，并在一些讲座、会议及课堂上交流讨论，获益甚多。记得去年初夏时节完成了第一篇论文，题为《从西域到中土：中古粟特鱼氏研究》，长达 4 万余字。应上海师范大学范兆飞（后调至中山大学）、陈大为教授的邀请，于 2018 年 6 月 23 日与复旦大学余欣教授（后调至浙江大学）同往讲座（图 0-1）。这篇讲座论文首先考察了中古鱼氏族群分布的范围，主要集中在黄河两岸的关中、河东，并且形成了冯翊、京兆、灵武、晋阳等郡望，此外在河北、河南、江南、岭南、剑南等地也有零星分布；其次，在这样的整体视野观照下，再看虞弘家族从西域到中原的迁徙流动，其轨迹也就显得更加清晰。在讲座中，我首次指出虞弘墓志中两处挖改重刻的“鱼”字原本为“漕”，以及虞弘所戴头冠中鱼的形状，并将鱼国与《隋书·西域传》中的漕国联系起来，漕国王姓昭武，为康国王之宗族，所以也把鱼国归入粟特说。这次讲座得到了北京师范大学赵贞、首都师范大学游自勇、上海师范大学董大学诸先生的宝贵点评，在场听众也对这些新的发现和解读极感兴趣，自勇兄甚至建议我在7月首都师大召开的学术会议上也宣读这篇论文，这给了我很大的鼓励和继续研究下去的动力。

图0-1　2018年6月23日在上海师范大学作讲座

这次讲座结束以后，我在暑假期间又写了多篇相关论文，并到山西博物院实地察看了虞弘墓志与石椁（图0-2）。太原之行让我更加踏实地确认了虞弘头冠中鱼的形状，特别是鱼的眼珠对于判断鱼形至为关键；同时仔细察看虞弘墓志中两处改刻的“鱼”字，坚定了对该字左侧遗留的原字偏旁“氵”的看法。站在烈日暴晒、荒草萋萋的晋阳古

图 0-2 2018 年 7 月 19 日与学生贺钢在山西博物院考察虞弘墓志与石椁

城上，在蜿蜒流淌的汾河岸边，我似乎倾听到了 1400 多年前虞弘家族诉说的心声。

2018 年下半年的学术会议特别多，除了西安、南充、杭州、武威和上海 5 个地方的会议，我提交的是敦煌学、西北民族史论文外，其他在北京、杭州的 4 个会议的参会论文全写的是鱼氏族群：（1）7 月首都师大"第六届汉化·胡化·洋化：多元文化的碰撞与交融"国际学术研讨会，宣读论文《中古鱼氏研究——兼考鱼国为粟特漕国》；（2）9 月浙江大学"旁观者——历史、文学、考古等视野中的图像"学术研讨会，宣读论文《虞弘夫妇合葬墓石椁上的冠饰图像解读》；（3）11 月中央民族大学"时空视域下的中国古代史诸问题新探"学术研讨会，宣读论文《中古史上的四位鱼弘》；（4）11 月浙江大学"中国唐史学会第十三届年会暨唐代中国与世界"国际学术研讨会，宣读论文《虞弘族属考》。

通过这些会议的交流讨论，我得到了许多启益和收获，特别是在首都师大会议上，台湾中正大学朱振宏教授用 PPT 展示的方式详细评议了拙文，提出十分宝贵的意见；北京大学荣新江教授也提示我注意粟特与漕国的界限范围。随着阅读的深入及与学生们在课堂内外的讨论，我也不断地有新的发现。比如，虞弘墓志中的“□□奴栖，鱼国领民酋长”，学界较多关注所缺二字，提出“曾祖”“祖□”“祖鱼”等多种说法，这些说法中以“祖□”最为恰切，但我认为最重要的应该是对“□奴栖”的解读，我推断为突厥语“balïk”，意即为鱼，所缺之字即“ba”的音译汉字；又如，平时常读《大唐西域记》《大慈恩寺三藏法师传》《新唐书·西域传》，但一直忽视了龟兹旁边的一个小国，即跋禄迦，通过跋禄迦与步落稽的勘同、顺天神的迁移轨迹、漕国王与虞弘均戴鱼头冠等的探索，我提出鱼国即跋禄迦国的观点，并指出鱼氏族人从跋禄迦国向西迁徙到漕国，又与龟兹人一起东迁至黄河两岸。这些新的发现与思考，不断地丰富着对鱼国问题的深入认识，同时也在持续更新和推进自己的观点。

除了外出讲座或参加学术会议，去年末、今年初，我还有两次机会给更多的听众讲述鱼国的故事。先是在去年 12 月，应浙大社会科学研究院之邀，给浙大东方论坛“典学堂”连续讲授 4 次公开课，时间安排在每周四的晚上，听众除了本校师生外，还有许多来自校外的听众，有的甚至从外县、邻省赶来听讲。课程名为“地域、族群与文化交流”，其中第一讲即为“黄河两岸：中亚鱼国人的后裔世界”（图 0-3），把我最近的研究心得与听众作了分享和交流。也许因为所讲内容与传统的历史教科书截然不同，很多听众对这段被史书“遮蔽”的历史极有兴趣，反响热烈，有位每周从上海赶来的听众为此还差点未赶上最后一班返回上海的高铁。这给了我极大的鼓励，深刻地感到作为一名历史研究者，有责任把真正的历史问题说清楚，尽可能准确地告诉社会大众。其次是在今年 1 月 2 日，应浙江图书馆单骅老师之邀，在“文澜讲坛”作了一场社会公益讲座。考虑到主要面向社会大众，遂以“鱼国之谜”为题，更加贴切适合。果然，在场的听众既有耄耋老人，也有少年儿童，特别是一位跟随母亲前来听讲的小男童，好奇地向我提问，

图 0-3　2018 年 12 月 6 日在浙大东方论坛讲课

给了我巨大的心灵感触，觉得向社会大众普及历史文化，确实责无旁贷。

浙大东方论坛的授课和浙江图书馆的公益讲座，使我系统地思考了中古鱼氏族群的迁徙与生活世界，觉得这段被寻常史书“遮蔽”的历史，背后是鱼国胡人向西越过葱岭辗转迁徙至中亚腹地，又向东长途迁徙到漠北和黄河两岸，最终与中原社会相融合，成为中华民族大家庭中的一员。这无论是对于中华民族共同体的形成，抑或是对于亚洲文明的交流与融合，都有十分重要的历史意义。于是，我萌生了要把鱼国故事写成一本小书的想法，题目就叫《鱼国之谜》，副标题为“从葱岭东西到黄河两岸”。

其实，对鱼国问题的关注，也是我近十年间治学兴趣与范围的自然延伸和拓展。以前我主要研治敦煌学与河西史，敦煌是丝绸之路上的一颗璀璨明珠，是中西文化交流的重镇，河西走廊是丝绸之路的黄金段，古代有许多西域民族来到敦煌及河西，并进一步向东迁徙至中原。因此，我比较关注丝绸之路上的民族迁徙与交融，特别是月氏、粟特、波斯、步落稽等民族，并且承担了国家社科基金重点项目“中古粟特人与河西社会研究”、浙江省哲学社科冷门绝学重点项目“中古丝路鱼国、粟特、波斯胡人比较研究”、兰州大学中央高校基本科研业务费专项资金“一带一路”重点项目“丝绸之路商业民族——粟特人在甘肃的基础数据调查与研究”，发表了20余篇关于河陇粟特人的论文。从2017年起，我在浙大创办“丝路文明论坛”，每年4期，每期邀请两位学者前来讲演交流，截至目前已经举办了13期，其中不少是关于丝路民族的讲演；同年10月还举办了“丝绸之路上的民族、文物与历史”工作坊，邀集中、日两国的学者来到美丽的紫金港南华园，从文物的视角探讨丝绸之路上的民族。虞弘夫妇合葬墓无疑是最好的民族文物标本，虞弘出自西域鱼国，其族群辗转迁徙于漠北、中原及中亚腹地，在丝路民族中极具代表性。也正因此，我踏上了寻访鱼国故事的学术之旅，希望从中古时代整个鱼氏族群的角度开展探究，从细致研读鱼氏墓志、石椁图像及相关文献与调查鱼氏村落入手，宏观与微观相结合，目的是更好地推进丝路民族史的研究，揭开以往不太为人所知的历史之谜。

应北京大学历史系叶炜教授的邀约，今年上半年我在北大人文社会科学研究院访问研究，主要任务就是写作这本《鱼国之谜》。在4月4日文研院的内部交流会上，我以“读《隋书·虞庆则传》札记”为题作过报告，探析虞庆则、孝仁父子先后被诛的原因与隋代的民族融合及交流，得到尹吉男、刘志伟、藤田胜久、秦玲子、黄群、邱源媛、狄金华、鲁家亮、于溯等同期邀访学者的指点。我深深地感受到，史书中看似简单的文字记载，其实背后牵涉巨大的文化背景，感受到解读历史真的是充满无穷的魅力。又应首都师大郝春文、刘屹、游自勇教授之邀，于6月5日在该校历史学院作了题为“《隋书》阅读与研究示例”的讲座，其中也涉及《隋书·虞庆则传》及鱼国问题。6月12日，我在北京大学文研院组织举办“文研论坛”第95期，主题为“丝绸之路上的民族迁徙与物种传播”，邀请北大荣新江、中国文化遗产研究院葛承雍、首都师大王永平三位教授与我一起讲演，以及北大陆扬、中国人民大学李肖、中央民族大学张铁山三位教授共同与谈交流。我报告的论文是《从葱岭东西到黄河两岸——中古鱼国人的流徙及其文化联系》，算是对鱼国研究的一个初步总结，呈请各位师友批评指正，得到了诸先生及在场听众的宝贵指点（图 0–4）。6 月 21 日，我自京赴山西大同参加“一带一路”与山西对外开放暨明代中外关系国际学术研讨会，有幸与王永平教授乘坐同一趟火车。当日晚餐，王老师拉我与山西省考古研究所张庆捷研究员等诸先生同席，这是我第一次见到张老师，他带了一瓶汾酒和一瓶竹叶青，热情地相邀共饮，恍如千余年前虞弘夫妇合葬墓石

图 0–4　2019 年 6 月 12 日在北京大学“文研论坛”第 95 期作报告

椁图像中的宴饮光景。以前我在纪录片中无数次看到过张老师，如今真正亲眼见到他，近距离在一起，没想到竟然是那么的和蔼可亲、爽朗真诚、谦逊朴实。张老师曾任山西省考古研究所所长，主持发掘虞弘夫妇

合葬墓。两天会期，得以与张老师在一起，时时聆听教诲，幸何如之！在此次会议上，我提交宣读的论文是《太原出土〈隋虞弘墓志〉中的"□□奴栖"考》。会后我去山阴、朔州、太原等地，在山西博物院再次观摩虞弘墓志和石椁，重新确认了虞弘头戴的鱼冠和墓志中两处"鱼"字的挖改痕迹，以及《北魏王黄罗等造像碑》碑阴所刻的"鱼公主""鱼女王"等题名，如愿以偿地结束了这趟山西之行。这也是我利用在北大文研院的访学机会，专心从事鱼国研究并寻访山西相关遗迹，为撰写《鱼国之谜——从葱岭东西到黄河两岸》一书提供了便利。

从去岁春末提笔撰文，到今年夏天北大文研院访学结束，时间过去了一年多，也即将迎来虞弘夫妇合葬墓发现 20 周年。这次利用在北大文研院半年集中访学的时间，终于完成了本书的初稿，希望在此墓发现 20 周年之际，把这本小书献给活跃在丝绸之路上的各族先民们。

2019 年 6 月 27 日

于北大静园二院 101 室

第一章　鱼国的登场

20 世纪的最后一年，也就是 1999 年的夏天，在山西省太原市西南的汾河之畔，发现了一座精美绝伦的汉白玉石椁墓，男主人虞弘（字莫潘）的墓志中两次出现“鱼国”一词，说他是“鱼国尉纥驎城人”，又记其祖父□奴栖为“鱼国领民酋长”。从虞弘之字莫潘、祖父□奴栖及父亲君陁之名，以及石椁上雕绘的具有浓郁西域风格的图像来看，鱼国显然位于西域，但具体在什么地方呢？鱼国究竟是个怎样的国家？鱼国人属于哪个民族？读音相同的虞弘之“虞”与鱼国之“鱼”，有着什么样的关系？虞弘家族为什么会从西域东迁至漠北，再南下定居于太原？北朝、隋代的太原一带是一个怎样的地域社会呢？随着世纪之交虞弘夫妇合葬墓的发现，这些问题向历史研究者提出了新的挑战。

第一节　虞弘夫妇合葬墓的发现

1999 年 7 月 8 日，在太原市西南约 25 公里的晋源区晋祠镇王郭村（东经 112°25. 6′，北纬 37°40. 6′[①]），村民王秋生家位于村东南一个名

① 张庆捷《胡商　胡腾舞与入华中亚人——解读虞弘墓》，太原：北岳文艺出版社，2010 年，第 5 页；该书修订本改题为《解读虞弘墓——北朝定居中国的粟特人》，太原：三晋出版社，2020 年，第 6 页所记经纬度同。山西省考古研究所、太原市文物考古研究所、太原市晋源区文物旅游局编著《太原隋虞弘墓》第二章《墓葬地理环境》（李爱国、张庆捷撰）原作“东经 112° 25. 5′，北纬 37° 40. 4′”，北京：文物出版社，2005 年，第 3—4 页。略有误差。兹以后出之书为准。

叫石猪窝的地方，因为雨天修整土路，不经意间挖到了距离地面约十几厘米的墓葬石椁顶部。就这样，虞弘夫妇合葬墓在过了 1400 多年后被发现了（图 1-1）。这是一座以仿木构建筑石椁为主要葬具的墓葬，墓中出土的汉白玉石椁上雕绘了浓郁西域风格的人物、动植物及其他图像，同时还出土了墓主人虞弘夫妇的两合墓志及其他随葬物品。由于该墓具有极高的文物价值和学术价值，被评为当年度“全国十大考古新发现”之一，稍后又被评为“20 世纪百大考古重要发现”之一。

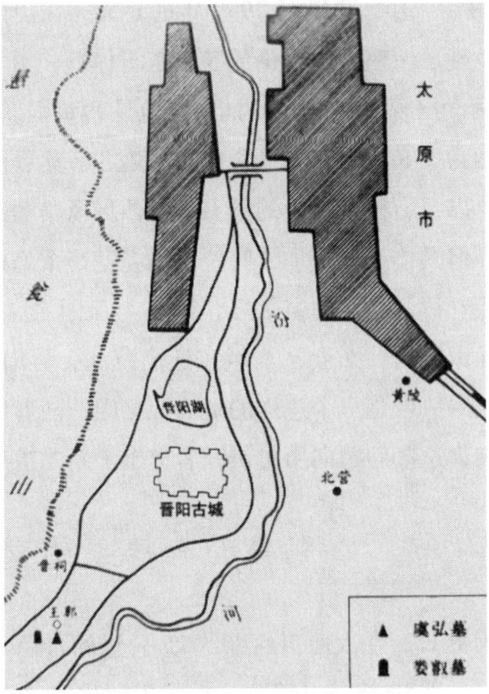

图 1-1　虞弘夫妇合葬墓地理位置图
（采自《太原隋虞弘墓》第 3 页图 1）

“王郭村”这一村名，让人联想起中古时期太原地区的王氏、郭氏两大著姓，这里在宋代以前属于并州（太原）的中心范围。979 年北宋灭北汉，毁弃太原城，在东北 25 公里处重建新城，即今太原市区。隋代以前并州治所在晋阳县，隋文帝时更名为太原县。[①] 在今太原市晋源区晋源街道古城营村的西面，晋阳古城遗址依然还在，但只剩下残垣断壁（图 1-2），王郭村就在晋阳古城西南约 5 公里的地方。虞弘夫妇合葬墓的出土地，西倚悬瓮山，东临汾河，临山距河均 3 公里左右，亦即虞弘夫人墓志中所说的“右临悬瓮，左带汾川”。在这里发现如此精美的贵族墓葬并不奇怪，虞弘墓志记载他死后葬在“唐叔虞坟东三里”，[②] 西周唐叔虞事涉邈远，可置不论，但在虞弘夫妇合葬墓的西南 600 米，就是北齐东安王娄叡之墓，[③] 可见从北齐至隋代，这里确实是太原地区

图 1-2　晋阳古城遗址（作者摄）

① 李吉甫《元和郡县图志》卷一三《河东道》“太原府”条，北京：中华书局，1983 年，上册，第 363 页。

② 山西省考古研究所等编著《太原隋虞弘墓》第七章《墓志》（张庆捷撰），第 87、91、94 页。

③ 太原市文物考古研究所编《北齐娄叡墓》记“娄叡墓位于晋阳古城遗址南 6 公里”，北京：文物出版社，2004 年，第 3 页。

达官贵族的墓葬茔域。而娄叡墓中出土了不少具有西域风格的随葬文物及壁画，[①]也与虞弘夫妇合葬墓具有相似性。

由于经年的山水冲刷和汾河的不断涨落，路表地面距离墓葬顶部越来越近，路面甚至比旁边的农田还要低约 50~60 厘米，加上农田水利的开发建设，虞弘夫妇合葬墓的发现可以说是必然的。“据村民反映，在虞弘墓之南百余米处，地表上曾有体积很大的石羊、石猪、石狮等，20 世纪 60 到 70 年代初修整土地时，被埋入东面路边的土沟内”。[②] 1995 年，当地农村搞农田水利建设，挖沟渠，铺管道。从《太原隋虞弘墓》刊布的墓葬石椁出土时的照片看，铺设的汾河引水管道与石椁挨得很近（图 1-3），并且已经“发现此墓，还拆掉了许多墓门砖”。[③] 然而，当时没有人意识到这座古墓的价值，在铺完管道后便将墓葬回填。因此，虞弘夫妇合葬墓这次只是擦肩而过，在地底下又沉睡了 4 年。

图 1-3　虞弘夫妇合葬墓石椁
（采自《太原隋虞弘墓》第 16 页图 7）

---

① 山西省考古研究所、太原市文物管理委员会《太原市北齐娄叡墓发掘简报》，《文物》1983 年第 10 期，第 1—23 页。

② 山西省考古研究所等编著《太原隋虞弘墓》第二章《墓葬地理环境》（李爱国、张庆捷撰），第 5 页。

③ 张庆捷《胡商　胡腾舞与入华中亚人——解读虞弘墓》，第 5 页。

1999 年 7 月 8 日墓葬被发现后，山西省考古研究所、太原市文物考古研究所、太原市晋源区文物旅游局成立联合考古队，队员由宁立新、张庆捷、畅红霞、张兴民、李爱国、田进民、李建生、李爱民等人组成，于 13—26 日在夏日雨季中进行了为期两周的清理发掘，27 日开始绘图和现场摄影，随后回填墓道。

事实上，这座墓在入葬后不久就遭到盗扰，因为考古人员在墓室中发现了 7 枚唐代“开元通宝”铜钱，其中墓室底部 3 枚、石椁顶部 4 枚，而且盗扰情况相当严重，当考古人员进入墓室后，发现随葬品散乱一地，很多已经残断，尸骨也遭损坏，墓志的志盖和志身被分开，尤其是虞弘夫人的墓志残损严重（图 1-4）。墓中没有出土金项链、金戒指等饰件，想必是被盗墓者拿走了，只有拿不走的汉白玉石椁依然留存在墓中。

图 1-4　虞弘夫妇合葬墓随葬品出土情况
（采自《太原隋虞弘墓》第 50 页图 70）

据《太原隋虞弘墓》介绍，墓葬由墓道、甬道、墓门、墓室组成，总长 13.65 米，坐东北，朝西南，方向 205°。墓道北低南高，呈 15°缓坡状，残存长度 8.5 米，底宽 2 米，距离地表 0.6~2.6 米。甬道为砖砌，长 1.25 米，宽 0.8 米，甬道口有 4 块封门条石及缺首石俑。墓门残，宽 0.8

米，位于墓室南壁中部略偏东处。墓室为砖砌，平面呈弧边方形，顶部全毁，东、北、西三面的砖壁犹存，但 1.73 米以上已毁，比石椁顶部还低约 0.3 米，地面仅在四周砖壁下用砖平铺一层，呈方形框，其他部分地面为很细的褐黄色沙土，墓圹平面基本也为方形，南壁已遭破坏。

葬具中最重要的是一座汉白玉石椁（图 1-5），安放在墓室中部偏北处，通高（含鸱尾和狮子头坐垫）2.36 米，椁身正面（含椁座）长 2.47 米、侧面宽 1.36 米。石椁的外观呈仿木构三开间、单檐歇山顶殿堂式建筑，由上部椁顶、中部椁身、下部椁座和廊柱组成，由十几块汉白玉石板及石柱组成，特别是在椁身和椁座上，雕绘着非常精美的西域风格图像。

图 1-5 虞弘夫妇合葬墓中的石椁（不含椁顶）（作者摄）

墓中无木质棺材，椁内有散乱的人体尸骨，经鉴定为一男一女，即虞弘夫妇，虞弘死时 59 岁，其夫人在他葬后又活了 5 年。墓中出土的随葬品有墓志、石人物俑、陶俑残片、汉白玉石柱、石灯、门槛、覆莲柱础、俑座、白瓷碗残片、“开元通宝”铜钱、瓦片等各类文物百余件。[1] 这些出土文物现皆藏于山西博物院。

第二节　虞弘夫妇的墓志

非常幸运的是，1999 年 7 月 20 日上午，考古人员在清理墓葬时，在石椁前方偏东处发现了墓主人虞弘的墓志，下午又在石椁西侧清理出虞弘夫人的墓志。两方墓志均为细砂石质，呈平面正方形，尤其是虞弘的墓志大体保存完好，文字较多，内容丰富，蕴含重要的信息，为了解虞弘家族及其生活的时代（柔然、北齐、北周、隋）提供了极为宝贵的资料。

一、虞弘墓志

由志盖（编号为 99TSY：13）和志身（编号为 99TSY：15）组成。

志盖（图 1-6）被发现时，竖立靠在甬道门内的东侧南壁，呈正方形，盝形顶，边长约 73 厘米，厚约 8 厘米。[2] 顶部中央先阳刻 9 个边长约 11 厘米的方格，再从右至左、自上而下，分 3 行在格内阳刻 9 个篆字：

公仪大
墓同隋
志虞故[3]

---

① 山西省考古研究所等编著《太原隋虞弘墓》第四章《墓葬形制》（张庆捷撰）、第五章《葬具——汉白玉石椁》（张庆捷撰）、第六章《随葬品》（常一民撰），第 11—15、49—85 页。

② 关于虞弘墓志志盖的厚度，山西省考古研究所等编著《太原隋虞弘墓》第七章《墓志》（张庆捷撰）第 86 页未作记录，另参山西省考古研究所、太原市文物考古研究所、太原市晋源区文物旅游局《太原隋代虞弘墓清理简报》，《文物》2001 年第 1 期，第 37 页；以及张庆捷《胡商　胡腾舞与入华中亚人——解读虞弘墓》，第 9 页；《解读虞弘墓——北朝定居中国的粟特人》，第 15 页。

③ 张庆捷《虞弘墓志考释》（载荣新江主编《唐研究》第 7 卷，北京：北京大学出版社，2001 年，第 145 页）、韩理洲辑校编年《全隋文补遗》（西安：三秦出版社，2004 年，第 147 页）、王其祎、周晓薇《隋代墓志铭汇考》（北京：线装书局，2007 年，第 2 册，第 95—98 页）未录志盖。

图 1-6　虞弘墓志的志盖（99TSY：13）
（采自《太原隋虞弘墓》图版一五）

文字规整典雅，遒劲有力；四边中部和两端各雕刻一朵圆形莲花，四角各有一个直径约 3 厘米的圆形铁环残根，残根周围皆已破损；四周带杀，上面雕刻蔓草忍冬纹和带叶的宝珠莲花；盖侧四边也有细线雕刻的忍冬纹饰。[①]

志身（图 1-7）被发现时，仰躺在石椁前方偏东的地上，右下角残缺。遗憾的是，考古人员在墓室中未发现该墓志的残块志石。左部边缘有残损。呈正方形，边长约 73 厘米，厚约 7.5 厘米。志面先用细线阴刻纵横排列的小方格，再在格内阴刻文字，从右至左、自上而下刻写，志文隶书，铭文楷书。凡 25 纵行，除了第 20 行为 6 字、第 25 行为 24 字外，[②] 其他各行均为 26 字。原本似刻有 628 字，除了右下角缺损 25

① 王其祎、周晓薇则称："志石及志盖四侧均线刻叶状水波纹，盖题四周各刻一朵花卉及卷草莲花纹"，见《隋代墓志铭汇考》第 2 册，第 97 页。

② 墓志最后两个方格，倒数第一格残损，倒数第二格有较为浅显的划痕，但与其他阴刻文字明显不同，似非墓志文字，兹不计入内。

图 1-7　虞弘墓志的志身（99TSY：15）
（采自《太原隋虞弘墓》图版一六）

字、左上角缺损 6 字外，现存 597 字。[①] 墓志四侧有细线雕刻的忍冬纹。

---

① 需要说明的是，本书所说“现存 597 字”，指的是 2005 年《太原隋虞弘墓志》刊布墓志照片时的情况。但山西省考古研究所等《太原隋代虞弘墓清理简报》（载《文物》2001 年第 1 期）第 34 页、山西省考古研究所等编著《太原隋虞弘墓》第七章《墓志》（张庆捷撰）第 86 页及张庆捷《胡商　胡腾舞与入华中亚人——解读虞弘墓》第 10 页、《解读虞弘墓——北朝定居中国的粟特人》第 16 页均记：“除右下角缺 25 字外，还存字 625 个（包括左边上部残缺严重的铭文）。”张庆捷为荣新江、张志清主编《从撒马尔干到长安——粟特人在中国的文化遗迹》（北京：北京图书馆出版社，2004 年，第 79 页）所撰《虞弘墓志》的介绍文字基本相同。所言不确，这显然是把第 20 行也当作满行计算了。另，墓志的左部边缘原本有所残损，比较《太原隋虞弘墓志》中的墓志照片与拓片，可以发现最左边一行（第 25 行）未拓全，颇疑拓片的时代［山西省考古研究所等《太原隋代虞弘墓清理简报》（载《文物》2001 年第 1 期）第 33 页同］要晚于照片。比较《太原隋虞弘墓志》中的墓志照片与 2018 年以后笔者在山西博物院所见墓志原石（左侧部分见图 1-8 之最右图），可以发现，墓志左侧石质松脆，上半部后来又脱落了一些文字，如“宏”“声”“日”“昏”“霜”“白”“云”等字，至 2018 年已不复得见；“奏”“新”“暗”三字，笔画残损更甚。

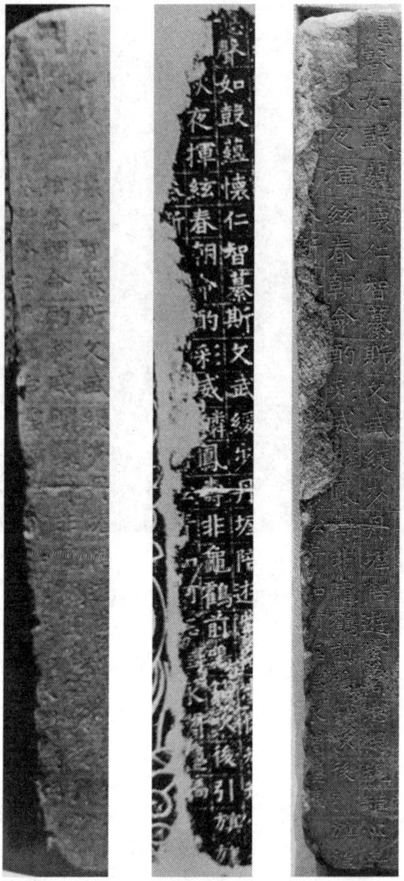

图 1-8　《太原隋虞弘墓》中的墓志照片、拓片与笔者拍摄的墓志原石照片（局部）

结合志盖、志身可知，墓主人姓虞，名弘，字莫潘，鱼国尉纥驎城人，生活在茹茹（即柔然）、北齐、北周及隋代，死后于 592 年葬在太原。20 年来，中外学者对虞弘墓志多有释录，但校录如扫落叶，似乎总是校不干净，多有疏误之处。就虞弘墓志而言，志文校录错讹不少，时至今日竟无一人录文全对，甚至连正式考古报告《太原隋虞弘墓》中的墓志录文也有错讹，该书刊布的墓志照片过小、拓片脱漏未全、录文存在错误，从而影响到学界的有效使用。兹以原石为据，并参校诸家

录文，将志身文字迻录于下：[①]

1 公讳弘，字莫潘，鱼国尉[②]纥驎城人也。高阳驭运，迁陆海□[③]□□[④]；□□[⑤]

---

① 缺字，或残缺笔画且难以识读之字，用“□”表示；残缺笔画但能识读判断、或据文意可以推补之字，在“□”内标出文字；原字若误，则在字后用圆括号写出改正之字；年号后面括号里的数字为笔者所加；俗字、异体字径作通行字。后面迻录虞弘夫人墓志，同此。前人录文有以下论著：

（1）张庆捷《〈虞弘墓志〉中的几个问题》，《文物》2001 年第 1 期，第 102—103 页【简称“张 1”】；

（2）张庆捷《虞弘墓志考释》，《唐研究》第 7 卷，2001 年，第 145—170 页【简称“张 2”】；

（3）杨晓春《隋〈虞弘墓志〉所见史事系年考证》，《文物》2004 年第 9 期，第 74—75 页【简称“杨”】；

（4）韩理洲辑校编年《全隋文补遗》，第 147 页【简称“韩”】；

（5）山西省考古研究所等编著《太原隋虞弘墓》，第 89—93 页【简称“山”】；

（6）王其祎、周晓薇《隋代墓志铭汇考》第 2 册，第 95—98 页【简称“王周”】；

（7）罗新、叶炜《新出魏晋南北朝墓志疏证（修订本）》，北京：中华书局，2016 年，第 391—392 页【简称“罗叶”】；

（8）石见清裕《ソグド人墓誌研究》第 I 部第五章《太原出土〈虞弘墓誌〉（隋・开皇十二年—五九二年）》，东京：汲古书院，2016 年，第 117—135 页【简称“石见”】。

另外，还有一些学者引录了部分志文，这里也根据情况予以酌校。

② “尉”：张 1、张 2、杨、韩、山、王周、罗叶、石见皆作“尉”（为避冗赘，以下相同的不再举出，仅列出异文者），余太山《鱼国渊源臆说》（载《史林》2002 年第 3 期）第 17 页脱此字。

③ “□”：原石此字残缺，王周作“于”，可从。“迁陆海□□□”与“徙赤县于蒲坂”相对仗，推测“海”字后面所缺之字为“于”。

④ “□□”：原石此二字残缺，余太山《鱼国渊源臆说》据《吕氏春秋・古乐》推补可能是“空桑”。

⑤ “□□”：原石此二字残缺，余太山《鱼国渊源臆说》据《国语・鲁语》《史记・五帝本纪》及《正义》引《括地志》推补可能是“虞舜”，石见亦据《史记・五帝本纪》之《正义》引《晋太康三年地记》认为是“有虞”或“虞舜”。两人所言颇为有理，但具体何字则存疑。

2 膺箓[①]，徙赤县于蒲坂。弈[②]叶繁昌，派枝西域；倜傥人物，漂注□□[③]。□□

3 奴栖[④]，鱼国领民酋长。父君陁，茹茹国莫贺去汾、达官，

---

① “箓”：张1、张2、韩、山皆误作“录”。罗新、叶炜《新出魏晋南北朝墓志疏证》（北京：中华书局，2005年，第419页）、罗新《虞弘墓志所见的柔然官制》（载北京大学历史学系编《北大史学》12，北京大学出版社，2007年，第51页；收入《中古北族名号研究》，北京大学出版社，2009年，第109页）亦皆误作“录”，但罗叶在修订本中作了更正。

② “弈”：杨、王素《北魏尔朱氏源出粟特新证——隋修北魏尔朱彦伯墓志发覆兼说虞弘族属及鱼国今地》（载《故宫博物院院刊》2018年第5期）第63页皆作“奕”，不确。

③ “□□”：原石此二字残缺，杨补作“北地”，并将鱼国考定在漠北，又见杨晓春《隋〈虞弘墓志〉所见“鱼国”、“尉纥驎城”考》，《西域研究》2007年第2期，第115页。但是，虞弘祖孙三代的名字“□奴栖”“君陁”“莫潘”具有胡风特征，且墓志中提到“派枝西域”，以及石椁浮雕人物皆为高鼻深目、多髭须的西域胡人形象，推测鱼国当位于西域。因此，所缺二字与前句中的“西域”相对仗，若是补作“东夏”，应比“北地”对仗更工，且更准确。

④ “□□奴栖”：原石残缺二字，王周、罗叶皆作“祖□奴栖”，“祖”属臆补。余太山《鱼国渊源臆说》推测“‘奴栖’前所缺二字可能是‘曾祖’。当然，也可能是‘祖□奴栖’”，他在行文时多称“奴栖”，似倾向于前者。罗丰《一件关于柔然民族的重要史料——隋〈虞弘墓志〉考》（载《文物》2002年第6期）第79页作“［祖］□栖奴”；但此文收入其著《胡汉之间——“丝绸之路”与西北历史考古》（北京：文物出版社，2004年，题目略改为《一件关于柔然民族的重要史料——隋虞弘墓志》）第420页时则作“祖栖奴”。石见认为前缺二字为“祖□”或“曾祖”。周伟洲《隋虞弘墓志释证》（载荣新江、李孝聪主编《中外关系史：新史料与新问题》，北京：科学出版社，2004年）第251页认为所缺二字“或为‘祖鱼二字’，也可能为‘其先’两字。奴栖系名”。王素《北魏尔朱氏源出粟特新证》作“祖□奴栖”。姜伯勤《隋检校萨宝虞弘墓石椁画像石图像程序试探》（载巫鸿主编《汉唐之间文化艺术的互动与交融》，北京：文物出版社，2001年）第30页将虞弘的祖父径称作“奴栖”，则是把“□□”当作祖父对待。

使魏[①]□□□□[②]

4 朔州刺史。公承斯庆裔，幼怀劲质。紫唇燕颌（颔）[③]，白耳龟行。凤子□□□

5 之文，洞闲时务；龙儿[④]带烟霞之气，迥拔枢机。扬乌荷戟之龄，□□□

6 月之岁。以公校德，彼有惭焉。茹茹国王，邻情未协。志崇通药，□[⑤]□□

---

① “莫贺去汾、达官，使魏”：王周作“莫贺去汾，达官使魏，”，断读不同。“莫贺去汾”为一固定官名，如李延寿《北史》卷九八《蠕蠕传》记：“太和元年（477）四月，遣莫何去汾比拔等来献良马、貂裘，比拔等称”云云；“正光（520）初，丑奴母遣莫何去汾李具列等绞杀地万”；“婆罗门遣大官、莫何去汾、俟斤丘升头六人将兵二千随具仁迎阿那瓌”。同卷《高车传》记载：“弥俄突遣其莫何去汾屋引叱贺真贡其方物”。北京：中华书局，1974 年，第 10 册，第 3256、3258、3261、3275 页。“莫何去汾”即“莫贺去汾”，为一固定搭配的职官名词。陈仲安点校《北史》时，“莫何去汾”下方不加下划线，为官名；而在“比拔”“李具列”“丘升头”“屋引叱贺真”下方均加下划线，为人名。因此，王周所言“莫贺去汾”，下划线并不准确，容易给人一种莫贺离开汾水的错觉，而达官出使魏朝。实际上，莫贺去汾、达官为君陁所任职官，是他出使魏朝。

② “□□□□”：韩作“□□□”，脱漏一字。第一个“□”，左上角有残存笔画，但难以推断为何字。

③ “颌（颔）”：“颌”为“颔”字之讹。张 1、杨、韩、罗叶、石见皆照录作“颌”，张 2、山、王周皆径作“颔”。“燕颔”一词习见，形容相貌威武，如范晔《后汉书》卷四七《班超传》云：“生燕颔虎颈，飞而食肉，此万里侯相也”，北京：中华书局，1965 年，第 6 册，第 1571 页；欧阳修、宋祁《新唐书》卷二一四《藩镇宣武彰义泽潞·吴少诚附吴元济传》云：“元济者，其长子也，山首燕颔”，北京：中华书局，1975 年，第 19 册，第 6005 页。

④ “儿”：韩误作“兜”。从原石可知确为“儿”字，且“龙儿”与第 4 行“凤子”相对仗。

⑤ “□”：原石左上角有残存笔画，但难以推断为何字。

7 ⿱艹爪[①]。年十三，任莫贺弗，衔命波斯、吐谷浑。转莫缘，仍使齐国。文宣□□，

8 焕烂披云，拘絷[②]内参，弗令返国。太上控览，砂碛烟尘，授直突[③]都督。□

9 使折旋，歙谐边款，加轻车将军、直斋、直荡都督。寻迁使持节、都督凉[④]

10 州诸军事、凉州刺（刺）[⑤] 史、射声校尉。贾逵专持严毅，未足称优；郭汲（伋）[⑥] 垂信

① “⿱艹爪”：释行均编《龙龛手镜（高丽本）》上声卷二“草部第六”有“⿱艹爪”字，下注曰：“音爪，草名也”；不过，平声卷一“瓜部第六十”之“瓜”字下注曰：“古花反……又一部与爪部相滥，爪音侧绞反”，北京：中华书局，1985 年，第 259、195 页。黄征《敦煌俗字典》“瓜”的俗字中有“⿱艹爪”，并举敦煌文献 P. 3666《燕子赋》“州县长官，苽萝亲戚”为例，上海教育出版社，2005 年，第 135 页。由此可见，“⿱艹爪”既有可能是“瓜（苽）”的俗字，又可能自为一字。因墓志中此字前面残损，无法从上下文来作判定，兹据原石迻录。张 1、杨皆误作“［芥］”，山误作“〔芥〕”（山称“方括号内为残字”，则“芥”字笔画有残缺，但从原石及拓片图版来看，此字非常清晰，并无残损），张 2、罗叶、石见、周伟洲《隋虞弘墓志释证》皆误作“芥”，韩作“□”，王周作“瓜”。

② “絷”：周伟洲《隋虞弘墓志释证》误作“挚”。

③ “突”：韩误作“宠”。“直突”一词，见魏征等《隋书》卷二七《百官志中》（点校本二十四史修订本）所记北齐“直突属官，有直突都督、勋武前锋散都督等员”，北京：中华书局，2019 年，第 3 册，第 845 页。

④ “凉”：原石仅存此字左上角笔画，据此残笔并参照第 10 行“凉州刺史”，可知为“凉”字。张 1、张 2、杨、韩、山、王周、罗叶、石见皆径作“凉”。

⑤ “刺（刺）”：“刺”为“刺”字之讹，故据改。

⑥ “汲”：《后汉书》卷三一《郭伋传》作“伋”，第 4 册，第 1091—1093 页。

11 童①儿，讵应拟娓（媲）②。简陪闾阖，奋吒③惊④遒。功振卷舒，理署僚府。除假仪同

12 三⑤司、游击将军。貂珰⑥容貌⑦之形，佩山玄玉之势。郑袤⑧加赏，五十万余；

13 张⑨华腹心，同涂⑩异世。百员亲信，无所愧也。武平（570—575）既鹿丧纲颓⑪，建德（572—577）遂

---

① “童”：原石仅存此字下部“里”字笔画，张1、张2、杨、韩、山、王周、罗叶皆误作“里”，石见径作“童”。对照此字左右各列并排之字，可知“里”是此字的下部笔画，而非全字。又，《后汉书·郭伋传》记其为并州牧，“始至行部，到西河美稷，有童儿数百，各骑竹马，道次迎拜”，可知此字实为“童”。

② “娓（媲）”：“娓”为“媲”字之讹。敦煌文献S. 388《正名要录》“正行者揩（楷）脚注稍讹”类，在“媲”字下列有“娓”，见中国社会科学院历史研究所、中国敦煌吐鲁番学会敦煌古文献编辑委员会、英国国家图书馆、伦敦大学亚非学院合编，周绍良主编《英藏敦煌文献（汉文佛经以外部分）》第1卷，成都：四川人民出版社，1990年，第173—174页。故据改。张1、张2、杨、山、王周、罗叶、石见皆据原石照录作“娓”，韩作“媲”。

③ “吒”：张1、张2、杨、韩、山、王周、罗叶皆误作“叱”。

④ “惊”：张1、张2、韩皆误作“警”。

⑤ “三”：原石仅存此字下部一横笔画，据此残笔并参以“仪同三司”之官名，可知为“三”字。张1、张2、杨、韩、山、王周、罗叶、石见皆径作“三”。

⑥ “珰”：张2误作“铛”。

⑦ “貌”：原石作“皃”，为“貌”之俗字，韩、王周即作“貌”。张1、张2、杨、山、罗叶、石见皆作“良”。

⑧ “郑袤”：韩脱。郑袤在《晋书》卷四四有列传。

⑨ “张”：原石存此字左下部笔画，张1、杨皆作“［张］”，山作“〔张〕”，张2、韩、王周、石见皆径作“张”。

⑩ “涂”：张1、张2、杨、韩、山、王周、罗叶皆作“途”。“涂”“途”二字可通，见汉语大字典编辑委员会编纂《汉语大字典（第二版）》，武汉：崇文书局、成都：四川辞书出版社，2010年，第515、1745页。

⑪ “颓”：原石作“頺”字，为“颓”字之讹，见S. 388《正名要录》“右正行者揩（楷）脚注稍讹”类，在“颓”字下列有“頺”，见周绍良主编《英藏敦煌文献（汉文佛经以外部分）》第1卷，第173—174页。张1、张2、杨、韩、山、王周、罗叶、石见皆径作“颓”，周伟洲《隋虞弘墓志释证》误作“领”。

14 蚕食关左。收珠弃蚌，更慘琴瑟。乃授使持节、仪同大将军、广兴县开

15 国伯，邑六百户。体饰金章，衔轡簪笏，诏充可比大使，兼领乡团。大象（579—580）

16 末，左（佐）① 丞相府，迁领并、代、介②三州乡团，检校萨保府。开皇（581—600），转仪同三司，

17 敕领左帐内，镇押并部。天道眭③昧，灾眚斜流。九转未成，刈兰溘尽。春

18 秋五十有九，薨于并第。以开皇十二年（592）十一月十八日葬于唐叔虞

19 坟东三里。月皎皎于隧前，风肃肃④于松里。镌盛德于长夜，播徽猷于

20 万祀。乃为铭曰：

21 水行驭历，重瞳号奇。隆基布政，派胤云驰。润光安息，辉临月支。簪缨

22 组绶，冠盖羽仪。桂辛非地，兰馨异土。翱翔数国，勤诚十主。扣响成钟，

23 应声如鼓。蕴怀仁智，纂斯文武。缓步丹墀，陪游紫阁。志闲规矩，心无

① “左（佐）”：“左丞相府”一句读来欠通顺，缺少动词作谓语，疑“左”为“佐”之通假字。张金龙《隋代虞弘族属及其祆教信仰管窥》（载《文史哲》2016年第2期，第107页）亦云：“按‘左丞相府’语意不清，或有脱漏，可能是指他当时属于左丞相府治下，并不意味着在左丞相府任职。”

② “介”：韩误作“瓜”。

③ “眭”：张1、张2、杨、韩、山、罗叶、石见皆误作“茫”。

④ “肃肃”：韩误作“萧萧”。

24 □□。秋①夜挥弦，春朝命酌。彩威鳞②凤，寿非龟鹤。前鸣③笳吹，后引旗旌。

25 □□□□，宏④奏⑤新⑥声⑦。日⑧昏⑨霜⑩白⑪，云⑫暗⑬松⑭

---

① “秋”：原石此字左上角残损，张 1、张 2、杨、韩、山、王周、罗叶、石见皆径作“秋”，据剩余笔画可从。

② “鳞”：原石此字左边残损，据剩余笔画似为“鳞”。杨、山、石见皆误作“麟”，韩误作“绘”。

③ “鸣”：罗叶误作“鸣”。

④ “宏”：王周作“宏”。其实原石此字十分清晰。

⑤ “奏”：王周作“奏”。原石此字不太清晰，但仍能辨认。

⑥ “新”：王周作“新”。原石此字不太清晰，但仍能辨认。

⑦ “声”：王周作“声”。其实原石此字十分清晰。

⑧ “日”：王周作“日”。其实原石此字十分清晰。

⑨ “昏”：王周作“昏”。其实原石此字十分清晰。

⑩ “霜”：原石左下角略残，但完全可以辨认。张 1、张 2、杨、韩、山、罗叶、石见皆径作“霜”。

⑪ “白”：王周作“白”。其实原石此字十分清晰。

⑫ “云”：王周作“云”。其实原石此字十分清晰。

⑬ “暗”：原石此字左边残缺，从残剩笔画及上下文意可以判断为“暗”。张 1、张 2、杨、韩、山、罗叶、石见皆径作“暗”。

⑭ “松”：原石此字左边残缺。张 2 作“〔松〕”，张 1、杨、韩、山、罗叶、石见皆径作“松”。

青[①]。□[②]河[③]玉[④]树[⑤]，永[⑥]阏[⑦]台[⑧]扃[⑨]。

二、虞弘夫人墓志

由志盖（99TSY：55）和志身（99TSY：18、51）组成。

志盖（图1-9）被发现时，在墓室西北壁和石椁之间的地上，呈正方形，盝形顶，边长约61厘米，四周带杀，杀顶边长56厘米。四杀尺寸不同，上下杀宽9厘米，左右杀宽8厘米，厚7.5厘米。一角略残。盖面光滑平整，无文字和纹饰。

志身（图1-10）残碎，今仅存5块，分别散落在石椁正面甬道门

---

① “青”：原石此字左边残缺，从残剩笔画及上下文意可以判断为“青”。张1、张2、杨、韩、山、罗叶、石见皆径作“青”。

② “□”：原石此字左边残缺，右边“口”字清晰。张1作“〔〕”，张2、杨、韩、山、王周、罗叶、石见皆径作“□”。

③ “河”：原石此字左边残缺，从残剩笔画可以判断为“河”。张1、张2、杨、山皆作“〔河〕”，杨作“［河］”，王周、石见皆径作“河”，韩作“□”。

④ “玉”：原石此字左边残缺，据剩余笔画可以判断为“玉”。张1作“〔〕”，张2、杨、韩、山、王周、罗叶皆作“□”，石见径作“玉”。

⑤ “树”：原石此字左边残缺。张1、张2、杨、山、王周、罗叶、石见皆径作“树”，韩作“□”。

⑥ “永”：原石此字左边略有残缺。张1、张2、杨、韩、山、王周、罗叶、石见皆径作“永”。

⑦ “阏”：原石此字左下角略有残缺，据剩余笔画及上下文意可知为“阏”。王周、罗叶皆径作“阏”（罗新、叶炜《新出魏晋南北朝墓志疏证》第419页误作“阖”，罗叶在修订本中作了更正）。张1、山皆作“〔阖〕”，杨作“［阖］”，张2、韩、石见皆径作“阖”，均误。

⑧ “台”：原石此字左半部残损，据剩余笔画及上下文意可以判断为“台”。张1、张2、山皆作“〔台〕”，杨作“［台］”，韩、王周、罗叶、石见皆径作“台”。

⑨ “扃”：原石此字左边略有残缺，据剩余笔画及上下文意可以判断为“扃”。张1、张2、山皆作“〔扃〕”，杨作“［扃］”，韩、王周、罗叶、石见皆径作“扃”。“扃”字后面，诸家皆未录文字，但从原石来看当有两个方格，第一个有划痕但并非文字。

图 1-9　虞弘夫人墓志的志盖（99TSY：55）
（采自《太原隋虞弘墓》第 92 页图 129）

口和西北壁靠南的地方。[①] 其中有 4 块可以拼合，且上下完整，属墓志的后半部；[②] 另 1 块不可拼接。根据拼合以后的部分来测量，墓志的左边边长为 61 厘米，与志盖边长相同，两者正好相合，因此可以推断志身也呈正方形，宽亦为 61 厘米，厚 8 厘米。拼合以后，每行约 20 字（双行并注的两个小字视作正文一字）。拼合部分最大的宽度有 11 行，另 1 块单独不可拼合的残石有 5 行，加起来为 16 行。以整块墓志为 20

① 山西省考古研究所等编著《太原隋虞弘墓》第四章《墓葬形制》（张庆捷撰）第 13 页图 5“虞弘墓主要出土器物分布图”中，虞弘夫人墓志残块列有 18、51 两处。从该书第 92 页图 127、128 及后面的图版一七“虞弘夫人残墓志”（99TSY：18、51）、图版一八“虞弘夫人墓志残石”来看，图 5 中的两处墓志残块似即图 127、图版一七，是可以拼合的 4 块残石，不过图 5 所绘形状并不太像；图 128、图版一八为另一块单独的残石，似未编号。

② 《太原隋虞弘墓志》称“志石右侧完整，左侧残损”，第 94 页。不确。实应为左侧完整，右侧残损。

图 1-10　虞弘夫人墓志的志身（99TSY：18、51）
（采自《太原隋虞弘墓》图版一七、一八）

行左右（约 19—21 行）计，可知还残损 3—5 行左右。[①] 现存 5 块残石所存文字可识读者，约有 115 字，[②] 若加上根据残剩笔画和上下文意可以推断者，至少可达 118 字，为原石字数（若满刻）的 1/4 强。目前所存文字皆为楷书，无界格。据《太原隋虞弘墓》介绍，墓志四侧有细线雕刻的蔓草纹饰，惜所附图版及拓片未予展现。

对照虞弘夫妇墓志可以发现，前者制作精美，石质很好，美观典雅；而后者较为简陋，质地粗劣，尤其是志盖素面无文，反映了相隔 6 年先后入葬的夫妇二人的境遇已经大不相同。今人的研究也同样重视虞

① 王其祎、周晓薇《隋代墓志铭汇考》称“志文行数不详”，第 2 册，第 97 页。

② 《太原隋虞弘墓志》称“几块碎墓志上共存志文 111 字”，第 94 页。少了 4 字。

弘而忽略其夫人，对于虞弘夫人的墓志，目前仅见张庆捷、王其祎与周晓薇、石见清裕等个别学者有著录，研究则更少。兹以原石为据，并参校前人录文，将虞弘夫人墓志的志身文字迻录于下：①

(前缺)②

1 言⊏③

2 望河洲而⊏④

3 能修内政，礼⊏⑤

4 □[人]⑥魏氏⊏⑦

5 ⊐□□⊏⑧

(中缺)⑨

1 ⊐⑩掌珠⊏⑪

---

① 一行之中，前缺文字用“⊐”表示，中缺文字用“□”表示，后缺文字用“⊏”表示。前人录文有以下论著：山（第 94 页）、王周（第 273—274 页）、石见（第 148—149 页）。需要说明的是，山将可以拼合的 4 块残石的录文置于前面，另一块的录文置于后，分别录文，没有提到两者的前后关系；王周、石见则按照文字的前后顺序录文。

② “（前缺）”：王周在“言”字前面注明“上阙”。

③ “⊏”：原石残缺，山作“⧄”，石见作“［”，王周作“□□□□□□□□□□□□□□□□□□□□□□”。

④ “⊏”：原石残缺，山作“⧄”，石见作“［”，王周作“□□□□□□□□□□□□□□□□□□□□”。

⑤ “⊏”：原石残缺，山作“⧄”，石见作“［”，王周作“□□□□□□□□□□□□□□□□□□”。

⑥ “□[人]”：原石首字残损，次字左上角亦残，似为“人”字。山作“⧄”，王周录作“□[人]”，石见作“□□”。

⑦ “⊏”：原石残缺，山作“⧄”，石见作“［”，王周作“□□□□□□□□□□□□□□□□□□□□”。

⑧ 本行诸家皆未录，但有两字右边可见残剩笔画。

⑨ “（中缺）”：王周注明“下阙”，石见、山皆分开录文，不过山的顺序倒置。

⑩ “⊐”：原石残缺，山、王周、石见皆作“□□□□□□□”。

⑪ “⊏”：原石残缺，山作“⧄”，王周、石见皆作“□□□□□□□□□□□□□”。

2 ▭[①]□[②]仪同先逝▭[③]

3 ▭[④]□[⑤]田，三徙西河。▭[⑥]

4 有□□开皇十七年▭[⑦]八⃞[⑧]年

5 十一月□七日，窆于▭[⑨]。右⃞[⑩]临悬瓮，左

6 带汾川。春□[⑪]秋风，何殊平日。乃为□[⑫]□[⑬]：

---

① “▭”：原石残缺，山、王周、石见皆作“□□□”。

② “□”：原石此字残剩左下角，山、王周、石见皆作“□”。

③ “▭”：原石残缺，山作“⧄”，王周、石见皆作“□□□□□□□□□□□□□”。

④ “▭”：原石残缺，山、王周、石见皆作“□□”。

⑤ “□”：原石此字残剩下部笔画，山、王周、石见皆作“□”。

⑥ “▭”：原石残缺，山作“⧄”，王周、石见皆作“□□□□□□□□□□□□□”。

⑦ “▭”：“山、王周皆作“□□□□□□□□□□”，石见作“□□□□□□□开皇十”，但从墓志及拓片图版中看不到“开皇十”三字。该行前有“开皇十七年”，后有“八⃞”字，确可推补出“八⃞”字之前为“十”，但“十”字前面是否必有“开皇”二字，原石完全残缺。石见连“八”字都不能完全识读，用字外加框的形式表示，不知何以能清楚地读出“开皇”二字？尤其是该行前面已有“开皇”二字，一般来说不可能重复出现。

⑧ “八⃞”：原石此字仅存左边一撇，但参照后面的“年”字和前面的“七年”，可以推断为“八”字。山作“［八］”，王周、石见皆作“八⃞”。

⑨ “▭”：原石残缺，山、王周、石见皆作“□□□□□□□”。

⑩ “右⃞”：原石此字仅存左半部，据此残笔并参照后面的“左”字，可以推测为“右”。王周、石见皆作“右⃞”，山径作“右”。

⑪ “□”：原石此字漫漶，山、石见皆作“□”，王周作“草”。

⑫ “□”：原石此字几乎全残，山作“□”，王周、石见皆作“铭⃞”。

⑬ “□”：原石此字残存上部笔画，山、石见皆作“言”，王周作“云”。从后字残剩笔画看，以“言”为胜。

7 本源[1]遥□[2]，□芳[3]不绝[4]。才非先后，人无[5]优劣。笃生彼美，

8 ____[6]□[7]高，恭妻愧节。其一[8]其妻后[9]逝，其夫先

9 ____[10]□孀。闻诗闻礼，有珪有璋。功成身

10 ____□□。其二[11]轻雪[12]随风，微[13]霜降早。百卉零落，千丛

11 ____□□，□[14]名□[15]表。

虞弘夫人墓志残碎严重，特别是墓志中最重要的开头部分缺失，以至于无法知晓她的姓名、籍贯及家族世系。颇堪注目的是，志文中有

---

① "源"：原石此字漫漶，山、王周、石见皆作"源"，可从。

② "□"：原石此字漫漶，笔画可见但难以识读。山、石见皆作"县"，王周作"县"。

③ "□芳"：原石前字漫漶，难以识读。山、王周、石见皆作"□□"。

④ "绝"：原石此字右上角残损，山、王周、石见皆径作"绝"，可从。石见（第151页）还注意到铭文第一部分"绝""劣""节"等字押韵。

⑤ "无"：原石此字漫漶，山、王周、石见皆径作"无"，可从。

⑥ "____"：原石文字漫漶，山、石见皆作"遣黄□□□□"，王周作"缩黄□悦。□□"。从铭文的第一部分押韵来看，"悦"字较为可取。

⑦ "□"：原石此字漫漶，山、石见皆作"□"，王周作"惭"。

⑧ "其一"：石见据原格式作"其一"，山、王周皆作"其一"。

⑨ "后"：原石此字漫漶，可见外部轮廓之笔画，山、王周、石见皆径作"后"，可从。

⑩ "____"：原石文字漫漶，山、石见皆作"□其□□□□□"，王周作"亡。其□□□，□□"。

⑪ "□□。其二"：原石文字漫漶，残剩部分笔画，山作"□□□杨□"，王周作"□，厥□□杨。其二"，石见作"□□□□杨□"。

⑫ "雪"：原石此字仅存右下部，山作"［雪］"，王周、石见皆作"雪"。

⑬ "微"：原石此字漫漶，山、王周、石见皆径作"微"，可从。

⑭ "____□□，□"：原石文字漫漶，山作"☐长□身"，王周作"□□。□□□□，□□□□图。□□长□，声"，石见作"□□□□□□□□□□□□□□民□身"。

⑮ "□"：原石此字上部略有残损，山、王周、石见皆作"空"，可从。

"□[人]魏氏"之语。关于"[人]"字，左半残损，王其祎、周晓薇径录作"人"，周氏甚至据此将墓志定名为《虞弘妻魏氏志》，称"'□人魏氏'，疑即虞弘夫人"。[①] 从该字的残存笔画及整个字的结构来看，确有可能为"[人]"，但从残碎墓志拼接后的情况判断，"□[人]魏氏"所在之行并不属于墓志尾部的铭文，而是位于整篇墓志的第5—9行中的某行，参照其他墓志，即便所缺之字为"夫"，作为墓志的主人公，似不可能以这样的用语出现在这一位置。此外，石见清裕对虞弘夫人进行了考析，虽然在墓志录文中没有录出"魏"字前面的半残文字，但从其行文来看，似乎也是把魏氏当作虞弘夫人看待的。他注意到虞弘的婚龄以及究竟在茹茹还是北齐结婚的问题，然因墓志残损，无法判读"魏氏"前后的文字而作罢。[②]

第三节　虞弘墓志中的"鱼国"

虞弘墓志中最引人注目的，无疑是两次出现的"鱼国"一词：一处是称虞弘为"鱼国尉纥驎城人"，另一处是记载其祖父□奴栖为"鱼国领民酋长"。这个鱼国位于何处？石椁上雕绘的人物全是高鼻深目、髭须浓密的胡人，他们大多为鱼国人，究竟是什么民族呢？原本生活在哪里？为什么会迁徙到太原？这一切都迷雾重重，扑朔迷离，神秘的鱼国成了一个历史之谜。尤为引人注目的是，墓志上的两个"鱼"字都是挖改后重新刻写的。为什么要挖改重刻呢？在挖改以前原本刻的是什么字？这使得原本难解之谜更加增添了一层迷雾。20年来，中外学者为了解开这个历史之谜，多方钻研，不断探索，提出了各种各样的观点，为我们了解这个神秘的鱼国启益增智，开拓思路；但是迄今为止，

---

① 王其祎、周晓薇《隋代墓志铭汇考》第2册，第274页。该志"附考"中之"晓薇案"。

② 石见清裕《ソグド人墓誌研究》，第147—151页。

这些观点都只是停留在猜证层面，尚未彻底解决根本性的问题。

在传世史籍中，目前只见到春秋时期长江上游偏东地区有个鱼国。《左传》“鲁文公十六年（公元前611年）”条记载，庸人叛楚，楚人伐庸，“七遇皆北，唯裨、鯈、鱼人实逐之”。杜预注曰：“裨、鯈、鱼，庸三邑。”[①] 这个原本属于庸国的鱼邑，在《水经注》卷三三《江水注》中被称为鱼国：“江水又东迳鱼复县故城南，故鱼国也”；[②]《通典》卷一七五《州郡典五》“云安郡”条亦云：“夔州今理奉节县。春秋时为鱼国。”[③] 唐奉节县即位于汉鱼复县。[④] 在北魏郦道元与唐代杜佑看来，夔州（云安郡）所在的鱼复县故城一带就是春秋时期的鱼国，在今重庆市奉节县。这个鱼国距离虞弘及其父祖生活的6世纪相差千余年，而且春秋鱼国人与虞弘夫妇合葬墓石椁上西域风格的鱼国人迥不相同，自然不可能是同一个鱼国。

在考古资料中，陕西省宝鸡市出土了一组西周強国墓葬，如1974年冬至1975年春在茹家庄发掘的強伯、井姬夫妇合葬墓，1980年在竹园沟发掘的強国贵族墓地，1981年在纸坊头发掘的強伯墓。[⑤] 通过这些考古发现，尹盛平认为“在今宝鸡市区渭河南北两岸，主要是从渭河南岸的清姜河谷翻过秦岭至凤县境内的嘉陵江上游地区，在西周时存在着一个文献失载的強国”；不过，他说“強字单言语读为鱼，复言语读为弓鱼”，且说“鱼”与“吴”音同字通，认为“春秋时代吴国诸王自称的族名，是来源于弓鱼这一族名”；他还说：“由于強字用单音语读

① 杨伯峻编著《春秋左传注》，北京：中华书局，1981年，第2册，第619页。

② 陈桥驿《水经注校释》，杭州：杭州大学出版社，1999年，第586页。

③ 杜佑《通典》卷一七五《州郡典五·古梁州上》，北京：中华书局，1988年，第5册，第4596页。

④ 李吉甫《元和郡县图志阙卷逸文》卷1《山南道》“夔州”条，见《元和郡县图志》，下册，第1057页。

⑤ 卢连城、胡智生《宝鸡強国墓地》上、下册，北京：文物出版社，1988年。

‘鱼’，以下我们称其国为‘鱼国’”。[①] 这个西周𢐗国比上述春秋鱼国的时代更早，距离虞弘及其父祖的时代相差1500年左右，更不可能是同一个鱼国。

现代学者考证鱼国的所在，提出了漠北高车或柔然、赫连夏、步落稽、渔阳、粟特、大月氏、波斯、突厥、喀什和塔吉克斯坦、地中海地区诸说，[②] 可谓众说纷纭，观点各歧。由于没能找到与鱼国相关的关键资料，学者们仍然停留在猜测性的解读上，尚未取得根本性的突破。然而，在虞弘为胡人这一点上则众口一词，并无异议。

此外，邓盼在考证一组隋唐鱼氏造像记和墓志时，根据其中的鱼政、鱼本墓志均记载到“白狼”，结合前人对汉代白狼夷的研究，以及巴蜀青铜器上的鱼形图案，认为鱼氏族群来自川西一带的白狼夷。[③] 白狼夷固然有崇拜鱼图腾的传统，但邓氏所论巴蜀青铜器与汉代白狼夷的时代，与这组隋唐鱼氏墓志在时间上相距遥远，与虞弘墓志中的西域鱼国也显然无涉。不过，邓氏所揭鱼氏造像记和墓志确为中古时代从西域东迁的鱼国胡人后裔，是探究鱼国之谜的重要资料。

那么，这个神秘的“鱼国”究竟在哪里呢？这正是本书所要探讨的内容。笔者试图通过细读虞弘墓志文字、解读石椁图像中的虞弘冠饰，以及史籍中所记隋代西域漕国祭祀顺天神用巨型鱼脊骨、漕国王所戴金鱼头冠，虞庆则“本姓鱼”及其子虞孝仁“以骆驼负函盛水养鱼

---

① 尹盛平《西周史征》第一章第三节《西周的𢐗国与吴太伯、仲雍奔“荆蛮”》，西安：陕西师范大学出版社，2004年，第41—42页。2021年7月29日，笔者在宝鸡聚旺博物馆看到正在展出的多枚玉制和铜制的鱼币。

② 冯培红《廿年虞弘夫妇合葬墓研究回顾与展望——以虞弘族属与鱼国地望为中心》，《西域研究》2020年第2期，第153—165页。

③ 邓盼《新见中古鱼氏的几方新材料——兼论鱼氏族群的起源》，刘进宝主编《丝路文明》第2辑，上海：上海古籍出版社，2017年，第115—130页。

而自给”,[1] 还有墓葬中出土悬挂着鱼的骆驼俑,[2] 将这些看似毫不相干、且又不易索解的碎片材料，加以串联、整合，重新进行逻辑嫁接，挖掘与剖析驼鱼组合的意象，尝试揭开鱼国的神秘面纱，最终破解历史谜案。

---

① 《隋书》卷四〇《虞庆则传》(点校本二十四史修订本)，第 4 册，第 1328、1330 页。

② 偃师商城博物馆《河南偃师两座北魏墓发掘简报》,《考古》1993 年第 5 期，第 40 页图 3、5 及文后图版壹之 2、图版肆之 3；洛阳市文物工作队《河南洛阳市吉利区两座北魏墓的发掘》,《考古》2011 年第 9 期，第 54 页图一一之 1。

第二章　鱼国之谜的探索历程

——以虞弘族属与鱼国地望为中心

光阴倏忽，岁月荏苒，自1999年虞弘夫妇合葬墓发现至今已经有20年了。[①] 在这20年间，中外学者围绕虞弘族属、鱼国地望、石椁图像等，进行了多方考证与热烈争论，提出了各种各样的观点。尤其是关于前二者，为学界争论之焦点，歧说颇多，至今未获一致性的认识。总的来看，学者们仍然停留在对“鱼国”的猜测性解读上，涉论石椁图像的也仅得出中亚粟特或波斯风格的宽泛之论。如何走出旧的解读模式，实现根本性的突破，彻底解决“鱼国”之谜，亟须从总结学术史、深挖相关信息、转换研究视角等方面入手，庶几才能发现鱼国之秘密，从而破解这道困惑学界长达20年的历史难题。

历史上，许多民族都有相对固定的居住区域，并深染该区域之文化，打上鲜明的烙印，因此族属与地望具有密切的关联。学界讨论虞弘族属与鱼国地望，也往往一并加以讨论。因此，本书以族属、地望为中心，总结回顾20年来虞弘夫妇合葬墓的研究成果，兼作评议，并尝试探索新的解读模式，对未来研究提出展望，以寻求突破。

---

① 本书原稿撰成于2019年，书中所写的计算年份也以该年为准，而非出版印刷之年。特此说明。

第一节　探索史回顾（上）

学界对虞弘夫妇合葬墓的争论焦点主要有两个：一是虞弘的族属，二是鱼国的地望。关于族属，学者们无一例外都判断其为胡人，但是具体的族属及鱼国的地望，则众说纷纭，意见各异。下面以学者们提出族属的时间先后为序，进行总结述评，以期为进一步的探究提供基础。

一、高车说

1999年虞弘夫妇合葬墓发现后，翌年张庆捷、姜伯勤就刊布相关信息并作了初步讨论，指出墓葬图像与西域，特别是粟特、波斯及祆教有着密切的关系。[①] 从第三年起，学界讨论虞弘族属与鱼国地望的论文迅速增多，其中张庆捷提到了虞弘与高车袁纥的关系。高车又称铁勒、敕勒，种类繁杂，分布极广，从漠北到西域皆有其部落。有些学者通过对虞弘墓志中的“鱼国”“尉纥驎城”二词进行分析，提出了高车说，然因对“尉纥驎”的语言学分析有异，尽管都认为出自高车，但具体部族却有所不同，甚至有人把鱼国与尉纥驎城从族属上区别开来，认为前者指柔然，后者属高车袁纥部。持高车说者人数不多，但涉及的内容却颇为复杂，兹列作表2-1于下：

表2-1　高车诸说表

学者	提出年份	部族
张庆捷	2001年	高车袁纥部（?）

① Zhang Qingjie et al., "Brief Reports of the Stone Sarcophagus of Yu Hong", A. Carved Reliefs on the Stone Sarcophagus of Yu Hong at Taiyuan (by Zhang Qingjie), B. The Pictorial Program of the Reliefs on the Stone Sarcophagus of Yu Hong (by Jiang Boqin), *China Archaeology and Art Digest: Zoroastrianism in China*, vol. 4, no. 1, 2000, pp. 30–34.

（续表）

学者	提出年份	部族
杨晓春	2007 年	高车袁纥部
罗丰	2002 年	高车纥突邻部
张金龙	2016 年	鱼国＝柔然
		尉纥驎＝高车袁纥部

1. 高车袁纥部说

2001 年，张庆捷在考释虞弘墓志时说，鱼国是西域的一个小国或部落，并且提到“尉纥驎”与高车部族之一的袁纥/韦纥之关系，称“韦纥与尉纥驎前两字读音相近，又都在西域柔然势力范围内，两者是否有联系？或者说，尉纥驎是否是韦纥的一座城呢？鱼国和袁纥有无联系？甚么关系？这些问题，都有待进一步探研”。[①] 不过，他只是揭出了这层关系，却未作进一步的探讨。

2004 年，杨晓春对虞弘墓志所记史事进行编年考证，推测志文中“弈叶繁昌，派枝西域；倜傥人物，漂注□□”中所缺二字为“北地”，遂将鱼国考定在漠北，虞弘祖父“□奴栖”所任鱼国领民酋长为柔然官职。[②] 三年后又撰文考证“鱼国”“尉纥驎城”二词，对于后者，他把“尉纥驎”拆分为“尉纥”“驎”两部分，认为“尉纥”即“韦纥/袁纥/回纥（UyCur）”之另译，省译为“鱼”，把“鱼”当作音译汉字，而非实有其义；“驎”为其后缀。这样，鱼国与尉纥驎城有着共同的来源，鱼国就是韦纥（回纥/袁纥），役属于柔然。他甚至指出，尉纥驎是一操突厥语的部族名，未必真有一城，而是鱼国的牙帐所在

① 张庆捷《虞弘墓志考释》，《唐研究》第 7 卷，2001 年，第 147 页。

② 杨晓春《隋〈虞弘墓志〉所见史事系年考证》，《文物》2004 年第 9 期，第 75 页。

地。[1] 关于墓志中“漂注□□”中的缺字，若是补作“东夏”，可能比“北地”对仗更工，更为准确；而且，虞弘祖孙三代的名字“□奴栖”“君陁”“莫潘”，具有典型的西域胡风特征，且墓志中提到“派枝西域”，以及石椁浮雕人物皆为高鼻深目、多髭须的西域胡人形象，鱼国当位于西域，而非漠北。

2. 高车纥突邻部说

2002 年，罗丰指出“所谓鱼国尉纥驎或即突邻之异译，或为与之有关联之相邻部落，‘尉’也许即‘鱼’雅化后用字，尉纥驎或即鱼纥驎”；“纥驎”即史籍中常见的“贺驎”“纥突邻”，遂提出高车纥突邻部说。他又提到，柔然初主木骨闾曾依附于纥突邻部，认为鱼国与柔然有密切关联，因居住在“水出大鱼之地”而名；虞弘祖上“派枝西域”，是说鱼部族可能随柔然向西扩张而抵达西域，尉纥驎城是柔然在西域修筑的城；虞弘的祖父“□奴栖”担任鱼国领民酋长，该职“大都是北方部族的酋帅，而鲜有西域、中亚之民族”，这与高车纥突邻部位于漠北正相符合。[2] 其实，“派枝西域”一语是追溯颛顼、特别是虞舜的一支后裔远赴西域，尽管这只是墓志的一种虚构叙述，但显然不是说柔然时期鱼部族随之西征。关于“尉纥驎城”一词，罗丰、杨晓春的解读完全不同，究竟是“尉”为前缀抑或是“驎”为后缀，两人均在猜测。领民酋长也不是必为北方部族之酋帅，《魏书》卷一一三《官氏志》称“诸方杂人来附者，总谓之‘乌丸’，各以多少称酋、庶长”，这里说的是“诸方”而非“北方”，可见乌丸也不完全指东胡，而是对诸方来附者的统称，诸方部落的首领称酋长、庶长。参照此，领民酋长自然不必非北方部族之酋帅，来自西域鱼国的酋帅也可称领民酋长。

---

① 杨晓春《隋〈虞弘墓志〉所见“鱼国”、“尉纥驎城”考》，《西域研究》2007 年第 2 期，第 113—120 页。

② 罗丰《一件关于柔然民族的重要史料——隋〈虞弘墓志〉考》，《文物》2002 年第 6 期，第 78—79 页。

3. 茹茹（柔然）亡国后归魏的高车袁纥部说

2016年，张金龙考察了汉隋间的鱼氏与虞氏，所涉及的鱼（虞）氏人物较为广泛，拓展了虞弘夫妇合葬墓的研究视界。他认为虞弘与虞庆则、鱼俱罗同族，皆出自茹茹统治下的高车袁纥部；鱼豢、鱼遵、鱼玄明为汉人，是春秋巴地鱼国的后裔。关于“尉纥驎城”，他主张“尉纥驎”与“韦纥/袁纥”属于同音异译，后者是前者的省书，为北魏高车六部之一，被安置在六镇东部之四镇辖区的某一城戍；他推测，北魏孝文帝末年，虞弘的祖父“□奴栖”以领民酋长的身份参与袁纥树者领导的叛魏行动，率领部民投奔茹茹国，其子君陁、孙虞弘皆仕于茹茹，故以“茹”为姓，但到茹茹灭亡前夕，出于自保而以“鱼”姓代替“茹”，原因是“茹”“鱼”二字音近，作为胡族译语可以互相替代，既而又改为“虞”，提出鱼国即已经亡国的茹茹国之观点。[①]

张文的逻辑相当复杂，推测成分较多。首先，鱼遵和鱼俱罗属同一家族，皆为冯翊鱼氏，把同一家人分属胡汉，显然失当。他说：“鱼俱罗更有可能原本出生在北齐，周灭齐时被徙居关中。若此，则其原居地当在晋阳，为虞弘同宗子弟的可能性甚大。”然《隋书》卷六四《鱼俱罗传》记其为冯翊下邽人，是鱼氏首望冯翊鱼氏的代表人物，其家族自十六国前秦鱼遵以来就世居于此；[②] 而虞弘则属于晋阳鱼氏，[③] 与冯翊鱼俱罗无涉。其次，墓志中同时出现“鱼国”和“茹茹国”二词，而且各出现了两次，显然不是指同一国。最后，张氏认为“尉纥驎”之

① 张金龙《隋代虞弘族属及其祆教信仰管窥》，《文史哲》2016年第2期，第91—113页。

② 林宝撰、岑仲勉校记《元和姓纂（附四校记）》卷二“鱼”条，北京：中华书局，1994年，第1册，第195—196页。

③ 敦煌文献BD. 8679《氏族志》云：“□（晋）阳郡三姓并州：仪、景、鱼”，见任继愈主编《国家图书馆藏敦煌遗书》第103册，北京图书馆出版社，2008年，第385页。又参乐史《太平寰宇记》卷四〇《河东道一》“并州”条，北京：中华书局，2007年，第2册，第841页。

“䮕”字为省书，这与杨晓春把“䮕”当作后缀一样，均非正解。

二、粟特说

虞弘墓志记其字“莫潘”，许多学者认为出自粟特语，加之石椁上雕绘有祆教图像，而粟特地区信奉祆教，由此容易给人造成虞弘出自粟特的印象。粟特说不但倡论较早，而且从起初的模糊不定到后来逐渐占据上风，俨然成为学界最主流的观点。甚至有些学者将虞弘笼统地视作粟特人，而根本不作任何论证。也正因此，粟特说大有清理验判之必要。[①] 为方便起见，兹将持粟特说的诸家观点列作表 2-2，以便概览。

表 2-2　粟特诸说表

<table>
<tr><th>学者</th><th>提出年份</th><th>备注</th></tr>
<tr><td>Boris Marshak（马尔夏克）</td><td>2001 年</td><td></td></tr>
<tr><td>余太山</td><td rowspan="2">2002 年</td><td>Massagetae 人</td></tr>
<tr><td>吉田丰、影山悦子</td><td></td></tr>
<tr><td>Catherine Delacour（德凯琳）</td><td>2004 年</td><td></td></tr>
<tr><td>张庆捷</td><td>2005 年</td><td></td></tr>
<tr><td>服部等作</td><td rowspan="2">2006 年</td><td></td></tr>
<tr><td>毕波</td><td></td></tr>
<tr><td>森安孝夫</td><td rowspan="3">2007 年</td><td></td></tr>
<tr><td>罗新</td><td></td></tr>
<tr><td>王小甫</td><td>火寻国人</td></tr>
<tr><td>麦超美</td><td>2008 年</td><td></td></tr>
<tr><td>卓鸿泽</td><td>2009 年</td><td>粟特人或粟特化之丁零人</td></tr>
</table>

① 杨泓在分析康业、安伽、史君、虞弘墓以后，对粟特说持谨慎态度，认为粟特民族只是一个假定，本来就没有统一的民族文化，见杨泓《中国汉唐考古学九讲》，北京：文物出版社，2015 年，第 186 页。

（续表）

学者	提出年份	备注
石见清裕	2011 年	粟特系柔然
曾布川宽		
王丁		
孙武军	2014 年	
李鸿宾	2016 年	
沈睿文	2018 年	
王素		
赵世瑜	2019 年	

需要说明的是，以上学者大多笼统地提出粟特说，但也有个别人考论较具体，如提出鱼国即昭武九姓之一的火寻国，或者是居住在粟特Gava，或以为出自粟特但居住在渔阳国。此外还有人认为鱼国人是居住在粟特地区的 Massagetae、丁零、大月氏等族。

下面对以上诸文逐一述评，其中未作论证而径言虞弘为粟特人者，统置于最后。

2001 年，马尔夏克率先提出粟特说，他逐一考察了虞弘夫妇合葬墓各幅图像，并与美秀、安阳、天水的石棺床进行比较，分析了图像中的祆教特征，认为主要体现了粟特人的特点，但同时也杂糅突厥、印度，甚至可能还有阿拉伯的文化因素。①

2002 年，余太山对虞弘墓志中的重要文句逐一进行考释。首先，他推测“□□膺箓，徙赤县于蒲坂”中所缺二字为“虞舜”，并据“派枝西域”一语认为，“虞弘之先为虞舜枝裔，曾随虞舜徙蒲坂，旋即远赴西域”。其次，根据铭文中的“润光安息，辉临月支”，认为鱼国一度与帕提亚波斯、大月氏有密切关系，并据此推测“虞弘之先可以追溯

① Boris Marshak, “La Thématique Sogdienne dans l’Art de la Chine de la Seconde Moitié du VIe Siècle”, *Comptes Rendus des Séances de l’Académie des Inscriptions et Belles-Lettres*, *145 ^{e} Année*, N. 1, 2001, pp. 252–259.

之居地应该在妫水即阿姆河北岸的索格底亚那（Sogdiana）”，原因有四：一是波斯、大月氏、粟特均紧邻妫水，粟特深受波斯文化影响，这与石椁图像中的波斯风格相一致；二是虞弘检校萨保府，这个管理胡人的官职与粟特人有关；三是石椁图像中的粟特袄教色彩；四是虞弘的字“莫潘”多为粟特人所用。最后，在鱼国位于粟特地区的基础上，将其比定为希罗多德《历史》所记粟特地区的Massagetae人，他们傍锡尔河而居，以捕鱼为生，Massagetae一说原意为鱼。[①] 余氏推补“虞舜”二字，或可信从，蒲坂是传说中虞舜的都城；称虞弘是虞舜的枝裔，实际上是因地理相近、姓氏音同，虞弘攀附了中华古帝虞舜。至于说虞弘的祖先随虞舜迁徙蒲坂，事涉渺远，自然是不足征信的；所言“远赴西域”也是站在传统的中原立场上，对渺不可及的远古祖先所作的虚拟描说，事实上虞弘家族原本就是西域人。余氏仅据铭文中提到的安息、月支，便将鱼国推断在粟特地区，虽然举出了四条理由，但均非核心证据，不足以资证其说。Massagetae人只是一种猜测性说法，缺乏严密的逻辑考证，仅聊备一说而已。

同年，吉田丰、影山悦子合作发表论文，从虞弘夫妇合葬墓、安伽墓、固原史氏墓群出土及美秀美术馆藏的粟特墓葬，讨论了东迁粟特人及其丧葬礼仪。他们不仅把虞弘直接当作粟特人，而且还指出虞弘的字“莫潘”是粟特名Mākhfarn（月神的荣光）的音译汉字。[②]

2005年，考古报告《太原隋虞弘墓》正式出版，由张庆捷执笔的第八章《石椁装饰图像》在逐一介绍椁壁浮雕、椁外壁墨绘、椁座浮雕、椁座后壁彩绘图像内容后，对石椁图像中的男性人物从发式上进行分类统计，指出有短发、波浪形长发、长披发三种，并根据这三种发式将他们认定为粟特人、波斯人和突厥人，称“这三种人中粟特人的数量

---

① 余太山《鱼国渊源臆说》，《史林》2002年第3期，第16—20、68页。

② 吉田丰、影山悦子《ソグド人—典籍を補う最新の出土資料から》，《月刊しにか》第13卷第10号，2002年，第44页。

最多，所以我们有理由认为，图像人物以粟特人为主，则鱼国的地望和文化背景也应该与粟特有关”。① 张氏判断族属的依据是发式，但如其所说，“古代中亚人普遍留着短发”，中亚人的分布范围比较广，他指出焉耆、悦般、嚈哒、康国人皆为短发，甚至匈奴人也留着有髻短发，因此仅以短发来判定鱼国与粟特有关，尚不能彻底坐实。2020 年，张氏十年前的旧著《胡商 胡腾舞与入华中亚人——解读虞弘墓》再版，更名为《解读虞弘墓——北朝定居中国的粟特人》，将虞弘的族属从笼统的中亚人观点旗帜鲜明地改为粟特人。②

2007 年，森安孝夫出版《丝绸之路与唐帝国》一书，在第二章《粟特人的登场》第四节《进入东方》中专列“虞弘墓发现的冲击”一小节，指出“虞”虽非粟特姓氏，但从虞弘家族的出身、虞弘字“莫潘”为粟特语 Mākhfarn，以及石椁图像的构造和拜火坛等出发，再参比安伽墓、史君墓、康业墓，将虞弘判定为粟特人。③

---

① 山西省考古研究所等编著《太原隋虞弘墓》第八章《石椁装饰图像》（张庆捷撰），第 149 页。而在此之前，张氏尚不认可粟特说，如 Zhang Qingjie et al., “Brief Reports of the Stone Sarcophagus of Yu Hong”, A. Carved Reliefs on the Stone Sarcophagus of Yu Hong at Taiyuan (by Zhang Qingjie), *China Archaeology and Art Digest*: *Zoroastrianism in China*, vol. 4, no. 1, 2000, pp. 30-33；山西省考古研究所等（张庆捷等执笔）《太原隋代虞弘墓清理简报》，《文物》2001 年第 1 期，第 27—52 页；张庆捷《〈虞弘墓志〉中的几个问题》，《文物》2001 年第 1 期，第 102—108 页；《虞弘墓志考释》，《唐研究》第 7 卷，2001 年，第 145—175 页。以上诸文皆未谈到虞弘的族属问题，仅言鱼国位于西域或中亚。2003 年，张氏发表《太原隋代虞弘墓图像中的波斯文化因素》（载叶奕良编《伊朗学在中国论文集》第 3 集，北京大学出版社，2003 年，第 237—255 页）一文，指出石椁图像中至少有波斯、突厥、印度、鱼国四种文化因素；该文后来收入其个人论文集《民族汇聚与文明互动——北朝社会的考古学观察》（北京：商务印书馆，2010 年，第 455—480 页）时作了修改，即第 455 页正文及注③在“鱼国”后面分别加了括注，即“鱼国（应属粟特地区）”“鱼国（粟特）”，显然是吸收了《太原隋虞弘墓》中他本人的观点，认为鱼国属于粟特地区。

② 张庆捷《解读虞弘墓——北朝定居中国的粟特人》，第 18 页。

③ 森安孝夫《シルクロードと唐帝国》，东京：讲谈社，2007 年，第 122—124 页。

同年，王小甫在研究拜火教与突厥时，提出虞弘出自粟特火寻说。他指出，虞弘家族从西域东迁而来，虞弘的字“莫潘”是拜火教祭司Mōbad的音译，源出于波斯语 *magupati，本义为穆护首领（祭司长）；“虞（鱼）”字古音与Khīwa相堪同，鱼国即Khwārazm/Khīwa，也就是阿姆河下游的货利习弥（又曰火寻）国，属于粟特昭武九姓之一；而“尉纥驎”古音与Gurgāndj/Ürgenč相堪同，是火寻国的首府。[①] 对音问题十分复杂，比如“莫潘”一词，王氏与林梅村、吉田丰、影山悦子、卓鸿泽、王丁等人所释均不相同；又如“虞（鱼）”的对音，也与下述卓氏观点有所区别。

2008年，麦超美根据周伟洲所持之大月氏说，进一步阐述“大月氏国即粟特国，大月氏是种族名称，粟特是国名”，[②] 将大月氏与粟特相等同，是不准确的。

2009年，卓鸿泽考证了虞弘墓志中的三个胡名，指出鱼（虞）为 *gav-之对音，称“‘鱼国’殆指中亚粟特（Swγδyk）人居地Gava（在Sogdiana）”；又根据《资治通鉴》卷九三所记“丁零翟斌，世居康居，后徙中国”，认为“虞弘族属实有二种可能，或系粟特人，或为粟特化之丁零人”。[③] 后一种推论纯属臆测，缺乏论证。

2011年，石见清裕在综列前人诸说的基础上，指出石椁图像虽然呈现出波斯文化，但胡旋舞、祆教拜火坛与所祭之神却具有粟特风格，这与稍后在西安发现的史君墓、安伽墓具有相似性；他还认为虞弘字

① 王小甫《拜火教与突厥兴衰——以古代突厥斗战神研究为中心》，《历史研究》2007年第1期，第32—33页。

② 麦超美《从〈隋虞弘墓志〉看府兵制度的发展》，《西南大学学报》2008年第1期，第163页。

③ 卓鸿泽《〈大隋故仪同虞公墓志〉中三胡名拟测及粟特胡、丁零胡问题》，原载沈卫荣主编《西域历史语言研究集刊》第2辑，北京：科学出版社，2009年；修订后改题为《〈大隋故仪同虞公墓志〉中鱼国胡名拟测及粟特胡、丁零胡问题》，收入其《历史语文学论丛初编》，上海古籍出版社，2012年，第118—120页。

“莫潘”，很可能是他的本名，即粟特语 mākhfarn，而检校萨保府是粟特社会特有的称号，遂判断他是粟特人，并称之为“粟特系柔然”。①

同年，曾布川宽在研究中国出土的粟特石刻画像时，虽称虞姓不属于昭武九姓，但根据虞弘的字“莫潘”为粟特语的汉字音译，也把虞弘夫妇合葬墓当作粟特墓葬一并讨论。②

同年，王丁对虞弘墓志中的“君陁”“莫潘”二词进行考释，认为它们都属于粟特语。他从音韵的角度判断，虞弘之父名“君陁”与印度河上游粟特行客题壁中的人名 kwnt 接近，但称“该词的词源本义不明”；关于“莫潘”的对音，他批判了林梅村、卓鸿泽的比定，认为是粟特名 m'xprn 的音写。确定了这两个词的粟特语源，他进一步设想，这一表征是否暗示了虞弘家族的母语背景？③ 通过语言学的考察，王氏倾向于虞弘出自粟特。

2018 年，沈睿文考察了太原金胜村发掘的一组唐墓，从无棺葬习俗及第 5 号墓出土的波斯萨珊银币、嵌有白色琉璃的银戒指等物，论证它们是入唐粟特裔祆教徒的墓葬；尤其是第 5 号墓还出土了一方虞祖墓志，志盖上刻有“□君墓志”四字，从发掘者描摹的志盖文字看，所缺之字似为“虞”，不过虎头下部的“吴”虽由“天”“口”组成，位置却互为颠倒，他“颇疑二者不能完全吻合，很可能是墓志书写者汉文水平较低或是描摹过程中出现的偏差”。沈氏甚至认为，“这批太原金胜村唐墓墓主便很可能与虞弘所辖种落有着千丝万缕的关系”，“可能为虞姓粟特胡”，“金胜村一带应是初唐政府特意安葬太原地区粟特贵

---

① 石见清裕《太原出土〈虞弘墓誌〉（隋・开皇十二年五九二年）》，原载《史滴》第 3 号，2011 年；此据《ソグド人墓誌研究》，第 138—143 页。

② 曾布川宽、吉田丰编《ソグド人の美術と言語》第 5 部《中国出土ソグド石刻画像の図像学》（曾布川宽撰），京都：临川书店，2011 年，第 268 页。

③ 王丁《中古碑志、写本中的汉胡语文札记（一）》，罗丰主编《丝绸之路上的考古、宗教与历史》，北京：文物出版社，2011 年，第 238—243 页。

族首领的一个墓地。其规划恐跟隋时虞弘夫妇安葬于此存有某种关联”。[①] 从整篇墓志文字看，撰写者的汉文水平确实不高，对于笔画较为繁复的“虞”字而言，写起来有难度，以至于部分笔画出现倒书的情况，这正是鱼国人在汉化过程中的特点。金胜村与王郭村距离不远，均属于晋源区，从虞弘检校萨保府及掌领并、代、介三州乡团看，整个虞氏的势力遍布河东地区，虞弘与虞祖出自同一部族是完全可能的，但是否必为粟特人则仍可讨论，因为无棺葬习俗并非粟特人所独有。另外，他不仅将同在并州的虞祖与虞弘联系起来，而且推测他俩是粟特人。这与他此前所持虞弘为步落稽人的观点已经发生了变化。[②]

同年，王素认同林梅村所持虞弘出自稽胡（即步落稽）的观点，但进而又提出稽胡即契胡、羯胡的观点；又据《尔朱彦伯墓志》所记“惟安命氏”“姓寔安建”，认为出自契胡的尔朱彦伯本姓安，是粟特人，这样就把尔朱彦伯、虞弘都当作步落稽（稽胡、契胡、羯胡）乃至粟特人，称他们“实为同族”；鱼国为渔阳国的省称，虞氏从粟特来到中国，居住在渔水之阳，故以“渔”亦即“鱼”为姓。[③] 笔者也赞同步落稽说，但王氏把稽胡、契胡、羯胡及粟特人等同起来，却很难经得起推敲。《北史》卷六《齐本纪上》记高欢“乃诈为书，言尔朱兆将以六镇人配契胡为部曲，众皆愁。又为并州符，征兵讨步落稽”，这里同时出现“契胡”“步落稽”，两者显然不是同族。[④] 其次，尔朱彦伯是否原本姓安，也颇可怀疑，墓志中在“惟安命氏”后面紧接着说“降参

① 沈睿文《太原金胜村唐墓再研究》，沙武田主编《丝绸之路研究集刊》第2辑，北京：商务印书馆，2018年，第7—32页。

② 沈睿文《夷俗并从——安伽墓和北朝烧物葬》，《中国历史文物》2006年第4期，第12—13页。

③ 王素《北魏尔朱氏源出粟特新证——隋修北魏尔朱彦伯墓志发覆兼说虞弘族属及鱼国今地》，《故宫博物院院刊》2018年第5期，第63—69页。

④ 卓鸿泽对此也作了驳论，见《羯胡、契胡、稽胡之若干基本问题》之“九、‘契胡’是否即‘羯胡’?”，《历史语文学论丛初编》，第112—115页。

作相”，在“姓寔安建”后也有“惟参比何”，志主原本应当姓曹，“参”指汉相曹参，其始祖为曹安。[①] 最后，王氏把鱼国考定在渔阳，也与鱼国原本位于西域不符。

以上学者从各个方面论说了虞弘为粟特人，鱼国位于粟特地区，有的甚至得出了比较具体的结论，如火寻、Massagetae、丁零、大月氏等。总的来看，这些论说大多显得笼统，在论证上也存在不少缺环，但都根据各种资料与视角作了或多或少的猜证。而另外一些学者则径称虞弘为粟特人，或者是承袭前人观点，但未作任何论证，如：2004 年，德凯琳在研究虞弘石椁图像时，怀疑虞弘是粟特人，但不能完全肯定，所以打了个问号；[②] 2006 年，服部等作考察了石椁浮雕图像中的座具、座像及其起居、飨宴的习俗，认为具有西域、尤其是粟特祆教的特征，其论文题目为《粟特人虞弘墓浮雕上所见座像与飨宴的光景》，径定虞弘为粟特人，把它当作一个不需验证的先天性定论；[③] 同年，毕波在考辨“虞弘夫妇宴饮图”时，也是把它放在粟特墓葬的系统里来论说的，尤其是从粟特人信奉的祆教神祇的角度，更加强化了这一认识；[④] 2007

---

① 林宝撰、岑仲勉校记《元和姓纂（附四校记）》卷五“曹”条，第 1 册，第 564 页。

② Catherine Delacour, “Les Banquettes en Pierre une Partiquelarité des Coutumes Funéraires des Chefs de Communautés Sogdiennes Inhumés en Chine au VIe Siècle”, Guimet Musée National des Arts Asiatiques (ed.), *Lit de Pierre*, *Sommeil Barbare*: *Présentation*, *après Restauration et Remontage*, *d'une Banquette Funéraire ayant Appartenu à un Aristocrate d'Asie Centrale Venu s'Établir en Chine au VIe Siècle*, Musée Guimet, 2004, p. 13.

③ 服部等作《ソグド人虞弘墓の浮き彫りにみる座像と饗宴の光景》，荒川正晴主编《東トルキスタン出土“胡漢文書”の総合調査》，2013—2015 年度科研费补助金［基盘研究（B）］研究成果报告书，大阪大学大学院文学研究科，2006 年，第 87—102 页。

④ 毕波《虞弘墓所谓“夫妇宴饮图”辨析》，《故宫博物院院刊》2006 年第 1 期，第 66—83 页。

年，罗新在考释虞弘墓志所见柔然官制时，也直接称虞弘可能是粟特人；[1] 2014 年，孙武军在考察入华粟特人墓葬图像时，称“由于与其他入华粟特人葬具图像的相似性，笔者这里也将虞弘墓列入讨论范围”；[2] 2016 年，李鸿宾在探讨粟特及后裔墓志铭文书写的程式意涵时，也称“虞弘墓中石椁雕绘的人物同样有深目高鼻的粟特人形状”。[3] 2019 年，赵世瑜考察太原晋祠及周边地区的寺庙，径称“虞弘家族来自西域鱼国，为粟特人，不赘”，并略为言及石椁床座上的火坛和半鸟半人祭司的浮雕，指出大多学者认为表现了祆教拜火仪式，也有学者认为体现了佛教的影响。[4] 从严格意义上讲，这些成果关于虞弘族属的认定并不具有研究性。

总之，粟特说大多属于猜测，显得较为笼统；个别学者虽有具体的指认，但仍不足以成为定论，论证缺环较多，不足征信。

第二节　探索史回顾（下）

三、步落稽说

此说由林梅村于 2002 年提出，他认为“虞弘家族实乃十六国以来活跃于中国北方的稽胡，族源或与中亚突厥系统民族有关”。林氏指出，稽胡的族名“步落稽”，古音可读 buo-lak = kiei，疑为突厥语 balag

① 罗新《虞弘墓志所见的柔然官制》，《北大史学》第 12 号，2007 年，第 51 页。

② 孙武军《入华粟特人墓葬图像的丧葬与宗教文化》，北京：中国社会科学出版社，2014 年，第 69、84—93、204—205 页。

③ 李鸿宾《粟特及后裔墓志铭文书写的程式意涵——以三方墓志为样例》，荣新江、罗丰主编《粟特人在中国：考古发现与出土文献的新印证》，北京：科学出版社，2016 年，上册，第 180 页。

④ 赵世瑜《多元的标识，层累的结构——以太原晋祠及周边地区的寺庙为例》，《首都师范大学学报》2019 年第 1 期，第 8 页。

（鱼）；并以隋代名将虞庆则（本姓鱼）、鱼俱罗作为辅助论证，判定他们都是步落稽，而出自鱼国的虞弘与虞庆则一样，原本姓鱼，鱼国为步落稽之意译。他得出结论：“总之，稽胡属于讲突厥语的北狄系统民族，至少在4世纪中叶，就从欧亚草原某地迁入黄河流域，最初在山西永济至陕西渭南一带定居。5世纪初，鱼氏祖先入仕夏国赫连氏，迁到薄骨律城。北魏破薄骨律后，虞弘祖父任北魏领民酋长。大约5世纪，虞弘之父离开薄骨律城，随柔然降户亡命漠北，改仕柔然汗国。”关于“尉纥驎城”，林氏认为该城在柔然境内，并将之比定为敦煌、吐鲁番文书与中外史籍中的“木来”“磨克里”“m(a)krīn（篾克邻）”“b(a)krīn（别克邻）”“ba-ker-pa-lig（磨贺婆力）”，而墨离为木来之别称，位于伊州北部天山地区，最后考定为今新疆维吾尔自治区哈密市伊吾县下马崖乡西南3公里的下马崖古城。

他还讨论了步落稽的族源，指出与南匈奴无涉，根据虞弘墓志中“派枝西域”一语而认为主体来自中亚，是个渔猎兼畜牧的部族；进而从中亚找到了一个位于大湖之畔、从事渔猎的比千部落，将之与步落稽相勘同。他指出，许多粟特人融入了铁勒部落，虞弘的祖先随粟特、铁勒向东方迁徙，从西域辗转迁入中原；并从虞弘字莫潘、检校萨保府等方面，判断其是一名火祆教徒。①

林氏从语言学角度入手，指出突厥语 balag 在汉译时，音译为步落稽，意译为鱼，是很有见地的。虞弘祖父“□奴栖”为鱼国领民酋长，② 笔者颇疑也是 balag 的汉译另写，所缺之字音 ba，可写作“步”或“白”等汉字，其名字本身就是鱼的意思。在石椁图像中，虞弘所戴头冠的本体部分，也雕刻了一条鱼的形状。③ 中古时期，西域地区形

① 林梅村《稽胡史迹考——太原新出隋代虞弘墓志的几个问题》，《中国史研究》2002年第1期，第71—84页。

② 山西省考古研究所等编著《太原隋虞弘墓》，第87、91页。

③ 山西省考古研究所等编著《太原隋虞弘墓》，第108页，图147。

势复杂，各种势力竞相角逐，造成大量部族四散迁徙，迁徙时往往整个部落一起移动，鱼国即是如此。林氏将虞弘与同时代的胡人虞庆则、鱼俱罗进行关联考察，是极有必要的，他们无疑都属于步落稽，但需加注意，部族的迁移时间和路线并不是单一的，后两者的祖先早在十六国时就已经东迁，生活在灵武、关中等地；而虞弘家族晚至南北朝时才进入柔然，在北魏分裂以后再南下，定居于并州太原。因此，说虞弘之父君陁先至薄骨律城，再进入柔然，不仅添加了不少猜测成分，而且把虞弘与虞庆则完全地捆绑到一起，也是没有必要的。

墓志虽然说虞弘是鱼国尉纥驎城人，但未必如林氏所说是柔然之城，此城与木来、磨克里、m(a)krīn、b(a)krīn、ba-ker-pa-lig、墨离、麦克零、乜克力的关系，作者更多的是在勘同后八词，而对它们与尉纥驎之间究竟存在怎样的关系，则阐述薄弱，因此尉纥驎城是否就是伊吾县境内的下马崖古城，则成了无源之水。林氏将鱼国比定为中亚地区的铁勒比千部落，仅凭他们生活在湖边，靠渔猎生活，猜度的成分未免过大。

林氏提出的步落稽说，后来得到郭平梁、沈睿文、王素等人一定程度的支持。不过郭氏又说："步落稽并不是鱼国的本身，而是鱼国亡后其遗民的统称"；并称步落稽虽为突厥语"鱼"的译音，但"将这个词音译作步落稽则尾音欠妥"，其尾音当另有所本，他猜测是突厥语的附加成分"-ä"，意为"什么什么的"或"什么什么人"，所以主张把步落稽理解为以鱼为姓，或鱼国人。他根据虞庆则本姓鱼，其祖先居于灵武、仕于赫连夏国，以及《太平御览》所记凤翔元年（413）"五月，雨鱼于统万"，把鱼国比定为夏国；又认为尉纥驎与薄骨律在组词时读音相近而勘同为一。为了说明墓志中"派枝西域"的问题，除了虞弘家族所仕之柔然曾将势力伸入西域外，他甚至把夏国也纳入广义泛称的西域。[①] 郭氏肯同步落稽说，但仅据虞庆则的祖先曾仕于夏及"雨鱼"

---

① 郭平梁《〈虞弘墓志〉新考》，《民族研究》2006 年第 4 期，第 64—70 页。

现象，就把鱼国认定为赫连夏国，则不确切，因为仕于夏不等于赫连夏国就是鱼国，这只能说明虞庆则家族居住在夏国灵武城；至于“雨鱼”之怪兆，除了赫连夏国外，在汉、唐、明诸朝皆有所见，[①] 难以用来证明赫连夏国即鱼国。郭氏自己也说，尉纥驎、薄骨律“读音也不甚相同”，很难比定勘同。柔然确曾控有西域，但把夏国也纳入广义泛称的西域之中，则显得过于牵强。

沈睿文、王素也赞同林梅村的说法，认为虞庆则、虞弘为步落稽人，但后来又称虞弘为契胡、羯胡乃至粟特人，[②] 如前所论并不准确。此外，姜伯勤在2001年已指出虞庆则是灵武回乐人，仕于赫连夏国，认为虞弘祖父所任之“鱼国领民酋长，或在灵武”，“服属赫连氏之鱼姓，或为匈奴所属之胡人”。[③] 这里所说的“匈奴”当指“匈奴右贤王去卑之后，刘元海之族”的赫连勃勃，但是“胡人”之说则嫌宽泛。

四、大月氏说

此说由周伟洲于2004年提出。他认同虞弘是虞舜的后代，墓志中的“派枝西域”是说上古时期虞舜一族的一支后裔西迁西域，并将之与西汉时西迁的大月氏等同起来，认为“月氏”即先秦典籍中的“禺知”或“禺氏”，禺、月、鱼三字音近，遂将鱼国与大月氏相勘同，居住在“妫水（今阿姆河）北”。关于尉纥驎城，他否定了罗丰所持的纥

① 班固《汉书》卷二七中之下《五行志中之下》，北京：中华书局，1962年，第5册，第1431页；刘昫等《旧唐书》卷一八二《高骈传》，北京：中华书局，1975年，第14册，第4711页；《新唐书》卷三六《五行志三》，第3册，第938页；张廷玉等《明史》卷二八《五行志一》，北京：中华书局，1974年，第2册，第437页。

② 沈睿文《夷俗并从——安伽墓和北朝烧物葬》，《中国历史文物》2006年第4期，第12—13页；王素《北魏尔朱氏源出粟特新证——隋修北魏尔朱彦伯墓志发覆兼说虞弘族属及鱼国今地》，《故宫博物院院刊》2018年第5期，第63—69页。

③ 姜伯勤《隋检校萨宝虞弘墓石椁画像石图像程序试探》，巫鸿主编《汉唐之间文化艺术的互动与交融》，第29—30页。

突邻说，言纥突邻又名纥豆陵，后来改姓为窦而非鱼；尉纥驎城只能在大月氏境内求之，自然位于阿姆河以北一带。[①]

然而对于这样的解释，周氏自己也认为存在不少疑问。比如，他提到墓志中同时出现了“鱼国”“月氏”二词，遂解释为虞弘进入北齐以后，依托其先祖为黄帝之裔有虞氏，“不愿直书其原为戎狄月氏之名，故以月氏之‘月’（鱼）为其国名和姓氏”。如同张金龙把墓志中同时出现的“鱼国”“茹茹”相勘同一样，周氏将“鱼国”“月氏”等同起来，也是不对的。至于墓志中不愿直书作为戎狄之名的月氏，放在隋朝的时代背景中也是很难解释得通的。[②]

又如，铭文中有“润光安息，辉临月支”之语，周氏把月氏当作虞弘的祖国，而称安息为邻国。这样的解释仅是择取于己说有利的月氏，有偏颇之嫌。

再如，针对史籍中经常出现的“支胡”及支姓人，周氏将之解释为小月氏以“氏（支）”为姓，而大月氏以“月”为姓，改姓为鱼（虞）。此说十分牵强，事实上很多大月氏人以支为姓，如“王充，字行满，本西域人也。祖支颓耨，徙居新丰”，后来祖父去世，年少的祖母嫁给王粲为小妻，父支收随祖母改嫁，改姓王氏，“充卷发豺声”，[③]显然是一位大月氏后裔，以支为姓。西安市东郊出土的《西魏大统十年

---

① 周伟洲《隋虞弘墓志释证》，荣新江、李孝聪主编《中外关系史：新史料与新问题》，第 247—258 页。

② 杨巨平在综列诸家观点后说：“周伟洲先生提出‘鱼国—月氏’说，将地望的确定往前推进了一步”，但又提出三点商榷意见，认为此说“仍值得斟酌”。不过，他也只是笼统地定在“西域或中亚地区”。见张庆捷、李书吉、李钢主编《4~6 世纪的北中国与欧亚大陆》，北京：科学出版社，2006 年，第 336—337 页；此据该文修订本，收入杨巨平《互动与交流：希腊化世界与丝绸之路关系研究》第十二章第一节《虞弘墓中的外来文化因素》，北京：中华书局，2022 年，第 295—296 页。

③ 《隋书》卷八五《王充传》（点校本二十四史修订本），第 6 册，第 2134—2135 页。

（544）邑子廿七人造像记》中有“邑子康苌”“邑子康元”“邑子康□”及“邑正支曜”等名，[①] 与中亚裔民粟特康氏相并列的支曜也应当是大月氏人，担任邑正，有一定的势力。

五、地中海种族说

此说由韩康信、张庆捷于 2005 年提出。他们通过分析虞弘夫妇合葬墓石椁上近 60 个人物图像的相貌，从发式和发色、眼裂和眼色素、肤色、鼻形、唇、面部突度、头型、再生毛、身高等 9 个方面进行归类分析与讨论，得出其群体的综合特征为：“直形或波形的深色发，相应的眼色和肤色也应该是深色的，男性年长者显示有浓重的再生毛，具有长狭而强烈突起的鼻梁和直形或突形的鼻背，下垂或向前方向的鼻尖和鼻基底，小的鼻翼和唇薄等。同时还应该有前突而立体感很强的面形与有些长化的脑颅，身高不高等”，从而判断该族类群主要分布在伊朗高原、阿拉伯半岛、小亚细亚乃至印度和非洲的北部等广阔地区，其中以地中海地区最具代表性，“反映了墓主人浓重的西亚情结，折射出虞弘先祖与古代地中海种族的血缘联系”。[②]

此文收入考古报告《太原隋虞弘墓》，这一观点与同书中张庆捷所撰第八章《石椁装饰图像》根据石椁图像中男性人物的发式研究所得出的粟特说不同，而此后他一直坚持认为鱼国在粟特。因此，地中海种族说更多地代表了韩康信的观点。不过，强调西亚乃至地中海的说法在距离上似乎显得过于辽远。

六、突厥说

2006 年，安尼塔·朱里安诺（Annette L. Juliano）考察虞弘夫妇合

---

① 魏宏利《北朝关中地区造像记整理与研究》，北京：中国社会科学出版社，2017 年，第 181 页。

② 韩康信、张庆捷《虞弘墓石椁雕刻人物的种族特征》，《太原隋虞弘墓》附录二，第 189—198 页。

葬墓石椁图像中的佛教因素，将虞弘与安伽、康业、史君相区别，认为后三者是粟特人，而虞弘则有游牧民族背景，更像是突厥人。[①] 不过，对虞弘何以是突厥人，并未进行具体的论证。

七、波斯说

此说由齐东方于 2006 年提出。他详细分析了墓志石椁各壁的 9 幅人兽搏斗图像，称这种搏斗图在中国境内极为罕见，题材十分新颖。他指出，强调用动物表现神是西方文化的特征，人兽搏斗不属于中国的图像系统，骑骆驼或大象斗狮子的题材常见于中亚和西亚。这种搏斗图的画面血腥惨烈。齐氏对图像内容进行讨论辨析后认为，“虞弘墓石椁图像主要内容、文化渊源和艺术特色，与波斯美术关系密切”；“虞弘墓石椁上图像并非简单地模仿异域，应该说就是波斯文化的内容”，最后得出结论：“由于虞弘墓石椁图像总体风格和主要取向属于波斯文化，虞弘出身的鱼国与波斯有关的可能性最大。”同时，他通过与安伽墓、史君墓、康业墓等粟特墓葬的对比，更加强调了虞弘墓的波斯文化背景。[②] 2021 年，齐氏出版《我在考古现场：丝绸之路考古十讲》一书，其中第九讲《揭开面纱却更加神秘的虞弘墓》重申了这一观点。[③]

此前三年，张庆捷已经注意到石椁图像中的波斯文化因素，并作过详细考证，只不过他认为波斯文化因素只是其中之一，另外还有突厥、印度、鱼国的文化因素。[④] 从虞弘夫妇合葬墓石椁图像来看，具有波斯

---

① Annette L. Juliano, “Converging Traditions in the Images of Yu Hong’s Sarcophagus: Possible Buddhist Sources”, *Journal of Inner Asian Art and Archaeology*, vol. 1, 2006, p. 29.

② 齐东方《虞弘墓人兽搏斗图像及其文化属性》，《文物》2006 年第 8 期，第 78—84 页。

③ 齐东方《我在考古现场：丝绸之路考古十讲》，北京：中华书局，2021 年，第 199—219 页。

④ 张庆捷《太原隋代虞弘墓图像中的波斯文化因素》，叶奕良主编《伊朗学在中国论文集》第 3 集，2003 年，第 237—255 页。

文化背景是毫无疑义的；虞弘本人的图像也更倾向于波斯风格，而非粟特或其他西域城邦诸国。不过，对于图像中的袄教内容及特征，齐氏基本没有谈及，而姜伯勤、杨巨平则对此作了详细解读，后者认为虞弘是一位祆教徒，但未明确判断其族属，关于鱼国也只是笼统地认为位于西域或中亚。[①]

此外，还有一些学者出于谨慎起见，对虞弘的族属、鱼国及尉纥驎城的位置未作明确判断，仅笼统地称虞弘是北方民族或西北民族或中亚人，以及鱼国位于中亚或西域。[②]最堪注意的是，2005年谢承志等人检

---

① 姜伯勤《中国祆教艺术史》，北京：生活·读书·新知三联书店，2004 年，第 121—154 页；杨巨平《虞弘墓祆教文化内涵试探》，《世界宗教研究》2006 年第 3 期，第 103—111 页。

② Zhang Qingjie et al., "Brief Reports of the Stone Sarcophagus of Yu Hong", A. Carved Reliefs on the Stone Sarcophagus of Yu Hong at Taiyuan（by Zhang Qingjie）, *China Archaeology and Art Digest*, vol. 4, no. 1, 2000, p. 30。山西省考古研究所等《太原隋代虞弘墓清理简报》，《文物》2001 年第 1 期，第 50 页。张庆捷《〈虞弘墓志〉中的几个问题》，《文物》2001 年第 1 期，第 106 页；《虞弘墓志考释》，《唐研究》第 7 卷，2001 年，第 147 页。郑岩《青州北齐画像石与入华粟特人美术——虞弘墓等考古新发现的启示》，巫鸿主编《汉唐之间文化艺术的互动与交融》，第 73 页。A. L. Juliano & J. A. Lerner, "The Miho Couch Revisited in Light of Recent Discoveries", *Orientations*, 2001, pp. 54-61；此据安尼塔·朱里安诺、朱迪斯·勒内《根据新近的发现对美穗（Miho）石榻的再认识》，陈永耘译，《西北民族论丛》第 1 辑，北京：中国社会科学出版社，2002 年，第 288—305 页。山西省考古研究所等编著《太原隋虞弘墓》第九章《结语》（张庆捷、宁立新、常一民撰），第 160 页。杨巨平《虞弘墓祆教文化内涵试探》，《世界宗教研究》2006 年第 3 期，第 103—111 页；《互动与交流：希腊化世界与丝绸之路关系研究》，第 296 页。孙武军《入华粟特人墓葬图像的丧葬与宗教文化》，第 69 页。荣新江最初称"虞弘出自北方民族""虞弘虽然属于北胡系统"（见《隋及唐初并州的萨保府与粟特聚落》，《文物》2001 年第 4 期，第 85 页），但同年将"北方民族"修正为"西北民族"，见其修订稿，收入《中古中国与外来文明》，北京：生活·读书·新知三联书店，2001 年，第 71 页；收入同书的《北朝隋唐粟特聚落的内部形态》称虞弘是中亚人，并言"鱼国是中亚的一个国家"，第 113 页；又见其《粟特与突厥——粟特石棺图像的新印证》，周伟洲主编《西北民族论丛》第 4 辑，北京：中国社会科学出版社，2006年，第1—23页。他在《北朝隋唐粟特人之迁徙及其聚落》"太原/并州"条

测了虞弘左侧股骨和牙齿中的线粒体 DNA 序列，得出结论为："虞弘本人的线粒体 DNA 序列具有欧洲序列特征，而虞弘夫人的线粒体 DNA 序列则同时具有欧洲序列和亚洲序列的特征"，"鱼国地望原位于中亚"。[①]两年后，谢氏以《新疆塔里木盆地周边地区古代人群及山西虞弘墓主人DNA 分析》为题完成博士论文，指出"虞弘的单倍型类群 U5 是西部欧亚大陆特有的单倍型，而虞弘夫人的 G 型主要分布在东亚人群中"，并推测鱼国可能位于帕米尔高原的塔吉克斯坦和中国新疆的喀什地区。事实上，在谢氏所讨论的现代中亚和中国新疆范围内，单倍型类群 U5 的分布频率主要在塔吉克斯坦，两个在中国新疆喀什，另外还有两个在哈萨克斯坦，一个在乌兹别克斯坦，[②]可见鱼族在整个中亚及中国新疆西部都有分布，古代鱼国位于这一带是确切无疑的。

第三节　小　结

以上各种说法，有的从意译的角度，认为鱼即突厥语"balag（步落稽）"，或西方史籍所记之 Massagetae，或指有水出鱼的地方；有的从读音的角度，认为鱼（虞）是从月氏之"月"、茹茹之"茹"转化而来，或是"尉纥"之省译后的雅化字，或与 Khwārazm/Khīwa、*gav-对音勘同；有的从石椁图像风格及宗教的角度，考证为中亚粟特或西亚波

（接上页）未列虞弘（见《中古中国与外来文明》（修订版），北京：生活·读书·新知三联书店，2014 年，第 91—93 页）；至《北朝隋唐粟特人迁徙及其聚落补考》"太原/并州"条补列了虞弘，不过仍称"虞弘的族属尚未确定，但肯定是西北民族"（见余太山、李锦绣主编《欧亚学刊》第 6 辑，北京：中华书局，2007 年，第 172 页）。

① 谢承志、崔银秋、刘树柏、张全超、周慧、朱泓《虞弘墓出土人类遗骸的线粒体 DNA 序列多态性分析》，《太原隋虞弘墓》附录五，第 206—207 页。

② 谢承志《新疆塔里木盆地周边地区古代人群及山西虞弘墓主人 DNA 分析》，第 62—63 页。

斯乃至地中海种族；有的从无棺葬的习俗，判断金胜村虞祖等墓是信奉袄教的粟特后裔墓葬，并推测与虞弘种落有关；有的甚至将稽胡、契胡、羯胡进行勘同，并从契胡尔朱彦伯本姓安，进而把虞弘考定为粟特人。这些说法虽然各有理据，但有些判断失之笼统，有些推测过于辗转，大多或有可商之处。

从虞孝仁“以骆驼负函盛水养鱼而自给”来看，[①] 鱼国显然有水有鱼，不可能是“月”“茹”“尉”或 Khwārazm/Khīwa、*gav-之音转。林梅村说中亚比千部落附近有大湖，罗丰言柔然水出大鱼，余太山说 Massagetae 人居住在锡尔河边，这些虽然都是有水有鱼之地，但皆属推测之论，尚缺乏更强有力的证据。郭平梁以“雨鱼于统万”来证明赫连夏国即鱼国，证据过于薄弱。虞孝仁盛水养鱼，是需要有水有鱼，但此话的寓意显然又不止于此，其所养之鱼固然有食用之可能，但虞孝仁既然因之被称为“性奢华”，更应该考虑其所统领的鱼氏部族在举行某种祭祀仪式（顺天神）时需要用鱼，且场面应当很大。林、罗、余、郭等氏仅仅注意到物质层面的鱼，而缺乏对信仰层面的鱼的关注。

总之，学者们大多从虞弘墓志中的“鱼国”一词出发，对虞弘族属与鱼国地望作了猜测性的解读，如同盲人摸象，许多不免失之片面，亦难以证实，除了张庆捷、石见清裕外，没有人言及虞弘墓志中“鱼”字的改刻问题；个别学者对虞弘夫妇合葬墓石椁图像所作的考察，都是从整体上讨论风格特征，而个别关键细部则缺乏观察，无人注意到虞弘头冠中有鱼的形状，故有遗珠之恨；而且也没有对传世史籍进行充分的挖掘分析，致使鱼国成了漏网之鱼。窃以为，今后的研究应该在批判吸纳前人研究的基础上，细致解读墓志、图像并结合同时代的西域历史去寻绎鱼国的相关线索。

---

① 《隋书》卷四〇《虞庆则传》（点校本二十四史修订本），第 4 册，第 1330 页。

第三章　虞弘的家族与生平

虞弘夫妇合葬墓给我们提供了相当丰富的历史信息，尤其是根据虞弘墓志的记载，可以了解虞弘家族及茹茹（柔然）、北齐、北周、隋代的相关历史；虞弘出自鱼国与浓郁西域风格的石椁图像，是了解此一时期东西文化交流的绝佳个案。学界虽然对虞弘墓志及墓葬开展多方研究，尤其是张庆捷、余太山、罗丰、周伟洲、杨晓春、石见清裕对虞弘墓志作过详细考释，解决了不少问题，但虞弘墓志蕴含的信息量较大，关于其生平及其家族尚有许多可以发覆之处；特别是虞弘墓志的志盖和志身大体保存完好，文字较多，内容丰富，蕴含着重要的史料信息，为了解虞弘家族及其生活的时代提供了十分宝贵的资料。本章主要根据虞弘夫妇墓志的记载，最大限度地抉发虞弘墓志的学术价值，对虞弘的家族及其生平进行钩沉索隐，并将之置于中古内陆亚洲的历史脉络下进行观察，阐明虞弘家族所处时代的历史特征。

第一节　虞弘之家族

一、所谓远祖：来自西域鱼国与攀附中华古帝

据虞弘墓志记载，他的字为莫潘，是鱼国尉纥驎城人，从志文中“派枝西域”之语与祖孙三代的名字均具有胡风特点，以及石椁上的西域胡人形象和袄教画面，可以判断鱼国应该位于西域。只不过虞弘家族

经由漠北茹茹进入北朝中原以后，在汉文化的熏染之下，至隋代虞弘夫妇合葬墓采用了汉式石堂建筑，如仿木构三开间、单檐歇山顶殿堂式建筑；两合墓志也都用汉字书写和刻写，没有出现胡汉双语墓志；虞弘家族甚至还被描绘成是颛顼高阳的后裔，[①] 这是中古时期胡人墓志中的惯用写法，攀附中华古帝，以表示他们被纳入华夏系统的正统性。不过，颛顼与鱼之间也存在一定的关系，如《山海经》卷一六《大荒西经》云："有鱼偏枯，名曰鱼妇，颛顼死即复苏。风道北来，天乃大水泉，蛇乃化为鱼，是为鱼妇，颛顼死即复苏。"[②] 除了颛顼高阳之外，墓志中还提到"蒲坂"之地名，这里是传说中虞舜的都城。[③] 虞舜被认为是颛顼的六世孙，且铭文中称"水行驭历，重瞳号奇"，前者指五行中水德的颛顼，[④] 后者指"目重瞳子"的虞舜。[⑤] 虞弘虽然是来自西域鱼国的胡人，但在北朝后期迁居太原以后，加之"鱼""虞"二字音近，遂攀附虞舜而改姓为虞，[⑥] 并且将其祖先进一步追溯到颛顼高阳。另外，墓志记载虞弘死后，葬在唐叔虞坟东 3 里。鱼国人虞弘生活在中古门阀时代的河东地区，选择以虞为姓无疑是最佳的方式。余太山认为："要

---

① 颛顼高阳是黄帝之孙、昌意之子，见司马迁《史记》卷一《五帝本纪》，北京：中华书局，1959 年，第 1 册，第 11 页。

② 刘瑞明《〈山海经〉新注新论》，兰州：甘肃文化出版社，2016 年，下册，第 683 页。

③ 《史记》卷一《五帝本纪》记"舜饬下二女于妫汭"，张守节《正义》引《括地志》提到《地记》云："河东县二里故蒲坂城，舜所都也"，第 1 册，第 21—23 页。

④ 《尔雅注疏》卷六《释天》云："颛顼之虚，虚也"，郭璞注曰："颛顼水德，位在北方"，见阮元校刻《十三经注疏（附校勘记）》，北京：中华书局，1980 年，下册，第 43 页。

⑤ 《史记》卷一《五帝本纪》云："虞舜者，名曰重华。重华父曰瞽叟，瞽叟父曰桥牛，桥牛父曰句望，句望父曰敬康，敬康父曰穷蝉，穷蝉父曰帝颛顼，颛顼父曰昌意：以至舜七世矣"，《正义》云："目重瞳子，故曰重华"，第 1 册，第 31—32 页。

⑥ 这与同从西域迁徙到太原的龙氏相类似，后者攀附夏代被赐御龙氏的刘累。参王永平《刘累御龙与河东龙氏——基于太原龙润家族墓志的考察》，《史志学刊》2018 年第 5 期，第 20—23 页；《夷俗与华风：中古时期寓居内地的一个胡人家族——以太原龙润家族为中心》，《社会科学战线》2019 年第 12 期，第 134—148 页。

之，以上志文旨在表明墓主虞弘之先为虞舜枝裔，曾随虞舜徙蒲坂，旋即远赴西域。”[①] 墓志所言“派枝西域”只是虞弘家族的自我称述，是其家族从西域东迁后为了攀附中华古帝而捏造的，这几乎是历代正史《四夷传》与中古胡人墓志的固定书写模式，所以虞弘自称是虞舜枝裔，曾随虞舜迁徙蒲坂，然后远赴西域，自不足信。实际上，虞弘家族本身就是西域鱼国人。

关于虞弘的家族，墓志中记述了□奴栖、[②] 君陁、虞弘祖孙三代人，他们主要生活在6世纪，先从西域东迁到漠北柔然，再南下中原北齐，历经北周至隋。虞弘家族在从西域到中原的广阔地域内，辗转多国，演绎了一幕幕生动鲜活的民族迁徙史。

二、祖□奴栖（balïk）：鱼国领民酋长

墓志叙述虞弘的祖先世系，最早、最明确的一代是“□□奴栖，鱼国领民酋长”（图3-1），仅有10个字的简短描述，其中尚有两字残损，以至于学者们对此人的身份和名字的判读出现歧异。笔者推断为“祖□奴栖”，□奴栖为鱼国领民酋长，是鱼氏部族中相当重要的一位领袖人物。

学界对□奴栖的讨论，主要集中于其所担任的鱼国领民酋长，而绝少论及□奴栖之人名，此点容第四章第二节专门考论。

史籍中记载北魏设有领民酋长，碑志中亦经常见到，加上前贤对北魏领民酋长研究深入，所以有些学者认为□奴栖归附于北魏、而非柔然（茹茹），被北魏政府任命为鱼国领民酋长，甚至推测鱼国位于漠北或渔阳。例如，罗丰称领民酋长是北魏历史上的一种独特制度，“大都是北方部族的酋帅，而鲜有西域、中亚之民族”，遂判断虞弘家族出自北

---

① 余太山《鱼国渊源臆说》，《史林》2002年第3期，第17页。

② 墓志中的“□□奴栖”之语，学界有不同的解读法，笔者认为应指虞弘之祖“□奴栖”，详细的辨析见本书第四章第一节。

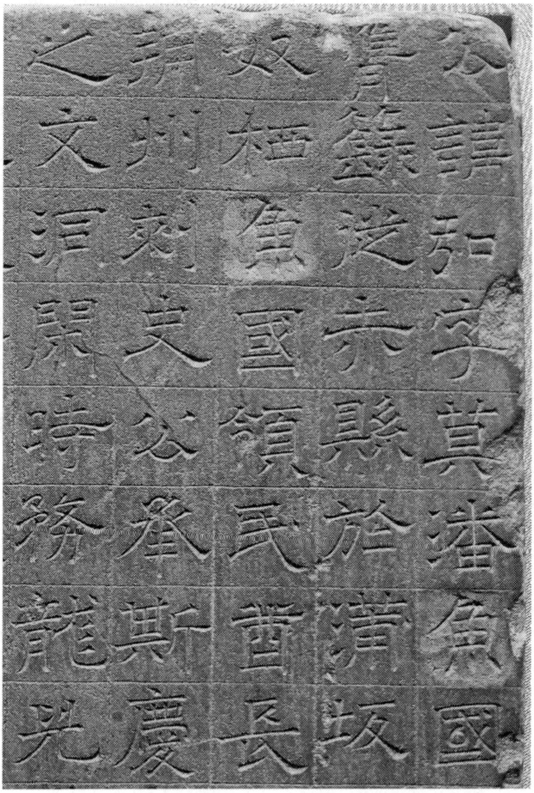

图 3-1 虞弘墓志（局部）（作者摄）

方、而非西域；[1] 王素也说领民酋长只设在北朝的北部边境，认为鱼国是北魏的地名，并将之与渔阳相勘同。[2] 周一良曾经指出，“领民酋长皆鲜卑或服属于鲜卑之敕勒、匈奴、契胡族，昭然可晓”，另外他还提到有 8 人例外，“然详细考之，此八人者或亦非汉族，或系胡化甚深之汉人也”。[3] 严耕望也认为，“就种族言，不限于高车，而鲜卑及其他诸

① 罗丰《一件关于柔然民族的重要史料——隋〈虞弘墓志〉考》，《文物》2002 年第 6 期，第 79 页。

② 王素《北魏尔朱氏源出粟特新证——隋修北魏尔朱彦伯墓志发覆兼说虞弘族属及鱼国今地》，《故宫博物院院刊》2018 年第 5 期，第 65 页。

③ 周一良《领民酋长与六州都督》，《魏晋南北朝史论集》，北京大学出版社，1997 年，第 199 页。

族亦仍保存部落酋长之旧制”；“就地域言，不限于降置高车之六镇……其他如西南东北地区亦有之”，如其所举12例中的高句丽高宗、李润镇羌王遇之祖先、安定汉人皇甫璘。[①] 于此可见，领民酋长并不一定都是北方部族的酋帅，或仅设于北部边境。《魏书》卷一一三《官氏志》云：“诸方杂人来附者，总谓之‘乌丸’，各以多少称酋、庶长。”需加注意，这里说的也不是北方、而是“诸方”，乌丸也并不是专指东胡、而是对诸方来附者的总称，诸方部落的首领称酋长或庶长。参照此，领民酋长自然不是必为北方部族的酋帅，来自西方的西域鱼国的酋帅也可称领民酋长。此外，杨晓春把鱼国领民酋长看作是柔然（茹茹）设在鱼国的称号，[②] 这一观点颇有启益，虽然目前尚未见到茹茹所设领民酋长的佐证史料，但从□奴栖之子君陁、孙虞弘均生活在茹茹来看，也不是没有此种可能。无论是北魏抑或茹茹，□奴栖既然是鱼国领民酋长，很可能已经率领部族从西域东徙至漠北了。

三、父君陁：从茹茹国到魏朝

如果说□奴栖所统之鱼国究竟在西域，抑或是已经归附北魏或茹茹，尚难以完全确定的话，那么其子君陁则已经明确移居到茹茹境内，仕于茹茹政权。虞弘墓志云：“父君陁，茹茹国莫贺去汾、达官，使魏□□□□朔州刺史”，共22字，其中有4字残损。“茹茹”即柔然，或曰蠕蠕、芮芮，虽然出自东胡，但在鲜卑南迁以后，茹茹的势力控制了广大漠北地区，甚至及于西域。早在4世纪末社仑统治时，“号为强盛，随水草畜牧。其西则焉耆之地，东则朝鲜之地，北则渡沙漠，穷瀚海，

---

① 严耕望《中国地方行政制度史——魏晋南北朝地方行政制度》第十四章《领民酋长》，上海古籍出版社，2007年，第846—847页。不过，王遇的祖先“自晋世已来恒为渠长”，皇甫璘被“请为统酋”，是否必为领民酋长，还很难说。

② 杨晓春《隋〈虞弘墓志〉所见史事系年考证》，《文物》2004年第9期，第75页；《隋〈虞弘墓志〉所见“鱼国”、“尉纥驎城”考》，《西域研究》2007年第2期，第113—119页。

南则临大碛。其常所会庭，敦煌、张掖之北。小国皆苦其寇抄，羁縻附之。于是自号豆代可汗”，[①] 最西控有西域天山以南的焉耆地区。荣新江根据吐鲁番文书《永康九、十年（472、473）阚氏高昌国出人、出马送使文书》，对高昌国与柔然（茹茹）、西域的关系作了考察，指出5世纪后期吐鲁番盆地的阚氏高昌国为柔然之附庸，奉用柔然可汗予成的永康年号（464—485）；当时，柔然与嚈哒争夺对中亚的控制权，婆罗门（天竺）、乌苌、子合、刘宋等国使节乃至鄢耆（即焉耆）国王纷纷前往柔然，[②] 足见柔然（茹茹）汗国对中亚诸国的影响力。520年阿那瓌继任茹茹可汗后，旋为族兄示发击败，南奔北魏；阿那瓌的从父兄婆罗门讨杀示发，自立为可汗。翌年，婆罗门为高车所败，投奔北魏，阿那瓌遂得归国复位。从“婆罗门寻与部众谋叛投嚈哒。嚈哒三妻，皆婆罗门姊妹也”可知，[③] 茹茹可汗婆罗门与嚈哒之间实行联姻。《续高僧传》卷二六《勒那漫提传》记其为“天竺僧”，北魏“时洛南玄武馆有一蠕蠕客，曾与提西域旧交，乘马衣皮，时来造寺，二人相得，言笑抵掌，弥日不懈。（綦毋怀）文旁见夷言”，[④] 可见蠕蠕（茹茹）客原本就在西域，与天竺僧勒那漫提为旧交，他俩在洛阳见面是用“夷言”即西域语言进行交谈的。除了茹茹可汗婆罗门与嚈哒联姻外，《北史》卷九七《西域传》“于阗国”条记载：“献文末，蠕蠕寇于阗。于阗患之，遣使素目伽上表曰：‘西方诸国，今皆已属蠕蠕’”。于阗使素目伽所言“西方诸国”，焉耆以西除于阗外还有乌孙、悦般、大月氏等国，如“乌孙国”条云：“其国数为蠕蠕所侵，西徙葱岭山中”；“悦般

---

① 《北史》卷九八《蠕蠕传》，第10册，第3250—3251页。

② 荣新江《阚氏高昌王国与柔然、西域的关系》，《历史研究》2007年第2期，第4—14页。永康九、十年，该文换算为公元474、475年，当误。

③ 《北史》卷九八《蠕蠕传》，第10册，第3262页。卷九七《西域传》“嚈哒国”条亦记“与蠕蠕婚姻”，第10册，第3231页。

④ 道宣《续高僧传》卷二六《感通上·魏洛京永宁寺天竺僧勒那漫提传》，北京：中华书局，2014年，下册，第977页。

国”条云：“与蠕蠕结好，其王尝将数千人入蠕蠕国……自是相仇雠，数相征讨”；“大月氏国”条云：“北与蠕蠕接，数为所侵，遂西徙都薄罗城。”由此可见，蠕蠕（茹茹）与西域关系极为密切，其势力远伸至葱岭以西。[①] 如上所言，茹茹可汗婆罗门的三位姊妹均嫁给嚈哒王为妻，双方缔结和亲关系，而与婆罗门对敌的可汗阿那瓌显然与嚈哒关系不睦，这种状态很可能一直持续到 545 或 546 年虞弘出使波斯之时，阿那瓌派遣虞弘出使波斯的目的，大概是为了共同对付嚈哒。

虞弘之父君陁，王丁从音韵的角度判断，该名与印度河上游粟特行客题壁中的人名 kwnt 接近，但称“该词的词源本义不明”。[②] 笔者颇疑君陁又译写作“君达”“顺达”。法国国家图书馆藏敦煌文献 P. 2049v《后唐同光三年（925）正月沙州净土寺直岁保护牒》云：“麦壹硕，白君达利润入。”[③] “白”为西域龟兹王姓，[④] 曾被称作“十姓胡中第六胡”。[⑤] 与白姓连称的“君达”恐怕亦非汉名。余欣推测《酉阳杂俎》卷一九《草篇》中的“莙荙”，本作“军达”或“君达”，雅驯后称作

---

① 另参内田吟风《蠕蠕の寄多羅月氏領バルク地方侵入について》，《北アジア史研究—鲜卑柔然突厥篇—》，京都：同朋舍，1975 年，第 325—339 页。

② 王丁《中古碑志、写本中的汉胡语文札记（一）》，罗丰主编《丝绸之路上的考古、宗教与历史》，第 241 页。

③ 上海古籍出版社、法国国家图书馆编《法藏敦煌西域文献》第 3 卷，上海古籍出版社，1994 年，第 236 页。

④ 冯承钧《中亚新发现的五种语言与支白安康尉迟五姓之关系》及《附：论龟兹白姓（向觉明）》《再说龟兹白姓》及《附：论龟兹白姓兼答冯承钧先生（向觉明）》《附：论龟兹白姓兼答刘盼遂先生（向觉明）》，皆见冯承钧《西域南海史地考证论著汇辑》，北京：中华书局，1957 年，第 158—175 页。刘盼遂《唐代白氏为蕃姓之史料二事》，《女师大学术季刊》第 1 卷第 4 号，1930 年，第 199—200 页。

⑤ 王定保撰、姜汉椿校注《唐摭言校注》卷一三《敏捷》，上海社会科学院出版社，2003 年，第 266—267 页。敦煌文献 P. 2331v《姓氏录》中有“安、康、石、必（毕）、罗、白、米、史、曹、何”等姓，白姓夹在粟特昭武九姓及吐火罗姓氏之中，显然是龟兹胡姓。见《法藏敦煌西域文献》第 12 卷，上海古籍出版社，2000 年，第 84 页。

莙荙；又据《大唐西域记》卷二所记印度蔬菜有“莙陁菜”，《一切经音义》卷八二对莙陁菜注称：“即人间军达菜也”，从而认为莙荙、军达、君达又写作莙陁。余氏指出，该词来自中古波斯语，为叶用甜菜，而与源于新波斯语的根用甜菜“诸军达”不同。[①] 古人也有用植物为姓名的，如《新唐书》卷七一下《宰相世系表一下》云：“鲜卑俗呼草为俟汾，以神农有尝草之功，因自号俟汾氏，其后音讹，遂为宇文氏。”“俟汾”的含义为草，不仅用作姓氏，而且拓跋魏的祖先圣武皇帝诘汾，[②] 诘汾即俟汾，可见植物也用作人名。如此，取以甜菜之名的君陁作为人名亦不足为怪。尤堪注意的是，《隋书》卷八三《西域传》“漕国”条云：“其王姓昭武，字顺达。”顺达当即君达、君陁。笔者认为，鱼国人曾西逾葱岭南下，迁居到今阿富汗南部，建立了漕国。关于此点，详细的论证见第六章第四节。

君陁在茹茹国担任莫贺去汾、达官，有些学者对这一串官名不施点逗，直接连读作“莫贺去汾达官”，也有些学者则将“莫贺去汾”和“达官”点开，笔者赞同后者。《北史》卷九八《蠕蠕传》记载：“太和元年（477）四月，遣莫何去汾比拔等来献良马、貂裘，比拔等称”云云；“正光（510）初，丑奴母遣莫何去汾李具列等绞杀地万”；“婆罗门遣大官、莫何去汾、俟斤丘升头六人将兵二千随具仁迎阿那瓌”。同卷《高车传》记载：“弥俄突遣其莫何去汾屋引叱贺真贡其方物。”《北史》中的“莫何去汾”即虞弘墓志中的“莫贺去汾”，可见已经成了固定的搭配之词。陈仲安点校《北史》时，在“比拔”“李具列”“丘升头”“屋引叱贺真”下面都加了下划线，以表示他们都是人名，人名之前的“莫何去汾”与“大官、莫何去汾、俟斤”为官名，尤其

① 余欣《中古时代的菜蔬与外来文明：诸军达的伊朗渊源》，《复旦学报》2013 年第 6 期，第 71—77 页。

② 魏收《魏书》卷一《序纪》（点校本二十四史修订本），北京：中华书局，2017 年，第 1 册，第 2 页。

是在丘升头的官名中，“大官”写在“莫何去汾”之前，“大官”即“达官”，亦写作“达干”“塔寒”“答儿罕”“答剌浑”等，为 tarqan 或 tarkan 的音译汉字。[①] 由此可知，君陁所任“莫贺去汾、达官”之间确实应该点开。“莫贺（何）去汾”虽然也可进一步拆分为“莫贺（何）”与“去汾”，如《蠕蠕传》记载东魏元象二年（539），阿那瓌“遣其俟利、莫何、莫缘游大力等朝贡”；四年（542）又派遣“俟利、莫何游大力送女于晋阳”，都是仅有“莫何”一词，而无“去汾”。“去汾”又写作“诘汾”“俟汾”“俟分”，[②] 尚未见到“去汾”单独作为官名使用，[③] 故此对君陁所任的“莫贺去汾”不作句逗，而“达官”则予点开。

墓志记载君陁“使魏□□□□朔州刺史”，所残 4 字，揆其文义，推测是君陁受茹茹国主阿那瓌的派遣出使魏朝，但似乎去而未归，甚至被留任为朔州刺史。所缺之字疑为“不归，留为”或类似之语。墓志中的“魏”字究竟何指？学界有三种观点：

（1）北魏说。罗丰根据《魏书》卷一〇六上《地形志上》“朔州”条所注“孝昌（525—528）中改为州，后陷”及“云州”条所注“旧置朔州，后陷，永熙（532—534）中改”，认为君陁在永熙年间或之前出使北魏。[④]

（2）东魏说。张庆捷指出，君陁出使必在虞弘出生以后，否则不

---

① 罗新《虞弘墓志所见的柔然官制》，《北大史学》第 12 号，2007 年，第 57—61 页；荒川正晴《西突厥汗国的 Tarqan 达官与粟特人》，荣新江、罗丰主编《粟特人在中国：考古发现与出土文献的新印证》，上册，第 13—23 页。

② 除了前举鲜卑拓跋诘汾、俟汾氏音讹为宇文氏外，《北史》卷九八《高车传》记有十二姓，其中“九曰俟分氏”，第 10 册，第 3273 页。

③ 罗新认为“莫贺是官号，去汾则是官称”，甚至说“‘莫何去汾’是官称‘达官’（详后）的官号”，见《虞弘墓志所见的柔然官制》，《北大史学》第 12 号，2007 年，第 53—57 页。

④ 罗丰《一件关于柔然民族的重要史料——隋〈虞弘墓志〉考》，《文物》2002 年第 6 期，第 80 页。

可能有后来虞弘代表茹茹出使北齐之事。墓志记载虞弘葬于开皇十二年（592），享年59岁，张氏认为虞弘生于534年，而东魏孝静帝于该年十月即位，故认为君陁出使的对象为东魏。[①]

（3）西魏说。杨晓春驳斥了北魏说，并从上述《魏书·地形志上》的“陷”字出发，称这是站在东魏立场上的书写，朔州为西魏所陷；又据《隋书》卷二九《地理志上》“弘化郡”条下所注“西魏置朔州，后周废”，认为君陁出使的是西魏。[②]

需加注意，《魏书·地形志上》的“陷”字放在孝昌之后、永熙之前，朔州失陷的时间在北魏，而非东、西魏，所以很可能是指北魏末朔州陷于六镇之乱。诚如张庆捷所指出，虞弘的出生年份是个关键，不过墓志并未记录其卒年，仅言开皇十二年（592）十一月入葬，卒年是否必在此年尚难断定，如虞弘夫人葬于开皇十八年（598）十一月，卒年是在开皇十七年（597）。虞弘夫人的丧事相对较简，尚需一年左右才得入土；而虞弘入葬前要雕绘完汉白玉石椁，费时费工，其卒、葬之间的时间可能更长。以虞弘卒于591年或592年推算，其出生年份为533或534年。[③] 换言之，虞弘出生于534年北魏灭亡、东魏建立之年或前一年，而西魏的建立则迟至535年。在虞弘出生以后，其父君陁出使魏朝，这个魏朝既有可能是亡国前夕的北魏，也有可能是东魏；即便是出使北魏，也很快为东魏所取代，君陁当继续留仕于东魏。上引《魏书·地形志上》“朔州”条所记“孝昌中改为州，后陷”之后，紧接着有“今寄治并州界”之语，朔州在北魏末被六镇兵攻陷以后，其建制并未

---

① 张庆捷《虞弘墓志考释》，《唐研究》第7卷，2001年，第147页。

② 杨晓春《隋〈虞弘墓志〉所见史事系年考证》，《文物》2004年第9期，第75—76页。

③ 石见清裕在整理虞弘履历时也写作：“五三三~五三四年虞弘诞生”，见《ソグド人墓誌研究》，第144页。

废除，东魏时朔州侨寄在并州界内。[①]

四、夫人之谜

关于虞弘本人，详见下节。需要注意的是，虞弘墓志中没有提及他的夫人和子嗣，但据其夫人的墓志记载，在虞弘入葬五年后，亦即开皇十七年（597），其夫人也走到了生命的尽头，并于翌年十一月开启虞弘的坟墓，夫妇两人得以合葬。墓室中发现一男一女的人骨和两合墓志，当属虞弘夫妇无疑。可惜虞弘夫人的颅面骨缺失严重，对其族属的鉴定造成了极大的困难。[②] 谢承志等人对虞弘夫人的左侧股骨和牙齿进行检测，得出“虞弘夫人的线粒体 DNA 序列则同时具有欧洲序列和亚洲序列的特征”之结论，[③] 但谢氏在两年后完成的博士论文中又说，“虞弘夫人的 G 型主要分布在东亚人群中”。[④] 还应注意的是，虞弘夫人墓志中有“□人魏氏”之语，周晓薇认为是虞弘之妻，石见清裕似乎也倾向于这种看法，但如第一章第二节所言这种可能性不大。

虞弘夫妇合葬墓石椁后壁（北壁）中间的石板内侧，在庐帐最中央的床榻上坐着一男一女，男右女左（左右方向以人物自身为基准），皆戴头冠，高鼻深目，右手均持酒具，正在对坐宴饮，中间摆放着一盘堆满的食物，身后各有两位有头光的侍者（图 3-2）。这位男子显然非墓主人虞弘莫属，但是对面的女子究竟是谁呢？则扑朔迷离，学界意见不一。

---

① 《魏书》卷一〇六上《地形志上》（点校本二十四史修订本）云：“今录武定（543—550）之世以为志焉”，第 7 册，第 2691 页。“武定”是东魏孝静帝的年号，“今寄治并州界”的“今”指的是东魏时期。

② 韩康信《虞弘墓人骨鉴定》，韩康信、张庆捷《虞弘墓石椁雕刻人物的种族特征》，见《太原隋虞弘墓》附录一、二，第 183—198 页。

③ 谢承志、崔银秋、刘树柏、张全超、周慧、朱泓《虞弘墓出土人类遗骸的线粒体 DNA 序列多态性分析》，《太原隋虞弘墓》附录五，第 206—207 页。

④ 谢承志《新疆塔里木盆地周边地区古代人群及山西虞弘墓主人 DNA 分析》，第 62—63 页。

图 3-2　虞弘夫妇合葬墓石椁后壁内侧图像摹本
（采自《太原隋虞弘墓》第 106 页图 145）

2001 年，张庆捷等人在撰写《太原隋代虞弘墓清理简报》时，推测“似为夫妻”；[①] 同年，张氏发表《太原隋代虞弘墓石椁浮雕的初步考察》一文，也持同样的观点。[②] 与张文收录在同一书中的，还有姜伯勤的《隋检校萨宝虞弘墓石椁画像石图像程序试探》一文，也推测“或为墓人夫妇”。[③] 就在这一年，张总、马尔夏克、荣新江撰写的论文

① 山西省考古研究所等（张庆捷等执笔）《太原隋代虞弘墓清理简报》，《文物》2001 年第 1 期，第 37 页。

② 张庆捷《太原隋代虞弘墓石椁浮雕的初步考察》，巫鸿主编《汉唐之间文化艺术的互动与交融》，第 12 页。

③ 姜伯勤《隋检校萨宝虞弘墓石椁画像石图像程序试探》，巫鸿主编《汉唐之间文化艺术的互动与交融》，第 43 页。“墓人”疑当作“墓主人”，夺一“主”字。

中则直接定为夫妻关系；[①] 不过，观以上行文，都是出于一种朴素的直接推断。后来，甚至有人否定了自己起初这样的粗率判定。

首先是姜伯勤在2004年出版的《中国祆教艺术史研究》一书中，收入了2001年论文的修订稿。最显眼的是，"或为墓人夫妇"这句话被删去了，[②] 这意味着姜氏对原先推测的夫妇关系持否定或中立态度。不过，书中有的地方仍然称虞弘及对面女子为"墓男女主人"。

其次是张庆捷在2005年出版的考古报告《太原隋虞弘墓》一书中，由其执笔的第八章《石椁装饰图像》基本上移录了2001年论文的内容，只是作了个别修改，而这些修改就包括原先推测的"似为夫妻"被删去了。或许，张氏是受到了姜氏改动的影响。张氏2001、2005年所写文字大多相同，为避免重复，此处仅引录后者，即《太原隋虞弘墓》描述道：

> 在床榻上坐着一男一女，**男右女左**。男子体形魁梧，梳着整齐的波浪形长发，头戴王冠，冠顶有日月形饰物。冠后有两条长达臂肘的飘带。深目高鼻，耳下有串饰，从鬓角到唇下都显示有胡须，须长且浓密，修剪整齐。颈部带一饰着联珠纹的项圈，项圈圆环外，又有三颗圆珠形饰物。身上内穿一件窄袖衣，袖口处似还有一宽边，外罩一件圆领半袖长衫，半袖处有宽边。腰系一条饰着联珠纹的腰带，下身穿窄腿裤，足穿软鞋。他向左侧身而坐，左腿弯曲

---

① 张总《祆教艺术双璧》，《世界宗教文化》2001年第1期，第19页；Boris Marshak, "La Thématique Sogdienne dans l'Art de la Chine de la Seconde Moitié du VIe Siècle", *Comptes Rendus des Séances de l'Académie des Inscriptions et Belles-Lettres*, 145e *Année*, N. 1, 2001, p. 254；荣新江《北朝隋唐粟特聚落的内部形态》，《中古中国与外来文明》，第123页（2014年出版的此书修订版第117页同）。

② 姜伯勤《中国祆教艺术史研究》，北京：生活·读书·新知三联书店，2004年，第133页。毕波也注意及此，并云："姜先生此文后来收入其《中国祆教艺术史研究》一书（北京三联书店，2004年），不知为何，收入时此处删去了'或为墓人夫妇'一句（页133）"，见《虞弘墓所谓"夫妇宴饮图"辨析》，《故宫博物院院刊》2006年第1期，第67页注〈1〉。

平放台上，右腿悬搭台下，左手自然放在左腿侧，右手端着一只多曲酒碗，举于胸前。目光温和地平视着对面的女子。

女子面对男子，曲腿坐于床榻上。她头戴花冠，冠顶似饰有几颗珠宝，头微低，眼睑下垂，也是深目高鼻，耳下有串饰，项上有珠饰，身着圆领半袖，长裙于半袖处和下半部皆有多重花瓣边饰，在胸前和腰前还有短飘带。双腿隐于裙下，左手放于左膝，右手前伸，举一高足酒杯，陪男子饮酒。

在两人之间，摆放着一个大盘，盘内盛满食物。很显然，此二人是整个场面的中心，也是这里的主人。[①]

对比2001年论文与2005年考古报告，可以发现：张氏叙述床榻上坐着一男一女以后，调整了位置关系，即将“男左女右”改为“男右女左”，特别是删去了“似为夫妻”四字；另外，第一段末尾记男子“目光温和地平视着对面的妻子”与第二段记“妻子面对着他……陪丈夫饮酒”，两处“妻子”也都改作“女子”，一处“丈夫”与一处“他”都改为“男子”。这种改动否定了原先推断的夫妻关系，固然是出于学术上的谨慎，但却未能揭明墓中二人的关系，而且第三段末尾称二人为“主人”，也显得颇为暧昧。

2010年，张庆捷出版《胡商　胡腾舞与入华中亚人——解读虞弘墓》一书，在解读此幅图像时虽然已经不再使用夫妻这一表述，但是书中有的地方仍然说道：“第5幅图像的中心人物应是墓主人夫妇，正中右侧一位男性应是虞弘，左侧一位女性应是虞弘夫人，整幅画面的主题是墓主人夫妇宴乐图。”[②]

除了张、姜二氏以外，也有一些学者仍然认为墓中此二人是夫妻关

---

① 山西省考古研究所等编著《太原隋虞弘墓》第八章《石椁装饰图像》（张庆捷撰），第107页。加黑字为笔者标。

② 张庆捷《胡商　胡腾舞与入华中亚人——解读虞弘墓》，第116页。

系，但是未作论证；[①] 也有学者认为虞弘对面的女子不是他的妻子，并且提出了自己的理由，下面对此试作分析讨论：

2006 年，毕波专门撰文考辨虞弘对面的女子的身份，从男、女人物的排位原则进行分析，指出此墓与其他同类图像相比，“有一个明显的不同，即虞弘墓此图上所谓的‘墓主夫妇’所处的左右位置和其他墓葬的恰恰相反”。她分析道：

> 除了虞弘墓图像之外的几幅“夫妇宴饮图”图像中，无一例外都是女左男右（皆指观者视角之左右）。……这种男女对坐或并坐时“女左男右”的安排原则，不仅体现在中国境内发现的图像上，在中亚、西亚的一些图像上也是如此。……石棺床上这种一致的“女左男右”的排位方式，看来不会是随意为之，除了有图像粉本为共同来源这种可能外，更有深层的文化意味在内。……“男左女右”的观念和原则就是古制里“左上右下”观念在男女双方关系方面的具体体现，表明双方之间的主从、尊卑和上下关系。这种现实世界里的关系模式看来也为营造死后世界的工匠们严格地遵循着。……按照夫妇对坐时“女左男右”的原则，虞弘夫人应该是在左边。所以，这一形象应该不是虞弘夫人。

毕氏虽然认同男子是虞弘，但根据排位原则否定了虞弘对面的女子是其夫人的观点。接下来，她从冠服特征、手持之物、侍从女伴的身份，并参照史君墓石堂东壁外侧的女神图像，认为该女子是天界的 Daēnā（妲厄娜）女神，负责接引墓主人虞弘的灵魂至钦瓦特桥并进而升入天国。至于虞弘与妲厄娜女神的位置关系，则从人、神的从属关系

---

① 荣新江《Miho 美术馆粟特石棺屏风的图像及其组合》，中山大学艺术史研究中心编《艺术史研究》第 4 辑，广州：中山大学出版社，2002 年，第 204、212 页；李瑞哲《对“图像程序”的重新认识——入华粟特人石质葬具图像所表现的共同主题》，《敦煌学辑刊》2015 年第 1 期，第 131 页；温建辉《虞弘墓浮雕图案中的葡萄酒文化》，《晋中学院学报》2016 年第 1 期，第 67 页。

作了如下分析：

> 虞弘石椁图像在处理这一点时也是遵循这种无形的规则的——作为从属的一方被安排在左侧。即使虞弘的形象是模仿波斯国王或其属国国王的形象出现的，但在与至高无上的神祇（虽然此处的Daēnā女神是墓主自身灵魂的化身）对坐的情境下，即使在人间是贵为万人之上的帝王，在神的面前，作为“王权神授”的对象，也只能是屈居其下位于从属的地位，因此在画面安排上只能被置于附属地位的左侧。

另外，毕氏还提到虞弘石椁图像制作时，其夫人尚在世，所以没有出现在图像中。[①] 沈睿文也持同样的看法，他在2016年撰文探讨天水石马坪石棺床时，文中第五部分的标题为“夫妇合葬问题”，认为“虞弘则为夫妇合葬墓……在虞弘石葬具图像中唯见墓主虞弘的表现，其夫人却未能有一席之地”；“显然，石椁是开皇十二年专为虞弘准备的，此刻虞弘夫人尚在人世，所以也就可以理解为何在虞弘石椁的图像中没有虞弘夫人的表现了”。[②] 然而，石椁雕绘得如此精美，所用的汉白玉材料据说是从河北曲阳远道运来，自然要费时费工，极可能是在虞弘生前就已造好，而非卒葬时才开始制造。因此，石椁雕绘时未知虞弘夫妇谁会先死，自然不可能只给虞弘一人造墓，而不给其夫人留一席之地。兹不取毕、沈二氏之说。

沈睿文的论文没有具体论及虞弘对面的女子，姑置不论。毕波的论文仅从该女子所戴宝冠的形制与粟特地区片治肯特（Panjikent）出土木版画上的密斯拉神、花剌子模（Khwarazm）出土碗上的娜娜女神的宝

---

① 毕波《虞弘墓所谓“夫妇宴饮图”辨析》，《故宫博物院院刊》2006年第1期，第66—83页。这一观点为沙武田所承用，见《隐讳的丝路图像——胡旋女在胡旋舞考古遗存中缺失现象探微》，余欣主编《中古中国研究》第3卷《从写本到田野专号》，上海：中西书局，2020年，第147—148页。

② 沈睿文《天水石马坪石棺床墓的若干问题》，荣新江、罗丰主编《粟特人在中国：考古发现与出土文献的新印证》，下册，第487—489页。

冠非常相似，就轻易地得出“这一形象可能也是一位天界神灵”；进而从其身旁站立的两位有头光的女神及参照史君墓的女神图像，判定虞弘对面的女子是 Daēnā（妲厄娜）女神。不知何故，毕文中没有提到该女子无头光，而这一点正与她身后侍立的两位有头光的女神——植物保护神阿梅雷达特（Ameretat）、水的保护神胡尔伐达特（Hauvatat）形成鲜明的对比。[①]

整个石椁图像的 87 个人物中，有头光的至少有 53 人，无头光的至少有 21 人，其他的因头被狮子吞咬或图像模糊不得而知。在石椁图像的设计中，哪些人物有无头光是有设计的，头光具有神性，是神的标志。例如，第 1 幅图中的四人皆无头光，位于正中间的马也与第 7、9 幅图中的马不同，前者马踝不系蝴蝶结饰带，而后两匹马则都系带，相应地，后两匹马的骑乘者乃至侍者也皆有头光。第 1 幅图表现的是凡间世界，第 7、9 幅图表现的是祆教的天国。又如，第 2 幅图中台座上的三人，右边的两人有头光，正拉着一位无头光的人，表现的是两位天神接引死者虞弘进入天国。如此种种，都说明有无头光的区别。齐东方也指出：“带背光的一般是某种神灵，石椁的制作者，包括为虞弘下葬的亲属和实际操作的工匠，对这个常识应该有所了解。”[②] 因此，虞弘及其对面的女子均无头光，表示他俩为世间凡人，是夫妻关系。他俩身后各站两位有头光的侍者，表现的是他俩在去世以后在天国享受的待遇。

虞弘坐姿端直，气宇轩昂，右腿自由下垂，斜侧着身体面对女子，所持多曲酒碗较大；而对面的女子则低首屈背，眼睑低垂，双腿盘坐，几乎正对着虞弘，手持玻璃酒杯较小，且高高端举，以示对虞弘的敬意。从这幅图像根本看不出毕波所说的虞弘从属于女神，丝毫感觉不到虞弘的附属地位与对坐女子的至高无上。这也表明，他俩并非人神关系，而是夫妻关系。

---

① 姜伯勤《中国祆教艺术史研究》，第 140—144 页。

② 齐东方《我在考古现场：丝绸之路考古十讲》，第 212 页。

从虞弘夫人的墓志可知，她卒于开皇十七年（597），翌年十一月重启虞弘墓室，夫妇两人得以合葬。她的墓志记载到“三徙西河”，透露出其活动范围在西河一带，距离虞弘生活的并州不远，很可能也是鱼部族的胡人。

第二节　虞弘之生平

533 或 534 年，虞弘出生在茹茹境内。[①] 墓志记载，虞弘经历了茹茹、北齐、北周、隋四个朝代，59 岁时卒于并州，于 592 年葬在今太原市西南的王郭村。墓志铭文称他“翱翔数国，勤诚十主”，言其出使波斯、吐谷浑、北齐等国，又历仕诸朝十帝，一生充满传奇，波澜壮阔，如同随他一起埋入地下的石椁图像一样，可谓多姿多彩，神奇斑斓。（图 3–3）

图 3–3　虞弘夫妇合葬墓石椁后壁内侧中央的墓主人宴饮图
（采自《太原隋虞弘墓》图版三六）

一、姓名与籍贯

从虞弘墓志的志盖可知其姓为虞，志身开篇云“公讳弘，字莫潘”。“虞弘”显然是个汉式名字，那么虞弘家族究竟是什么时候取虞为姓的

① 石见清裕将其家族称为“粟特系柔然”，见《ソグド人墓誌研究》，第 143 页。生活在柔然的虞弘家族，被石见氏认为是粟特人，本书第二章第一节对粟特说作了驳论。

呢？对于虞弘之祖父□奴栖，姜伯勤时而称“祖〔虞〕奴栖”，时而称“祖，鱼奴栖”，游移不定；对于虞弘之父君陁，姜氏或称“父〔虞〕君陀”，或径称“父，虞君陀”。[①] 实际上，□奴栖、君陁均为粟特语，□奴栖从西域鱼国迁徙到茹茹国，以后一直在茹茹国定居，不可能取汉式的虞或鱼姓；君陁主要生活在茹茹国，官任莫贺去汾、达官，后来趁出使之际南投魏朝，取汉式虞姓的可能性也极小；只有到了虞弘时代才有可能，这应该发生在他从茹茹投奔北齐以后，经历北周及隋代，渐染汉化，遂以国为姓而称鱼，再加上居住在并州一带，又攀附中华古帝虞舜而改姓为虞，同时还取了“弘”这个汉名。[②] 这种情况跟同时代的虞祥、虞庆则父子“本姓鱼”而改姓为虞，以及取了汉名是完全类似的。

值得注意的是，虞弘仍然使用粟特语的音译汉字“莫潘”为字。吐鲁番文书《唐神龙三年（707）西州高昌县崇化乡点籍样》记有“户主何莫潘八十”，[③]《高昌□子等施僧尼财物疏》提道“莫潘特家旃十一丈五尺”“莫潘特家□”。[④] 在吐鲁番、敦煌文书中，“莫潘”又写作“莫槃”“莫盆”“莫分”，如吐鲁番文书《高昌曹莫门阤等名籍》中列有“曹莫槃一人”，[⑤]《唐西州高昌县授田簿》记载某户田地的四至，其中“东曹莫盆”；[⑥] 敦煌文书《吐蕃戊年六月十八日沙州诸寺丁壮车牛

---

① 姜伯勤《隋检校萨宝虞弘墓石椁画像石图像程序试探》，巫鸿主编《汉唐之间文化艺术的互动与交融》，第29、31页。

② 除了出自鱼国的虞弘之外，南梁、北周、唐代均有鱼弘，属名同人异，但都来自西域鱼国。参冯培红《中古史上的四位鱼弘——兼说流寓中国的西域鱼国人》，《档案》2018年第11期，第32—42页。

③ 编号为64TAM35∶49（a），见唐长孺主编《吐鲁番出土文书》第叁册，北京：文物出版社，1996年，第535页。

④ 编号为72TAM170：110/2（b）、72TAM170：110/3（b），见唐长孺主编《吐鲁番出土文书》第壹册，北京：文物出版社，1992年，第171—174页。

⑤ 编号为64TAM31∶14，见唐长孺主编《吐鲁番出土文书》第壹册，第359页。

⑥ 编号为65TAM42∶80，见唐长孺主编《吐鲁番出土文书》第叁册，第142页。

役簿》记录龙兴寺有“曹莫分判官驱使”。[①] 这些取名莫潘、莫槃、莫盆、莫分的人，或无姓氏，或姓何、曹，均属昭武九姓，为粟特人无疑。迪特·韦伯（Dieter Weber）对证出“莫分”为粟特文 m'xfrn 的音译汉字。[②]“莫潘”即“莫分”之别译。王丁同意此说，同时指出吐鲁番出土的大谷文书 4152 号《西州某乡户等簿断片》中的“何羌潘”，系整理者识读有误，应为“何莫潘”，[③] 甚是。该户等簿残剩的名单中，有崔、康、安、秦、竹、何等姓，也以昭武九姓居多；王氏还对林梅村所持的意为“主使、神使”的伊朗语火袄教徒名字、卓鸿泽所持的巴列维语 mahraspand（火袄月历第廿九日）截取首尾二音的观点作了批判。[④] 日本学者吉田丰、影山悦子、森安孝夫、石见清裕、曾布川宽等人也认为“莫潘”出自粟特语，但并非 m'xfrn，而是 mākhfarn 的音译汉字，意为月神的荣光。[⑤] 王小甫则说，“莫潘”是拜火教祭司 Mōbad 的音译，源出于波斯语 *magupati，本义为穆护首领（祭司长）。[⑥] 综上所述，学者们对“莫潘”的原文各执一词，但大多认为出自粟特语，

---

① 编号为 S. 542v，见周绍良主编《英藏敦煌文献（汉文佛经以外部分）》第 2 卷，成都：四川人民出版社，1990 年，第 29 页。

② Dieter Weber，“Zur sogdischen Personennamengebung”，*Indogermanische Forschungen*，77，1972，pp. 197-198.

③ 王丁《中古碑志、写本中的汉胡语文札记（一）》，罗丰主编《丝绸之路上的考古、宗教与历史》，第 238—239 页。小田义久主编《大谷文書集成》第 2 卷，京都：法藏馆，1989 年，图版四九，录文见第 208 页。

④ 林梅村《稽胡史迹考——太原新出隋代虞弘墓志的几个问题》，《中国史研究》2002 年第 1 期，第 83 页。卓鸿泽《〈大隋故仪同虞公墓志〉中鱼国胡名拟测及粟特胡、丁零胡问题》，《历史语文学论丛初编》，第 118—120 页。

⑤ 吉田丰、影山悦子《ソグド人—典籍を補う最新の出土資料から》，《月刊しにか》第 13 卷第 10 号，2002 年，第 44 页；森安孝夫《シルクロードと唐帝国》，第 124 页；石见清裕《ソグド人墓誌研究》，第 138—143 页；曾布川宽、吉田丰编《ソグド人の美術と言語》第 5 部《中国出土ソグド石刻画像の図像学》（曾布川宽撰），第 268 页。

⑥ 王小甫《拜火教与突厥兴衰——以古代突厥斗战神研究为中心》，《历史研究》2007 年第 1 期，第 32—33 页。

特别是常与昭武九姓相连用，也表明了该词的粟特语属性。

墓志记载虞弘为“鱼国尉纥驎城人”，前面说到其祖父□奴栖为鱼国领民酋长，鱼国位于西域，□奴栖率领鱼氏部族向东迁徙，到了茹茹境内。关于鱼国及尉纥驎城，学界众说纷纭，相关介绍及探讨详见本书第二、四章。

二、茹茹时代：出使与叛逃

虞弘在少年时就开始在政治舞台上崭露头角。墓志云：“茹茹国王，邻情未协。志崇通药，□□□芿。年十三，任莫贺弗，衔命波斯、吐谷浑。”虞弘 13 岁，即 545 或 546 年，[①] 当时的茹茹国王即可汗阿那瓌（520—553 年在位）。所谓“邻情未协”，是指茹茹与西魏、嚈哒、突厥等国的矛盾。是时东魏与茹茹交好，特别是在兴和三年（541），东魏兰陵郡长公主嫁给阿那瓌之子菴罗辰；翌年，阿那瓌将其孙女邻和公主嫁给高欢之子高湛，546 年甚至将爱女茹茹公主嫁给高欢，“自此东魏边塞无事，至于武定（543—550）末，使贡相寻”。[②] 而在西魏方面，540 年“阿那瓌女妻文帝者遇疾死”，[③] 茹茹军队南渡黄河，进攻西魏夏州、豳州；[④] 546 年，茹茹军队围逼原州。[⑤] 当时，宿敌高车（铁勒）

① 石见清裕《ソグド人墓誌研究》亦云：“五四五 ~ 五四六年出使波斯、吐谷浑”，第 144 页。

② 《北史》卷九八《蠕蠕传》、卷一四《后妃下 · 蠕蠕公主郁久闾氏传》，第 10 册，第 3265 页；第 2 册，第 517—518 页。“蠕蠕”系北魏对茹茹的贬称，“自号柔然”（见《北史》卷九八《蠕蠕传》，第 10 册，第 3249 页），或如虞弘墓志称作“茹茹”。李延寿修撰《北史》，抄自《北齐书》，后者原本写作“茹茹”，见李百药《北齐书》卷九《神武娄后传》作“茹茹公主”，北京：中华书局，1972 年，第 1 册，第 124 页。《北史》卷一四《后妃下 · 齐武明皇后娄氏传》校勘记〔一〕诸本亦皆作“茹茹公主”，第 2 册，第 538 页。

③ 《北史》卷九八《蠕蠕传》，第 10 册，第 3264—3265 页。

④ 令狐德棻等《周书》卷一《文帝纪》、卷一八《王思政传》，北京：中华书局，1971 年，第 1 册，第 27 页；第 2 册，第 292 页。

⑤ 《周书》卷二五《李贤传》，第 2 册，第 416 页。

已为茹茹所灭，[①] 但其“种类最多……虽姓氏各别，总谓为铁勒”，[②] 仍与茹茹相对抗，如西魏大统十二年（546），“时铁勒将伐茹茹，土门率所部邀击，破之，尽降其众五万余落。恃其强盛，乃求婚于茹茹。茹茹主阿那瓌大怒，使人骂辱之曰：‘尔是我锻奴，何敢发是言也？’土门亦怒，杀其使者，遂与之绝”。[③] 可以说，在虞弘545或546年西使之际，西魏、突厥及高车余部对茹茹构成了威胁，[④] 此即虞弘墓志所说的“邻情未协”。而“志崇逦药”的“药”字，或即通“约”，言茹茹与周边其他国家相约通使。

茹茹的盟国除了东魏及后来的北齐外，还有吐谷浑、南朝及西域诸国，虞弘就是被茹茹可汗阿那瓌任命为莫贺弗，出使波斯、吐谷浑等国的。墓志铭文中说“润光安息，辉临月支”，是指他出使波斯而经过安息、大月支（即大月氏）等国，这些西域诸国都被包括在“翱翔数国”之内。《魏书》卷一〇二《西域传》记载，波斯国去代24228里，大月氏国去代14500里，安息国去代21500里；三国之中，大月氏位置最东，“北与蠕蠕接”，甚至因为多次遭到蠕蠕（茹茹）的侵略，其都城从卢监氏城西徙至薄罗城；[⑤] 安息国“北与康居，西与波斯相接，在大月氏西北”。

虞弘出使的对象是波斯，当时为萨珊王朝胡司洛一世阿努希尔万（Anushirva，531—579年在位）统治时期。虞弘为什么会出使波斯呢？这要从茹茹、波斯、嚈哒的关系说起。上面说到，茹茹多次进攻大月

---

① 《北史》卷九八《高车传》记载，东魏“兴和（539—542）中，比适又为柔然所破”，第10册，第3275页。高车国灭，国主比适此后不知所终。参段连勤《丁零、高车与铁勒》，桂林：广西师范大学出版社，2006年。

② 《隋书》卷八四《北狄·铁勒传》（点校本二十四史修订本），第6册，第2114页。

③ 《周书》卷五〇《异域下·突厥传》，第3册，第908页。

④ 尤其是新兴起的突厥更是直接挑衅茹茹，551年土门可汗娶西魏长乐公主为可贺敦，并于翌年灭茹茹，阿那瓌自杀。

⑤ “卢监氏城”，《北史》卷九七《西域传》作“賸监氏城”，第10册，第2289页。

氏，对近邻大月氏的嚈哒也造成了威胁，而萨珊波斯一直是嚈哒的死敌，因此茹茹联合波斯的目的就是对付嚈哒。《梁书》卷五四《诸夷传》所记西北诸戎中有“滑国”，“属芮芮。后稍强大，征其旁国波斯、盘盘、罽宾、焉耆、龟兹、疏勒、姑墨、于阗、句盘等国，开地千余里”，滑国即嚈哒国，国王名“厌带夷栗陁”，前三字即“嚈哒”之音译汉字的异写，芮芮为茹茹（蠕蠕、柔然）之别译。《魏书》卷一〇二《西域传》“嚈哒国”条亦云：“西域康居、于阗、沙勒、安息及诸小国三十许皆役属之，号为大国。”合上述两传观之，嚈哒起初服属于茹茹，后来强大起来，一度征服了波斯、安息等国。余太山指出，波斯国王伊嗣俟二世（Yazdgird II，438—457 年在位）即位后，“长达一个多世纪的嚈哒、波斯战争的序幕从此揭开”；伊嗣俟二世死后，二子争位，次子嗢没斯（Hurmazd III，457—459 年在位）获胜，长子卑路斯（Pērōz，459—484 年在位）逃奔嚈哒，并借兵夺取了王位；卑路斯统治时期与嚈哒经常发生战争，最终在 484 年“以卑路斯的阵亡和嚈哒人的全胜告终”。[①]“从 484 年到六世纪中叶，伊朗不得不向嚈哒人进贡几十年……这种情况延续到胡司洛一世（531—579 年）统治的早年”。[②] 545 或 546 年，茹茹可汗阿那瓌派遣虞弘出使萨珊波斯，目的就是想联合波斯共同对付嚈哒。

那么，阿那瓌为什么派遣年仅 13 岁的莫贺弗虞弘出使波斯、吐谷浑呢？墓志记载，虞弘家族原本出自西域鱼国，与波斯渊源较深，虞弘墓的石椁上雕绘了波斯风格的图像。[③] 之所以让少年虞弘出使，极可能是阿

---

① 余太山《嚈哒史研究》，北京：商务印书馆，2012 年，第 1—2、93—103 页。

② B. A. 李特文斯基主编《中亚文明史》第 3 卷《文明的交会：公元 250 年至 750 年》第六章《嚈哒帝国》（B. A. 李特文斯基撰），马小鹤译，北京：中国对外翻译出版公司，2003 年，第 112 页。

③ 张庆捷《太原隋代虞弘墓图像中的波斯文化因素》，叶奕良编《伊朗学在中国论文集》第 3 集，2003 年，第 237—255 页；齐东方《虞弘墓人兽搏斗图像及其文化属性》，《文物》2006 年第 8 期，第 78—84 页。

那瓌借重于虞弘是鱼国人、特别是鱼国领民酋长之孙的身份，在西域地区有号召力，以及具备语言才能等。杨晓春认为，“他父亲作为柔然使臣出使西魏而未能回国，因而，柔然才可能在他少年时即委以重职”。[①] 虞弘之父君陁奉命出使，只是其个人及少数人员被滞留，而鱼氏部族的主体仍然在茹茹国。君陁出使未归，在茹茹的鱼部族遂由其子虞弘来统领。虞弘出使波斯、吐谷浑，当然也不是孤身前往，在他率领的使团中也有鱼氏族人，这与马可·波罗 17 岁随其父及叔父东来元朝是类似的。

就在 545 或 546 年茹茹派遣莫贺弗虞弘出使波斯前后，西魏也在积极地联络波斯，以张道义为波斯使主，出使波斯。西魏大统十二年（546）春，凉州刺史宇文仲和、瓜州民众张保掀起反抗宇文泰的斗争；五月，开府独孤信擒仲和，瓜州都督令狐整诛张保。平定河西之乱以后，瓜州民众推举令狐整为刺史，为整拒绝，“于是乃推波斯使主张道义行州事，具以状闻，诏以申徽为刺史”。[②] 张道义当时从波斯出使归来，路经瓜州（治今甘肃省敦煌市），因为他代表着西魏中央，所以被推举为行瓜州事。《周书》卷五〇《异域下·波斯传》云：“魏废帝二年（552），其王遣使来献方物”，[③] 这可能就是张道义出使的结果。545 或 546 年前后，茹茹、西魏都积极地向波斯派出使节，反映了当时亚洲地区的局势，特别是波斯的地位颇为关键，甚至影响到亚洲中东部的形势。

上面说到，茹茹与西域关系极为密切，其势力远伸至葱岭以西，入侵大月氏，婆罗门的三位姊妹均嫁给嚈哒王为妻，双方缔结联姻，而与婆罗门对敌的阿那瓌自然与嚈哒关系不睦，这种状态很可能一直持续到虞弘出使波斯之时，这也是他受命西使的主要原因。由于史料缺乏，545 或 546 年虞弘出使波斯时的嚈哒情况不甚明了，到 6 世纪 50 年代末

---

① 杨晓春《隋〈虞弘墓志〉所见史事系年考证》，《文物》2004 年第 9 期，第 76 页。

② 《周书》卷三六《令狐整传》，第 3 册，第 642—643 页。

③ 此处的“废帝”，《北史》卷九七《西域传》作“恭帝”，第 10 册，第 3223 页。西魏恭帝于 554—557 年在位。

至60年代初，代茹茹而起的突厥也与波斯联手夹击嚈哒，终于灭掉了强大的嚈哒国。[①]

波斯位于西亚，虞弘在出使波斯的途中，经过中亚大月氏、安息等国，自可理解。在东返途中，虞弘一行又去了吐谷浑。史载，东魏“兴和（539—542）中，齐神武作相，招怀荒远，蠕蠕既附于国，夸吕遣使致敬。神武喻以大义，征其朝贡，夸吕乃遣使人赵吐骨真假道蠕蠕，频来东魏。又荐其从妹，静帝纳以为嫔。遣员外散骑常侍傅灵檦使于其国。夸吕又请婚，乃以济南王匡孙女为广乐公主以妻之。此后朝贡不绝”。[②] 吐谷浑可汗夸吕派遣使节经蠕蠕（茹茹）到东魏，东魏也派使节前往吐谷浑，双方都绕开共同的敌对势力西魏，而假道漠北的茹茹。而从茹茹到吐谷浑则要经由西域地区的高昌国，这在北魏宣武帝在给高车王弥俄突的诏书中所说“蠕蠕、嚈哒、吐谷浑所以交通者，皆路由高昌，掎角相接”，[③] 可以看得非常清楚。另外，吐谷浑也是茹茹通往南朝的必由之路，[④] 如《南齐书》卷五九《芮芮虏传》末记“芮芮常由河南道而抵益州”，“河南”即指吐谷浑，同卷《河南传》云：“宋世遣武卫将军王世武使河南，是岁随拾寅使来献。诏答曰：‘……遣王世武

---

① 余太山《嚈哒史研究》，第3—4、104—138页。

② 《北史》卷九六《吐谷浑传》，第10册，第3186—3187页。《魏书》卷一〇一《吐谷浑传》（点校本二十四史修订本）原阙，据《北史》补，仅将“神武”改作“齐献武王”，第6册，第2427页。

③ 《北史》卷九八《高车传》，第10册，第3274页。

④ 对于这条柔然、西域经由河南道吐谷浑国通往江南的道路，唐长孺作了开创性的研究，见《北凉承平七年（449）写经题记与西域通往江南的道路》，《魏晋南北朝隋唐史资料》第1辑，1979年，第1—7页；后来唐氏作了大幅修订，改题为《南北朝期间西域与南朝的陆道交通》，收入其《魏晋南北朝史论拾遗》，北京：中华书局，1983年，第168—195页。又参陈良伟《丝绸之路河南道》，北京：中国社会科学出版社，2002年；冯培红《敦煌吐鲁番文献所见中古时代西北与东南的交往》，武汉大学中国三至九世纪研究所编《魏晋南北朝隋唐史资料——唐长孺先生百年诞辰纪念专辑》第27辑，武汉大学人文社会科学学报编辑部，2011年，第503—527页。

衔命拜授。又仍使王世武等往芮芮，想即资遣，使得时达’”；“遣给事中丘冠先使河南道，并送芮芮使”。《高僧传》卷一三《释法献传》亦云：“以宋元徽三年（475），发踵金陵，西游巴蜀，路出河南，道经芮芮”。[①] 因此，芮芮（茹茹）十分注重与吐谷浑保持友好的关系，既保证东魏经茹茹、西域到吐谷浑的商业贸易，[②] 又达到了与南朝交通、夹击西魏的政治军事目的。虞弘出使吐谷浑，也是出于茹茹与西魏“邻情未协”之故，试图与吐谷浑乃至南朝萧梁联合对付西魏。南北朝时期，吐谷浑是丝绸之路河南道的贸易枢纽，[③] 虞弘从波斯东返，也不排除在政治通使之外开展贸易活动。

虞弘出使时的官职为莫贺弗，惜在《魏书》《北史》的《蠕蠕传》中未见此职，但《隋书》《北史》记载奚、契丹设有莫贺弗。《隋书》卷八四《北狄·奚传》记其分为五部，其中“二曰莫贺弗”；《契丹传》云：“开皇四年（584），率诸莫贺弗来谒”。[④] 此外，《北史》卷九四《契丹传》亦云：“契丹旧怨其侵轶，其莫贺弗勿干率其部落，车三千乘、众万余口，驱徙杂畜求内附，止于白狼水东”。[⑤] 莫贺弗又写作

---

① 释慧皎《高僧传》卷一三《兴福·齐上定林寺释法献传》，北京：中华书局，1992年，第488—489页。

② 北齐时也同样如此，如《周书》卷五〇《异域下·吐谷浑传》云：“是岁，夸吕又通使于齐氏。凉州刺史史宁觇知其还，率轻骑袭之于州西赤泉，获其仆射乞伏触扳、将军翟潘密、商胡二百四十人，驼骡六百头，杂彩丝绢以万计”，第3册，第913页。

③ 罗新《吐谷浑与昆仑玉》，《中国史研究》2001年第1期，第43—52页；霍巍《粟特人与青海道》，《四川大学学报》2005年第2期，第94—98页；李健胜、董波《刻写青海道》，西宁：青海人民出版社，2017年。

④ 《隋书》卷一《高祖纪上》（点校本二十四史修订本）则记，开皇四年（584）“五月癸酉，契丹主莫贺弗遣使请降”，第1册，第22页。应欠准确。

⑤ “莫贺弗勿干”，《魏书》卷一〇〇《契丹传》（点校本二十四史修订本）作“莫弗贺勿于”，第6册，第2408页。《北史》点校者作“莫贺弗勿干”，《魏书》点校者作“莫弗贺勿于”。两书所记人名既异，官职、人名点校又不相同，兹从《北史》。

“莫何弗”。《隋书》卷八四《北狄·契丹附室韦传》云：“北室韦，分为九部落……每部有莫何弗三人以贰之”；《周书·贺兰祥传》亦云：“贺兰祥字盛乐，其先与魏俱起，有纥伏者，为贺兰莫何弗，因以为氏”。由此可知，北狄系统中的奚、契丹、室韦及茹茹普遍设置莫贺（何）弗之职，三人统率一部之众，势力甚大。莫贺（何）弗实质上就是某部落之酋长，如贺兰莫何弗纥伏即为贺兰部的酋长。由于虞弘之父君陁出使未归，年仅13岁的虞弘继承祖父鱼国领民酋长□奴栖，成为鱼氏部族的酋长，并担任莫贺弗。也有学者把莫贺弗拆分成“莫贺”“弗”来作解读，如陈三平（Sanping Chen）认为“莫贺”是粟特语baga，意为“神”；“弗”是粟特语puhr，意为“子”，因此“莫贺弗”就是bagapuhr，意为“神之子”。[①] 罗新亦认为，“莫贺弗，即莫贺（baγa）加上弗（bäg），是官号与官称的组合”。[②] 从上述奚、契丹、室韦、茹茹普遍设置莫贺（何）弗来看，这一官职属于北狄东部诸族系统，茹茹就被称作“东胡之苗裔也”，[③] 所以莫贺（何）弗不应从粟特语的角度来作解读。

虞弘墓志续云：“转莫缘，仍使齐国。文宣□□，焕烂披云，拘縶内参，弗令返国”。虞弘出使波斯、吐谷浑时，官任莫贺弗，因出使有功，回来后升任莫缘。上文提到茹茹可汗阿那瓌曾派“俟利、莫何、莫缘游大力”为朝贡东魏的使节；另外，北魏神龟二年（519）“冬十有一月乙酉，蠕蠕莫缘梁贺侯豆率男女七百人来降”；[④] 北周武帝派遣赵

① Sanping Chen, “Son of Heaven and Son of God: Interaction among Acient Cultures Regarding Sacral Kingship and Theophhoric Names”, *Journal of the Royal Asiatic Society*, Series 3, vol. 12, issue 3, 2002, pp. 289-325.

② 罗新《虞弘墓志所见的柔然官制》，《北大史学》第12号，2007年，第61—64页。

③ 《魏书》卷一〇三《蠕蠕传》（点校本二十四史修订本），第6册，第2487页。《北史》卷九八《蠕蠕传》无此句，第10册，第3249—3267页。

④ 《魏书》卷九《肃宗纪》（点校本二十四史修订本），第1册，第274页。又参卷一〇五之一《天象志一》，第7册，第2543页。

文表出使突厥，迎娶阿史那皇后，回程同行者中有“突厥使罗莫缘”；[①] 到隋开皇（581—600）末，突厥启民可汗甚至称隋高祖为“大隋圣人莫缘可汗”。[②] 突厥的莫缘继承自茹茹，“莫缘”即“磨延”“伏延”“拔延”之异译，意为富裕。[③]

虞弘出使北齐后，遭到“文宣”的扣留，不令返回茹茹。“文宣”是北齐开国之君高洋的谥号，他在东魏武定七年（549）八月其兄高澄死后执政，翌年五月建立北齐；天保三年（552），茹茹被突厥可汗土门攻破，可汗阿那瓌自杀。因此，虞弘代表茹茹出使北齐的时间是在 549 年夏到 552 年春文宣帝高洋统治期间。[④] 据《北齐书》卷四《文宣纪》记载，这一期间茹茹曾 4 次遣使朝贡北齐，兹将相关内容摘列于下：

（1）天保元年（550）十月“癸未，茹茹国遣使朝贡”；

（2）天保元年“十二月丁丑，茹茹、库莫奚国并遣使朝贡”；

（3）天保二年（551）二月“壬寅，茹茹国遣使朝贡”；

（4）天保二年“七月壬申，茹茹遣使朝贡”。

在仅仅半年多的时间里，茹茹 4 次遣使北齐，极为密集，即《北史》卷九八《蠕蠕传》所言“及齐受东魏禅，亦岁时往来不绝”。莫缘虞弘代表茹茹出使北齐，很可能就是上述 4 次中的某次。当时正值茹茹末年，虞弘出使新建立的北齐，与其说遭到北齐文宣帝的扣留而不令返

---

① 《周书》卷三三《赵文表传》，第 2 册，第 582 页。

② 《隋书》卷八四《北狄·突厥传》（点校本二十四史修订本），第 6 册，第 2108 页。

③ 罗新《虞弘墓志所见的柔然官制》，《北大史学》第 12 号，2007 年，第 64—68 页。

④ 在阿那瓌自杀以后，柔然余众拥立阿那瓌从侄铁伐为主，但一年后为契丹所杀；此后铁伐之父登注上台，旋即被杀；铁伐之兄库提上台不到一年，就遇到突厥再次进攻，举国南奔北齐，被高洋所废，立阿那瓌之子菴罗辰为主，置之马邑川；三个月后，菴罗辰北遁，虽然在史籍中仍时有出现，《北齐书》卷四《文宣纪》甚至还记载，天保六年（555）“丁未，茹茹遣使朝贡”，但统一的柔然汗国已经彻底覆亡了。因此，虞弘出使北齐不太可能发生在 552 年阿那瓌死后。

国，不如说茹茹当时受到突厥的进攻而濒于灭亡。虞弘可能看出茹茹在可汗阿那瓌的统治下气数已尽，遂趁出使之机逃离漠北，投奔北齐。前面说到，君陁出使魏朝，被留为朔州刺史；虞弘出使北齐，也没有回到茹茹。对于常为使节、善于权变的西域胡人来说，这种情况并不罕见，如“安吐根，安息胡人。曾祖入魏，家于酒泉。吐根魏末充使蠕蠕，因留塞北。天平（534—537）初，蠕蠕主使至晋阳，吐根密启本蕃情状，神武得为之备。蠕蠕果遣兵入掠，无获而反。神武以其忠款，厚加赏赉。其后与蠕蠕和亲，结成婚媾，皆吐根为行人也。吐根性和善，颇有计策，频使入朝，为神武亲待。在其本蕃，为人所谮，奔投神武。文襄嗣事，以为假节、凉州刺史、率义侯”。[①]“神武”“文襄”分别指东魏权臣高欢、高澄父子，是北齐开国君主高洋的父、兄。安吐根从西域安息（实即粟特安国）东迁入华后，先后充当北魏、茹茹的使节，或留塞北，或奔东魏。与安吐根相类似，同样出自西域胡人的鱼国人君陁、虞弘父子也经常作为使节出使他国，都发生了叛投变节的现象，这跟西域胡人本质上追求利益有关。

三、北齐时代：沉沦与崛起

虞弘墓志紧接着叙述：“太上控览，砂碛烟尘，授直突都督”。“太上”指北齐武成帝高湛，为文宣帝高洋之弟，561 年即位，但在位仅三年半，就于 565 年将帝位传给太子高纬，“于是群公上尊号为太上皇帝，军国大事咸以奏闻”。[②] 从 552 年茹茹亡国前夕虞弘出使北齐滞留不归，到 565 年北齐武成帝自称太上皇，虞弘墓志对这十多年间无只字记载，也就是说，在文宣帝高洋（550—559 年在位）、前废帝高殷（559—560 年在位）、孝昭帝高演（560—561 年在位）、武成帝高湛（561—565 年在皇帝位）时期，虞弘似乎未受重用。这也证实了虞弘并非因为具有才

---

① 《北史》卷九二《恩幸·和士开附安吐根传》，第 10 册，第 3047 页。

② 《北齐书》卷七《武成纪》，第 1 册，第 94 页。

华而被北齐文宣帝所扣留，很可能只是茹茹的一名出逃使节，在北齐前期默默地度过了十多年的时间。直到 565 年武成帝称太上皇帝后，虞弘才开始走上北齐的政治舞台。[①]

当了太上皇帝的武成帝仍然控握着朝政，起用虞弘为直突都督，墓志记载其原因跟“砂碛烟尘”有关，似乎与漠北的茹茹余部或其他民族战争有关；此后又因“□使折旋，歙谐边款，加轻车将军、直斋、直荡都督”，也仍与出使、边境事务有关。君陁、虞弘父子担任外交使节，出使多方，可以说“出使”是虞弘家族的一个重要特点，这跟他们原本出自西域鱼国，辗转流徙多方，精通多种语言有关。由于出使有功，虞弘升任为直斋、直荡都督。《隋书》卷二七《百官志中》记载北齐官制，左、右卫府设有直荡、直卫、直突、直阁属官，其中“直突属官，有直突都督、勋武前锋散都督等员”；“直阁属官，有朱衣直阁、直阁将军、直寝、直斋、直后之属”；“其直荡属官，有直荡正副都督、直入正副都督、勋武前锋正副都督、勋武前锋五藏等员”。直突都督为从六品上，直斋为从五品下，直荡都督为从四品上。从虞弘的官阶升迁也可看出，他在北齐后期担任中层武官，政治地位一步步得到提升。

墓志续云：“寻迁使持节、都督[凉]州诸军事、凉州刺史、射声校尉”。不过，无论是古人修撰的《魏书·地形志》《隋书·地理志》，抑或是今人所著的《北齐地理志》《中国行政区划通史·十六国北朝卷》，[②]均未记载北齐之凉州。但检索史籍、墓志可以发现，除了西魏、北周之河西凉州外，东魏、北齐确实也在境内侨置了凉州。东魏之凉州，除了

---

① 杨巨平认为，北齐统治者一贯抑制汉人，重用胡人，称虞弘被“委以重任”，见《互动与交流：希腊化世界与丝绸之路关系研究》，第 297 页。显然是没有考虑从文宣帝到武成帝称帝之间的十余年的情况。

② 施和金《北齐地理志》，北京：中华书局，2008 年；牟发松、毋有江、魏俊杰《中国行政区划通史·十六国北朝卷》下编《东魏北齐、西魏北周行政区划》，上海：复旦大学出版社，2017 年第 2 版，下册。

上举凉州刺史安吐根外，《北齐书》卷四三《源彪传》记东魏“天平四年（537），凉州大中正”；《北齐徐颖墓志》云：“高祖（指高欢）定业，除抚军将军、银青光禄大夫、直阁将军、帐内正都督、凉州刺史、新城大都督”（图 3–4）。[①] 继东魏之后的北齐，也沿置凉州，除了虞弘之外，《北齐韩裔墓志》记“天保元年（550），除开府仪同三司，别封康城县开国子，使持节、凉州诸军事、凉州刺史”；[②] 卒于北齐武平六年（575）的范粹，其墓志标题为“齐故骠骑大将军、开府仪同三司、凉州刺史范公墓志”（图 3–5）；[③]《北齐皮阿输迦夫人新昌郡公主高氏墓志铭》记载“假节、督凉州诸军事、辅国将军、凉州刺史、太子庶子、元喜县开国男皮阿输迦”；[④]《唐杨华墓志铭并序》追记“曾祖颖，齐任凉州刺史”；[⑤]《隋董氏墓志铭》追记“祖佛子，齐凉州刺史”。[⑥] 凉州刺史甚至还升格为都督，如《唐康续墓志铭并序》追记“曾祖德，齐任凉州都督”。[⑦] 此外，《唐赵宗墓志铭并序》追记“曾祖德，齐亮（凉）州盘和县主薄（簿）”。[⑧] 北齐未设置亮州，张琛认为“亮”字为“凉”之误，甚是。河西凉州从汉代起，就设置了番和县

---

① 山西省考古研究所、太原市文物考古研究所《太原北齐徐显秀墓发掘简报》，《文物》2003 年第 10 期，第 7 页。

② 陶正刚《山西祁县白圭北齐韩裔墓》，《文物》1975 年第 4 期，第 69、73 页。

③ 河南省博物馆《河南安阳北齐范粹墓发掘简报》，《文物》1972 年第 1 期，第 50 页。

④ 赵君平、赵文成编《秦晋豫新出墓志蒐佚》，北京：国家图书出版社，2012 年，第 1 册，第 71 页。

⑤ 北京图书馆金石组编《北京图书馆藏中国历代石刻拓本汇编》，郑州：中州古籍出版社，1989 年，第 11 册，第 136 页。

⑥ 浙江省博物馆编《金石书画》第 1 卷，杭州：西泠印社出版社，2016 年，第 52 页。

⑦ 北京图书馆金石组编《北京图书馆藏中国历代石刻拓本汇编》第 16 册，第 108 页。

⑧ 北京图书馆金石组编《北京图书馆藏中国历代石刻拓本汇编》第 15 册，第 7 页。

图 3-4　东魏凉州刺史徐颖墓出土金戒指及墓志拓片
（采自《文物》2003 年第 10 期第 35 页图八八、第 37 页图九四）

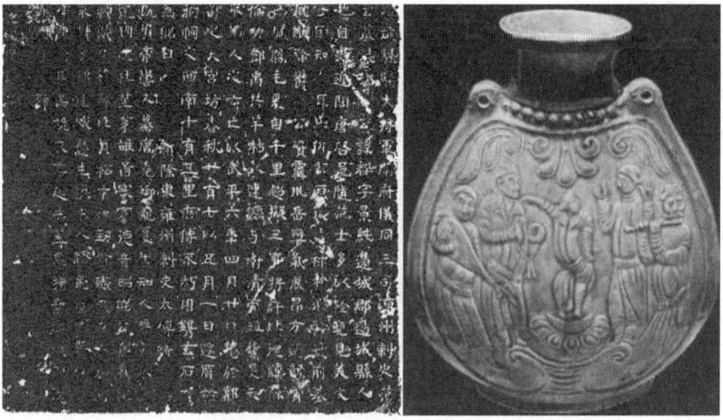

图 3-5　北齐凉州刺史范粹墓出土墓志拓片及扁壶
（采自《文物》1972 年第 1 期第 50 页图三及图版柒）

（又作盘、磻、蕃）和（又作禾）县（有时为郡、镇、府），[①] 墓志中的“亮州”当即凉州。但是张氏又说：“凉州是西魏北周的辖地，赵德任职当在北周朝，‘齐’当更为‘周’”，[②] 则不确，赵德实为北齐凉

① 冯培红、冯晓鹃《唐代粟特军将康太和考论——对敦煌文献、墓志、史籍的综合考察》，《敦煌研究》2021 年第 3 期，第 46—49 页。

② 张琛《河南洛阳出土唐赵宗墓志铭考释》，马明达、纪宗安主编《暨南史学》第 9 辑，桂林：广西师范大学出版社，2014 年，第 116—117 页。

州盘和县主簿。又，《北齐书》卷一六《段荣传》记载其孙段深，“累迁侍中、将军、源（凉）州大中正”。北朝无源州，“源”“凉”二字形近，“校勘记”〔一一〕云：“按‘源州’不见地志。段氏郡望是凉州姑臧，疑‘源’是‘凉’之讹”，甚是。[①] 综上可知，从东魏到北齐一直设有凉州，置刺史乃至都督。

东魏、北齐侨置凉州的目的，是为了安置从西魏河西凉州东迁过来的民众。《北齐书》卷二《神武纪下》云：“西魏灵州刺史曹泥与其婿凉州刺史刘丰遣使请内属……神武率骑迎泥、丰生，拔其遗户五千以归”；卷二七《刘丰传》亦云：“刘丰，字丰生……丰远慕高祖威德，乃率户数万来奔”。西魏凉州刺史刘丰、灵州刺史曹泥率领大量人口归附东魏，东魏权臣高欢（即高祖神武帝）应该是在此基础上侨置凉州的。高欢对这些投诚者十分信任，给予极高的礼遇。他临死前对其子高澄说：“可朱浑道元、刘丰生远来投我，必无异心”。[②] 可朱浑道元、刘丰（字丰生）不仅深得高欢的信任，而且死后还“配飨世宗（指文襄帝高澄）庙庭”。[③] 550 年高洋建立北齐后，立即“诏降魏朝封爵各有差，其信都从义及宣力霸朝者，及西来人并武定六年（548）以来南来

① 《北齐书》卷二七《可朱浑元传》云：“元乃率所部，发自渭州，西北渡乌兰津。周文频遣兵邀之，元战必摧之。引军历河、源（凉）二州境，乃得东出。灵州刺史曹泥女婿刘丰与元深相交结。元因说丰以高祖英武非常，克成大业，丰自此便有委质之心，遂资遣元。元从灵州东北入云州”，第 2 册，第 376—377 页；《北史》卷五三《可朱浑元传》对此有类似但简略的记述，第 6 册，第 1901 页。对于“源”字，两书“校勘记”皆认为有误，但《北齐书》“校勘记〔三〕”疑为“原”字（第 2 册，第 380 页），而《北史》“校勘记〔三〕”疑为“凉”字（第 6 册，第 1934 页），皆属形近致误。可朱浑元从渭州往西北，渡过黄河乌兰津，进入河州、凉州地界，不可能重新东返至宇文泰重兵布防的原州，尤其是考虑到他与凉州刺史刘丰关系近密，又从凉州经灵州往东北，再次渡过黄河到云州，所以“源”字当为“凉”之讹。

② 司马光《资治通鉴》卷一五九萧梁武帝大同元年（546）条，北京：中华书局，1956 年，第 11 册，第 4945 页。

③ 《北齐书》卷六《孝昭纪》，第 1 册，第 83 页。

投化者，不在降限”。[1] 这里的“西来人”包括刘丰、曹泥率领的凉、灵二州的归附者，其中河西凉州移民就被安置在新侨置的凉州境内。河西凉州是入华粟特人最重要的聚居地，他们中的许多人东迁北齐凉州后，由粟特人安吐根、鱼国人虞弘、天竺人皮阿输迦[2]等担任凉州刺史进行管理，使这里成为新的西域胡人聚居区。东魏、北齐侨置的凉州究竟位于何处呢？施和金在编撰《北齐地理志》时说：“至于北齐的各州、各郡、各县，位于今日何地，更有不少史无记载，地无踪迹，要想明确指出，真是十分的困难”。[3] 考定东魏、北齐凉州的位置，确实存在一定困难，[4] 但也并非没有一点蛛丝马迹。《魏书》卷一〇六上《地形志上》记载，蔚州附恩郡下领三县，其中之一为西凉县。“蔚州”下

---

① 《北齐书》卷四《文宣纪》，第1册，第51页。

② 阿输迦为梵语 Askok 之音译汉字，意为无忧，又译作阿育王，北齐凉州刺史皮阿输迦的取名疑与印度有关。而皮氏亦为入华印度人所取的汉式姓氏，如《宋高僧传》卷六《智藏传》记其“姓皮氏，西印度种族。祖父从华，世居官宦，后侨寓庐陵”，见赞宁《宋高僧传》卷六《义解篇第二之三・唐越州暨阳杭乌山智藏传》，北京：中华书局，1987年，上册，第120页。

③ 施和金《北齐地理志》“绪言”，上册，第5页。

④ 赵超、王连龙在整理北齐墓志时，收录了一篇曹礼墓志，皆云：“君姓曹，名礼，凉州东平郡寿张县人也”。见赵超《汉魏南北朝墓志汇编》，天津古籍出版社，1992年，第506页；王连龙编撰《南北朝墓志集成》，上海人民出版社，2021年，上册，第1003页。据此，北齐凉州似乎设在东平郡一带。据《魏书》卷一〇六中《地形志中》（点校本二十四史修订本），东平郡隶属于兖州，下有寿张县。但查该墓志之图版（赵万里编《汉魏南北朝墓志集释》卷十一《北齐曹礼暨妻李氏墓志》，《石刻史料新编》第3辑（4），台北：新文丰出版公司，1982年，第15页，图版三四六），“凉”字漫漶不清，难以确读。另一方面，陆继煇《八琼室金石补正续编》卷一三《隋二》所收《曹礼妻李氏造像铭》则录作“君姓曹名礼，济州东平郡寿张县人也”，《续修四库全书》编辑委员会编《续修四库全书》第899册《史部・金石类》，上海古籍出版社，2002年，第441页。韩理洲等人在整理北朝补遗文献时，在东魏、北齐部分重复收录此篇墓志，但是一作“凉”、一作“齐”，自相矛盾。见韩理洲等辑校编年《全北魏东魏西魏文补遗》，西安：三秦出版社，2010年，第411页；《全北齐北周文补遗》，西安：三秦出版社，2008年，第129页。仔细审读图版，并承张小艳、梁春胜教授提示，当为“济州”，而非“凉州”。

面有小字注“永安（528—530）中改怀荒、御夷二镇置，寄治并州邬县界”。蔚州辖领始昌、忠义、附恩三郡，值得注意的是，前二郡及所辖四县下面均有小字注“永安中置”，而后一郡及所辖西凉、利石、化政三县下面皆注“天平（534—537）中置”。这一区别提示我们：蔚州及所辖始昌、忠义二郡应该是北魏末（永安）从怀荒、御夷二镇迁置的，而东魏初（天平）设置的附恩郡，来源则似乎不同。笔者颇疑寄治在并州邬县界的附恩郡西凉县，其人口来自西部的河西凉州。

虞弘在凉州刺史任上甚有治绩，墓志中将他比作曹魏贾逵、东汉郭汲（伋）等善于治理地方的名臣。北齐的州分为三等九级，刺史分别为三品、从三品、四品下，[①] 侨置的凉州不知为何种等级的州，但无论何种，其官阶都比之前所任从四品上的直荡都督要高；之后，虞弘被任命为假仪同三司、游击将军，北齐游击将军为四品上。对比虞弘在凉州刺史前后的任官品级，可以推测凉州刺史为四品下，属于三等下州。

四、北周时代：胡人聚落首领

虞弘墓志续云：“武平（570—575）既鹿丧纲颓，建德（572—577）遂蚕食关左”。“武平”为北齐后主高纬的年号，此时北齐朝政紊乱，纲纪败坏，最终于577年为北周武帝所灭。入北周以后，虞弘被授予使持节、仪同大将军、广兴县开国伯，邑六百户，“诏充可比大使，兼领乡团”。仪同大将军是建德四年（575）由仪同三司改名，[②] 仪同三司在北齐为第二品，至隋代为正五品上，[③] 相差甚大，颇疑575年在改

---

① 《隋书》卷二七《百官志中》（点校本二十四史修订本），第3册，第848、852页。

② 《周书》卷二四《卢辩传》云：“建德四年（575），增置上柱国大将军，改仪同三司为仪同大将军”，第2册，第407页。

③ 《隋书》卷二七《百官志中》、卷二八《百官志下》（点校本二十四史修订本），第3册，第851—852、876页。需要说明的是，北周的仪同大将军入隋以后不再设置，隋代回改到北周建德四年前的仪同三司，或是沿用北齐的仪同三司，但官品没有恢复到以前的级别。

官名的同时也降低了官品。广兴县属南营州昌黎郡，虞弘为广兴县开国伯，可能跟他原本来自茹茹有关。值得注意的是“可比大使”，杨晓春推测“可”为适合之意，并据《南齐书》卷五七《魏虏传》所记“诸曹府有仓库，悉置比官，皆使通虏、汉语，以为传驿”，认为比官是北魏管理仓库的官职，并称“比”即比官，通晓鲜卑语和汉语，“和虞弘来自北族的身份有一定的相符之处”。[①] 这一解释将“可”“比”二字分开来读，颇为牵强，难以服人。墓志在“可”字之前有“充”字，用作为动词，所以“可”字不可能属动词，“可比”是一个鲜卑语名词，不可分读，当即“轲比”，为鲜卑轲比能部落之简称，是活动在河套至辽河一带的鲜卑部落。[②]《三国志》卷三〇《魏书·乌丸鲜卑东夷传》云：

> 轲比能本小种鲜卑，以勇健，断法平端，不贪财物，众推以为大人。部落近塞，自袁绍据河北，中国人多亡叛归之，教作兵器铠楯，颇学文字。故其勒御部众，拟则中国，出入弋猎，建立旌麾，以鼓节为进退。建安（196—220）中，因阎柔上贡献。……比能众遂强盛，控弦十余万骑。

陈寿在叙述中将“轲比能”简写为“比能”，这显然是以轲为姓的汉式读法，而鲜卑语中“能”可用作为后缀，如西晋鲜卑人秃发树机能、且万能、没骨能，[③] 所以“轲比”才是一个词汇，亦即“可比”之另译。东汉末年大乱，许多汉人逃往塞外，投依轲比能，教鲜卑人制作兵器铠楯，学习中原制度文化。轲比能势力强盛时达到十余万骑，但在

---

① 杨晓春《隋〈虞弘墓志〉所见史事系年考证》，《文物》2004 年第 9 期，第 78 页。

② 陈寿《三国志》卷三〇《魏书·乌丸鲜卑东夷传》云：“后鲜卑大人轲比能复制御群狄，尽收匈奴故地，自云中、五原以东抵辽水，皆为鲜卑庭”，北京：中华书局，1959 年，第 3 册，第 831 页。

③ 房玄龄等《晋书》卷五七《马隆传》，北京：中华书局，1974 年，第 5 册，第 1555 页。

建安二十三年（218）为曹操之子曹彰所征服。[①] 220年曹魏政权建立后，“文帝亦立比能为附义王”。不过，轲比能对曹魏叛服不常，黄初六年（225），“并州刺史梁习讨鲜卑轲比能，大破之”；[②] 青龙元年（233），轲比能与步度根联合叛离并州，在楼烦击杀并州刺史毕轨所遣率领军队的将军苏尚、董弼；三年（235），轲比能为幽州刺史王雄派遣的刺客韩龙所杀。[③] 轲比能死后，其部落势力虽然走向衰弱，但到北周时仍然存在。虞弘作为可比大使，[④] 出使的对象即为可比部落，是汉魏之际鲜卑轲比能部落的后裔。

除了充当可比大使之外，虞弘还“兼领乡团”，尤其是到北周“大象（579—581）末，左（佐）丞相府，迁领并、代、介三州乡团，检校萨保府”。张金龙说：“按‘左丞相府’语意不清，或有脱漏，可能是指他当时属于左丞相府治下，并不意味着在左丞相府任职”。[⑤]“左丞相府”一句确实读来欠通顺，缺少动词作谓语，故张氏疑有脱漏，但他推测虞弘仅是属于左丞相府治下，而非任职于左丞相府，恐不正确。另外，张氏也未指明丞相具体为谁。《周书》卷八《静帝纪》记载，大象二年（580）五月己酉，周宣帝驾崩，子静帝继位，任命杨坚、宇文赞为左、右大丞相；九月“壬子，丞相去左、右之号，随公杨坚为大丞相”；大定元年（581）“二月庚申，大丞相、随王杨坚为相国”。若墓志中的“左”字仅为“左右”之“左”，则虞弘是大象二年五月己酉至

---

① 《三国志》卷一九《魏书·任城威王曹彰传》，第2册，第556页。

② 《三国志》卷二《魏书·文帝纪》，第1册，第84页。

③ 《三国志》卷三《魏书·明帝纪》、卷三〇《魏书·乌丸鲜卑东夷传》，第1册，第99—100页；第3册，839—840页。

④ “大使”即外交使团的首领，如《北齐书》卷一四《平秦王高归彦传》记北魏末，其父高徽“以解胡言为西域大使，得胡师子来献”，第1册，第186页；《隋书》卷八四《北狄·突厥传》（点校本二十四史修订本）记伊利、俱卢设、始波罗、莫何可汗摄图言：“大使、尚书右仆射虞庆则至”，第6册，第2103页。

⑤ 张金龙《隋代虞弘族属及其祆教信仰管窥》，《文史哲》2016年第2期，第107页。

九月壬子间杨坚为左大丞相时的僚属；若“左”字为动词“佐”之通假字，则虞弘为大象二年五月己酉以后杨坚或宇文赞的僚属。考虑到该句无动词，兹取后说，而且更可能是杨坚为左大丞相（大象二年五月己酉至九月壬子间）或大丞相（大象二年九月壬子至大定元年二月庚申）的僚属。大定元年二月甲子，时任相国的杨坚取代北周，建立隋朝。

虞弘在充当可比大使时就兼领乡团，580年又迁领并、代、介三州乡团，负责检校萨保府。《周书》中未见有代州、介州的记载，但《隋书》卷三〇《地理志中》“西河郡”条下注曰：“后周改曰介州”，“雁门郡”条下注曰：“后周置肆州，开皇五年（585）改为代州”，似北周未置代州，然据虞弘墓志，可能北周末年置代州但寻罢，至隋开皇五年复置。

关于乡团，《隋书》卷二八《百官志下》记载左右卫之下，“每乡团东宫乡团准此置团主一人、佐二人”；《通典》卷二九《职官典二十九》更云：“隋初，左右卫、左右武卫、左右武候各领军坊、乡团”。[1] 由此可知，隋代左右卫、左右武卫、左右武候及东宫均设有乡团。从虞弘墓志的记载来看，乡团至晚在北周时就已经设置了。这种乡团实际上是西魏宇文泰实行的与府兵制相配套的乡兵制。《周书》卷三七《郭彦传》云：“迁虞部郎中。大统十二年（546），初选当州首望，统领乡兵”；卷三九《韦瑱传》云：“征拜鸿胪卿，以望族兼领乡兵”，可见乡兵的统领者具有较高级别的官职，特别是中央官员，同时还是地方上的望族。这是宇文泰以朝廷官衔笼络地方豪族首领的一种措施。唐长孺认为，“以‘望族’统乡兵，这就是建立以大族为首领的地方武装”；[2] 谷川道雄指出这种乡兵集团的结集有一定的自发性，并对统率乡兵的“乡

---

① 杜佑《通典》卷二九《职官典二十九·武官下》“折冲府”条，第1册，第809页。

② 唐长孺《魏周府兵制辨疑》，《魏晋南北朝史论丛》，北京：生活·读书·新知三联书店，1955年，第276页。

望”与“豪右”作了考察。[①]日本天理图书馆藏《文馆词林》中收录一道阙题碑文，中云：“隋开皇（581—600）中，起家为蜀王秀库真，还都督、检校仪同兵。及秀废，又为大都督，领本乡兵”，[②]山下将司考证碑主为粟特人安修仁，[③]602年蜀王杨秀被废后，安修仁回到家乡凉州，以大都督领乡兵，这些乡兵就是大业末武威安氏扶立和擒捉河西大凉王李轨的粟特“胡兵”。[④]《隋龙山公（质）墓志》云：“周朝授大都督、龙门公，选补兼仪同，领乡团五百人守隘三硖（峡）”。[⑤]虞弘最初为可比大使时兼领的乡团，可能是像西魏、北周时期经常见到的领当州乡兵，即兼领并州乡团；到北周大象末，发展为领并、代、介三州乡团，所辖地盘扩大，统领乡兵人数更多，势力甚大。

虞弘出自鱼国，其所掌管的乡兵主要是以鱼部族为核心的西域胡人聚落武装，范围包括并、代、介三州，这应该也是他检校萨保府的范围。除了虞弘之外，还有一些从西域迁徙至此的胡人也任职于萨保府，如《隋翟突娑墓志》记其为“并州太原人也，父娑，摩诃大萨宝”；[⑥]《唐龙润墓志》记其为“并州晋阳人也。……君属随德道消，嘉遁贞利。资业温厚，用免驱驰。唐基缔构，草昧区夏。义旗西指，首授朝散

---

① 谷川道雄《隋唐帝国形成史論》第Ⅲ编第1章《北朝後期の鄉兵集团》，东京：筑摩书房，1971年，第219—257页。

② 许敬宗编、罗国威整理《日藏弘仁本文馆词林校证》，北京：中华书局，2001年，第174页。

③ 山下将司《隋・唐初の河西ソグド人軍团—天理図書館藏『文館詞林』「安修仁墓碑銘」残卷をめぐって—》，《東方学》第110辑，2005年，第65—78页。关于粟特乡团或军团，另参苏航《北朝末期至隋末唐初粟特聚落乡团武装述论》，《文史》2005年第4辑，第173—185页；山下将司《北朝末~唐初におけるソグド人軍府と軍团》，森部丰编《ソグド人と東ユーラシアの文化交涉》，东京：勉诚出版株式会社，2014年，第161—173页。

④ 《新唐书》卷八六《李轨传》云：“乃与修仁等潜引诸胡兵围其城”，第12册，第3710页。

⑤ 何汝泉《跋〈龙山公墓志〉》，《西南师范大学学报》2002年第2期，第118页。

⑥ 王其祎、周晓薇《隋代墓志铭汇考》第5册，第100—101页。

大夫，又署萨宝府长史”；[①]《隋惠郁等造像记》云：“赖摩诃檀越前定州赞治、并州总管府户曹参军博陵人崔子石，前萨甫下司录商人何永康，二人同赎得七帝寺院”；[②]《唐曹怡墓志》记其“父遵，皇朝介州萨宝府车骑、骑都尉”。[③] 萨保（宝、甫）是管理信奉祆教的西域胡人事务的官职，在隋代为视正九品。今山西省介休市顺城路有一座祆神楼，当地人称为玄神楼、玄神庙或三结义庙。据立于庙内的清代《重建三结义庙碑记》记载，“介邑之东关有三结义庙，其初非三结义庙也，盖宋文潞公特为祆神建耳。……大明嘉靖壬辰岁（1532）……此始而为祆神庙，更而为三结义庙也”。姜伯勤、万毅对介休祆神楼作过详细考证。[④]《隋书》卷二七《百官志中》记载，北齐鸿胪寺“典客署，又有京邑萨甫二人，诸州萨甫一人”；卷二八《百官志下》记载，隋代“雍州萨保，为视从七品”；“诸州胡二百户已上萨保，为视正九品”；惜未记北周萨保（宝、甫）官职。但在虞弘夫妇合葬墓发现后，紧接着发掘了北周粟特人安伽墓、史君夫妇合葬墓，安伽为同州萨保，[⑤] 史君为凉州萨保，[⑥] 也证实了北周粟特聚落中有萨保存在。上揭安修仁碑文记载到“祖魏雍州萨保”，另从安修仁之侄《唐安元寿墓志铭并序》所记

---

① 张希舜主编《隋唐五代墓志汇编·山西卷》，天津古籍出版社，1991 年，第 8 页。

② 北京图书馆金石组编《北京图书馆藏中国历代石刻拓本汇编》第 9 册，第 25 页。

③ 山西省考古研究所、汾阳市博物馆《山西汾阳唐曹怡墓发掘简报》，《文物》2014 年第 11 期，第 29、31 页。

④ 姜伯勤《中国祆教艺术史研究》第十七章【上】《论宋元明时期山西介休的祆神楼》、第十七章【下】《山西介休祆神楼古建筑的图像学考察》，第 271—294 页；万毅《西域祆教三联神崇拜与山西介休祆神楼》，荣新江、李孝聪主编《中外关系史：新史料与新问题》，第 259—269 页。

⑤ 陕西省考古研究所《西安北周安伽墓》，北京：文物出版社，2003 年，第 60—62 页。

⑥ 杨军凯《北周史君墓》，北京：文物出版社，2014 年，第 45—49 页。

“曾祖弼，周朝服侯”，[1] 以及侄孙《唐安忠敬神道碑》所记“高祖何藏器，广宗之子也，周开府仪同三司、宁远将军、肃州刺史、张掖郡公”可知，[2] 安修仁的祖父汉名叫安弼，胡名叫何藏器，官任肃州刺史、雍州萨保，主要生活在北周时期。《元和姓纂》卷四“安”条记载到安修仁家族的世系：“【姑臧凉州】出自安国，汉代遣子朝国，居凉土。后魏安难陀至孙盘娑罗，代居凉州，为萨宝”。[3] 北周时期，从河西凉州到国都雍州，再到河东并、代、介三州，都有粟特、鱼国及西域其他胡人的聚落。

五、隋代：杨广部下与镇押并州

虞弘墓志最后记载他在隋代的任官及卒葬情况。“开皇（581—600），转仪同三司，敕领左帐内，镇押并部”。如上所言，仪同三司由仪同大将军更名而来，虞弘还领左帐内，仍然镇守在并州。《隋书》卷二八《百官志下》云：“王公已下、三品已上，又并有亲信、帐内，各随品高卑而制员”。开皇元年（581），杨广“立为晋王，拜柱国、并州总管”，直到六年（586）转任雍州牧、内史令。[4] 隋初的前六年，晋王杨广与虞弘同在并州，虞弘应为杨广的左帐内。据《隋书》记载，开皇时令狐熙为桂州总管，“给帐内五百人”；周法尚为永州总管，“仍给黄州兵三千五百人为帐内”，刘炫“既而配为帐内，每使执杖为门

① 昭陵博物馆（陈志谦执笔）《唐安元寿夫妇墓发掘简报》，《文物》1988 年第 12 期，第 45—46 页。

② 李昉等编《文苑英华》卷九一七，北京：中华书局，1966 年，第 6 册，第 4828 页。

③ 林宝撰、岑仲勉校记《元和姓纂（附四校记）》卷四“安”条，第 1 册，第 500—502 页。

④ 《隋书》卷三《炀帝纪上》（点校本二十四史修订本），第 1 册，第 67—68 页。

卫”,[①] 可见帐内员额极多，有的担任执杖等役务，地位卑下。虞弘最终在并州家中去世，享年59岁，开皇十二年（592）十一月十八日葬于今太原市晋源区晋祠镇王郭村。

综观虞弘的一生，辗转于茹茹（柔然）、北齐、北周、隋代4朝，侍奉了茹茹可汗阿那瓌，北齐文宣帝、废帝、孝昭帝、武成帝、后主、幼主，北周武帝、宣帝、静帝，隋高祖共11位皇帝，出使波斯、安息、大月氏、吐谷浑、北齐等国，确实如墓志铭文中所说的“翱翔数国，勤诚十主”，经历丰富，极为传奇。他年少时奉茹茹可汗阿那瓌之命出使各国，充分展现了西域胡人充当外交使节的特长；552年茹茹亡国前夕，趁出使之机投奔北齐，但是长期得不到重用，直到565年武成帝高湛为太上皇以后，虞弘才重新踏入仕途，特别是出任凉州刺史，成为地方上的封疆大吏，统领着从河西凉州迁徙而来的粟特等西域胡人，势力颇大；577年齐亡入周以后，虞弘仍然扮演使节的角色，以仪同大将军充任可比大使，兼领并、代、介三州乡团，检校萨保府，是当地胡人武装聚落的首领，并且隶属于大丞相府；581年入隋之后，虞弘担任仪同三司，掌领并州总管、晋王杨广的左帐内，仍然镇守在并州，但在政治上未获得更进一步的发展机会，去世时在墓志盖上仅刻写了正五品上的终官“仪同”。虞弘虽然在政治上经受了浮沉起落，但一直生活在以鱼国为主的西域胡人聚落中，掌握着并、代、介三州的鱼氏及其他西域胡人部落的萨保权力，实力不可小觑，这从他入葬时墓室中精美的汉白玉石椁上雕绘的人物图像得到具体的体现，可以说虞弘的一生是中古时期入华胡人首领的一个缩影。

---

① 《隋书》卷五六《令狐熙传》、卷六五《周法尚传》、卷七五《儒林·刘炫传》（点校本二十四史修订本），第5册，第1562、1711页；第6册，第1929页。

第四章　虞弘墓志中的改刻和佚缺之字

——兼论鱼国即跋禄迦国

虞弘墓志中出现了两处“鱼国”，是探索鱼国的出发点。尤堪注意的是，这两处“鱼”字都是被挖改掉以后重新改刻的。那么不禁要问：虞弘的家人为什么要把墓志中原刻的国名剜掉，而要改刻为鱼国呢？原来刻写的国名究竟是什么？改刻后的鱼国又位于何方？这种关键文字的挖改背后，显然有其深意在。另外，墓志的右下角（左右方向以观者的视角为准）残缺，虞弘祖父的名字也有残损，第二处“鱼”字前面的“□□奴栖”，所缺之字究竟是什么呢？学界对这些挖改和佚缺之字关注甚少，而它们正是揭开鱼国之谜的关键所在。

第一节　“鱼”字的改刻之谜

1999 年夏，虞弘夫妇合葬墓出土问世；2001 年初，《文物》当年第 1 期发表《太原隋代虞弘墓清理简报》，刊布了虞弘墓志的志盖、志身的黑白拓片图版，以及虞弘夫人墓志的部分录文，[①] 可惜虞弘墓志的墨拓图版较为模糊，尤其是志身的底行被剪裁掉，[②] 尾行也未能采拓完

---

① 山西省考古研究所等《太原隋代虞弘墓清理简报》，《文物》2001 年第 1 期，第 32—33、50 页，图一二、一三。

② 除简报外，罗丰《一件关于柔然民族的重要史料——隋虞弘墓志》一文中附有“图十八 · 1　隋虞弘墓志（搨本）”，虽然图版清晰，但底部被剪掉两行。见其《胡汉之间——“丝绸之路”与西北历史考古》，第 406 页。

图 4-1 《太原隋虞弘墓》封面

整，遗失了不少有价值的信息。最重要的是，拓片图版中的两处“鱼”字虽然有比较特别的痕迹，但从模糊的黑白图版不太容易看出“鱼”字是挖改后重刻的，而且简报中也未对此一改刻现象作任何文字描述，以至于缺失了非常重要的考古信息，不能不说是一种遗憾。

也正因此，在 2005 年 8 月《太原隋虞弘墓》（图 4-1）出版以前，学界大多依据《太原隋代虞弘墓清理简报》刊布的墨拓图版及相关信息开展研究，所发表的众多论文无一例外均未提到虞弘墓志中“鱼”字的挖改现象。① 即便是太原本地的学者如张庆捷，抑或是到太原进行过实地考察的外地学

① 如本书第三章所列 2001 年发表的张庆捷《〈虞弘墓志〉中的几个问题》《虞弘墓志考释》《太原隋代虞弘墓石椁浮雕的初步考察》、Boris Marshak，“La Thématique Sogdienne dans l'Art de la Chine de la Seconde Moitié du VIe Siècle”、A. L. Juliano & J. A. Lerner，“The Miho Couch Revisited in Light of Recent Discoveries”、荣新江《隋及唐初并州的萨保府与粟特聚落》、姜伯勤《隋检校萨宝虞弘墓石椁画像石图像程序试探》，郑岩《青州北齐画像石与入华粟特人美术——虞弘墓等考古新发现的启示》；2002 年发表的林梅村《稽胡史迹考——太原新出隋代虞弘墓志的几个问题》，余太山《鱼国渊源臆说》，罗丰《一件关于柔然民族的重要史料——隋〈虞弘墓志〉考》，吉田丰、影山悦子《ソグド人—典籍を補う最新の出土資料から》；2003 年发表的张庆捷《太原隋代虞弘墓图像中的波斯文化因素》；2004 年发表的杨晓春《隋〈虞弘墓志〉所见史事系年考证》、周伟洲《隋虞弘墓志释证》、Catherine Delacour，“Les Banquettes en Pierre une Partiquelarité des Coutumes Funéraires des Chefs de Communautés Sogdiennes Inhumés en Chine au VIe Siècle”等论文。

者如林梅村、姜伯勤，也都未在他们的论文中言及“鱼”字的改刻，[①] 真是令人感到奇怪。

作为虞弘夫妇合葬墓的考古报告，2005 年出版的《太原隋虞弘墓》刊布了虞弘夫妇墓志的彩色图版和高清墨拓，[②] 以及详细的发掘整理情况，为进一步的深入研究提供了重要基础。不过，此书中虞弘墓志的两幅彩图较小，未作局部放大，改刻、残损文字仍然较难辨识，特别是不易看出挖改的遗痕程度。仅凭墓志彩图和墨拓图版，很难断定两处“鱼”字是剜改后重刻的。因此，考古报告中的墓志彩图亟须放大，至少应达到充分可视的效果。当然，最重要的莫过于到太原实地观摩墓志原石。2010 年，张庆捷在《胡商　胡腾舞与入华中亚人——解读虞弘墓》一书中刊布了虞弘墓志的局部放大彩图，才可以清晰地看到两处“鱼”字的改刻。[③]

---

① 除了太原本地学者张庆捷之外，外地学者如林梅村《稽胡史迹考——太原新出隋代虞弘墓志的几个问题》云：“2000 年夏，应山西省考古所张庆捷所长盛情邀请，我到太原实地考察虞弘墓”，见《中国史研究》2002 年第 1 期，第 72 页［该文收入林梅村《松漠之间：考古新发现所见中外文化交流》（北京：生活·读书·新知三联书店，2007 年，第 166—185 页）时，个别字句略作改动，如题目中在“出”字后面加一“土”，上引文中的“我”字改成了“我们”］；姜伯勤《隋检校萨宝虞弘墓祆教画像石图像的再探讨》云：“2000 年 7 月，在北京大学召开了巫鸿先生主持的《汉唐之间的艺术与考古》国际学术会议。在这次会议上，笔者在 2000 年赴太原考察虞弘墓祆教画像石的基础上，发表了《隋检校萨宝虞弘墓石椁画像石图像程序试探》一文”；“在 2000 年 7 月巫鸿先生主持的会议之后，笔者第二次赴太原考察了虞弘墓画像石。2002 年 11 月 18—22 日，笔者又与万毅博士一道，第三次考察了虞弘墓画像石”，见《艺术史研究》第 4 辑，2002 年，第 183 页。当然，姜氏的重点在石椁画像石上，而非墓志。

② 山西省考古研究所等编著《太原隋虞弘墓》，第 87—93 页图版 121、122、123、125、126，书后的图版一五、一六；第 92—93 页图 127、128、129、130，书后的图版一七、一八。

③ 张庆捷《胡商　胡腾舞与入华中亚人——解读虞弘墓》，第 11 页。2020 年出版的此书修订版《解读虞弘墓——北朝定居中国的粟特人》第 18 页的彩色插图，对原书的彩图作了裁剪，第一处“鱼国”等文字被剪去，殊为可惜。

最足称道的是，张庆捷为《太原隋虞弘墓》撰写第七章《墓志》时，明确地指出了两处“鱼”字的改刻现象：

墓志文中还有两处较为特殊，这两处同为“鱼国”的“鱼”字，一为“鱼国尉纥驎城人也”，一为“鱼国领民酋长”。仔细观察这两处的“鱼”字，明显比其他处低凹，用手指触摸，感觉更明显。显然这两处都是经过改刻的，原先所刻二字应不是现在的“鱼”字。墓志刻成后，发现不妥，又将原先所刻之字凿去，重新刻上现在的“鱼”字。我们认为原先可能是“虞”字。改的用意，或是要在墓志上恢复其本来的国名姓氏。①

从墓志原石及高清局部放大彩图上可以清楚地发现两处“鱼”字的改刻情况（图4-2），很显然是凿去了原来所刻之字，又重新刻写了

图4-2　虞弘墓志（局部）（作者摄）

① 山西省考古研究所等编著《太原隋虞弘墓》第七章《墓志》（张庆捷撰），第88页。张庆捷《胡商　胡腾舞与入华中亚人——解读虞弘墓》（第10—11页）、《解读虞弘墓——北朝定居中国的粟特人》（第16—18页）对此段文字略有增补与修订。

“鱼”字。两处“鱼”字后面相连的均为“国”字，可见原来确实是刻作某国。易言之，虞弘的母国与他的祖父□奴栖所任领民酋长的国度是同一个国家。然而，原字被挖掉，原来刻的究竟是什么字呢？张庆捷认为是墓志刻成后发现不妥，才将原字凿去，表明隋代虞弘家人乃至鱼氏族群不愿意或者不能够称呼原来的国名，而改称为鱼国。

关于“鱼”字改刻之前的原字，目前仅见张庆捷对这一问题提出过推测性意见，他认为可能是“虞”字，挖改的用意或许是要恢复本来的国名、姓氏。2010 年，他在《胡商　胡腾舞与入华中亚人——解读虞弘墓》一书中写道：

> 原先是什么字呢？妄自揣测，只能是“虞”字。主家改刻的用意，估计是想在墓志上恢复本来的国名。[①]

将此段文字对比上引《太原隋虞弘墓》中的文字，可以发现张氏有两处改动值得注意：一是推测为“虞”字，有“可能”与“只能”之别，后者的口气趋于绝对；二是“国名姓氏”改为“国名”，删去了“姓氏”二字。关于第一点，张氏此书在 2020 年再版时，书名更为《解读虞弘墓——北朝定居中国的粟特人》，又将“只能”回改为“可能”，[②] 对原刻“虞”字不再像 10 年前那么坚定。从最初的推测口吻到后来的肯定推断，再回到推测口吻，15 年间经历了一个反复判断的过程，最终还是持谨慎的推测态度。

张氏推测原先所刻之字可能是“虞”，原因大概是墓主人姓虞，即志盖上所刻“大隋故仪同虞公墓志”等字，以及虞弘死后埋葬在唐叔虞坟东 3 里，这里离远古虞舜、周代唐叔虞所封的虞国的范围都不太远。然而应当注意，志盖上的“虞”字却并未一同挖改，也就是说，刻有“虞”字的志盖和改刻为“鱼”字的志身是一同埋入地下的，这表明“虞”“鱼”二字可以同时共存，并不是必须把“虞”字挖掉，尤

---

① 张庆捷《胡商　胡腾舞与入华中亚人——解读虞弘墓》，第 11 页。

② 张庆捷《解读虞弘墓——北朝定居中国的粟特人》，第 18 页。

其是志盖上的文字更大、更醒目，若是真的要改“虞”为“鱼”，很难想象虞弘家人只剜去志身的“虞”字，而把志盖的“虞”字仍予保留。因此，张氏推测志身的两处“鱼”字原本刻作“虞”的可能性应予排除。其实，志盖的“虞”字是姓氏，而志身的“鱼”字为国名，尽管入华胡人经常以国或部落为姓，[①] 但是也并不尽然，所以志盖虞姓与志身鱼国的书写也不必完全求其统一，尤其是与虞弘同时代的虞庆则的姓氏是从“鱼”改为“虞”，而非反之。

张庆捷对墓志中这两处挖改的“鱼”字观察得十分细致，最初说“明显比其他处低凹，用手指触摸，感觉更明显”，[②] 后来还添加了“色泽也不一样”之语。[③] 石见清裕在亲睹墓志原石的基础上，注意到改刻的“鱼”字与其他字相比有点肥，但也只是继承和介绍了张氏所推测的原字“虞”，[④] 自己并未提出新见。仔细观察墓志原石及高清彩图，可以发现：两处“鱼”字的位置均偏向右边，字的左侧都有一条被凿挖后遗留的竖痕，第一处“鱼”字的左侧呈现出凹状，第二处“鱼”字的左侧遗痕更为明显。2018 年 7 月 19 日、2019 年 6 月 25 日、2023 年 2 月 25 日，笔者三次赴山西博物院察看虞弘墓志原石，确认了这条竖痕的存在，并认为它是“鱼”字挖改前的原字之偏旁；尤其是第一处“鱼”字左侧竖痕的最上部，分明是个倒三角形，参比墓志中的其他文字的写法，极可能是“氵”起笔的第一点，如“潘”“海”“蒲”“漂”“注”“汾”“洞”“浑”“凉”“汲”“游”“涂”“溘”“派”“润”等均是如此。至于原字的右边是什么笔画？整个字究竟是什么字

① 《旧唐书》卷一〇四《哥舒翰传》云：“蕃人多以部落称姓，因以为氏”，第 10 册，第 3211 页。

② 山西省考古研究所等编著《太原隋虞弘墓》第七章《墓志》（张庆捷撰），第 88 页。

③ 张庆捷《胡商 胡腾舞与入华中亚人——解读虞弘墓》，第 11 页；《解读虞弘墓——北朝定居中国的粟特人》，第 18 页。

④ 石见清裕《ソグド人墓誌研究》，第 141—142 页。

呢？事涉复杂，详见第六章第五节分析。

需要说明的是，如同2005年《太原隋虞弘墓》出版以前没有学者言及“鱼”字的改刻现象一样，在此后的17年间，亦即2005—2022年，除了张庆捷、石见清裕二人外，其他许多学者在研究虞弘夫妇合葬墓、特别是虞弘墓志时，令人讶异的是仍然都没有提到“鱼”字的改刻现象，[①] 甚至还有学者仍在使用2001年清理简报中的模糊不清的墓志旧拓，[②] 或者虽然参引了《太原隋虞弘墓》，但却未言及“鱼”字的改刻，没有参考张庆捷关于这一改刻的重要说明。[③] 很可能许多学者没有到太原亲自察看墓志原石，至少在他们的论文中未见提及。这种情况必

---

① 如本书第三章所列2006年发表的毕波《虞弘墓所谓“夫妇宴饮图”辨析》、郭平梁《〈虞弘墓志〉新考》、齐东方《虞弘墓人兽搏斗图像及其文化属性》、杨巨平《虞弘墓祆教文化内涵试探》、荣新江《粟特与突厥——粟特石棺图像的新印证》、服部等作《ソグド人虞弘墓の浮き彫りにみる座像と饗宴の光景》、Annette L. Juliano, “Converging Traditions in the Images of Yu Hong’s Sarcophagus: Possible Buddhist Sources”；2007年发表的杨晓春《隋〈虞弘墓志〉所见“鱼国”、“尉纥驎城”考》、王小甫《拜火教与突厥兴衰——以古代突厥斗战神研究为中心》、罗新《虞弘墓志所见的柔然官制》、荣新江《北朝隋唐粟特人迁徙及其聚落补考》、谢承志《新疆塔里木盆地周边地区古代人群及山西虞弘墓主人DNA分析》、森安孝夫《シルクロードと唐帝国》；2008年发表的麦超美《从〈隋虞弘墓志〉看府兵制度的发展》；2009年发表的卓鸿泽《〈大隋故仪同虞公墓志〉中三胡名拟测及粟特胡、丁零胡问题〉》；2011年发表的王丁《中古碑志、写本中的汉胡语文札记（一）》，石见清裕《太原出土〈虞弘墓誌〉（隋・开皇十二年—五九二年）》，曾布川宽、吉田丰编《ソグド人の美術と言語》第5部《中国出土ソグド石刻画像の図像学》（曾布川宽撰）；2014年出版的孙武军《入华粟特人墓葬图像的丧葬与宗教文化》；2016年发表的张金龙《隋代虞弘族属及其祆教信仰管窥》；2018年发表的王素《北魏尔朱氏源出粟特新证——隋修北魏尔朱彦伯墓志发覆兼说虞弘族属及鱼国今地》、沈睿文《太原金胜村唐墓再研究》；2019年发表的赵世瑜《多元的标识，层累的结构——以太原晋祠及周边地区的寺庙为例》等论著。

② 郭平梁《〈虞弘墓志〉新考》，《民族研究》2006年第4期，第64—70页；杨晓春《隋〈虞弘墓志〉所见“鱼国”、“尉纥驎城”考》，《西域研究》2007年第2期，第113—120页。

③ 张金龙《隋代虞弘族属及其祆教信仰管窥》，《文史哲》2016年第2期，第91—113页。

然造成了在讨论鱼国问题时有所偏差，妨碍了对鱼国问题的深入探讨。无论如何，调查墓志、石椁及其他文物，以及阅读考古报告、清理简报，应该是研究鱼国问题的根本前提。缺失了这一点，相关的研究也就成了无源之水、无本之木。

第二节 □奴栖 = 步落稽 = balïk（鱼）

虞弘墓志中出现了三个具有胡风特点的名字，即（1）虞弘之祖父，名“□奴栖”；（2）虞弘之父，名“君陁”；（3）虞弘之字，曰“莫潘”。关于君陁、莫潘，第三章已有考论，本节拟对“□奴栖”进行考证。

一、□奴栖

虞弘墓志在叙述其父君陁的前面，有一位“□□奴栖，鱼国领民酋长”。他究竟是虞弘的祖父还是曾祖父？其名字是叫“□奴栖”抑或“奴栖”？学者们无论在理解上抑或叙述中，都存在着混乱，亟须厘清。尤其是，正确的读法还关系到对鱼国之谜的破解。

关于“□□奴栖”的解读，就其在虞弘家庭中的身份而言，学界有祖先、曾祖父、祖父三种观点。

祖先说仅见于王小甫的论文，[1] 称其为祖先虽然是一种谨慎的说法，但是过于笼统，没有解决具体的问题。

余太山提出可能是曾祖父或祖父两种说法，云：“‘奴栖’前所缺二字可能是‘曾祖’。当然，也可能是‘祖□奴栖’。”观其接下来的行文，或称“奴栖（或□奴栖）”，或仅称“奴栖”，[2] 不仅未作统一，而且在曾祖父与祖父之间摇摆不定，未有定论。

---

① 王小甫《拜火教与突厥兴衰——以古代突厥斗战神研究为中心》，《历史研究》2007 年第 1 期，第 32 页。

② 余太山《鱼国渊源臆说》，《史林》2002 年第 3 期，第 17 页。

墓志的书写尽管也存在不写某代祖先的情况，但毕竟较为少见，所以绝大多数学者认为，排在虞弘之父君陁前面的“□□奴栖”是虞弘的祖父，而非曾祖父；但虞弘祖父之名到底是“□奴栖”还是“奴栖”？则又存在着争议。

持“□奴栖”者，有张庆捷、罗丰、郭平梁、张金龙、王素等人。[①] 这样就把“□□奴栖”中第一个“□”确定为“祖”字，其身份为虞弘的祖父，名曰“□奴栖”，名字的首字因墓志缺角而残失。

持“奴栖”者，有姜伯勤、周伟洲、石见清裕等人。姜氏在同一篇论文中，“奴栖”前面时而加写“虞”，时而又写作“鱼”，[②] 前后欠统一，莫衷一是；周氏则说：“所阙两字前述诸家均认为系指虞弘祖，或为‘祖鱼’二字，也可能为‘其先’两字。奴栖系名”；[③] 石见清裕认为“奴栖”是虞弘祖父之名，同时也介绍了学界的“祖□奴栖”或“曾祖奴栖”两说。[④] “□□奴栖”所缺二字中，首字为“祖”，已无疑义；次字为“虞”或“鱼”，均不准确，因为墓志书写的通例绝不会写姓，将姓误植于先人名字之前显然不对，徒然制造不必要的混乱。如此，“奴栖”为名自然也不妥当。至于周氏又推测所缺二字为“其先”，纯属臆补，与王小甫的祖先说类同。

---

① 张庆捷《〈虞弘墓志〉中的几个问题》，《文物》2001 年第 1 期，第 103 页；《虞弘墓志考释》，《唐研究》第 7 卷，2001 年，第 149 页。罗丰《一件关于柔然民族的重要史料——隋〈虞弘墓志〉考》，《文物》2002 年第 6 期，第 79 页。郭平梁《〈虞弘墓志〉新考》，《民族研究》2006 年第 4 期，第 68 页。张金龙《隋代虞弘族属及其祆教信仰管窥》，《文史哲》2016 年第 2 期，第 95 页。王素《北魏尔朱氏源出粟特新证——隋修北魏尔朱彦伯墓志发覆兼说虞弘族属及鱼国今地》，《故宫博物院院刊》2018 年第 5 期，第 63—65 页。

② 姜伯勤《中国祆教艺术史研究》第八章【上】《隋检校萨宝虞弘墓石椁画像石图像程序试探》，第 121 页作“祖〔虞〕奴栖”，第 124 页作“祖，鱼奴栖”。

③ 周伟洲《隋虞弘墓志释证》，荣新江、李孝聪主编《中外关系史：新史料与新问题》，第 251 页。

④ 石见清裕《ソグド人墓誌研究》，第 121 页。

此外，杨晓春在2004年的论文中将虞弘祖父的名字写作“□奴栖”，而在2007年的论文中又写作“奴栖”，[①] 前后书写不一，恐怕是作者落笔随意之疏失，或者是对虞弘祖父之名尚缺乏真正的认识。

综观学界对虞弘墓志中“□□奴栖”的不同解读，基本上可以确定所缺的第一个“□”为“祖”字，因此祖先说与曾祖父说应当排除；但是第二个“□”，除了姜伯勤在“奴栖”之前随意加写“虞”或“鱼”字及周伟洲错误地臆测为“[鱼]”外，从未有人作过严格意义上的解读。实质上，对“□奴栖”语义的探讨，是解读鱼国之谜的一把锁钥。

二、步落稽

关于虞弘的族属，林梅村认为是步落稽，并怀疑步落稽为突厥语“balag（鱼）”之音译。[②] 笔者赞同这一推断，《突厥语大词典》中的“鱼”就写作 balïk。[③]《周书》卷四九《异域上·稽胡传》记载“稽胡，

---

① 杨晓春《隋〈虞弘墓志〉所见史事系年考证》，《文物》2004年第9期，第75页；《隋〈虞弘墓志〉所见“鱼国”、“尉纥驎城”考》，《西域研究》2007年第2期，第117页。

② 林梅村《稽胡史迹考——太原新出隋代虞弘墓志的几个问题》，《中国史研究》2002年第1期，第72页。此外，桂宝丽指出拜占庭文献记载到萨比尔人 Balag，是与查士丁尼结盟的女王已故丈夫的名字，并称“此名应该就是拓跋鲜卑勋臣八姓中的步六孤氏”，见《萨比尔与鲜卑》，《欧亚学刊》第9辑《第二届传统中国研究国际学术讨论会欧亚专辑》，北京：中华书局，2009年，第16页。聊供参阅。

③ 麻赫默德·喀什噶里《突厥语大词典》，何锐等译，北京：民族出版社，2002年，第1卷，第397页。英译版作 baliq，见 Mahmūd al-Kāšγarī, *Compendium of the Turkic Dialects* (*DīwānLuγāt at-Turk*), ed. and tr. by Robert Dankoff in collaboration with James Kelly, Harvard University Printing Office, 1982, p. 290. 何星亮据《魏书·尔朱荣传》所记“步落坚胡刘阿如等作乱瓜、肆”一句认为，“刘阿如等取名‘步落稽’，无非是以此旗号招集种落繁炽的胡人，以达到自己的目的。而这名称既要具有号召、联合各部落的意义，又要带有民族感情的色彩。因稽胡是匈奴别部，‘步落坚胡’或‘步落稽胡’可能就是‘部分匈奴人’或‘分开的匈奴人’之意”，见何星亮《稽胡语若干词试释》，《民族语文》1982年第3期，第41页。臆测成分较大，不取其说。

一曰步落稽”，“妇人则多贯蜃贝以为耳及颈饰”。周一良认为，“蜃贝非西河离石一带地方的产物，自是这种民族未迁到并州以前的习俗的遗留”。[①] 这从一个侧面体现了鱼国民族的特点。

在汉文史籍中，“步落稽”有多种不同的写法，如：

（1）步落坚：《魏书》卷七四《尔朱荣传》云：“内附叛胡乞、步落坚胡刘阿如等作乱瓜肆”；《北史》卷九八《蠕蠕传》记载，东魏权臣高欢遣使对柔然可汗阿那瓌说：“近有赤铺步落坚胡行于河西”。两书的点校者均在“步落坚胡”下方单独划线，表示为一独立词汇。“胡”是当时对少数民族的泛称，“步落坚”是具体的民族自称，合起来就是指步落坚胡人。由此来看，“步落坚”之名似仅见于北魏末及东魏。

（2）步落稽：《北齐书》卷一《神武纪上》记载，北魏普泰元年（531），“又为并州符，征兵讨步落稽”；卷一四《上洛王思宗传》云：“皃翁，谓雄鸡，盖指武成小字步落稽也”，北齐武成帝（537—568）出生在东魏时。前举《周书·异域传上》列有“稽胡”，即为步落稽的简称。《隋图经》云：“丹州白室，胡头汉舌，其状似胡，其言习中夏。白室即白翟语讹耳，近代号为步落稽胡”。[②] “步落稽”之名见于北魏末至隋代，从北齐武成帝小字步落稽及北周、隋代称步落稽胡看，该词已成为当时的通称。

（3）部落稽：《旧唐书》卷一六一《李光进传》云：“本河曲部落稽阿跌之族也”，点校者在“稽”字下方划线，而“部落”二字之下则无，显然是将稽胡当作部落，而不知“部落稽”实为一个固定族名；《新唐书》卷三《高宗纪》云：“绥州部落稽白铁余寇边”，卷二二《礼乐志十二》记载，唐代“北狄有鲜卑、吐谷浑、部落稽”，“至唐存

---

① 周一良《北朝的民族问题与民族政策》，《魏晋南北朝史论集》，第163页。

② 李吉甫《元和郡县图志》卷三《关内道三》“丹州”条，上册，第74页。“步落稽胡”，乐史《太平寰宇记》卷三五《关西道十一》“丹州”条作“部落稽胡”，第2册，第744页。

者五十三章，而名可解者六章而已”，其中“三曰《部落稽》”，前两处“部落稽”为族名，点校者在其下皆加下划线，是准确的，后一处为曲名。由此可见，“部落稽”之名是唐代及以后通用的汉译写法，取代了原来的“步落稽”。

（4）部落精：《朝野佥载》卷四云：“紫薇舍人倪若水黑而无须，目为‘醉部落精’”。[①]《太平广记》卷二五五《嘲诮三》“魏光乘”条引《朝野佥载》本略同，仅“须”字后面多一“鬓”字，另称“明钞本‘精’作‘稽’”。[②]“部落精”亦为唐代的汉译称呼。

由上可知，北朝隋唐时期，步落坚、步落稽、部落稽、部落精均为balïk（鱼）的音译汉字的不同写法；由于他们原本为西域鱼国胡人，所以在 balïk 的音译汉字后面往往会加个“胡”字，称“步落坚胡”“步落稽胡”，简称为“稽胡”。从隋代丹州步落稽胡的情况看，他们的相貌仍为胡人，这种胡貌显然不属于蒙古人种，而是来自西域的胡人相貌特征，不过他们已经学会了使用汉语，故称“胡头汉舌”，表明隋代步落稽胡人正处在汉化过程之中。这种胡状相貌跟虞弘夫妇合葬墓石椁上雕绘的高鼻深目、卷发、多须髯的胡人图像是相一致的。虞弘祖父的名字为“□奴栖”，所缺首字当为 balïk 之 ba，也可以译作“步”“部”或“白”等字。换言之，虞弘祖父之名“□奴栖（balïk）”，意即为鱼，与步落坚、步落稽、部落稽、部落精同为 balïk 的音译汉字，这跟他所任鱼国领民酋长的身份正相吻合。□奴栖的名字中“隐藏”了有关“鱼”的信息，对于理解鱼国问题有着极为重要的帮助。

目前所见最早的步落稽胡人，当属北魏时期的著名高僧释慧达，

---

① 张鷟《朝野佥载》卷四，北京：中华书局，1979 年，第 91 页。《旧唐书》卷一八五下《良吏下·倪若水传》记其为“恒州藁城人”，第 15 册，第 4811 页。据荣新江考证，恒州为成德军节度使之所，是个重要的胡人聚居地，见《北朝隋唐粟特人之迁徙及其聚落》，《中古中国与外来文明》（修订版），第 98—99 页。

② 李昉等编《太平广记》卷二五五《嘲诮三》“魏光乘”条，北京：中华书局，1961 年新 1 版，第 6 册，第 1986 页。

《高僧传》《续高僧传》皆有其传，前者云："释慧达，姓刘，本名萨河，并州西河离石人"；[①] 后者则记："释慧达，姓刘，名窣和，本咸阳东北三城定阳稽胡也"。[②] 释慧达俗姓刘，名萨河或窣和，又写作萨荷、屑荷、萨何、萨诃、窣荷、苏合等，[③] 皆为步落稽语言的音译汉字，只是写法不同而已。释慧达原本居住在咸阳东北三城定阳，后来迁徙到并州西河郡离石县，[④] 是当地的富豪之家，"后因酒会，遇疾命终"，这与虞弘夫妇合葬墓石椁图像中的宴饮图像及多幅饮酒图亦颇相合。

《续高僧传》卷二六《释慧达传》续云：

> 达后出家，住于文成郡，今慈州东南高平原即其生地矣，见有庙像，戎、夏礼敬，处于治下安民寺中。曾往吴、越，备如前传。至元魏太武大延元年（435），流化将讫，便事西返，行及凉州番禾郡，东北望御谷而遥礼之。……达行至肃州酒泉县城西七里石涧中死。……余以贞观（627—649）之初游历关表，故谒达之本庙，图像俨肃，日有隆敬。自石、隰、慈、丹、延、绥、威、岚等州，并图写其形，所在供养，号为"刘师佛"焉。

"文成郡"应为"文城郡"，《魏书·地形志》无载，《隋书》卷三〇《地理志中》"文城郡"条下注曰："东魏置南汾州，后周改为汾州，后齐为西汾州。后周平齐，置总管府。开皇四年（584）府废，十

---

① 释慧皎《高僧传》卷一三《兴福·晋并州竺慧达传》，第 477 页。

② 道宣《续高僧传》卷二六《感通上·魏文成沙门释慧达传》，下册，第 980—982 页。

③ 尚丽新《刘萨诃研究综述》，《敦煌学辑刊》2009 年第 1 期，第 135 页。

④ 尚丽新在《"敦煌高僧"刘萨诃的史实与传说》一文中，对刘萨诃（释慧达）的籍贯三说（离石、定阳、慈州）作了详细考析，最终认为是离石人，见《西南民族大学学报》2007 年第 4 期，第 76—78 页。张善庆也指出，武威《凉州御山石佛瑞像因缘记》中的"李师仁"，就是"离石人"的近音别写，见《"李师仁"实乃稽胡离石刘萨诃》，《文献》2016 年第 3 期，第 14—24 页。不过，首倡离石说的慧皎时代虽早，但毕竟是南朝人，对北魏之事恐不尽了解；兹以道宣所言"本咸阳东北三城定阳稽胡"之"本"字为据，取定阳说。

六年（596）改为耿州，后复为汾州”，唐代又称慈州。《广异记》就记载唐开元末有“慈州稽胡者以弋猎为业”。[①] 释慧达出家后居住在文城郡，至唐代安民寺中仍供奉着释慧达的塑像，受到胡汉民众的礼敬。需加注意，这里将“戎”字写在“夏”字的前面，就是因为信奉释慧达的当地民众更多的是步落稽人，这跟他是步落稽人是相一致的。释慧达足迹所履之地极广，曾南下吴、越，西行凉州。他于 435 年“西返”，但并非回到老家定阳，而是继续往西，经行凉州番禾郡、肃州酒泉县，最终卒于酒泉县城西面 7 里的石涧。释慧达之所以“西返”，窃以为是要向西返回到西域鱼国，其祖先就是从鱼国东迁到黄河两岸的。这位步落稽（鱼国）的神异僧人，死后受到步落稽胡人的广泛崇奉。直到唐代，石、隰、慈、丹、延、绥、威、岚等州都雕绘释慧达的图像予以供养，号曰“刘师佛”。以上诸州位于晋、陕交界的黄河两岸，表明这一带是步落稽胡人的活动范围。而在江南、西北等地，刘师佛信仰也获得广泛传播。田林启围绕与刘萨诃紧密相关的五代吴越阿育王塔和绘有刘萨诃因缘变的敦煌莫高窟第 72 窟展开分析，对迟至五代分别流传于江南与西北的刘萨诃信仰进行探讨，指出“虽然因地域不同，刘萨诃相关作品的形态和发现的手段也不尽相同，依靠上自统治阶级下至一般民众的团结宣传和表现力的支撑，神异僧刘萨诃亲密且令人信服的形象确曾存在于当时人民的心中”。[②]（图 4-3）

值得注意的是，释慧达神异化以后还被尊为“苏合神”“苏何圣”。

---

① 李昉等编《太平广记》卷四二七《虎二》“稽胡”条引，第 9 册，第 3475—3476 页。

② 田林启《劉薩訶の美術——呉越阿育王塔と敦煌莫高窟第七二窟》，百桥明穗、田林启编著《神異僧と美術伝播》，东京：中央公论美术出版，2021 年，第 97—132 页。此处汉译文见田林启《刘萨诃的美术——吴越阿育王塔与敦煌莫高窟第 72 窟》，王辉锴译，沙武田主编《丝绸之路研究集刊》第 6 辑，北京：商务印书馆，2021 年，第 342 页。需加说明的是，王辉锴译自《劉薩訶像表現の時間的・地域的変遷からみる仏教機能の様相 報告書》，此段话语内容相同。

图 4-3　莫高窟第 72 窟南壁刘萨诃因缘变（局部）
（采自《中国石窟 敦煌莫高窟》第 5 卷图 84）

“苏合”“苏何”当即“窣和”“萨诃”之异译，这也让人不禁想起来自域外的苏合香。[①]《魏书》卷一〇二《西域传》记载，波斯国出产“薰陆、郁金、苏合、青木等香”。[②] 道世《法苑珠林》卷三一《西晋

---

① 参山田宪太郎《東亞香料史研究》第五章《蘇合香油（そごうこうゆ）》，东京：中央公论社美术出版，1976 年，第 157—168 页。

② 《魏书》卷一〇二《西域传》（点校本二十四史修订本），第 9 册，第 2462 页。同样的记载又见于《北史》卷九七《西域传》（第 10 册，第 3222 页）、《周书》卷五〇《异域传下》（第 3 册，第 920 页）、《隋书》卷八三《西域传》（点校本二十四史修订本）（第 6 册，第 2087 页）之“波斯国”条。

沙门刘萨何》云："昼在高塔，为众说法；夜入茧中，以自沉隐；旦从茧出，初不宁舍，故俗名为苏何圣。'苏何'者，稽胡名茧也。以从茧宿，故以名焉"。[①] 然而，《周书》卷四九《异域上·稽胡传》记载"地少桑茧，多麻布"。唐代诸州土贡中，庆、绥、隰、石州及单于大都护府有胡女布，胜州有胡布，银州有女稽布。[②] 女稽布疑即北周时代步落稽女子所织的麻布。当时在步落稽人的活动范围内很少植桑养蚕，生产蚕茧；再往前追溯到北魏时，释慧达夜宿茧中之事就更让人感到有些不可思议。张朝富用《贤愚经·顶生王品》中的瞿萨离大王头顶生疱"其形如茧"来作解释，[③] 并不具有说服力；尚丽新虽然注意到这一现象，但"猜想苏合圣不仅是蚕神，恐怕也是农神"，并"以蚕神来代替农神"来作解释，尚非确解。[④] 正像步落稽语"库利"可以同时译指奴、贮旧谷一样，[⑤]"苏合"或许也可以有两种含义：一是苏合香，二是茧。北魏时代，步落稽人少事桑茧，释慧达的神异事迹显然与茧无关，而应是苏合香神。唐人不察步落稽语"苏合"有两意，误香为茧，以致出错。

北朝后期是步落稽势力大发展的时代，形成了强大的势力集团，以至于在《周书》中得以为之列传，即卷四九《异域上·稽胡传》，云：

> 稽胡，一曰步落稽，盖匈奴别种，刘元海五部之苗裔也。或云山戎、赤狄之后。自离石以西、安定以东，方七八百里，居山谷

---

① 释道世著，周叔迦、苏晋仁校注《法苑珠林校注》卷三一《潜遁篇·感应缘》，北京：中华书局，2003 年，第 953 页。

② 《新唐书》卷三七《地理志一》、卷三九《地理志三》，第 4 册，第 969、974—976、1002、1006 页。

③ 张朝富《白铁余起事佛教背景考察》，《四川大学学报》2012 年第 4 期，第 87 页。

④ 尚丽新《从刘萨诃和番禾瑞像看中古丝路上民间佛教的变迁》，《西南民族大学学报》2018 年第 11 期，第 69 页。

⑤ 李吉甫《元和郡县图志》卷三《关内道三》"丹州"条云："稽胡呼奴为库利"，上册，第 75 页；乐史《太平寰宇记》卷三六《关西道十二》"延州"条云："胡称贮旧谷为库利"，第 2 册，第 756 页。

间，种落繁炽。其俗土著，亦知种田。地少桑蚕，多麻布。其丈夫衣服及死亡殡葬，与中夏略同。妇人则多贯蜃贝以为耳及颈饰。又与华民错居，其渠帅颇识文字。然语类夷狄，因译乃通。蹲踞无礼，贪而忍害。俗好淫秽，处女尤甚。将嫁之夕，方与淫者叙离，夫氏闻之，以多为贵。既嫁之后，颇亦防闲，有犯奸者，随事惩罚。又兄弟死，皆纳其妻。虽分统郡县，列于编户，然轻其徭赋，有异齐民。山谷阻深者，又未尽役属。而凶悍恃险，数为寇乱。[①]

在《周书》以前，历代正史《西域传》或《西戎传》均未为步落稽列传，这表明步落稽民族的主体大约在北魏与柔然时代东迁，到北朝后期形成强大的势力集团，对西魏、北周与东魏、北齐造成了极大的威胁。唐初，令狐德棻建议编修梁、陈、齐、周、隋等五朝正史，他本人领衔编撰《周书》，并在《异域传上》为步落稽立传。[②] 关于步落稽的族属和来源，令狐德棻等人似乎并不明了，猜度他们是西晋及十六国初期匈奴别种刘渊（字元海）的后裔，或言是春秋、战国时期的山戎、赤狄的后代。令狐德棻（583—666）生活在隋及唐初，距离北周时代很近，而且步落稽在隋唐时期仍有活动，[③] 但连他都对步落稽的渊源不甚清楚，无疑是十分令人惊讶的事。这也反映出，步落稽并非世居在晋陕一带的土著胡族。所言“山戎、赤狄之后”，事涉悬远，自可不论，

① 《周书》卷四九《异域上·稽胡传》，第 3 册，第 896—897 页。本节以下引文未出注者，皆出此书。

② 滝川正博《北周における“稽胡”の創設》，《史観》第 160 册，2009 年，第 37—56 页。

③ 《隋书》卷一《高祖纪上》、卷三九《豆卢勣附子豆卢毓传》（点校本二十四史修订本），第 1 册，第 15 页；第 4 册，第 1312 页。《旧唐书》卷一《高祖纪》、卷五六《梁师都传》、卷五九《屈突通传》、卷六〇《宗室（太祖诸子）·襄武王琛传》、卷六一《窦威附侄窦轨传》、卷六四《高祖二十二子·隐太子建成传》、卷一二一《仆固怀恩传》、卷一九六下《吐蕃传下》，第 1 册，第 11 页；第 7 册，第 2281、2320、2347、2365、2414 页；第 11 册，第 3486 页；第 16 册，第 5244 页。其中时代最晚的已在安史之乱以后。

这可能是步落稽东徙后对当地古族的冒充攀附；所说匈奴别种刘渊之苗裔，亦属推测之词，只不过是步落稽在迁徙过程中与南匈奴发生了融合。那么，这个北朝后期似乎“横空出世”的步落稽胡究竟是从哪里迁来的呢？从《隋图经》所记丹州步落稽“其状似胡”“胡头汉舌”来看，显然是从西域鱼国东迁而来，此时虽然已经会说汉语，但胡貌尚存，可证他们东迁已有一段时间，但并不太久。[①] 周一良推测：“我疑心山胡或稽胡原是服属于匈奴的西域胡人”；[②] 唐长孺基本认同周说，但称稽胡除了西域胡人外，也包括屠各、南匈奴等族。[③] 步落稽在东迁过程中融合了一些漠北民族，像虞弘家族是从柔然辗转南下，最后定居在并州一带。北周时，步落稽“语类夷狄”，但“丈夫衣服及死亡殡葬，与中夏略同。……又与华民错居，其渠帅颇识文字”，说明当时正处在汉化过程之中。及至隋代，“丹州白室，胡头汉舌，其状似胡，其言习中夏”，步落稽人已经学会使用汉语，反映出周隋之际步落稽的汉化速度极快，唯相貌改变还需要较长的时间。

兹以《周书·稽胡传》为主，参校《北史·稽胡传》《通典·边防典十三》及其他史籍，将记载到的步落稽首领有姓名者摘列于下：

---

① 蒲立本（Edwin G. Pulleyblank）认为是春秋时期狄人的后裔，与义渠、山戎关系密切，见“JI HU 稽胡：Indigenous Inhabitants of Shaanbei and Western Shanxi”, E. H. Kaplan and D. W. Whisenhunt（ed.）, *Opuscula Altaica：Essays Presented in Honor of Henry Schwarz*, Western Washington, 1994, p. 511；林幹认为稽胡主体是陕北土著，见《稽胡（山胡）略考》，《社会科学战线》1984 年第 1 期，第 148—150 页。不过，这种观点显然与胡头相貌的步落稽人不太相符。

② 周一良《北朝的民族问题与民族政策》，《魏晋南北朝史论集》，第 163 页。

③ 唐长孺《魏晋杂胡考》，《魏晋南北朝史论丛》，第 442—444 页。关于步落稽的族源，杜登《稽胡族源问题研究综述》（载刘迎胜主编《元史及民族与边疆研究集刊》第 22 辑，上海古籍出版社，2010 年，第 162—168 页）对学界的相关论文逐一作了介绍，概括起来有三类：一是以西域胡为主体，二是以匈奴为主体，三是以土著民为主体。作者赞同唐长孺的观点。

（1）刘萨河、刘蟓升[①]、刘平伏[②]、刘桑德[③]、刘没铎、刘受罗干[④]、刘持塞、刘步禄；

（2）郝阿保、郝狼皮、郝三郎、郝仁郎；

（3）乔是罗、乔三勿同、乔素勿同[⑤]；

（4）白郁久同（间）[⑥]、白郎[⑦]；

（5）穆支；

（6）天柱。

以上共19人，除了最末的（6）天柱无姓外，其他诸人均取了汉式姓氏。（1）刘、（2）郝、（3）乔三姓为匈奴著姓，[⑧]（4）白、（5）穆二姓可能分别出自西域地区的龟兹和穆国。[⑨] 前三姓当是西域鱼国胡人

---

① 《北齐书》《北史》《通典》作“刘蠡升”，见《北齐书》卷二《神武纪下》，第1册，第18页；《北史》卷九六《稽胡传》，第10册，第3194—3195页；杜佑《通典》卷一九七《边防典十三·北狄四·稽胡》，第5册，第5401页。

② 《周书》卷一五《于谨传》作“刘平”，第1册，第246页。

③ 杜佑《通典》卷一九七《边防典十三·北狄四·稽胡》作“刘素德”，第5册，第5401页。

④ 《周书》卷七《宣帝纪》作“刘受逻千”，卷四九《异域上·稽胡传》作“刘受罗千”，第1册，第117页；第3册，第899页。“千”字误。

⑤ “乔三勿同”“乔素勿同”似为同一步落稽语词汇的不同译写，但也可能是同名却不同人，此处暂且分列两名。

⑥ 《魏书》卷一〇三《蠕蠕传》（点校本二十四史修订本）记其“姓郁久闾氏”，第6册，第2487页。“白郁久同”当为“白郁久闾”之讹。步落稽白郁久闾从西域鱼国东迁过程中，经由柔然，与之融合，取柔然王姓为己名。

⑦ 《周书》卷四九《异域上·稽胡传》作“乔白郎”，第3册，第898页；而《北史》卷九六《稽胡传》则作“白郎”，第10册，第3196页。兹暂取后者。

⑧ 姚薇元《北朝胡姓考（修订本）》，北京：中华书局，1962年，第43—52、273—274、300—301页。

⑨ 马长寿《北狄与匈奴》第五章《匈奴后期活动和稽胡》亦云：“当然稽胡之内也有许多姓氏如白、穆等可能是西域胡的姓氏”，桂林：广西师范大学出版社，2006年，第154页。前者见冯承钧《西域南海史地考证论著汇辑》，第158—175页；后者见蔡鸿生《唐代社会的穆姓胡客》，《中外交流史事考述》，郑州：大象出版社，2007年，第73—83页。

东迁时与匈奴等族相融合，冒用了匈奴贵族的汉式姓氏；后二姓是西域龟兹、穆国人随鱼国胡人东徙，或是后续东迁融进了步落稽。

据《周书·稽胡传》记载，步落稽的活动范围在离石以西、安定以东，但这只是从北周的角度所作的记录，实际上并不局限于这一地区，而是向东扩及整个河东地区，如虞弘在北周时管领并、代、介三州乡团，均位于离石以东。传文记载，“保定（561—565）中，离石生胡数寇汾北”，也是从离石向东进攻到汾河北岸。自北魏末以来，汾河一带是步落稽人的主要活动场所。“魏孝昌（525—527）中，有刘蠡升者，居云阳谷，自称天子，立年号，署百官。属魏氏政乱，力不能讨。蠡升遂分遣部众，抄掠居民，汾、晋之间，略无宁岁”。刘蠡升所居的云阳谷位于汾、晋之间，他自称天子，建立政权，年号神嘉，势力颇大，以至于“西土岁被其寇，谓之‘胡荒’”。[①] 东魏初，高欢不得不与之和亲，要把女儿许配给刘蠡升的太子。534 年，高欢趁刘蠡升不备，在他外出征兵之时，策反刘蠡升手下的北部王，才将其彻底诛灭。然而步落稽势力仍不可小觑，其文化影响甚至及于高氏皇室，如武成帝高湛的小字即为步落稽，足见影响之深。北齐末，步落稽趁北周进攻晋州之机东山再起，立刘蠡升之孙没铎为帝，577 年北周灭北齐后派宇文宪讨伐之，“没铎遣其党天柱守河东，又遣其大帅穆支据河西”，但最后仍然遭到剿灭。上述北周保定时离石生胡数寇汾北，勋州刺史韦孝宽在险要处筑城，布兵阻击；杨忠联合与突厥讨伐北齐，步落稽酋帅相率供应粮草。然而，此后步落稽屡次反叛北周，“宣政元年（578），汾州稽胡帅刘受罗千复反，越王盛督诸军讨擒之。自是寇盗颇息”。宇文盛讨平刘受罗千之后，“表请（虞）庆则，于是即拜石州总管。甚有威惠，境内清肃，稽胡慕义而归者八千余户”。[②] 虞庆则本姓鱼，与出自

① 《北齐书》卷二《神武纪下》，第 1 册，第 18 页。

② 《隋书》卷四〇《虞庆则传》（点校本二十四史修订本），第 4 册，第 1329 页。

鱼国的虞弘均属于步落稽，所以步落稽人 8000 余户才会慕义来归，以 1 户 5 口计，达 4 万多人。石州的治所在离石，可见这里确实是步落稽的势力中心。北周采取以夷制夷的策略，终于有效地控制住了以离石为中心的河东步落稽势力。

从史籍的记载来看，步落稽胡人早在十六国时就已从西域东徙至灵武、冯翊等地，这是 4 世纪亚洲民族迁徙大浪潮中的一朵浪花，比 6 世纪大批东徙要早两个世纪。关于这一点，将在第七章详细考论，此处仅讨论北朝后期的步落稽。当时，步落稽“居河西者，多恃险不宾”，经常与西魏、北周朝廷相对抗。西魏大统五年（539），黑水部众首先发动叛乱；[①] 两年后，步落稽人夏州刺史刘平伏又据上郡反。“自是北山诸部，连岁寇暴”。宇文泰派遣李远、于谨、侯莫陈崇、李弼等人相继讨平之。北周武成元年（559），延州步落稽郝阿保、郝狼皮反周附齐，阿保自署丞相，狼皮自署柱国，并与别部刘桑德互相呼应，但为北周柱国、同州刺史豆卢宁与延州刺史高琳所击破。翌年，郝狼皮等余党复叛，被大将军韩果镇压。北周武帝时，丹、绥、银等州步落稽与蒲川别帅郝三郎等连年反叛，朝廷命达奚震、辛威、于寔等相继进讨。天和二年（567），延州总管宇文盛筑城银州，并一举讨斩前来进攻的步落稽白郁久同（间）、乔是罗，击溃乔三勿同等部。天和五年（570），开府刘雄出绥州，巡视北部边境，步落稽白郎、乔素勿同等部渡河逆战，为刘雄所破。[②]

步落稽跨据黄河两岸的分布状况，直到唐代仍是如此，没有发生大的变化，如前举供养刘师佛的石、隰、慈、丹、延、绥、威、岚 8 州，就地跨黄河两岸，即为步落稽胡人的活动范围。[③] 武周时，陈子昂《上

---

① 除了《周书》卷四九《异域上·稽胡传》外，卷一九《杨忠传》亦记：“又与李远破黑水稽胡”，第 2 册，第 315 页。

② 《周书》卷四九《异域上·稽胡传》，第 3 册，第 897—898 页。

③ 唐长孺《魏晋杂胡考》，《魏晋南北朝史论丛》，第 444 页。

军国机要事》云：

> 今国家为契丹大发河东道及六胡州、绥、延、丹、隰等州稽胡精兵，悉赴营州，而缘塞空虚，灵、夏独立。[①]

除了六胡州之外，河东道与隰州位于黄河东岸今山西境内，绥、延、丹三州位于黄河西岸今陕西境内。六胡州为粟特人聚居地，绥、延、丹、隰等州见于上述8州，属步落稽的地域范围。大历九年(774)，为防御吐蕃侵扰，唐代宗颁敕曰："宜令（郭）子仪以上郡、北地、四塞、五原、义渠、稽胡、鲜卑、杂种步马五万众，严会栒邑，克壮旧军"。[②] 这里的稽胡应与上郡、北地、五原诸郡及义渠等族一样，主要生活在关内道地区。史载，李光进"本河曲部落稽阿跌之族也……光进兄弟少依葛旃，因家于太原"，[③] 葛旃是李光进的姐夫舍利葛旃，步落稽人李光进从黄河西岸的河曲东迁到河东太原。唐宪宗颁布《授张弘靖太原节度使制》提到"雁塞之上，稽胡杂居"。[④] 张宏（弘）靖被任命为河东节度使，驻节于太原，他在上任时唐宪宗特意提醒要关注境内的步落稽人。[⑤]

北朝后期，步落稽不愿意受中原王朝剥削，频频掀起反抗斗争；但也有一些步落稽人为朝廷效力，除了前举西魏夏州刺史刘平伏外，最著名的莫过于北周及隋代的虞祥、虞庆则父子，他们原本家居灵武，祖辈在十六国时仕于赫连夏国，"代为北边豪杰"，虞祥为北周灵武太守。虞庆则初为中外府行参军、外兵参军事，宣政元年（578）出任并州总

---

① 陈子昂《陈子昂集》卷八《杂著》，北京：中华书局，1960年，第179页。

② 《旧唐书》卷一九六下《吐蕃传下》，第16册，第5244页。

③ 《旧唐书》卷一六一《李光进传》，第13册，第4217页。

④ 李昉等编《文苑英华》卷四五二《翰林制诏三十三·制书五》，第3册，第2293—2294页。

⑤ 林幹说："稽胡之名，在隋朝和唐初还间有出现，至中唐（武则天）以后，则史书未见，大概已逐渐融合到汉族之中了"，见《稽胡（山胡）略考》，《社会科学战线》1984年第1期，第155页。此说自然不确。武周以后，史书中也是可以不断见到的。

管长史，翌年宇文盛、高颎讨平步落稽后，虞庆则出任石州总管，治理有方，稽胡8000余户慕义来归。大概就在北周时，其家族从灵武回乐迁居到京兆栎阳。北周末，虞庆则担任杨坚相国府中的司录，隋朝建立后任内史监、吏部尚书、京兆尹、营新都总监，后又升为尚书右仆射，是隋高祖杨坚政府班子中的核心成员。此外，《隋书》卷六四列有《鱼俱罗传》，应当也是步落稽人，传文记其为“冯翊下邽人也”，与京兆栎阳相毗邻；《唐鱼涉墓志铭并序》记其“曾祖殖，随丹方（坊）二州诸军事、二州刺史、下邳（邽）郡开国公”,[①]“随”即“隋”，两字可互通，[②] 隋代无方州，坊州与丹州相邻，故“方”字当为“坊”之讹，指鱼殖为隋代丹坊二州诸军事、二州刺史，前引《隋图经》记载“丹州白室”为步落稽胡，丹、坊二州是步落稽人活动的中心，故隋朝以步落稽人鱼殖为刺史进行统治，以达到以夷制夷的目的。

前述从西域鱼国东迁到黄河两岸的步落稽人，到隋代仍然“其状似胡”。《续玄怪录》记载到一则唐代“延州妇人”的故事：

> 昔延州有妇女，白皙，颇有姿貌，年可二十四、五。孤行城市，年少之子悉与之游，狎昵荐枕，一无所却。数年而殁，州人莫不悲惜，共醵丧具为之葬焉，以其无家，瘗于道左。大历中，忽有胡僧自西域来，见墓，遂趺坐具，敬礼焚香，围绕赞叹。数日，人见谓曰：“此一淫纵女子，人尽夫也，以其无属，故瘗于此，和尚何敬耶?”僧曰：“非檀越所知，斯乃大圣。慈悲喜舍，世俗之欲，无不狥焉。此即锁骨菩萨，顺缘已尽，圣者云耳。不信即启以验之”。众人即开墓，视遍身之骨，钩结皆如锁状，果如僧言。州人

① 毛阳光、余扶危主编《洛阳流散唐代墓志汇编》，北京：国家图书馆出版社，2013年，第238—239页。

② 胡阿祥《杨隋国号考说》，《东南文化》2000年第9期，第79—82页；叶炜《隋国号小考》，北京大学历史学系编《北大史学》11，北京大学出版社，2005年，第210—218页。

异之，为设大斋，起塔焉。[①]

这位延州妇人肤色白皙，显然为西域胡人无疑，她颇有姿色，即所谓胡姬，孤身一人，沦为声色妓女，死后被草草埋葬在路边。大历年间，有西域胡僧至延州，在妇人墓前敬礼焚香，虔诚祭拜，并称她是“大圣”“锁骨菩萨”。这位皮肤白皙的胡姬极可能就是从西域鱼国东迁到延州的步落稽人或其后裔，或者说是步落稽及西域人祭拜的圣女。

总之，虞弘的祖父□奴栖即“步落坚”“步落稽”“部落稽”“部落精”之异译，皆为突厥语 balïk 的音译汉字，意即为“鱼”。鱼国人从西域东迁以后，或经漠北柔然再南下河东，或从灵武进入关中，最终定居在晋陕一带黄河两岸，称步落稽，在北朝后期形成了强大的势力集团，直到隋唐仍然有一定的影响。[②]

第三节　论鱼国即跋禄迦国

既然步落稽（balïk）是从西域鱼国迁徙到晋陕一带黄河两岸的，那么就需要到西域去寻找鱼国的踪迹。

唐初，僧人玄奘西行赴天竺取经，途经南疆塔里木盆地北缘，在龟兹之西抵达跋禄迦国。《大唐西域记》卷一《屈支国》云：

从此西行六百余里，经小沙碛，至跋禄迦国。旧谓姑墨，又曰亟墨。

同卷《跋禄迦国》云：

跋禄迦国，东西六百余里，南北三百余里。国大都城周五六

---

① 李昉等编《太平广记》卷一〇一《释证三》“延州妇人”条，第3册，第682页。

② 唐长孺《魏晋杂胡考》，《魏晋南北朝史论丛》，第439—444页；Edwin G. Pulleyblank, “JI HU 稽胡: Indigenous Inhabitants of Shaanbei and Western Shanxi”, E. H. Kaplan and D. W. Whisenhunt (ed.), *Opuscula Altaica: Essays Presented in Honor of Henry Schwarz*, pp. 499-531.

里。土宜、气序、人性、风俗、文字、法则同屈支国，语言少异。细毡细褐，邻国所重。

接下来记述“凌山及大清池”，其中凌山部分叙曰：“国西北行三百余里，度石碛，至凌山。此则葱岭北原，水多东流矣。[①]

从屈支（即龟兹）国沿塔克拉玛干沙漠北缘西行600余里，穿越俱毗罗碛，抵达跋禄迦国，其地即今新疆维吾尔自治区阿克苏地区。[②] 跋禄迦国东西600余里，东至龟兹国，西达凌山，物产、风俗、文化与龟兹国相同。玄奘穿越凌山至大清池（或名热海，今伊塞克湖）、素叶水城（即碎叶城）。在唐代，从龟兹、跋禄迦穿越天山到热海、碎叶城，走的通常就是这条翻越拔达岭之路。中唐宰相贾耽所记“安西入西域道”中，从安西大都护府（治龟兹）向西出柘厥关（图4-4），经拨换城（跋禄迦国），往西北方向“度拔达岭”，至热海、碎叶城。[③] 杜环《经行记》亦云：“碎叶国：从安西西北千余里，有敦达岭。岭南是大唐北界，岭北是突骑施南界。……敦达岭北行千余里，至碎叶川，其川东头有热海，兹地寒而不冻，故曰热海。又有碎叶城。”[④] 可见，凌山又名拔达岭（敦达岭），《新唐书》卷二二一下《西域下·康传》作“勃达岭”。周连宽专门撰写《跋禄迦国考》一文，从国名、方位与都城、国势等三方面进行细致的考证；又在《从跋禄迦国至赭时国的一段行程》一文中对凌山作了考辨，认为是汗腾格里山。[⑤]

---

① 玄奘、辩机著，季羡林等校注《大唐西域记校注》卷一《屈支国》《跋禄迦国》，北京：中华书局，2000年，上册，第65—67页。

② 张弛、朱竑认为，从龟兹到跋禄迦有两条路线，一是盐关道，即玄奘所行之路；二是柘厥关道，即贾耽所言安西入西域道。见《“阿奢理贰伽蓝”地理方位与玄奘西行“跋禄迦”的交通路线》，《历史地理研究》2019年第2期，第147页。

③ 《新唐书》卷四三下《地理志七下》，第4册，第1149页。

④ 杜环著、张一纯笺注《经行记笺注》，北京：中华书局，2000年，第28—34页。

⑤ 周连宽《大唐西域记史地研究丛考》之《跋禄迦国考》《从跋禄迦国至赭时国的一段行程》，北京：中华书局，1984年，第74—82、83—87页。

图 4-4　新疆维吾尔自治区新和县柘厥关遗址（作者摄）

在历代正史《西域传》或《西戎传》中，“跋禄迦”仅见于《新唐书》卷二二一上《西域传上》，附在龟兹之后，称其为“小国也”，唐朝控制西域后又写作“拨换”。[①] 从西汉至北魏时代，今新疆维吾尔自治区

① 《新唐书》卷四三下《地理志七下》云：“安西西出柘厥关，渡白马河，百八十里西入俱毗罗碛。经苦井，百二十里至俱毗罗城。又六十里至阿悉言城。又六十里至拨换城，一曰威戎城，曰姑墨州，南临思浑河”，第 4 册，第 1149 页。

阿克苏地区一直称姑墨，或曰姑默、亟墨（图 4–5）；[①] 但值得注意的是，从东、西魏经北齐、北周到隋代，《周书·异域传》《隋书·西域传》中皆无姑墨国之名。为什么会突然出现这种情况呢？这不由得让人想起，此一时期在晋陕一带的黄河两岸恰好出现了步落稽，两者在时代上正相

图 4–5　新疆维吾尔自治区阿克苏市新建姑墨亭（作者摄）

吻合；入唐以后，阿克苏地区称跋禄迦国，与步落稽在语音上也相对应。《元和郡县图志》卷三“丹州”条记载，隋大业“十三年（617）为胡贼刘步禄所据”。[②] 如前所言，丹州是步落稽胡人的核心聚居地，被称为“丹州白室”。“胡贼刘步禄”就属于丹州白室，是丹州当地的步落稽胡

---

① 《汉书》卷九六下《西域传》，第 12 册，第 3910 页；《后汉书》卷八八《西域传》，第 10 册，第 2925、2927 页；《魏书》卷一〇二《西域传》（点校本二十四史修订本），第 6 册，第 2458 页；《北史》卷九七《西域传》，第 10 册，第 3218 页。

② 李吉甫《元和郡县图志》卷三《关内道三》“丹州”条，上册，第 74 页。

人，其名字“步禄”即为“步禄迦”之省称，[①] 亦即“跋禄迦”，为“步落稽”（balïk）之异译，意为鱼。换言之，跋禄迦国亦即鱼国。

北朝时代，鱼国（跋禄迦国）人为什么会向东迁往黄河两岸呢？这跟当时的中亚形势密切相关。5世纪末、6世纪初，嚈哒在中亚地区四出征讨，极大地影响了当时整个亚洲的局势。史载，“其人凶悍，能战斗。于阗、安息等大小二十余国，皆役属之”。[②] 随着嚈哒的东西扩张，中亚诸国纷纷向茹茹（柔然）求救。吐鲁番洋海1号墓出土了一件《阚氏高昌永康九年、十年（472、473）送使出人、出马条记文书》，编号为97TSYM1：13-5+97TSYM1：13-4，记载高昌国出人、出马迎送使客的情况，这些使客包括鄢都（即焉耆）王，乌苌使、婆罗门使、子合使，吴客，以及处罗干无根、婆罗干、郑阿卯、若久；前往的地方有北山、焉耆两地。[③] 永康是茹茹受罗部真可汗予成的年号，为公元464—484年。永康九、十年之际，高昌国为阚伯周所统治，依附于茹茹国。[④] 北山即高昌北面的天山，从高昌翻越天山即可通往茹茹。焉耆王、子合使、吴客前往北山，指焉耆、子合、刘宋等国的使客乃至国王，经由高昌前往茹茹；乌苌使、婆罗门使从高昌前往焉耆，大概也是从茹茹返归时，道经高昌回国；至于处罗干无根、婆罗干、郑阿卯、若久，或向焉耆，或去北山，或未写明去向，荣新江“推测他们都是柔然使者”，是有道理的。这些使客尤其是国王亲自跋涉，前往柔然（茹

---

① 顺带言及，岑仲勉曾批驳伯希和据《一切经音义》所记“跋禄迦国出末禄氎”而认为末禄是跋禄迦之异译的观点，见《唐史余瀋》卷四《杂述》“末禄与跋禄迦异”条，上海古籍出版社，1960年，第261页。

② 《周书》卷五〇《异域传下·嚈哒传》，第3册，第918页。

③ 荣新江、李肖、孟宪实《新获吐鲁番出土文献》，北京：中华书局，2008年，上册，第162—163页。

④ 《魏书》卷一〇一《高昌传》（点校本二十四史修订本）云：“和平元年（460），为蠕蠕所并。蠕蠕以阚伯周为高昌王，其称王自此始也。太和（477—499）初，伯周死，子义成立，岁余，为其兄首归所杀，自立为高昌王”，第6册，第2430页。

茹），必定是负有重要的政治使命，当时的中亚形势正如荣氏所指出："在嚈哒的压力下，中亚王国寄希望于柔然或者北魏"。[①] 虽然该文书中没有出现姑墨，但应当与文书中的焉耆、子合、乌苌、婆罗门等国相类似，迫于嚈哒的军事扩张压力，也积极地求援乃至投靠于茹茹。《宋书》卷九五《索虏传》末尾附记：

> 芮芮一号大檀，又号檀檀，亦匈奴别种。自西路通京师，三万余里。僭称大号，部众殷强，岁时遣使诣京师，与中国亢礼，西域诸国焉耆、鄯善、龟兹、姑墨东道诸国，并役属之。

这里明确记载，包括姑墨在内的西域诸国役属于芮芮（茹茹），也正因此，西域诸国在受到嚈哒的军事威胁下向茹茹求救。《魏书》卷一〇一《高昌传》还记载，"焉耆又为嚈哒所破灭，国人分散"。[②] 姑墨位于焉耆、龟兹之西，焉耆为嚈哒所灭，姑墨自然也被嚈哒占领。由此看来，嚈哒大肆扩张，东征西讨，其势力东至焉耆，西及安息。余太山在《嚈哒史研究》一书中认为：

> 可能在杀死卑路斯以后不久，嚈哒人就积极向塔里木盆地发展，沿西域南北道自西向东推进。在北道，嚈哒的势力到达焉耆以东，在南道则到达于阗；疏勒、姑墨、龟兹、钵和、渴槃陀等国均役属之；时在五世纪末、六世纪初。[③]

嚈哒东侵塔里木盆地南、北两缘的鄯善与姑墨、龟兹、焉耆等国，焉耆灭亡后国人分散，姑墨、龟兹国人可能也同样如此。西域诸国原为茹茹所役属，其国人在亡国后最有可能逃往茹茹，如虞弘的家族即迁居茹茹境内。自《魏书·西域传》载列姑默国以后，《周书·异域传》中不再出现该国名，以后直到《新唐书·西域传》才载列跋禄迦国。不

---

① 荣新江《阚氏高昌王国与柔然、西域的关系》，《历史研究》2007 年第 2 期，第 4—14 页。

② 《北史》卷九七《西域传》"高昌"条（第 10 册，第 3213 页）无"焉耆"二字，但上文有"入于焉耆"之语。

③ 余太山《嚈哒史研究》，第 3 页。

过，如余太山所指出，北魏永平四年（511）前来朝贡的“婆来伽国”可能是跋禄迦国的同名异译。[①] 这意味着早在该年以前，姑墨国已经不存，当地以婆来伽国为名出现于世。如前所言，《魏书》中还出现了“步落坚”一词，疑即“婆来伽”之异译。北魏及后来的西魏、北周都致力于招徕西域民族，[②] 在这样的形势下，东西方的因素可能共同促成了婆来伽国人大批东徙，有一部分先迁至漠北，最终迁移到晋陕一带的黄河两岸，以步落坚（步落稽）自号；而留在本地的婆来伽人，在嚈哒的控制下建立傀儡政权，不再以姑墨国为名，后来嚈哒势力退出，此地又先后为龟兹、西突厥所控，至唐初被记作跋禄迦国。

冯承钧曾讨论过姑墨与跋禄迦（拨换）的关系，其《西域地名》一书中考释“Aksu”（阿克苏）时云：

> 按“拨换”为大食语名“Barkhuan”之对音，梵语作“Baluka”，即《西域记》之跋禄迦、《大方等大集经》之婆楼迦。或以为“姑墨”之名出于突厥语之“Kum”，此言“沙”也。今之阿克苏河即《水经注》之姑墨川，贾耽之拨换河，其上流今名呼木阿里克（Kum arik），此言“沙渠”，故以“姑墨”为“Kum”之对音；但突厥语流行之前，其地用语为吐火罗（Tukhara）语，此说恐误。今于旧回城设温宿县，新城设阿克苏县；古国应在旧城。[③]

---

① 《魏书》卷八《世宗纪》（点校本二十四史修订本），第1册，第252页。余太山《两汉魏晋南北朝正史西域传要注》，北京：中华书局，2005年，第499—500页。

② 余太山《两汉魏晋南北朝与西域关系史研究》上编“七 北魏、西魏、北周与西域”，北京：中国社会科学出版社，1995年，第177—178、184—185页。杨衒之撰、周祖谟校释《洛阳伽蓝记校释》卷三《城南》“龙华寺”条，上海书店出版社，2000年，第129—132页；《周书》卷四九《异域传上》云：“有周……厩库未实，则通好于西戎”，第3册，第884页。《隋书》卷七《礼仪志二》（点校本二十四史修订本）云：“后周欲招来西域”，第1册，第163页。

③ 冯承钧编、陆峻岭增订《西域地名》（增订本）“Aksu”条，北京：中华书局，1982年，第2页。

姑墨国早在西汉时就已存在，其名不可能是突厥语；在历史上，姑墨常为龟兹之附庸，有可能也通用吐火罗语。然而在5世纪末、6世纪初，嚈哒吞灭姑墨、龟兹等国；6世纪50年代末至60年代初，突厥联合波斯攻灭嚈哒，此时中原已经进入北周、北齐与陈朝三国鼎立的时代。《周书·异域传》列有龟兹、𡃱哒（即嚈哒），而无姑墨。嚈哒与西魏、北周的通使，记录西魏大统十二年（546）、废帝二年（553）与北周明帝二年（558）共3次，“后为突厥所破，部落分散，职贡随绝”。嚈哒覆亡以后，龟兹随即复国，并在保定元年（561）遣使朝贡北周；至于姑墨或婆来伽国，不仅《周书·异域传》无载，而且《隋书·西域传》亦无其列传，乃至在整部《隋书》中也不见其名。我们注意到，《隋书》卷八三《西域传》“龟兹”条记载“西去疏勒千五百里”，[①] 显然是龟兹复国以后控据了原姑墨、温宿二国的地盘，与疏勒国接壤。此后直到唐初，史籍中才出现了跋禄迦国，其所统辖的领地就是原姑墨、温宿二国。易言之，从北魏末到唐初约一个世纪的时间里，由于嚈哒势力的扩张与衰亡，造成西域形势发生巨大变动，存续至少600多年的姑墨、温宿二国从此灭亡，先后为嚈哒、龟兹所据，大概在隋末乱离之际摆脱龟兹控制，建立了跋禄迦国。

从唐代跋禄迦国的东西范围看，其辖境较以往姑墨国的疆域有所扩大，也就是吞并了西邻温宿国，使其西疆直抵凌山。值得注意的是，跋禄迦国不再以姑墨为国名，而是继承了北魏时代以来的婆来伽国之名。《新唐书》卷二二一上《西域上·龟兹附跋禄迦传》所记“跋禄迦，小国也，一曰亟墨，即汉姑墨国”，不尽准确，应如玄奘所注“旧谓姑墨，又曰亟墨”。唐初玄奘亲履此地，所言应当准确，一个“旧”字表明姑墨、亟墨只是跋禄迦的旧称。他还叙及跋禄迦国的“人性、风俗、文字、法则同屈支国，语言少异”。唐初，跋禄迦国与屈支（龟兹）国

---

① 《隋书》卷八三《西域传》“龟兹”条（点校本二十四史修订本），第6册，第2082页。

文字相同，语言略异，这可能是跋禄迦国曾经受到茹茹、嚈哒、突厥等政权的控制和影响所致。从婆来伽国之名出现的时间看，似乎6世纪初受茹茹或嚈哒影响的可能性更大，“婆来伽”及后来的“跋禄迦”与“步落稽”的语言来源当与之有关。

6世纪中叶，突厥势力迅速崛起，先后击灭茹茹、嚈哒两大强国，对中原与西域都产生了巨大的影响。552年击灭茹茹的是突厥首任可汗，即伊利可汗土门；稍后击灭嚈哒的是伊利可汗之子木杆可汗俟斤。突厥人最初“居金山之阳”，即在阿尔泰山之南，地属西域。《周书》卷五〇《异域下·突厥传》生动地描述了木杆可汗俟斤的相貌：

俟斤一名燕都，状貌多奇异，面广尺余，其色甚赤，眼若琉璃。

红皮肤，眼睛像琉璃，这一奇异的相貌显然属于典型的西突厥人种。在木杆可汗俟斤统治的553—572年间，[①]“俟斤又西破嚈哒，东走契丹，北并契骨，威服塞外诸国。其地东自辽海以西，西至西海万里，南自沙漠以北，北至北海五六千里，皆属焉”。他四处征讨，开疆拓土，国势强盛。虽然所言“西至西海”不无夸饰，但也表明突厥在6世纪50年代末至60年代初攻灭嚈哒以后，大大拓宽了突厥汗国的西部疆界。581年木杆可汗之弟佗钵可汗去世，木杆之子大逻便被沙钵略可汗封为阿波可汗，两人互相攻战，阿波可汗战败后西奔达头可汗玷厥，突厥汗国遂分裂为东、西二部，《隋书》卷八四《北狄·西突厥传》即以阿波可汗为西突厥汗国的创建者，其统治范围为：

东拒都斤，西越金山，龟兹、铁勒、伊吾及西域诸胡悉附之。

如前所述，龟兹当时控据原姑墨、温宿等地，但又不得不归附于西

---

① 《资治通鉴》卷一六五梁元帝承圣二年（553）条、卷一七一陈宣帝太建四年（572）条，第11册，第5097页；第12册，第5314页。《隋书》卷八四《北狄·突厥传》（点校本二十四史修订本）亦记“木杆在位二十年”，第6册，第2099页。“木杆”即“木汗”。

突厥。《旧唐书》卷一九四下《突厥传下》记载西突厥初期的疆域则云：

东至突厥国，西至雷翥海，南至疏勒，北至瀚海。

比较两书可以发现，《旧唐书》提到了西突厥的南北疆界，尤其是南界至疏勒（今新疆维吾尔自治区喀什地区），十分重要且具体。也就是说，龟兹及其控制的原姑墨、温宿等地被囊括进西突厥的疆域之内，是确实无疑的。换言之，在6世纪的中后期，原姑墨国之地在嚈哒势力退出后，既为龟兹所控据，但龟兹又为西突厥所统治。唐代初年，此地出现一个跋禄迦国，以突厥语 balïk 来命名，并不是毫无缘由的。在突厥语中，balïk 之意为鱼，跋禄迦国即鱼国。笔者颇疑此前的“姑墨”为吐火罗语，意亦为鱼。“婆来伽”“跋禄迦”则是受到茹茹或嚈哒语言的影响，并进而为突厥语所吸收，后来被编入《突厥语大词典》中，意仍为鱼。[①] 与之类似的如“白山”一词，也早在突厥汗国之前就已经出现。[②]《隋西域图记》云：“白山，一名阿羯山”；[③]《新唐书》卷二二一上《西域上·龟兹传》亦云：“姓白氏。居伊逻卢城，北倚阿羯田山，亦曰白山”。冯承钧推测，“阿羯”是突厥语的 Ak，“田”是 tagh

① 顺带言及，西突厥“达头自立为步迦可汗，其国大乱”；“开皇（581—600）末，晋王广北征，纳启民，大破步迦可汗”。见《隋书》卷八四《北狄·突厥、铁勒传》（点校本二十四史修订本），第6册，第2107、2115页。玷厥原称达头可汗，为突厥汗国的西面小可汗；此时自立为步迦可汗，吴玉贵认为是正式成了西突厥汗国的大可汗，见《突厥汗国与隋唐关系史研究》，北京：中国社会科学出版社，1998年，第28页。如此看来，“步迦”一词所代表的地位更高。是否可能为“跋禄迦”的省称呢？亦即“拨换”？有待于进一步考证。

② 《后汉书》卷二《显宗孝明帝纪》、卷一九《耿弇附侄耿秉传》、卷二三《窦融附侄窦固传》、卷四七《班超传》，第1册，第122页；第3册，第717、810页；第6册，第1582页。《魏书》卷一〇二《西域传》（点校本二十四史修订本），第6册，第2265—2268页。需加说明的是，《后汉书》所记白山在车师附近，为东天山；《魏书》所记白山在焉耆、龟兹、疏勒北面，为中天山。

③ 乐史《太平寰宇记》卷一八一《四夷十·西戎二·龟兹》注引，第8册，第3463页。

的变音。[①] 松田寿男就指出一个必须解决的问题，即“假使说白山这个称呼是突厥语的 AK-tagh 的音译，那么这个名称很早就已经出现在汉代史书中了，这里有没有矛盾呢？公元一世纪在天山山脉东端部使用突厥语的山名一事，对于一般认为东部天山仅仅是使用蒙古系语言的匈奴和使用雅利安系语言的塔里木盆地绿洲居民之间的接触线的人来说也许会感到有些奇怪。那么，最好是考虑一下当时在西部天山溪谷间繁荣起来的乌孙，据估计乌孙是突厥系”。[②] 乌孙的时代过于悬远，松田氏也认为属于臆测，故可置不论。到 6 世纪前期，宋云、惠生出使西域，至嚈哒（即嚈哒）国，记其疆域为“南至牒罗，北尽敕勒，东被于阗，西及波斯”。[③] “敕勒”即“铁勒”，种类最杂，分布极广，《隋书》卷八四《北狄传》“铁勒”条记载独洛河北、金山西南、康国北、得嶷海东西、拂菻东、北海南，以及“伊吾以西，焉耆之北，傍白山，则有契弊、薄落职、乙咥、苏婆、那曷、乌讙、纥骨、也咥、於尼讙等”，均谓铁勒。从“尽”字可知，嚈哒一度征服了铁勒诸部。这些被归入北狄系统的铁勒部族，有的分布在白山（天山）一带，距离塔里木盆地北缘的绿洲诸国极近，应当也会产生影响。前揭《新唐书》卷二二《礼乐志十二》记载“北狄有鲜卑、吐谷浑、部落稽”，可见铁勒与步落稽（部落稽）均归入北狄系统。这也证明，婆来伽、跋禄迦、步落稽属于突厥语名词，而此前的姑墨、姑默、亟墨则属吐火罗语。

有必要说明的是，自汉代以来，龟兹、温宿人不断地东迁到中原，姑墨人其实也同样如此，这些东迁的姑墨（跋禄迦）人取鱼为姓也时有所见。关于此点，第七、八章有详考，兹不赘论。

---

① 冯承钧《再说龟兹白姓》，《西域南海史地考证论著汇辑》，第 165 页。

② 松田寿男《古代天山历史地理学研究》，陈俊谋译，北京：中央民族学院出版社，1987 年，第 57—58 页。

③ 杨衒之撰、周祖谟校释《洛阳伽蓝记校释》卷五《城北》，第 195 页。

弄清了“□奴栖”即 balïk（鱼），又译作“步落稽”“步落坚”“婆来伽”“部落稽”“部落精”“跋禄迦”“拨换”以后，对于鱼国的地望所在也就迎刃而解了。从地理上看，唐代西域跋禄迦国的范围在今新疆维吾尔自治区阿克苏地区，“阿克苏”在维吾尔语中意为“白色的水”，这里是阿克苏河、和田河、叶尔羌河的汇聚之地，共同汇入塔里木河向东流去，养育了南疆北部的各个绿洲。[①] 此地河流众多，水源充足，是南疆著名的鱼米之乡。今阿克苏市的西北部紧邻温宿县，该县西与吉尔吉斯斯坦共和国、哈萨克斯坦共和国接壤，这里是天山拔达岭的所在地，雪山融化后的水源十分丰富，“温宿”在维吾尔语中即意为“多水”。1913 年，德国探险家阿尔伯特·冯·勒柯克（Albert von Le Coq）在巴楚时，记录了刀朗人（Dolan）非常喜欢吃鱼，每家都有渔网和钓鱼钩，甚至麻醉鱼，有一次他还看到几个人捉到一条比人还大的鱼。[②] 从西汉到北魏时代，这里一直存在姑墨、温宿二国，但从北朝后期开始，这两个国家再未在正史的《西域传》《西戎传》或《异域传》中出现。根据玄奘在《大唐西域记》中的记述，唐代跋禄迦国东西长 600 余里，西至凌山，显然是包含了原姑墨、温宿二国。这一带有来自天山、喀喇昆仑山、昆仑山的雪水滋养，河流众多，适合鱼类生存，因此跋禄迦国是名副其实的鱼国。

一些学者将鱼国定在漠北或渔阳，固然是错误的；有些学者认为鱼国位于中亚比千湖或阿姆河、锡尔河流域，也不确切。考虑到鱼国的自然环境必须有较大水域，以及“跋禄迦”即 balïk（鱼）的音译汉字，把鱼国定在今新疆维吾尔自治区阿克苏地区是最为合适的。关于这一点，第六章将会继续探讨。由此说来，鱼国并非像许多学者所说的位于中国境外的中亚，而是中国境内的古代西域的一个地方政权；不过如下

---

① 尚望《阿克苏与水》，《丝绸之路》2013 年第 1 期，第 42—43 页。

② 勒柯克《中国新疆的土地和人民》，齐树仁译、耿世民校，北京：中华书局，2008 年，第 24 页。

所论，鱼国（跋禄迦国）人曾向西翻越凌山，再从葱岭西侧南下，到达今阿富汗南部地区，在加兹尼一带建立了漕国。从这一角度来说，鱼国人又确实迁徙到了中亚腹地。古代民族的迁徙是个极富魅力的课题，鱼国就是一个极为典型的例子。

第五章　虞弘所戴鱼头冠的新发现

虞弘夫妇合葬墓发现至今已有20年，中外学者从图像学、艺术史、宗教学的角度对石椁图像作了各种各样的解读，取得许多进展，但是仍有不少疑难留存。笔者曾经思考，虞弘既然是鱼国人，其祖父为鱼国领民酋长，那么石椁图像中有没有与鱼相关的内容呢？到目前为止，除了有学者指出椁座浮雕中出现的马头、蛇身、鱼尾兽外，[①] 尚无人从破解鱼国之谜的角度对石椁图像进行解读。本章从识读墓主人虞弘所戴的鱼头冠入手，试图回答这一问题，并希望借此对鱼国之谜有新的突破。

第一节　虞弘夫妇合葬墓石椁图像

虞弘夫妇合葬墓的石椁为汉式石堂建筑，仿木构三开间，单檐歇山顶殿堂式建筑，由上部椁顶、中部椁身、下部椁座和廊柱等部分组成（图5-1）。[②]

---

① 姜伯勤称之为“森莫夫（Senmurv）”，见《隋检校萨宝虞弘墓石椁画像石图像程序试探》，巫鸿主编《汉唐之间文化艺术的互动与交融》，第35、37页；《中国祆教艺术史研究》，第127、130页。郑成胜驳斥姜说，认为是“赫瓦雷娜（Khvarenah）”，见《入华粟特人墓葬所见鱼马兽名称新考》，《收藏与投资》2021年第12期，第107—110页。

② 以下对石椁各部分的介绍，主要参考了山西省考古研究所等编著《太原隋虞弘墓》第五章《葬具——汉白玉石椁》（张庆捷撰），第15—48页。

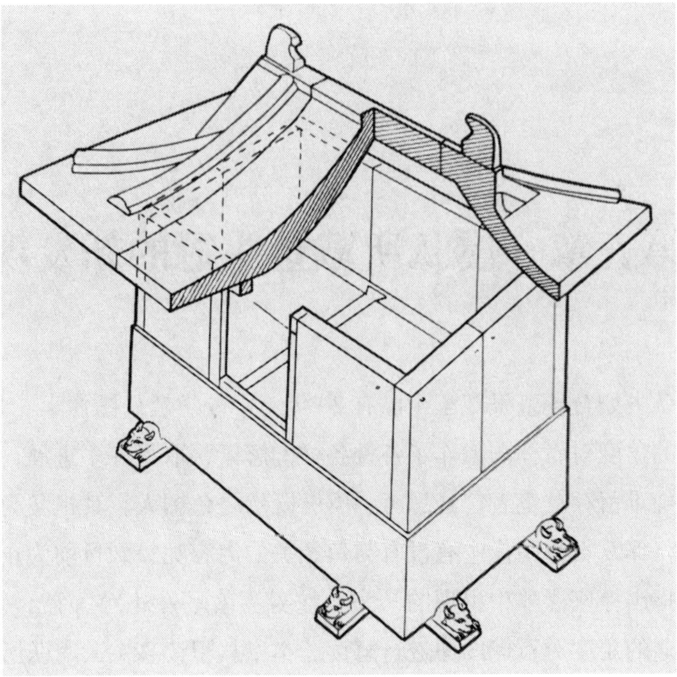

图 5-1 虞弘夫妇合葬墓石椁结构示意图
（采自《太原隋虞弘墓》第 21 页图 13）

椁顶由 3 块几乎同样大小的汉白玉组成，呈人字形，中间厚，两边薄，正面总长 291 厘米、侧面宽 220 厘米、高 48 厘米（不含鸱尾）。椁顶中部为正脊，长 172 厘米、宽约 16.5 厘米、高 10.5 厘米。前坡坡度 13°，后坡坡度 18.5°。南北向垂脊在前后坡中部又从顶部向西北角、东北角、西南角、东南角各分出一条岔脊，构成歇山顶式形状。在顶部正脊和博风板之间，雕有宽 9 厘米、高 12.5 厘米的悬鱼。从发掘时的现场照片看，正脊的东西两端无鸱尾，但考古人员在墓室底部找到两个汉白玉石鸱尾，均长 20 厘米、宽 15 厘米、高 27 厘米，显然原本就安装在正脊的两端。椁顶凿出许多细密且南北排列有序的凿痕，表示瓦、瓦当或滴水。从石椁的内部来看顶部，为尖拱顶形，凿刻精粗不一。

椁身前面正中为椁门，但因墓葬被盗，已遭破坏，椁门及门楣碎落于墓室底部，据门柱测量，椁门高 77 厘米、宽 63.7 厘米。门楣 78 厘米、宽 19 厘米、厚 10 厘米，正面浮雕有凤鸟、宝珠等图案（图 5-2），背面无图案，左右各有上下两个铁环，以便安装铁扒钉，固定门楣。两扇椁门残缺不全，厚 5—7 厘米，门面上雕有几排扁圆形门钉，背面为素面。考古人员在墓室底部发现一块长方体素面石条，长 61 厘米，似为椁门槛。

图 5-2　虞弘夫妇合葬墓石椁门楣及与椁壁连接情况
（采自《太原隋虞弘墓》第 27 页图 23）

椁身的四壁由 9 块长方形汉白玉石板构成。正面通长 243 厘米、侧面宽 135 厘米、高 96 厘米。门口左、右两侧外壁与椁内左、右、后壁的石板精雕图像，由上、下两部分构成。上部占三分之二强，雕绘主体图像，下部不到三分之一，雕绘一些人物、动物或人兽、动物搏斗图（图 5-3）。如果我们将这些有图像的椁壁称为正面的话，那么它们的背面则因为不在观者的视线之内，显得比较粗糙，多为墨绘，有的甚至纯为素面。

石椁图像给人最具冲击力的印象，是椁壁、椁座上雕绘了许多具有西域元素的人物、动物、植物图案及其相关表现，其中石椁前壁、左右侧壁和后壁，椁座正面和左右侧面的图像均为浮雕加彩绘；椁座后壁背面的图像为彩绘；石椁左右两侧壁外面和后壁背面为墨绘。石椁雕绘内容丰富，有宴饮、乐舞、出行、祭祀、人兽搏斗等，人物图像均高鼻深目，男子大多留有浓须，动物中的单峰驼、狮子、大象具有明显的西

图 5-3 虞弘夫妇合葬墓石椁内视图（西北角）
（采自《太原隋虞弘墓》图版一九）

亚、中亚和南亚风格，火坛及祭司，联珠纹及植物图案中的葡萄、石榴、肥叶忍冬纹也属典型的西亚和中亚风格。

按照《太原隋虞弘墓》的编号，椁身浮雕第 5 幅位于椁内后壁（即北壁）内侧中央，是整座石椁的最中心，呈近方形，宽 100. 15 厘米、高 96 厘米，正对着椁门，是石椁所有图像中面积最大、内容最丰、人物最多、情节最繁的一幅。第 5 幅的左、右两侧（左右方向以石椁自身为基准）分别编号为第 4、6 幅，高度基本相同，但宽度相差较大，第 4 幅宽 66 厘米，第 5 幅宽 49 厘米。这三幅各自独立的图像连成一体，位于石椁内部的后壁，也成了整座石椁的中心（图 5-4）。

第 5 幅（中间）图像的上部为宴饮娱乐的场面，中间雕刻一座精美华丽的庐帐，在庐帐左右两角之上雕有葡萄树，叶蔓间有三只鸟，一只似鹦鹉，另两只鸟的颈部系饰带，其中一头正在啄食葡萄。庐帐四周内外均用联珠纹装饰，庐帐中间为帐幔式建筑，顶部有莲花宝珠与双重

图 5-4　虞弘夫妇合葬墓石椁后壁内侧浮雕第 4、5、6 幅（作者摄）

圆形联珠纹檐，檐下垂花边幔帐，幔帐两侧是椭圆形联珠纹立柱；庐帐两侧呈斜坡伸展，饰以椭圆形联珠纹，最外侧也是联珠纹立柱，但右侧的不太明显。

庐帐最中央的床榻上，坐着一男一女，男右女左（左右方向以人物自身为基准），皆戴头冠，高鼻深目，两人右手各持容量较大的多曲酒碗，或精巧的透明玻璃酒杯，正在对坐宴饮，中间摆放着一盘堆满的食物。男子波浪式长发，须髯浓密，修剪整齐，呈倒三角形状，必为墓主人虞弘无疑。虞弘的身后是两名有头光、系飘带的男侍，手持钵、壶等酒具，正在伺候主人宴饮，后面还有一盘食物；虞弘对面的女子当为其夫人，在她身后是两名有头光、戴花冠及系飘带的女侍，前面一人手持万寿果树叶，后一人拱手静侍，身后有花。这四位男女侍者均高鼻深目，是虞弘夫妇的贴身近侍，为鱼国人无疑。

在男女主人及侍者的下方一幅是乐舞图，共有七人，皆为男性，均呈高鼻深目的胡人相貌。最中间有一波浪式卷发人正在小圆毯上跳胡旋舞，两边各有三人在奏乐。其中，最右边有两人跪坐在长方形毯子上，皆有头光，颈系饰带，弹奏着腰鼓与铜钹，前方有一人跪坐在小方毯上，无头光，正在弹奏长颈竖箜篌；最左边也有两人跪坐在长方形毯子上，皆有头光，颈系饰带，吹奏着排箫与筚篥，身后有一大胡瓶，前方有一人跪坐在小方毯上，无头光，正在弹奏曲项琵琶。两块小方毯上的两位乐手与跳胡旋舞者皆无头光，两块长方形毯子上的四位乐手皆有头光，共同组成了虞弘夫妇在生前与死后所享受的美妙生活。

庐帐中的整个画面安定祥和，气氛欢乐，表现了虞弘死后在冥界享受的幸福生活；但在最下方却雕刻了两幅人狮搏斗的图像，表现出十分激烈的惊心动魄的场景。两幅图中的狮子都已将勇士的头部咬入口中，勇士身穿联珠纹装饰的服装，手持武器，左边勇士的长剑已经刺透狮胸，剑尖透过狮背；右边勇士可能手持短匕，匕首全部没入狮身。在两头狮子的身后或身下，均各有一头猎犬扑咬狮子，其中一头已经咬住了狮腿。整个画面充满血腥，甚为惨烈，这跟其他椁壁的人狮搏斗场面的风格是一致的。

第 4 幅（东侧）图像的上部雕刻的是一幅披发勇士骑驼斗狮图，骆驼前、后部各有一只狮子，前部的狮子咬住了驼颈，而勇士正转身向后弯弓搭箭，准备射杀后部的狮子，驼身下方有一只猎犬正冲向前部的狮子。在这幅激烈搏斗的图像上方，有两只鸟衔着葡萄或叶蔓飞翔，其中后面的那只颈系饰带。最引人注目的是勇士披着硬直的长发，无头光，鼻尖突出，所穿服装与驼鞍上均有珠饰，画面中的骆驼只显示一个驼峰，为单峰驼。石板的最下方雕刻有一只奔跑的羚羊。

第 6 幅（西侧）与第 4 幅相对称，分置于椁内最中央的第 5 幅的两侧。这幅图像上部雕绘的是一幅头戴雉堞冠、波浪式长发的男子骑象斗狮图，大象的前、后部各有一只狮子，前狮张口欲咬高高卷起的象鼻，男子左手执短剑、右手挥长剑，反身与后狮搏斗，大象下面也有一只幼狮去咬象腿，一只猎犬在狮后紧紧追击。这位男子高鼻深目，须髯浓密，修剪整齐，呈倒三角形状，有头光，戴冠，腰带及象鞍上均有珠饰。石板的最下方雕刻有一只口衔祥云、颈系饰带的鸽子，正在悠闲地站立。

在石椁的左、右两壁，分别由两块石板组成，从内壁雕绘的内容上看并不讲求对称。左壁（即东壁）为第 2、3 幅，右壁（即西壁）为第

7、8 幅，高度基本相同，但宽度各异，如第 2 幅宽 58 厘米，第 3 幅宽 47.5 厘米，第 7 幅宽 55.2 厘米，第 8 幅宽 52 厘米。

石椁东壁两块石板的内侧图像，风格也明显不同，第 2 幅（南侧）场面祥和喜庆，第 3 幅（北侧）则是血腥惨烈的人兽搏斗画面（图 5-5）。

图 5-5　虞弘夫妇合葬墓石椁东壁内侧浮雕第 2、3 幅（作者摄）

第 2 幅图像的上部雕有高大台座之一角，台上有三位高鼻深目的男子，牵手拉成一排，边上两人各伸出一手抓握台座后上方的葡萄藤蔓。张庆捷等认为他们在跳舞，[①] 甚至解释为正在踩葡萄，酿制葡萄酒。[②]

---

① 山西省考古研究所等《太原隋代虞弘墓清理简报》，《文物》2001 年第 1 期，第 35 页；山西省考古研究所等编著《太原隋虞弘墓》第五章《葬具——汉白玉石椁》（张庆捷撰）称“正在舞蹈”，第 102 页。

② 张庆捷《虞弘墓石椁图像整理散记》，中山大学艺术史研究中心编《艺术史研究》第 5 辑，广州：中山大学出版社，2003 年，第 205 页；《胡商　胡腾舞与入华中亚人——解读虞弘墓》，第 81—83 页。温建辉亦持相同观点，见《虞弘墓浮雕图案中的葡萄酒文化》，《晋中学院学报》2016 年第 1 期，第 66—67 页。

不过，左边两人有头光，且膝盖均朝左弯曲；而右边一人无头光，且膝盖朝右弯曲。似乎说明他们分属两伙，前二者是神，后者是人，表现的是二神正拉着一人进入天国，最左边的有头光者与最右边的无头光者均拽住葡萄藤蔓，也体现了这一点。这符合墓葬的主题，表示虞弘死后被带入天国，但又带着对生的眷恋，所以仍拽住葡萄藤蔓不放，膝盖朝着人间的方向。台座上方有葡萄树丛和万寿果树，一只颈系饰带的鸟飞跃在树丛中，正望着台上。台座后面左下方有两位相对而视的男子，皆有头光，高鼻深目，其中一人双手抱着酒瓮，作正在赶来状。石板的下方雕刻森莫夫与狮子搏斗的场面，森莫夫由翼马的头部及前身、蛇身、鱼尾组成，象征着神力无穷，与代表恶的狮子进行搏斗。

第 3 幅图像的上部雕刻的是一幅骑驼勇士斗狮图，骆驼前、后部各有一只狮子，前方的狮子头部左侧有一截驼腿，显然是被狮子咬断的，骆驼疼痛难当，一口咬住了狮子的后腰，一只猎犬也仰首去咬狮子的前腿；驼背上的勇士高鼻深目，有头光，正转身向后，弯弓持满，向从身后扑来的狮子口中射箭。这些场面淋漓尽致地表现了人兽搏杀的激烈程度。骑驼勇士与驼鞍上均有珠饰，这峰骆驼也是单峰驼。石板的下方雕刻一位有头光、高鼻深目的男子，斜坐在小圆毯上，右手持来通作饮酒状。

石椁西壁两块石板的内侧图像，雕绘的都是野外宴饮场景，上方皆有颈系饰带的飞鸟与树叶，主人右手皆持酒具，仆人均托举一盘食物，以及都有一只猎犬，当然两者也各有不同之处（图 5–6）。

第 7 幅（北侧）图像的上部雕刻一幅出行饮食图，上部有一只颈系饰带的鸟在飞行，树叶下方有一位老年男子骑在马上，有头光，戴冠，波浪式长发，高鼻深目，须髯浓密，修剪整齐，呈倒三角形状，右手举一只大沿口酒杯，可注意的是马踝与尾巴均系饰带。前后各立一位高鼻深目的男仆，皆有头光，正在侍奉马背上的主人。马前男仆腰中系着联珠纹腰带，双手托举一盘食物，一只猎犬仰头望着托盘男仆；马后

图 5-6　虞弘夫妇合葬墓石椁西壁内侧浮雕第 7、8 幅（作者摄）

侧男仆左手平托一物，侍立在侧。石板下方雕刻一只正在花丛中缓步前行的山羊。

第 8 幅（南侧）图像的上部雕刻一幅树下饮食图，上部同样有一只有颈系饰带的飞鸟，一只猎犬在树下回首相望，一位老年男子很随意地坐在束腰高座上，有头光，戴冠，波浪式长发，高鼻深目，须髯浓密，修剪整齐，呈倒三角形状，右手托着一只多曲大酒碗。男主人的前面有两位高鼻深目的男仆，近前者无头光，单腿跪在小圆毯上，上衣与腰带有联珠纹饰，双手托举一盘食物；后立者弹奏琵琶，为主人休憩饮食助兴。石板下方雕刻一只正在花丛中快步奔跑的大角羚羊。

石椁的正面前壁（即南壁）由椁门与两块石板组成（图 5-7）。据《太原隋虞弘墓》介绍，椁门和门楣在出土时已碎落于墓室底部，门楣正面浮雕有凤鸟、宝珠，从整个图案造型来看具有明显的西域风格。椁门左、右两侧各有一块石板，它们的外侧图像分别编号为第1、

图 5-7　虞弘夫妇合葬墓石椁前壁外侧浮雕第 1、9 幅及门楣
（采自《太原隋虞弘墓》图版二之局部）

9 幅，高度、宽度基本相同。最近，山西博物院“民族熔炉”展厅新展出的虞弘夫妇合葬墓石椁，椁门已经修复，并在石椁的前方加了立柱。

第 1 幅（东侧）图像的中央雕刻一匹站立着的无人骑乘的空马，马尾用饰带扎束。马前树下立一男性驭者，高鼻深目，正手持缰绳；马的身后右侧站立三位男子，均高鼻深目，系联珠纹腰带，最前面的男子双手上伸，比画着手势，似对马前驭者说话；后两人双手举在胸前，左臂腋下夹着一长方形物体。马和人的上部有方向相背的孔雀和小鸟，孔雀有头光，颈系饰带，正展屏站立，而小鸟口衔葡萄枝蔓，枝蔓的下面垂着一串葡萄。马的身下有两只猎犬，正在悠闲地缓步前行，前一只可能听到两位侍仆的对话，也回过头来仰望着马。值得注意的是，所有人物，皆无头光，马踝亦无饰带。这表明是凡间的人、马，是祆教中用马献祭的场面。石板的下方雕刻有一匹奔跑的马头、蛇身、鱼尾的动物。

第 9 幅（西侧）图像雕刻着一幅出行图，一位中年男子骑马前行，有头光，头戴日月鸟翼冠，波浪式长发，高鼻深目，颈系带珠饰的联珠纹项圈，左手持一水果，似石榴；马踝均系有饰带；马后左侧站立一位高鼻深目、有头光的男侍，双手为主人举着华盖，他的头顶有两只鸟，其中一只颈系饰带，正在飞翔；马前也站立一位高鼻深目、有头光的男侍，左手托一盛有石榴的果盘，伸举右手，马背上主人手持的石榴就是他进献的，而他身旁就有一棵石榴树。石板的下方雕刻公牛与狮子搏斗的场面，代表着善与恶的斗争。公牛强壮有力，双角又长又尖，但狮子一口咬住了公牛的脊背，双方正在奋力搏斗。

以上是石椁门口左、右两侧外壁与椁内左、右、后壁的彩色雕绘图像。而石椁门口左、右两侧内壁的两幅石板图像则为素面，椁外左、右、后壁共七幅石板全为墨绘图像，以墨线勾边，内填白、黑二色，每幅中绘有一人，均为高鼻深目的侍者形象，六男、一女，或站、或立，或在跳舞，有的手中持盘或酒杯，或其他物品（图 5-8）。山西博物院现在陈列的虞弘夫妇合葬墓石椁，为了便于游客参观，将内壁有图像的

图 5-8　虞弘夫妇合葬墓石椁外左壁南部第 1 幅图像
（采自《太原隋虞弘墓》图版五四）

石板翻转朝外，所以难以看到原本属于椁身外壁的这些墨绘图像，只好依赖于《太原隋虞弘墓》中刊布的图版。这些墨绘图像内容相对简单，绘作粗糙，有的较难识读，此处不详作介绍，读者可以参看上举此墓的考古报告。

椁身之下是彩色雕绘的椁座，前壁（南壁）分上、下两栏，共 11 幅浮雕图像（图 5-9）。上栏 6 幅，每幅一龛，以柱相隔，每龛皆雕刻两位站立的胡人男子，除最右侧两人手持食盘或抱酒壶外，其余十人都

图 5-9　虞弘夫妇合葬墓石椁椁座前壁图像
（采自《太原隋虞弘墓》图版五八）

在表演乐舞，所有人均有头光。下栏 5 幅，最中央有一个三层莲台火坛，火坛两侧各站着一位人身鹰足的祆教祭司，戴冠，波浪式长发，高鼻深目，须髯浓密，一手捂嘴，一手扶着火坛（图 5-10）。两边各有一个壶门，每个壶门内均有两位对坐饮酒的胡人男子，一人持来通，一人举酒杯，左侧壶门中的两人中间放着一个硕大的酒壶，酒壶旁边的持来通者为波浪式长发，举酒杯者头戴帽冠。最边上两端各有一长方形龛，每个龛内均有一位戴冠、持矛男子，须发浓密。

椁座左壁（东壁）分上、下两栏，共 5 幅浮雕图像。上栏 3 幅，为三个壁龛，以柱相隔，每个龛内均雕有一位胡人骑马狩猎者，中间狩猎者有硬直的披肩长发，当是西突厥人；两边的狩猎者均有头光，戴有菱形珠饰的项圈。下栏 2 幅，分别是壶门内各有一位头戴月冠、手持来通正在饮酒的胡人男子（图 5-11）。

椁座右壁（西壁）分上、下两栏，同样有 5 幅浮雕图像。上栏 3

图 5-10　虞弘夫妇合葬墓石椁椁座前壁的中央火坛及祭司
（采自《太原隋虞弘墓》图版七〇）

图 5-11　虞弘夫妇合葬墓石椁椁座左壁图像
（采自《太原隋虞弘墓》图版七一）

幅，为三个壁龛，以柱相隔，北侧壁龛内有一位胡人正在驯马，驯马者戴有菱形珠饰的项圈；另两龛内各雕一位胡人骑马狩猎者，均有头光，戴有菱形珠饰的项圈，中间一人对着一头狮子反身射箭，南侧一人正在向一头鹿射箭。下栏 2 幅，分别是壶门内各有一位手中托举酒杯的胡人男子，其中北侧胡人另一手持有酒瓶（图 5-12）。

图 5-12　虞弘夫妇合葬墓石椁椁座右壁图像
（采自《太原隋虞弘墓》图版七七）

椁座后壁（北壁）分上、下两栏，共 8 幅彩绘图像。上栏 6 幅，为六个壁龛，以柱相隔。从东侧起，第一龛漫漶不清，第二龛绘人狮搏斗，一位胡人男子左手抓住狮子脑后的鬃毛，右手长剑刺向狮颈；第三至五龛为宴饮乐舞图，每龛两人，除了第六龛两位高鼻深目的披发西突厥人外，其余皆有头光，其中有一位秃顶、仅两边有少量头发的跳舞男子，余者皆为高鼻深目的胡人，或献食宴饮，或弹奏琵琶和跳舞。下栏 2 幅，分别是壶门内各有一位骑马狩猎者，东侧猎者有头光，手持长矛，追捕一只羚羊，猎犬已经咬住了羚羊的后腿；西侧猎者披发，正向一头鹿射箭（图 5-13）。

图 5-13　虞弘夫妇合葬墓石椁椁座后壁图像
（采自《太原隋虞弘墓》图版五九）

第二节　石椁图像中的西域元素

虞弘夫妇合葬墓的石椁图像中雕绘人物众多，大多雕刻精美，清晰易辨，唯椁座后壁外侧第一龛漫漶，似残存两人轮廓，因此合计至少有87个人物（含被狮子吞噬头部的勇士、人身鹰足的祭司）。[①] 韩康信、张庆捷对石椁上近60个雕绘人物作了观察记录，并且根据鼻子、须发、眼裂、口唇、体型等分析了他们的种群特征。[②] 虽然不太清楚他们取用的近60个人物是87个人物中的哪些，但这些人物无一例外都呈现出西亚或中亚人高鼻深目的脸部特征，具有极为浓郁的西域风格。

韩、张二氏根据发式将雕绘人物分为平梳式短发（少数披肩长发）与宽波状长发两类，所撰论文作为“附录二”收入《太原隋虞弘墓》一书；张氏为同书撰写第八章《石椁装饰图像》时说：“大致有短发、波浪形长发和长披发三种”。[③] 两者所指其实是一样的，即平梳式短发、披肩长发、宽波状长发等三类发式。不过，还应该注意到椁座后壁有一位髡发者，因此笔者将这些人物的发式分为四类：

第一类是波浪式长发。波浪式长发亦谓之“索发”。《魏书》卷一〇〇《失韦传》记载“丈夫索发”；《隋书》卷一二《礼仪志七》云：“后周之时，咸著突骑帽，如今胡帽，垂裙覆带，盖索发之遗象也”；卷八三《西域·康国传》云：“其王索发，冠七宝金花”。索发是指头

---

① 张庆捷在《太原隋代虞弘墓图像中的波斯文化因素》一文中说有86人，见叶奕良主编《伊朗学在中国论文集》第3集，2003年，第248页。这里仅计算石椁图像中的人物，不含单独出土的陶俑人物。

② 韩康信、张庆捷《虞弘墓石椁雕刻人物的种族特征》，《太原隋虞弘墓》附录二，第189—198页。

③ 山西省考古研究所等编著《太原隋虞弘墓》第八章《石椁装饰图像》（张庆捷撰），第149页。

发像绳索状、波浪状，披在身后。鲜卑拓跋氏“被发左衽，故呼为索头”，[①]“索头”即头部索发披肩，拓跋氏与失韦（即室韦）均出自大兴安岭北部，风俗相近，甚至因为索发这一形象而被南朝叫作“索头”，所以《宋书》卷九五列之为《索虏传》。这种波浪式长发在波斯萨珊银币的国王形象中经常见到，特别是还戴有王冠，以显示其地位尊贵。虞弘夫妇合葬墓石椁中戴冠者有 17 人，其中可以看出是波浪式长发的 11 人。

第二类是剪发，人数最多，大部分是侍者、乐舞者及部分狩猎者，反映了剪发习俗最为普遍。《魏书》卷一〇二《西域传》记载，波斯国“其俗，丈夫剪发”，嚈哒国“头皆剪发”，悦般国“俗剪发齐眉”；《隋书》卷八三《西域传》亦记，康国“丈夫翦发”，焉耆“男子剪发”，龟兹“俗与焉耆同”，可见剪发是西域诸国男子比较普遍的做法，已经形成了当地的习俗。也正因此，虞弘夫妇合葬墓石椁中以剪发者最多。

第三类是披硬直长发，共 4 人，披在身后。他们或斗狮、狩猎，或献酒、饮酒，大多表现英勇的场面。《隋书》卷八四《北狄·突厥传》记载“被发左衽”；卷八三《西域·高昌传》记其受西突厥控制，依照习俗也“被发左衽”。此处的“被发”即“披发”，是指身后披着长发。图像中的长发表现得非常硬直，极富力感。考虑到鱼国与突厥的共生关系，以及这 4 位披发者均为高鼻深目的相貌，推测他们是西突厥人。在虞弘下葬的 592 年，西突厥为达头可汗所统治，势力强大。[②] 西安出土的北周同州萨保粟特人安伽墓、日本滋贺县 Miho（美秀）美术馆藏粟

---

① 萧子显《南齐书》卷五七《魏虏传》，北京：中华书局，1972 年，第 3 册，第 983 页。

② 《隋书》卷八四《北狄·突厥传》（点校本二十四史修订本）云：“阿波还无所归，西奔达头可汗。达头者，名玷厥，沙钵略之从父也，旧为西面可汗。……时沙钵略既为达头所困”，第 6 册，第 2102—2013 页。时间在 592 年虞弘下葬之前。吴玉贵《突厥汗国与隋唐关系史研究》第一章《突厥汗国的征服与分裂》之六《西突厥的东进》，第 26—28 页。

特石棺围屏中，均有披发人的图像，前者据杨军凯推测为突厥人，[①] 后者经荣新江考察多为突厥人，甚至还有骑象的嚈哒王父子及武士存在。[②] 荣氏还指出，突厥人是作为粟特商队的保护者身份出现的。[③] 可以说，披硬直长发人物几乎成了粟特墓葬的标配图像，形成固定的模式，反映了粟特与突厥之间的共生关系。[④] 同样，虞弘夫妇合葬墓石椁图像中的披发西突厥人，也是鱼国人的保护者。

第四类是髡发，仅 1 人，将头顶之发剃掉，只保留两鬓。椁座后壁上栏第 3 幅图像中的跳舞男子似为巫师，即为髡发形象。史载东胡民族中，乌桓无论男女皆“以髡头为轻便”，鲜卑“其言语习俗与乌桓同。唯婚姻先髡头”。[⑤] 这位髡发男子究竟属于什么民族，难以遽断。

从以上四类发式来看，石椁图像中的人物主要源自西域地区，以绿洲城邦诸国居多，也包括充当保护者的西突厥人。张庆捷根据发式对石椁图像人物作了族属判定：

> 图像中男性人物的民族特征主要表现在发式上，大致有短发、波浪形长发和长披发三种，根据这三种发式，基本能将这些人认定为粟特人、波斯人和突厥人。根据分类统计，这三种人中粟特人的数量最多，所以我们有理由认为，图像人物以粟特人为主，则鱼国的地望和文化背景也应该与粟特有关。[⑥]

不过，如上所述，在葱岭东西的许多西域城邦国家，剪发（短发）

---

① 杨军凯《北周史君墓》，第 17、25—27、30—36、72 页。

② 荣新江《Miho 美术馆粟特石棺屏风的图像及其组合》，《艺术史研究》第 4 辑，2002 年，第 205—214 页。

③ 荣新江《粟特与突厥——粟特石棺图像的新印证》，《西北民族论丛》第 4 辑，2006 年，第 1—23 页。

④ 参荒川正晴《遊牧国家とオアシス国家の共生関係——西突厥と麴氏高昌国のケースから——》，《東洋史研究》第 67 卷第 2 号，2008 年，第 34—68 页。

⑤ 《后汉书》卷九〇《乌桓鲜卑传》，第 10 册，第 2979、2985 页。

⑥ 山西省考古研究所等编著《太原隋虞弘墓》第八章《石椁装饰图像》（张庆捷撰），第 149 页。

是他们共同的发式特征，甚至连波斯国男子也保留剪发风俗，因此很难将剪发者全都定为粟特人。其次，虞弘虽然头上戴冠，波浪式长发，但也不是波斯人，而是如墓志所记为鱼国人，石椁图像中的这些人物绝大部分也应当是鱼国人。上章已经考证鱼国为跋禄迦国，位于今新疆维吾尔自治区阿克苏地区；但如下章所考，鱼国人还曾西逾葱岭，再南下建立漕国，所以鱼国人的活动范围遍及葱岭东西，跨越整个帕米尔高原。

韩康信、张庆捷从发式和发色、眼裂和眼色素、肤色、鼻形、唇、面部突度、头型、再生毛、身高等九个方面，分析得出石椁图像人物的群体综合特征，并与大西洋—波罗的海、中欧、印度—地中海、白海—波罗的海、巴尔干—高加索等不同人种进行比较，认为他们所属的种族来源与主要分布于地中海地区的印度—地中海种族类群有更直接的关系，并云：

> 从地理上来说，这一族类群主要分布在伊朗高原、阿拉伯半岛、小亚细亚乃至印度和非洲的北部等广阔地区，其中以地中海地区的最具代表性。……总之，本文最后获得的深刻印象是无论从虞弘石椁上刻画的人物形貌特征本身，还是其他浮雕画面所透露的内涵，都反映了墓主人浓重的古代西亚情结，折射出虞弘先祖与古代地中海种族的血缘联系。①

人种学上的判断固然为我们认识民族属性提供了依据，但是古代西亚、中亚地区的民族流动十分频繁，民族融合带来体貌特征的变化也比较大，所以还需要结合历史的实际来进行印证和进一步分析。在虞弘卒葬的隋朝及其生活的北朝后期，《周书·异域传下》《隋书·西域传》所记最西之国为波斯，当时隋朝与波斯以东诸国交往密切，而波斯以西则极少有直接联系。从这一点来看，鱼国似乎不太可能位于地中海地区。

马尔夏克指出，石椁图像中杂糅粟特、突厥、阿拉伯、印度文化的

---

① 韩康信、张庆捷《虞弘墓石椁雕刻人物的种族特征》，《太原隋虞弘墓》附录二，第189—198页。

因素,[①] 其中的阿拉伯文化因素体现在第3、4幅图像中的单峰驼。荣新江也认为骑驼斗狮者是阿拉伯王。[②] 单峰驼主要分布在西亚阿拉伯地区。在琐罗亚斯德教(祆教)中,巴赫拉姆(Bahrām)是战争和胜利之神,在诸天神中武艺最高强,曾十次化身,其中“第四次化作一只能吃苦耐劳、奔跑迅速、撒欢儿的烈性骆驼”。[③] 中古时期,丝路沿线国家曾向中原王朝进贡单峰驼,如迷密国于北魏“正平元年(451),遣使献一峰黑橐驼”,[④] 甘州回鹘于后晋天福“三年(936)三月,可汗回鹘王仁美进野马、独峰驼”等物。[⑤] 迷密、甘州回鹘都是丝绸之路上的中转者,将阿拉伯的单峰驼转运到中原京城平城、开封等地。不过,石椁图像中的单峰驼恐怕不是隋代太原当地的写实,更可能是虞弘家族的对西部亚洲的回忆与想象。[⑥]

石椁图像中较为引人注目的,是15幅人兽搏斗图像,齐东方将之细分为捕杀、搏斗两类,前者属于狩猎图,后者“带有特定的含义”。搏斗图中有勇士骑驼斗狮、骑象斗狮,以及人兽搏斗、野兽搏斗,在波

---

① Boris Marshak, “La Thématique Sogdienne dans l'Art de la Chine de la Seconde Moitié du VIe Siècle”, *Comptes rendus des Séances de l'Académie des Inscriptions et Belles-Lettres*, 145e *Année*, N. 1, 2001, pp. 252-259.

② 荣新江《Miho美术馆粟特石棺屏风的图像及其组合》,《艺术史研究》第4辑,2002年,第213页。

③ 贾利尔·杜斯特哈赫选编《阿维斯塔——琐罗亚斯德教圣书》第十四篇《巴赫拉姆·亚什特》,元文琪译,北京:商务印书馆,2010年,第278—297页。

④《魏书》卷一〇二《西域传》“迷密国”条(点校本二十四史修订本),第6册,第2461页。

⑤ 王钦若等《册府元龟》卷九七二《外臣部·朝贡三》,北京:中华书局,1960年,第11424页。

⑥ 齐东方也指出,“虞弘墓图像中骑骆驼、骑象与狮子搏斗不可能发生在中国北方,即便在西亚中亚也未必是写实的场景。其他图像如宴饮场面虽然生活中有原型,出现在石椁图像中也并非是要反映现实。虞弘是新移民,其死后石椁上的图像,应该是穿越时空移植异国的文化与信仰,试图通过理想化场景的展示,以求对自身文化的认同和坚持”。见《虞弘墓人兽搏斗图像及其文化属性》,《文物》2006年第8期,第82—83页。

斯萨珊银盘中经常出现此类图像。他认为，“虞弘墓石椁图像主要内容、文化渊源和艺术特色，与波斯美术关系密切”，甚至说“虞弘墓石椁上的图像并非简单地模仿异域，应该说就是波斯文化的内容”。基于此，齐氏认为“由于虞弘墓石椁图像总体风格和主要取向属波斯文化，虞弘出身的鱼国与波斯有关的可能性最大”。[①] 此前，张庆捷也关注到石椁图像中的波斯文化因素，撰写过《太原隋代虞弘墓图像中的波斯文化因素》一文，指出石椁图像中有波斯、突厥、印度、鱼国四种文化因素，其中以波斯文化最为醒目，并从头冠、服饰、科丝蒂（Kosti）飘带、帔帛、圣火祭坛等五个方面进行论述，并分析了原因；[②] 后来，他又强调鱼国属于粟特地区。[③] 张氏指出，石椁图像中的人物有粟特人、波斯人与突厥人，其中粟特人最多，约50余人，[④] 这可能也是他把鱼国人虞弘归入粟特人的原因。

石椁图像体现了鲜明的祆教特征，最典型的是椁座前壁下栏中央的火坛与两位人身鹰足的祭司。祆教崇拜火与光明，俗称拜火教，两位祭司皆用一手捂嘴，为的就是不污染圣火。[⑤] 在安伽、史君墓中也都有火坛与祭司，均属祆教性质。不过，张小贵则说不能仅就祭火图像一点而

---

① 齐东方《虞弘墓人兽搏斗图像及其文化属性》，《文物》2006年第8期，第78—84页。

② 张庆捷《太原隋代虞弘墓图像中的波斯文化因素》，叶奕良主编《伊朗学在中国论文集》第3集，2003年，第237—255页。

③ 张庆捷《太原隋代虞弘墓图像中的波斯文化因素》一文修订后，收入《民族汇聚与文明互动——北朝社会的考古学观察》，第455—480页，特别是第455页及注③。

④ 张庆捷《虞弘墓石椁图像整理散记》，《艺术史研究》第5辑，2003年，第201—203页；张庆捷《胡商　胡腾舞与入华中亚人——解读虞弘墓》，第128页。

⑤ 张小贵认为，祆教祭司“其一手捂嘴，实际上具有与戴口罩一样的意义”，见《“派提达那”非“屏息”考》，《欧亚学刊》第5辑，北京：中华书局，2005年，第53页。“派提达那（Paitidâna）”为阿维斯陀语，即指口罩。又参张小贵《中古华化祆教考述》第三章《“派提达那”与入华祆教的火崇拜》，北京：文物出版社，2010年，第99—135页。

无条件地定其为祆教属性，其理由有二：一是火坛上部呈三层仰莲形，为波斯琐罗亚斯德教考古与文献所未见，认为“虞弘墓石椁火坛图案，具有浓厚的佛教因素”；二是人首鹰身的祭司是佛教中的迦陵频伽，也是受佛教影响所致。[①] 然而，结合石椁椁身的图像内容，显属祆教性质，而非佛教。

椁身的9幅图像主要反映了作为祆教徒的虞弘死后进入天国的程序。首先映入眼帘的是前壁外侧椁门两边的图像，其中东侧的第1幅图像上部雕刻一匹无人骑乘的空马。张庆捷认为“表现的大概是虞弘出使各国在旅途中的情形”，[②] 恐未揭示出深层的内在含义。对比可见，第7、9幅图像中的马骡皆系饰带，是有头光的神骑乘的神马，而这匹空乘马则无之，表明该马是一匹凡马。马尔夏克认为，这匹无人骑乘的空马就是献祭给密斯拉（Mithra）神的，[③] 甚是。荣新江说：“在粟特祆教美术中，祆教神祇是以人的形象出现的，他们的动物特征是用他们的动物坐骑来暗示的，而不是把神像体现为动物的形象。有系统地把动物特征与天神的形象结合起来并一一对应，是祆教的传统”。其中，马对应的是密斯拉神。[④] 与第1幅相对称的西侧第9幅图像中雕刻的骑马者，有头光，戴日月鸟翼冠，手持石榴，身后打着华丽的伞盖，身份尊贵。

---

① 张小贵《虞弘墓祭火图宗教属性辨析》，《欧亚学刊》第9辑，2009年，第266—278页；收入张小贵《中古华化祆教考述》第三章所附《虞弘墓祭火图像宗教属性辨析》，第121—135页。

② 张庆捷《虞弘墓石椁图像整理散记》，《艺术史研究》第5辑，2003年，第205页。

③ Boris Marshak, “La Thématique Sogdienne dans l’Art de la Chine de la Seconde Moitié du VIe siècle”, *Comptes Rendus des Séances de l’Académie des Inscriptions et Belles-Lettres*, 145e *Année*, N. 1, 2001, pp. 252-259.

④ 荣新江《〈释迦降伏外道像〉中的祆神密斯拉和祖尔万》，《中古中国与外来文明》（修订版），第304—306页。

姜氏认为是密特拉（又译作“密斯拉”）神。[①] 而张小贵则认为是 Tištrya 神，[②] 即得悉神。[③]

第 2 幅图像的上部所雕华丽台座上的三位男子，如前所说，左边有头光的两神正拉着右边无头光的一人进入天国，临终时被带入天国，但又怀着对人世的眷恋。这里恐怕不是前揭张庆捷、温建辉所说的踩葡萄和酿制葡萄酒，而是像姜伯勤所说的“二天神接引正信者进入天国”，二天神为斯努莎（Sraosha）、拉什努（Rashnu）。[④] 而无头光者当即虞弘。

第 5 幅图像位于石椁的最中央，墓主人虞弘夫妇与三位乐舞者无头光，表示是凡间之人；其他人均有头光，为天国之神。姜伯勤认为，墓主人两边的四位天神是祆教中的六永生者之四位，其中右边的两位男侍分别是天空之主——赫沙斯拉·伐利亚（Khshathra Vairya）、大地保护神——圣心（Spenta Armaiti）；两位女侍分别为植物保护神——阿梅雷达特（Ameretat）、水的保护神——胡尔伐达特（Hauvatat）。[⑤]

第 6、7、8 幅石板图像的上部均雕刻了一位有头光、戴雉堞冠的男

---

① 姜伯勤《中国祆教艺术史研究》第八章【上】《隋检校萨宝虞弘墓石椁画像石图像程序试探》，第 129、149 页。该书出版于 2004 年，需要注意，这一观点在 2001 年单独发表《隋检校萨宝虞弘墓石椁画像石图像程序试探》（载巫鸿主编《汉唐之间文化艺术的互动与交融》，第 36 页）、2002 年单独发表《隋检校萨宝虞弘墓祆教画像石图像的再探讨》（载《艺术史研究》第 4 辑，第 193 页）时，皆尚未提出。前文仅称“天神”，后文则称“粟特王”。两文修订后收入书中，又统一定名为“密特拉神”。由此亦见学术探索历程之曲折与不易。

② 张小贵《祆神密特拉源流及其形象考》，罗丰主编《丝绸之路上的考古、宗教与历史》，第 244—261 页；收入张小贵《祆教史考论与述评》，兰州：兰州大学出版社，2013 年，第 15—35 页。

③ 张小贵《曹国“得悉神”考》，《祆教史考论与述评》，第 36—49 页。

④ 姜伯勤《中国祆教艺术史研究》，第 129、150 页。

⑤ 姜伯勤《中国祆教艺术史研究》，第 140—144 页。关于六天神（Amesa Spenta），参龚方震、晏可佳《祆教史》，上海社会科学院出版社，1998 年，第 58 页。

子，他们及后两幅中的侍者全都有头光，反映的是祆教中的天国之神。第 6 幅中的男子骑在大象背上，正与三头狮子搏斗。在祆教中，大象对应的是主神阿胡拉·马兹达（Ahura Mazda），姜伯勤即据此认为此象背男子是马兹达。[①] 他面对三只狮子，是所有各幅石板图像中狮子数量最多的，这也显示了祆教主神阿胡拉·马兹达的威力最为高强。这位骑象人物，马尔夏克认为是印度王，荣新江认为是嚈哒王，[②] 皆不足取。第 7、8 幅的戴冠男子可能是同一人，分别是出行、休憩的场面。姜伯勤认为，两图上方都有一只飞翔的天鹅，而在祆教中鹅对应的是祖尔万（Zurvan）神。[③]

此外，石椁图像中的乐舞也弥漫着浓郁的西域气息，如第 5 幅图像有七人组成的乐舞队，中间的胡人在跳胡旋舞，两边各有三人在弹奏长颈竖箜篌、腰鼓、铜钹与曲项琵琶、排箫、筚篥。这些乐器均来自西域，也是隋代九部乐中西域诸乐所用的主要乐器，如《西凉》之“今曲项琵琶、竖头箜篌之徒，并出自西域，非华夏旧器”；《龟兹》“其乐器有竖箜篌、琵琶、五弦、笙、笛、箫、筚篥、毛员鼓、都昙鼓、答腊鼓、腰鼓、羯鼓、鸡娄鼓、铜拔、贝等十五种”；《天竺》“乐器有凤首箜篌、琵琶、五弦、笛、铜鼓、毛员鼓、都昙鼓、铜拔、贝等九种”；《康国》“乐器有笛、正鼓、加鼓、铜拔等四种”；《疏勒》“乐器有竖箜篌、琵琶、五弦、笛、箫、筚篥、答腊鼓、腰鼓、羯鼓、鸡娄鼓等十种”；《安国》“乐器有箜篌、琵琶、五弦、笛、箫、筚篥、双筚篥、正鼓、和鼓、铜拔等十种”。[④] 在这支六人乐队中间的是在小圆毯上的舞蹈者，身体扭曲旋转，飘带飞扬，让人想起唐代安禄山所跳的胡旋

---

① 姜伯勤《中国祆教艺术史研究》，第 134—135 页。

② 荣新江《Miho 美术馆粟特石棺屏风的图像及其组合》，《艺术史研究》第 4 辑，2002 年，第 211—214 页。

③ 姜伯勤《中国祆教艺术史研究》，第 135—138、152—153 页。

④ 《隋书》卷一五《音乐志下》，第 2 册，第 408—411 页。

舞。[①] 不过，张庆捷结合刘言史《王中丞宅夜观舞胡腾》、李端《胡腾儿》等唐诗，考证这位舞蹈者所跳的是胡腾舞，[②] 或备一说。

石椁图像中的动物极多，如马、单峰驼、大象、狮子、公牛、羚羊、鹿、犬、孔雀、鹦鹉、吉祥鸟，以及马首、蛇身、鱼尾的森莫夫等，这些动物大多出自西部亚洲，特别是出现了 9 只犬，颇为引人注目。犬是祆教葬俗中的重要动物，姜伯勤认为第 1 幅图像中“马下有二犬，暗示画像石的丧葬主题”。韦节《西蕃记》记载康国“俗事天神，崇敬甚重。……国城外别有二百余户，专知丧事，别筑一院，院内养狗。每有人死，即往取尸，置此院内，令狗食之，肉尽收骸骨，埋殡无棺椁”。[③] 张小贵对祆教葬俗中的“犬视”环节作过详细论证，其中也提到虞弘夫妇合葬墓石椁图像中的第 1 幅图像。[④] 至于马首、蛇身、鱼尾的森莫夫，系有科丝蒂飘带，肩生双翼，具有波斯、希腊式的组合风格。

石椁图像中的植物有葡萄、石榴、万寿果树等，特别是葡萄树，第 1、2、3、4、5、8 幅图像均有之，有些小鸟正在啄食葡萄，或衔着葡萄叶蔓。第 9 幅图像有石榴树，密斯拉神左手持着一个石榴，马前侍者的左手也托着盛有石榴的果盘，正在进献给他。葡萄和石榴以中亚产最为著名，在物种东传的过程中也传到了太原。张庆捷《胡商　胡腾舞与

---

① 《旧唐书》卷二〇〇上《安禄山传》记其“至玄宗前，作胡旋舞，疾如风焉”，第 16 册，第 5368 页。

② 张庆捷《北朝隋唐粟特的“胡腾舞”》，荣新江、华澜、张志清主编《粟特人在中国——历史、考古、语言的新探索》，北京：中华书局，2005 年，第 390—401 页。另参刘晓伟《〈胡商　胡腾舞与入华中亚人——解读虞弘墓〉对音乐图像的诠释艺术》，《黄河之声》2011 年第 23 期，第 120—121 页。原文题目中“入”误写作“如”。段晴则考证认为，“胡旋”和“胡腾”同是基于粟特语 wrt-词根，前者是意译，后者是音译。见《筋斗背后的故事——从一个家喻户晓的词汇透视粟特文化的遗踪》，荣新江、华澜、张志清主编《粟特人在中国——历史、考古、语言的新探索》，第 402—415 页。

③ 杜佑《通典》卷一九三《边防典五 · 西戎五》“康居”条，第 5256 页。

④ 张小贵《祆教“犬视”及其在丝绸之路上的传播》，《丝路文明》第 6 辑，上海古籍出版社，2021 年，第 83—101 页。

入华中亚人——解读虞弘墓》第二章考察并州晋阳的外来文明，下面专设“白居易与葡萄酒”小一节，白居易在《寄献北都留守裴令公》诗中自注“葡萄酒出太原”，[①] 而唐代太原郡的土贡中恰有“蒲萄酒”。[②] 童丕、温建辉对山西的葡萄种植业与虞弘夫妇合葬墓中的葡萄及葡萄酒图案作了考察，也都认为是西域粟特人带来，或者是受到波斯文化的影响。[③] 墓主人虞弘夫妇所持多曲酒碗、透明玻璃酒杯，祖尔万神手持酒碗，以及椁座中雕刻饮酒者所持的来通或酒碗，都是中亚地区常见的饮酒器。

石椁的装饰图案中有忍冬纹、联珠纹，也具有西域特点。每块石板四周有肥叶忍冬纹，是最主要的装饰图案。联珠纹使用得也比较普遍，如中央庐帐四周及立柱、酒瓮、项圈、腰带、驼背的鞍鞯、络带等，均用联珠纹来作装饰。

总之，虞弘夫妇合葬墓石椁图像虽然具有鱼国、波斯、粟特、突厥乃至阿拉伯、印度等多元文化因素，[④] 但对于迁居中原的虞弘家族来说，无疑都充满西域元素。杨巨平根据虞弘墓志所记检校萨保府而推断他是一位祆教徒；又通过解读石椁图像中的祭祀火坛与拜火教、人狮搏斗反映的善恶二元论、有头光的神、石棺床及其他画面信息，对墓中的祆教文化内涵作了解读，认为“石椁图像应是他所信仰的宗教文化特征的反映”。[⑤] 姜伯勤也认为，“本组画像石主题当指尘世之人通过善思、

---

① 张庆捷《胡商　胡腾舞与入华中亚人——解读虞弘墓》，第55—56页。

② 《新唐书》卷三九《地理志三》，第4册，第1003页。

③ 童丕《中国北方的粟特遗存——山西的葡萄种植业》，荣新江、华澜、张志清主编《粟特人在中国——历史、考古、语言的新探索》，第205—221页；温建辉《虞弘墓浮雕图案中的葡萄酒文化》，《晋中学院学报》2016年第1期，第66—71页。

④ 师艳明《隋虞弘墓石椁图像的多元文化因素分析》，山东大学硕士学位论文，2019年。

⑤ 杨巨平《虞弘墓祆教文化内涵试探》，《世界宗教研究》2006年第3期，第103—111页。

善行、善言进入上界，并表达了对众天神和天国的崇拜与礼敬”；“根据从西亚及中亚获得的祆教神祇粉本，描述义人进入天国拜见诸神的历程与白豪摩祭”，[①] 说的就是祆教的天国世界。

第三节　虞弘头冠中的鱼形图像

张庆捷在《太原隋虞弘墓》中描述说，虞弘头戴王冠，冠顶有日月形饰物。然而，仔细察看虞弘所戴的头冠，实际上并非只有日月形饰物。从原石图像与彩色图版观察，在日月形饰物的下面还有头冠的本体部分。细察头冠的本体，笔者发现竟然雕刻了一条鱼的形状。鱼头位于虞弘头部的正上方，鱼肚朝天，托着日月，鱼身上的鳞片也雕刻得十分清晰，鱼尾在虞弘的脑后（图 5-14）。简言之，虞弘所戴的头冠是鱼冠。

图 5-14　虞弘夫妇合葬墓石椁后壁内侧的虞弘头像（作者摄）

值得注意的是，鱼冠的头部有一颗黑点，颇疑是雕刻了鱼的眼珠，但是仅从图版很难看得出来，不能完全确定。为了验证这颗黑点究竟是鱼的眼珠抑或是汉白玉本身的杂质，笔者先后三次前往太原，在山西博物院实

① 姜伯勤《中国祆教艺术史研究》，第 127、320 页。

地观察原石图像。尽管虞弘的头冠部分仍然看得不太清楚，但后来拍摄了头冠照片，并将之作放大处理，竟然发现是一颗黑色的珠子（图 5-15），轮廓呈圆球形，黑色的眼珠中透出白光，晶莹透亮。这也就排除了是汉白玉上的黑点杂质的可能，从而确认是鱼的眼珠，也证实了虞弘所戴的头冠确为鱼冠。这一发现，对于判断头冠的本体部分为一条鱼的形状起到了重要作用（图 5-16）。

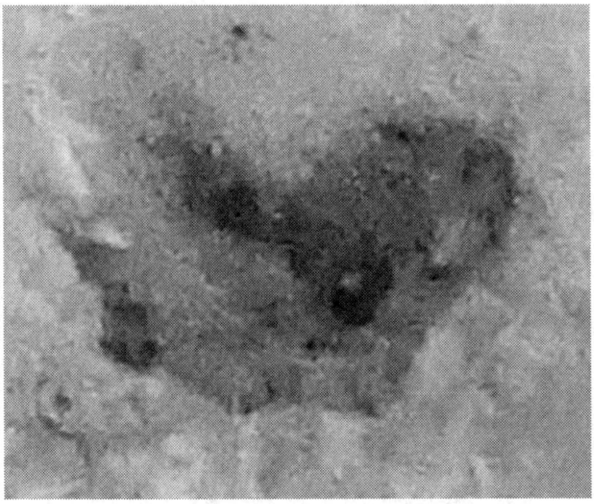

图 5-15　虞弘所戴鱼冠上的鱼眼珠（局部放大）（作者摄）

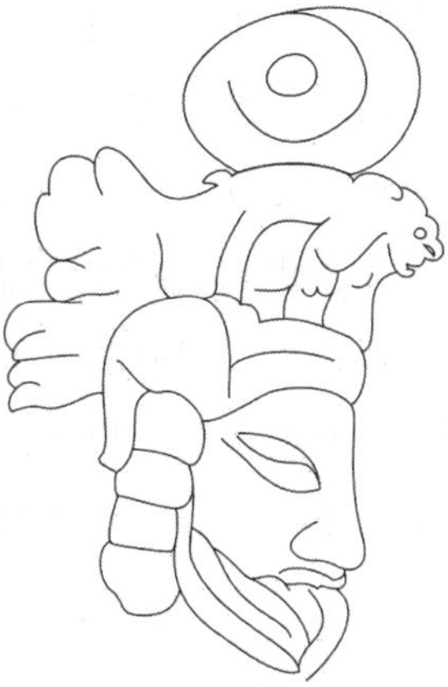

图 5-16　虞弘所戴鱼冠清摹图（王瑞雷绘）

虞弘头戴鱼冠这一发现具有重要的意义，不仅印证了虞弘墓志中记载的鱼国，以及虞弘的祖父□奴栖的名字就是balĭk，意即为鱼；而且可以顺着鱼冠这条线索，去追寻西域鱼国的具体所在。□奴栖是鱼国领民酋长，其名字本身就是鱼的意思；虞弘掌管并、代、介三州乡团，又检校萨保府，是从西域绕经漠北茹茹再南下定居河东的鱼部族首领，在石椁图像中俨然是一位东迁鱼国人的国王。[①]

① 例如，《诸葛亮集》记载蜀汉后主刘禅下诏曰："凉州诸国王各遣月支、康居胡侯支富、康植等二十余人诣受节度"，见《三国志》卷三三《蜀书·后主传》裴松之注，第 895 页。可见东迁的月氏、康国部落的首领确实也被称为国王。

不惟如此，笔者还于2023年2月22日在陕西省韩城市芝川镇大鹏村调查发现，鱼头冠仍被当地鱼姓人在春节和元宵节前举行“跑走马”社火表演中使用。据该村鱼天祥先生（1953年出生）介绍，从他记事的20世纪50年代后期以来，直到2011年持续举行的“跑走马”表演中，领头的头马用木头制作，全身通红，名曰火焰驹（或火龙马），这跟后面第七章所述火龙岛焰中仙罗宣（roxšan）所骑的“赤烟驹”完全类似，[①] 透露出祆教崇拜火的特征遗留，而除头马外的其他马匹则五颜六色，大小不同，骑乘者均不戴鱼冠。头马须由本村的鱼姓大户出身者骑乘进行表演，所戴头冠当地人称作“鱼冠”。早年的鱼冠长一尺余，后来渐趋简化，形制缩短，以适宜于少年儿童玩要。20世纪50年代，鱼冠先是用木头制作，后来通过供销社系统从西安市长安县引镇运来竹子，用镰刀将粗厚的竹子削成薄片，制作成鱼骨架，鱼嘴上下亦用两个竹片，并给鱼贴上胡子，鱼鳞片用很薄的纸制作，剪成鱼鳞状，然后用浆糊粘牢。鱼背上方还有一个红色的圆圈，这类似于虞弘所戴鱼头冠上方的日冠。鱼先生说，这种骑头马者戴鱼冠的“跑走马”表演仅在大鹏村举行，该村是个以鱼姓为主的村子，在四个生产队（组）中占了三个，有一百七八十户，960人左右。[②] 大鹏村附近有个后窑头村，也有鱼姓，但只有一个生产队（组），人数较少，无力举行“跑走马”表演。两村鱼姓在道光元年（1821）还曾在北苏村共立了一块“鱼氏先茔”碑（图5-17）。至于其他无鱼姓的邻村，“跑走马”表演中骑头

---

① 许仲琳《封神演义》第六十四回《罗宣火焚西岐城》，上海古籍出版社，2011年，第441页。鱼天祥先生所说“火焰驹”，“焰”字仅是读音，为民间叫法，“焰”“烟”音、义相近。

② 这是鱼天祥先生所说现今的户口数。《今昔大鹏村》编委会编《今昔大鹏村》第十章《姓氏篇》记载2010年底，“大鹏村鱼姓现已传至22世，180余户，人口1000余”，韩城：大鹏村党支部、大鹏村村委会，韩印字［2012］第03号，2012年，第164页。颇有意趣的是，大鹏村的名字其实并非汉语，据传北宋称“垛崩村”，明代称“党崩村”，清代又作“大崩村”“大朋村”“大鹏村”，盖音近而讹变。见该书第一章第一节《村名变迁》，第1—3页。

图 5-17　陕西省渭南市韩城市“鱼氏先茔”碑
（采自《今昔大鹏村》彩色插图）

马者均不戴鱼冠，于此可见鱼冠为鱼氏后裔所专用，是古代鱼氏部族的传统遗留。

2011 年 2 月 13 日（正月十一），大鹏村举行“生态村建设工程竣工庆典暨春节综艺活动”，规模之大，人数之多，为历年社火所罕见，走马队有 10 马 10 旗，韩城市副市长、芝川镇镇长都亲临参加。晚上本村自乐班演出了眉胡剧、秦腔剧等，戏剧结束后，燃放大型焰火。[①] 但

① 《今昔大鹏村》编委会编《今昔大鹏村》第十一章《文化篇》，第 210—211 页。有些据鱼天祥先生口述。

遗憾的是，自 2011 年以后再未举办过“跑走马”表演，制作鱼头冠的技艺也差点失传。通过笔者的调查访谈，鱼天祥先生及韩城市融媒体中心的鱼晓娜、冯丽颖记者都热心地支持恢复鱼冠，鱼先生甚至根据自己的回忆动手制作了一个鱼冠（图 5-18），并让冯记者远道寄赠给我。

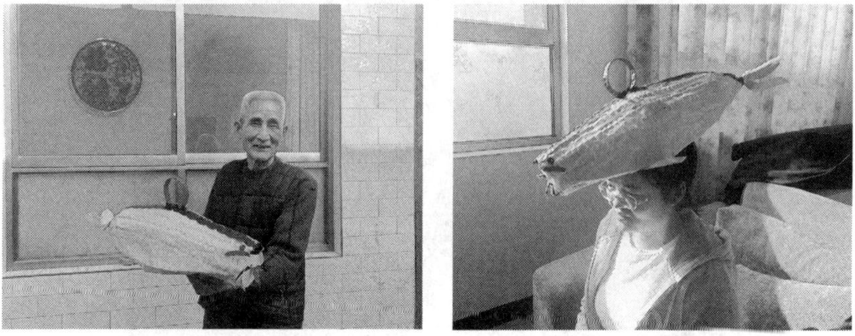

图 5-18　陕西省渭南市韩城市芝川镇大鹏村鱼天祥先生制作的鱼冠
戴鱼冠者为韩城市融媒体中心鱼晓娜记者（冯丽颖提供）

大鹏村鱼冠的发现，为虞弘、漕国王所戴鱼头冠提供了绝佳的注脚。大鹏村为鱼姓村，“跑走马”表演中的骑头马者所戴的鱼冠，是鱼氏后裔在无意间自发保存下来的，因此也具有更加重要的意义。大鹏村与虞弘夫妇合葬墓所在的太原市晋源区晋祠镇王郭村，分处黄河两岸，这一带本来就是步落稽（鱼国）胡人的活动范围，因此发现鱼冠并不奇怪，只不过时隔 1400 多年仍有留存，自然弥足珍贵。

第六章 “鱼”之关联：并州与漕国

——兼论从鱼国到漕国的迁徙

虞弘墓志记其为鱼国人，祖父□奴栖为鱼国领民酋长，石椁图像中的虞弘还头戴鱼冠，处处显示与“鱼”的密切联系。鱼国既然位于西域，首先就应该仔细翻检正史《西域传》（含《西戎传》及《异域传》的西域部分），去寻找西域地区与鱼有关的城邦国家。然而，学者们在探讨鱼国时均言史籍无载，称史书中从未出现过鱼国，所以只好根据一些外围的资料并加以己意，进行猜测性的论说，但是这些猜度都难以得到证实。笔者梳理学术史以后惊讶地发现，以往的学者竟然均未引用正史《西域传》；或许虽然翻阅了史传，却因未发现鱼国之记载而未作引用。虞弘生活在茹茹（柔然）、北齐、北周、隋朝，死后在开皇十二年（592）葬于并州，因此笔者检阅《魏书》《隋书》《北史》之《西域传》和《周书》之《异域传》，发现《隋书》《北史》中记载到一个漕国，在祭祀顺天神时使用鱼脊骨，国王戴金鱼头冠，与鱼国的情况颇相类似。

第一节　漕国王与虞弘的金鱼头冠

《隋书》卷八三《西域传》“漕国”条文字如下：

漕国，在葱岭之北，汉时罽宾国也。其王姓昭武，字顺达，康国王之宗族。都城方四里。胜兵者万余人。国法严整，杀人及贼盗

> 皆死。其俗淫祠。葱岭山有顺天神者，仪制极华，金银鍱为屋，以银为地，祠者日有千余人。祠前有一鱼脊骨，其孔中通，马骑出入。国王戴金鱼头冠，坐金马座。土多稻、粟、豆、麦；饶象，马，封牛，金，银，镔铁，氍毹，朱砂，青黛，安息、青木等香，石蜜，半蜜，黑盐，阿魏，没药，白附子。北去帆延七百里，东去劫国六百里，东北去瓜州六千六百里。大业（605—617）中，遣使贡方物。

引人注目的是，这段话中两处出现了“鱼”字：一处是漕国祭祀顺天神时，在神祠前立一个巨型鱼脊骨，中间有孔，可以骑马出入，足见鱼脊骨之大，祭祀场面颇为壮观，每日有千余人在祠前聚集；另一处是漕国国王头上戴着金鱼头冠。

关于前一处鱼脊骨，各种史籍的相关记载均无异说；而后一处金鱼头冠，诸书记载不同，如上引《隋书》及《册府元龟》卷九六〇、《太平寰宇记》卷一八二均作“金鱼头冠”，[①] 而《北史》卷九七《西域传》则作“金牛头冠”，《通典》卷一九二原本亦作“金牛头冠”，但王文锦等人点校时据前三书改为“金鱼头冠”。[②] 从时间上看，《隋书》修成的时间最早，尤其是考虑到与祭祀顺天神所立鱼脊骨的关联性，漕国国王所戴的王冠当以金鱼头冠为是。不过，桑山正进从出土银币上的王者像有戴牛头冠，认为应是“金牛头冠”而非“金鱼头冠”，[③] 余太山也认同此说。[④]

---

① 王钦若等《册府元龟》卷九六〇《外臣部·土风二》，第11297页；乐史《太平寰宇记》卷一八二《四夷十一·西戎三》“罽宾”条，第8册，第3486页。

② 杜佑《通典》卷一九二《边防典八·西戎四》“罽宾”条，第5册，第5237、5251页“校勘记〔一一一〕”。

③ 桑山正进《カーピシー=ガンダーラ史研究》，京都大学人文科学研究所，1990年，第176—177页。

④ 余太山《两汉魏晋南北朝正史西域传要注》，第588页注［294］、第602页注［122］之案语。

西域诸国的国王头戴各种各样的王冠，在北朝隋唐时代的正史《西域传》《异域传》《西戎传》中均有记录，成为此一时期的鲜明特征。[①]其中以《隋书》卷八三《西域传》记载最为集中，兹据此列作表6-1：[②]

表6-1 西域诸国国王所戴头冠表

国名	国王冠饰	备注
康国	七宝金花冠[③]	又见《魏书·西域传》
疏勒	金狮子冠	又见《魏书·西域传》《北史·西域传》
于阗	金鼠冠	又见《北史·西域传》
波斯	金花冠	又见《魏书·西域传》《周书·异域传下》《北史·西域传》《旧唐书·西戎传》
漕国	金鱼头冠	《北史·西域传》作“金牛头冠”

各国国王所戴的王冠，或为动物，如狮子、老鼠、鱼；或为植物，如花。虽然都用金子打造，但造型各不相同，也各有其寓意在。玄奘《大唐西域记》卷一二《瞿萨旦那国》记述该国（即于阗国）的“鼠

① 《汉书》卷九六《西域传》、《后汉书》卷八八《西域传》、《三国志》卷三〇《魏书·乌丸鲜卑东夷传》裴松之注引《魏略·西戎传》、《晋书》卷九七《四夷·西戎传》皆未记西域诸国国王的王冠。

② 《旧唐书》卷一九八《西戎·拂菻传》云：“其王冠形如鸟举翼，冠及瓔珞，皆缀以珠宝”，第16册，第5313页；《新唐书》卷二二一下《西域下·拂菻传》亦云：“王冠如鸟翼，缀珠”，第20册，第6261页。因《隋书·西域传》中未载，故本表不列。关于鸟翼冠，参影山悦子《中国新出ソグド人葬具に見られる鳥翼冠と三面三日月冠—エフタルの中央アジア支配の影響—》，《オリエント》第50卷第2号，2007年，第120—140页；Etsuko Kageyama, “The Winged Crown and the Triple-crescent Crown in the Sogdian Funerary Monuments from China: Their Relation to the Hephthalite Occupation of Central Asia”, *Journal of Inner Asian Art and Archaeology*, 2, 2007, pp. 11-22.

③ 北魏至隋代康国王的七宝金花冠，到唐代发生了变化，见《旧唐书》卷198《西戎·康国传》云：“其王冠毡帽，饰以金宝”，第16册，第5310页；《新唐书》卷二二一下《西域下·康传》亦云：“王帽毡，饰金杂宝”，第20册，第6243页。

壤坟传说”，言鼠酋帮助于阗击败入侵的匈奴军队：[1]

> 瞿萨旦那王感鼠厚恩，建祠设祭，奕世遵敬，特深珍异。故上自君王，下至黎庶，咸修祀祭，以求福祐。行次其穴，下乘而趋，拜以致敬，祭以祈福。或衣服弓矢，或香花肴膳，亦既输诚，多蒙福利。[2]

《新唐书》卷二二一上《西域上·于阗传》亦曰：“于阗，或曰瞿萨旦那……西有沙碛，鼠大如猬，色类金，出入群鼠为从”。于阗国产鼠，国王头戴金鼠冠是出于对鼠神的崇拜，故建祠设祭，祭拜鼠穴，甚至到了上自君王、下至黎庶举国共祭的地步。[3] 奥莱尔·斯坦因（M. Aurel Stein）在丹丹乌里克寺院遗址板壁上发现绘有鼠头神的画像，背有光环（图 6-1）。[4] 参比于阗国国王所戴金鼠冠及对鼠神的虔诚祭祀，

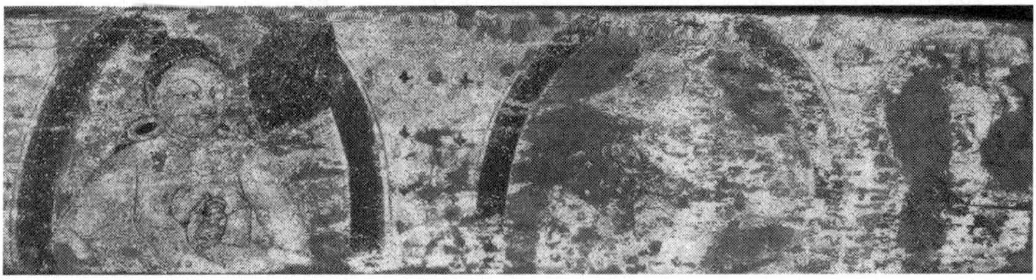

图 6-1　新疆维吾尔自治区丹丹乌里克寺院遗址板壁鼠头神画像
（采自 *Ancient Khotan*：*Detailed Report of Archaeological Explorations in Chinese Turkestan*，vol Ⅱ *Plates*，D. Ⅳ. 5）

---

① 类似的传说亦见于赞宁《宋高僧传》卷一《译经篇第一之一·唐京兆大兴善寺不空传》，言唐天宝（742—756）中，吐蕃联合大石、康国进围西凉府，不空诵《仁王密语》，说“毗沙门天王子领兵救安西”，后来果奏云：“彼营垒中有鼠金色，咋弓弩弦皆绝”，大败蕃军。北京：中华书局，1987 年，上册，第 12 页。

② 玄奘、辩机著，季羡林等校注《大唐西域记校注》卷一二《瞿萨旦那国》，下册，第 1017—1018 页。

③ 关于于阗的神鼠信仰，参见谭蝉雪《西域鼠国及鼠神摭谈》，《敦煌研究》1994 年第 2 期，第 120—126 页；马昌仪《西域鼠国及其信仰》，《中国历史博物馆馆刊》1998 年第 1 期，第 107—114 页。

④ M. Aurel Stein，*Ancient Khotan*：*Detailed Report of Archaeological Explorations in Chinese Turkestan*，vol. I *Text*，Oxford at the Clarendon Press，1907，296；vol. II *Plates*，LXIII，D. IV. 5.

漕国国王戴金鱼头冠，以及祭祀顺天神时在祠前立巨型鱼脊骨，应当与于阗国祭祀鼠神的情况相类似，是对鱼神的祭祀和崇拜。

如上章第三节所言，笔者发现虞弘头冠中有鱼的形状，他所戴的头冠为鱼冠。由于石椁图像中虞弘略微向左侧身，朝着对座的女子，脸呈侧面，所以头冠中的鱼形看起来十分完整。若是虞弘正襟危坐，则只能看到鱼冠前部的鱼头。而漕国国王恰好戴有金鱼头冠，群臣从正面的角度看国王，只能看到王冠上的鱼头，这也就是为什么《隋书·西域传》称漕国国王所戴的王冠叫“金鱼头冠”。由此可见，漕国王与虞弘的头冠完全可以勘同。雕刻虞弘图像的工匠十分巧妙地将其身躯略微朝左侧向，呈现出整条鱼的形状，制作得非常传神。北周末，虞弘管理并、代、介三州乡团，检校萨保府，是当地胡人聚落的首领，至隋代仍然镇押并州。这位管理三州乡团的鱼部族酋长，俨然是一位鱼国的国王，地位与漕国国王相若，因此虞弘也戴有金鱼头冠。

第二节　漕国祭祀顺天神与鱼脊骨

上引《隋书·西域传》记载漕国俗重淫祠，尤其是祭祀顺天神的场面极为奢华宏大，以金银鍱为屋，以银为地，每日有千余人在神祠前聚集进行祭祀。到了唐初，玄奘在《大唐西域记》卷一二《漕矩吒国》亦记“虽祀百神，敬崇三宝”，但是特别强调了漕矩吒国对䅬那天神的崇拜：

崇奉䅬那天

天祠数十，异道杂居，计多外道，其徒极盛，宗事䅬那天。其天神昔自迦毕试国阿路猱山徙居此国南界䅬那呬罗山中，作威作福，为暴为恶。信求者遂愿，轻蔑者招殃，故远近宗仰，上下祗惧。邻国异俗君臣僚庶，每岁嘉辰，不期而会，或赍金银奇宝，或以牛马驯畜，竞兴贡奉，俱伸诚素。所以金银布地，羊马满谷，无敢觊觎。唯修施奉，宗事外道，克心苦行。天神授其咒术，外道遵行多效，治疗疾病，颇蒙痊愈。

漕矩吒国即漕国，具体论说详见下节，主要信奉𫟍那天神。漕国境内有数十座天祠，徒众极盛，祭祀𫟍那天神的仪式规模空前。𫟍那天神即顺天神，“𫟍那”“顺”系同名异译，为一音之转。玄奘曾赴天竺求法，其翻译力主用梵文音译，如将于阗译为瞿萨旦那，𫟍那天也同样如此；而魏征等人修撰《隋书》，则采取雅译，顺天神一词音、义兼顾，译得极为雅驯，令人叹绝。

桑山正进认为，“顺”“𫟍那”为不同的音译汉字，原型为 śunā，不过他不赞同漕矩吒国即漕国的说法。[①] 林梅村则云：“𫟍那天，梵文为 śunadeva，即《隋书》所谓顺天神，是婆罗门教天神之一。但玄奘描述的漕矩吒宗教不应是婆罗门教，他对婆罗门教是熟悉的，并在《大唐西域记》中多处介绍，如卷一一《贤爱破邪论故事》。这里的𫟍那天有可能指犹太教的摩西，有如唐代景教徒称耶稣基督为‘世尊’，借用佛教术语，以利传播其说。因此，玄奘所谓外道大概指犹太教。”[②] 将𫟍那天比定为犹太教应当不确，最近李大伟撰文对此作了批判，他从𫟍那（śuna）不是宗教词汇，𫟍那天神“作威作福、为暴为恶”与犹太人先知摩西的形象不合，𫟍那天神以咒术治疗疾病与佛教相悖等三个方面，辨析𫟍那天神被佛教徒称为外道，属于淫祠，为婆罗门教，而非林氏所说的犹太教之摩西。[③] 季羡林等人在校注《大唐西域记》时也认为，𫟍那天是“梵文 śuna 音译，婆罗门教天神之一，意译福乐。此天性猛烈，信奉者予福，不信者予祸”；[④] 余太山在注释《隋书·西域传》时亦云：

---

① 桑山正进《カーピシー=ガンダーラ史研究》，第 168—171 页。

② 林梅村《犹太入华考》，《文物》1991 年第 6 期，第 77 页；收入其《西域文明——考古、民族、语言和宗教新论》，北京：东方出版社，1995 年，第 87 页。

③ 李大伟《漕矩吒与𫟍那天神》，《唐史论丛》第 32 辑，西安：三秦出版社，2021 年，第 336—338 页。

④ 玄奘、辩机著，季羡林等校注《大唐西域记校注》卷一二《漕矩吒国》，下册，第 958 页。

“顺天神，应即《大唐西域记》卷一二‘漕矩吒国条’所见‘䅟那天’，婆罗门教天神之一。‘顺’与‘䅟那’为同名异译，均系 śunā 之对译”。[①] 以上大多学者将䅟那天神与顺天神予以勘同，当无疑问；但季、余等人说是婆罗门教天神 śunā 之对译，则不确切。从玄奘的叙述可知，顺天神是一尊恶神，“作威作福，为暴为恶。信求者遂愿，轻蔑者招殃”，以至于信徒们“上下祗惧”，甚至迫使“邻国异俗”的不信仰者每年敬献宝物牲畜，来祭祀供养䅟那天神。因此，很难将之与意为福乐的婆罗门教天神 śuna 对应起来，这一点与李大伟批判林梅村所言与犹太人先知摩西形象不合的道理是相同的。那么，顺天神（䅟那天神）到底是怎样的神祇呢？

“顺”即“䅟那”，又译作“准那”“禀那”。圆照《贞元新定释教目录》卷一四记载，南印度摩赖耶国沙门跋日罗菩提（金刚智）从海路来到唐朝：

和上本中天竺国刹利王伊舍那靺摩第三子也，后因为南天国王将军米准那荐闻，遂称南天竺人也。[②]

“准那”即“䅟那”。河南省洛阳市偃师区张海书法艺术馆藏《唐太子右赞善大夫长沙罗公夫人秦州米氏墓志铭并序》云：

西域米国故长史，贵号禀那。天宝（742—756）初，远从贤王来朝上国。玄宗奇之，俾有司厚礼，每事加等，因遂愿留不归。夫人即长史之季女也。……是以出适罗氏……其赞善宗祖，亦西域名王贵种。……铭曰：懿哉夫人，发源西域。降灵孕质，生我王国。[③]（图 6-2）

---

① 余太山《两汉魏晋南北朝正史西域传要注》，第 587 页注［292］。

② 圆照《贞元新定释教目录》卷一四，《大正新脩大藏經》第 55 册，东京：大藏出版株式会社，1988 年，第 875 页。

③ 张海主编《张海书法艺术馆馆藏石刻选》，偃师：张海书法艺术馆，2015 年，第 159、209—210 页；图版又见张永华、赵文成、赵君平编《秦晋豫新出墓志蒐佚三编》，北京：国家图书馆出版社，2020 年，第 3 册，第 831 页。

图 6-2　《唐太子右赞善大夫长沙罗公夫人秦州米氏墓志铭并序》拓片
（采自《张海书法艺术馆馆藏石刻选》第 159 页）

从志文可知，墓主夫妇分别姓罗、米，这两个姓氏之间的通婚也见于唐代其他墓志，如《唐罗州玠墓志铭并序》记其“尊夫人米氏”，[①]《唐回鹘米副使墓志》记其育有四子二女，其中“女事罗门”。[②] 米氏出自粟特米国自无疑问，米副使是回鹘汗国中的米姓粟特人。墓主人米氏在标题中姓氏前面还冠有“秦州”之地名，这里也是入华粟特人的聚

① 呼啸《新征集唐〈罗州玠墓志〉志主的胡人身份浅析》，《文博》2010 年第 3 期，第 46 页。

② 杨富学《大唐西市博物馆藏〈回鹘米副侯墓志〉考释》，《民族研究》2015 年第 2 期，第 80 页。此文收入杨富学《北国石刻与华夷史迹》（北京：光明日报出版社，2020 年）时，作者将“米副侯”改为“米副使”，见该书第五章《大唐西市博物馆藏〈回鹘米副使墓志〉考释》，第 76 页注①及第 78—79 页。

居地。[①]《通志·氏族略二》“夷狄之国”条有米氏，下注：“西域米国胡人也。唐有供奉歌者米嘉荣，五代米至诚。望出陇西、高平”。[②] 米嘉荣擅唱凉州歌曲，为米国胡人之后裔，[③] 粟特米氏甚至形成了陇西郡望。唐代陇西郡又称渭州，东邻秦州，可见这一带有较多的粟特米氏居住。至于秦州米氏的丈夫罗氏，官任太子右赞善大夫，墓志记载“赞善宗祖，亦西域名王贵种”，参照《唐罗何含墓铭并序》所记“今则吐火罗国王之密属也。祖祁斯，皇火罗国大首领、监门卫大将军、酒泉郡王、食邑二千户”，[④] 推测罗公也出自吐火罗。[⑤] 罗公望称长沙，与罗州玠望称豫章一样，是入华吐火罗后裔冒充和攀附汉姓高门罗氏的通常做法，实际上来自西域。《唐罗甑生墓志铭并序》记其“祖日光，□任秦州都督”及“夫人康氏”，[⑥] 罗日光也曾在秦州任官，官居都督；罗甑生的夫人康氏当为粟特人，两人属于入华西域胡人后裔的内部通婚，这一点与长沙罗公、秦州米氏的婚姻类似。

需加注意的是，秦州米氏之父“贵号禀那”。“米”是他入华后所

---

① 荣新江《北朝隋唐粟特人之迁徙及其聚落补考》，《欧亚学刊》第 6 辑，2007 年，第 167—168 页。冯培红《丝绸之路陇右段粟特人踪迹钩沉》，《浙江大学学报》2016 年第 5 期，第 58—60 页。退之《唐罗公夫人米氏墓志铭》，《书法》2017 年第 1 期，第 46—47 页；王庆昱《新见唐粟特人后裔〈米氏墓志〉考释》，《西北民族论丛》第 18 辑，北京：社会科学文献出版社，2018 年，第 116—128 页；刘复兴、杨富学《秦州粟特米氏墓志铭新探》，《石河子大学学报》2020 年第 3 期，第 91—97 页。

② 郑樵《通志二十略》，北京：中华书局，1995 年，上册，第 74 页。

③ 彭定求等编《全唐诗》卷三六五刘禹锡《与歌者米嘉荣》云：“唱得凉州意外声，旧人唯数米嘉荣。近来时世轻先辈，好染髭须事后生”，北京：中华书局，1960 年，第 11 册，第 4116—4117 页。

④ 段志凌《陕西延安新出土唐吐火罗人罗何含墓志》，《文物》2014 年第 8 期，第 63、65 页。

⑤ 王庆昱亦持此推论，见《新见唐粟特人后裔〈米氏墓志〉考释》，《西北民族论丛》第 18 辑，2018 年，第 122—123 页。

⑥ 吴钢主编《全唐文补遗》第 2 辑，西安：三秦出版社，1995 年，第 274 页。

取的汉式姓氏，“禀那”一词，王庆昱、刘复兴、杨富学等人在考释此方墓志时均未深究，笔者疑即 śunā，为穆那、准那、顺之异译。米禀那在出使唐朝之前，为西域粟特米国长史。唐朝控制西域以后，在葱岭内外推行羁縻府州制度。《新唐书》卷二二一下《西域下·康传》附记米国，“显庆三年（658），以其地为南谧州，授其君昭武开拙为刺史，自是朝贡不绝”。南谧州是唐朝在米国设置的羁縻州，米禀那为米国长史，实际上是南谧州长史，地位仅次于兼任南谧州刺史的米国王。天宝初，米禀那随同“贤王”东来朝觐，[①] 留而未归。上引传文记载米国，“天宝初，封其君为恭顺王，母可敦郡夫人”。《册府元龟》卷九六五《外臣部·封册三》具体记作天宝三年（744）七月，“赐曹国王为怀德王，米国王为恭顺王，康国王为钦化王”。[②] 这显然是米禀那一行的出使结果，米国王及其母亲受到唐玄宗的册封。这位米国王在《旧唐书》卷一九八《西戎·康国传》有记载，即开元“十九年（731），其王乌勒上表，请封其子咄曷为曹国王，默啜为米国王，许之。二十七年（739），乌勒卒，遣使册咄曷袭父位。天宝三年（744），又封为钦化王”。与康国王咄曷同年被唐朝册封的米国王，当为默啜，他兼任南谧州刺史，米禀那在出使前为其下属之长史。如同米准那一样，米国南谧州长史也取禀那为名，似乎透露出米国也与漕国一样信奉顺天神。米国都城在钵息德城，位于今塔吉克斯坦共和国片治肯特，在粟特地区的东南部，在昭武九姓诸国中距离漕国最近；而漕国“其王姓昭武，字顺达，康国王之宗族”，同属于昭武九姓势力圈，其信奉的顺天神亦为邻近的米国信奉也是可以理解的。除了漕国王“姓昭武”这一重要信息外，其字为“顺达”也甚堪注意，笔者怀疑“顺达”即“军达”“君

① 王庆昱认为“贤王”指米国王，于天宝初亲至唐都长安，称“《米氏墓志》的出土，又为我们揭示了唐代天宝时期米国国王亲自来华朝贡的史事”，见《新见唐粟特人后裔〈米氏墓志〉考释》，《西北民族论丛》第 18 辑，2018 年，第 120—121 页。不过，史籍中并未记载天宝时米国王来唐朝觐事。

② 王钦若等《册府元龟》卷九六五《外臣部·封册三》，第 11349 页。

达”“莙莛”“荤陁”“君陁”，恰好与虞弘之父的名字相同。

墓志记载，米亶那之女卒于贞元二十一年（805），享年63岁，则知她生于天宝二年（743）；铭文称“懿哉夫人，发源西域。降灵孕质，生我王国”，是说其家族源于西域，其父米亶那来自米国，而她出生在唐朝，很可能就生在秦州。大概米亶那在出使唐朝的东来途中，曾于秦州居停，或是赴京朝觐后返归时落籍于秦州，故以之为里贯。①

笔者颇疑山西省介休市祆神楼（图6-3）所在的顺城关、顺城路（图6-4），就与漕国（鱼国）信奉的顺天神有关。隋代，虞弘负责管理并、代、介三州乡团，检校萨保府。介州即今介休市，也就是说，虞弘管辖到介州，这里显然有包括鱼国在内的西域胡人聚落，建有崇奉顺天神的神祠。到了北宋，《重建三结义庙碑记》所载“盖宋文潞公特为祆神建耳”，“此始而为祆神庙”，应当就是继承了隋代顺天神的神祠。笔者实地调查发现，祆神楼位于顺城路的最东头，西侧有通顺巷，这一带 称作顺城关，至今仍建有牌坊，在牌坊的石柱上雕刻有葡萄等图案。

图6-3　山西省晋中市介休市祆神楼（作者摄）

① 墓志记载米氏自丈夫罗公去世后，“年尚青春”，以寡居之身抚养五子长大成人，贞元（785—804）初家居上谷，后转徙博陵，贞元廿一年（805）卒葬于定州（博陵郡）。从米氏一生的经历来看，她只可能在幼时生活于秦州。

图 6-4　山西省晋中市介休市顺城关、顺城路（作者摄）

在顺城关一带，不少商家店铺至今仍以顺为名，如“昌顺宴会厅”“天天顺烟酒”等，有的人家门上也写有“风调雨顺”等字。这些无处不在的“顺”字，透露出介休祆神楼原来祭拜的是顺天神，是漕国（鱼国）使用鱼脊骨祭拜顺天神的再现。

从前引《隋书·西域传》《大唐西域记》的记载可知，漕国祭祀顺天神分为两种形式：一是国内每日在顺天神祠前举行祭神仪式，规模达千余人之多，在祠前竖一巨型鱼脊骨，中间有孔，可以骑马穿过；二是每年一次招集邻国共同祭神，迫令进贡金银奇宝、牛马驯畜，以至于“金银布地，羊马满谷”，所以在祭祀顺天神时，出现“金银鍱为屋，以银为地”的“仪制极华”场面。《隋书·西域传》记漕国所出物品中，列有马、封牛、金、银等物，这些恐怕不完全是本国所产之物，也包括从邻国聚敛得来的。

漕国祭祀顺天神时使用巨型鱼脊骨，以及国王所戴金鱼头冠，不由得让人联想到虞弘墓志中的鱼国，以及石椁图像中虞弘所戴的鱼头冠，他们之间应当存有某种必然的联系。不过，玄奘记述漕矩吒国（漕国）祭祀稿那天神（顺天神）时，并未提到使用鱼脊骨，但该国境内有一条罗摩印度川，季羡林等人怀疑即今 Helmud 河，“鹤萨罗城中涌泉流派，国人利之，以溉田也”，可见水资源十分发达，适合于鱼类生长。早在 1 世纪的阿富汗黄金宝藏中，蒂里特帕 1 号墓出土有骑鱼丘比特黄金扣，贝格拉姆出土了鱼形玻璃瓶、鱼饰圆形盘。[①]

第三节 隋代西域南道上的漕国

历代正史的《西域传》中，仅《隋书》《北史》之《西域传》列有漕国；而漕国之名始见于《魏书》卷一〇二《西域传》“嚈哒国”条：“其国南去漕国千五百里”，不过《魏书·西域传》原阙，据《北史》卷九七《西域传》所补，所以漕国之名可能并非北魏时的国名。

需加注意的是，《魏书》卷七上《高祖纪上》出现了“曹利”国名，即延兴四年（474），“高丽、吐谷浑、曹利诸国各遣使朝贡”。“曹利”又作“漕利”“皂利”“早利”，如《大唐西域记》卷一一《伐剌拏国》记玄奘取经返归时，“出印度境，至漕矩吒国亦谓漕利国”；[②]《续高僧传》卷四《释玄奘传》记其“出北印度境，戒日威被，咸蒙供待。入卑（‘校勘记〔一〇四〕’卑：《高丽藏》作‘皂’）利国”。[③]“卑”“皂”二字属形近致讹，“卑”字显误，“皂”字又写作“早”，形、音皆近，如道宣叙中国往印度之中道，其中一段从迦毕试国到弗栗恃萨傥那国，“从此南行五百余里至漕矩吒国（亦曰早利）”，[④] 然后进入

---

① 九州国立博物馆、东京国立博物馆、产经新闻社编集《黄金アフガニスタン 守りぬかれたシルクロードの秘宝》，产经新闻社，2016 年，图 59、80、167、169、172、181，第 75、84、137、142 页。

② 玄奘、辩机著，季羡林等校注《大唐西域记校注》卷一一，下册，第 950—951 页。同书卷一二记载列有《漕矩吒国》，第 954—959 页。

③ 道宣《续高僧传》卷四《译经篇四·唐京师大慈恩寺释玄奘传》，上册，第 116 页。

④ 道宣《释迦方志》卷上《遗迹篇第四》，北京：中华书局，2000 年，第 20 页。

印度。据玄奘、道宣所记，“漕利”又写作“皂利”“早利”，为“漕矩吒”之略称，亦即北朝所称之“曹利”。另外，《新唐书》卷二二一下《西域下·谢飓传》云：“谢飓居吐火罗西南，本曰漕矩吒，或曰漕矩，显庆（656—661）时谓诃达罗支，武后改今号”。综合以上诸书的记载可知，漕矩吒国的名称颇为繁多，可简称为漕矩、漕利、曹利、皂利、早利，又作诃达罗支、谢飓。以上这些名称，其实都是他国对漕矩吒国的称呼，而慧超《往五天竺国传》“谢飓国”条记载“彼自呼云社护罗萨他那”，即 Javulasthāna，[①] 意为“郁金香之地”。[②]

季羡林等人在校注《大唐西域记》“漕矩吒国”时说：“《隋书》简称作漕国”。[③] 这一意见应予重视，原因为：

第一，漕矩吒国、漕国在国名中均有“漕”字，即社护罗萨他那（Javulasthāna）的首字母，漕矩吒国既然可以部分地简称作漕矩国、漕利国，自然也可彻底地简称为漕国，这样更加符合汉文的书写习惯。

第二，从地理位置上看也完全符合。从本章第一节开篇引《隋书·西域传》可知，漕国北距帆延 700 里，东去劫国 600 里，同传又记吐火罗“南去漕国千七百里”、挹怛“南去漕国千五百里”。《新唐书·谢飓传》记其在吐火罗的西南方向，又云：“东距罽宾，东北帆延，皆四百里。南婆罗门，西波斯，北护时健”，可见帆延实际上位于漕国东北 700 里。另外，裴矩《西域图记》序文所记从敦煌出发的西域三道，分别经伊吾、高昌、鄯善往西，其中：

其南道从鄯善、于阗、朱俱波、喝槃陀，度葱岭，又经护密、

---

① 慧超著、张毅笺释《往五天竺国传笺释》“谢飓国”条，北京：中华书局，2000 年，第 94 页。

② 林梅村推测与“犹太”有关，并将其梵名复原为 *Sahūdasthāna，意即“犹太之地”，见《犹太入华考》，《文物》1991 年第 6 期，第 77 页。此说不确，兹不取。

③ 玄奘、辩机著，季羡林等校注《大唐西域记校注》卷一二《漕矩吒国》注释“（一）漕矩吒国”条，下册，第 955—956 页。

吐火罗、挹怛、忛延、漕国，至北婆罗门，达于西海。[①]

综上所述，漕国位于弗栗恃萨傥那、挹怛（距1500里）、护时健之南，帆延（距700里）、吐火罗（距1700里）之西南，北婆罗门之北，劫国（距600里）、罽宾之西，波斯之东。《隋书·西域传》中，吐火罗、挹怛往南皆以漕国为标向地，足见漕国是丝路南道通往北婆罗门（北天竺）的交通要冲。《新唐书·谢飓传》记“其王居鹤悉那城”，周连宽、季羡林等人考证认为在今阿富汗加兹尼，位于首都喀布尔以南155公里，是喀布尔到坎大哈途中的要地。[②]《北史》卷九七《西域传》列有“伽色尼国，都伽色尼城，在悉万斤南”，即今加兹尼，也就是隋代漕国、唐代谢飓国的都城鹤悉那。

与季羡林等人的观点不同，桑山正进则认为漕国并非漕矩吒国，而是迦毕试国。其理由是：漕矩吒国在唐代省称为漕矩、漕利、早利等国名，而未见省称为漕国。他认为，漕矩吒国、漕国均在兴都库什山之南，漕国即迦毕试国。但是这一观点难以令人信服，而且他说漕矩吒国不与北印度直接相邻，[③] 也不正确，因为上引《大唐西域记》卷一一明确记载“出印度境，至漕矩吒国”，《西域图记》亦记西域南道经“漕国，至北婆罗门”。另外，桑山氏认同“顺”即“稊那”，但又说漕国的顺天神就是漕矩吒国的稊那天，自相矛盾。

《隋书·西域传》《北史·西域传》《通典·边防典八》均记载，隋代的漕国在汉代为罽宾国；即便到唐代，《新唐书》卷二二一上《西域

① 《隋书》卷六七《裴矩传》（点校本二十四史修订本），第6册，第1772页。

② 周连宽《大唐西域记史地研究丛考》之《学成归国》，第176页；玄奘、辩机著，季羡林等校注《大唐西域记校注》卷一二《漕矩吒国》，下册，第954—956页。

③ 桑山正进《カーピシー=ガンダーラ史研究》，第165—173页。

传上》亦曰："罽宾，隋漕国也"，[①] 这其实是把隋代漕国与汉、唐罽宾国混为一谈了。因此，漕国与罽宾的关系也应予辨明。慧超《往五天竺国传》"谢飓国"条云：

> 从此罽宾国西行至七日谢飓国，彼自呼云社护罗萨他那。土人是胡，王及兵马即是突厥，其王即是罽宾王侄儿，自把部落兵马，住于此国，不属余国，亦不属阿叔。此王及首领，虽是突厥……衣着人风，土地所出，与罽宾王相似。[②]

《新唐书·西域传下》"谢飓国"条也说："国中有突厥、罽宾、吐火罗种人杂居，罽宾取其子弟持兵以御大食。景云（710—711）初，遣使朝贡，后遂臣罽宾"。唐代，谢飓（即漕国）位于罽宾之西，行七日即达，两国为近邻；景云初，罽宾实力强大，漕国为其役属，由罽宾王的侄子统领，并为罽宾西御大食提供兵员；再加上两国在服饰、风俗、物产等方面极为相似，所以易被混淆等同，尤其是中原史家在撰写西域历史时，因不明了当地实际情况更易出错。不过，从"亦不属阿叔"之语看，罽宾王的侄子统治下的漕国保持着较大的独立性。[③] 唐代漕国除统治者是罽宾人以外，境内还有突厥、吐火罗及"土著胡人"，民族构成十分复杂，其中土著胡人是漕国自身的居民。

《隋书·西域传》中未列罽宾国，却突然出现了漕国，很可能在隋代漕国势力强大，有胜兵万余人，控据东邻罽宾之地。史载"隋炀帝时，引致西域，前后至者三十余国，惟罽宾不至"，[④] 实际上是因为隋代罽宾为漕国所控制，这也是诸家史籍常把漕国与罽宾相混淆的原因。隋炀帝派遣侍御史韦节、司隶从事杜行满出使西域诸国，其中"至罽宾

---

① 《旧唐书》卷一九八《西戎·罽宾传》（第16册，第5309页）则未言及与漕国的关系。

② 慧超著、张毅笺释《往五天竺国传笺释》，第93页。

③ 又参李大伟《漕矩吒与稠那天神》，《唐史论丛》第32辑，2021年，第332页。

④ 《旧唐书》卷一九八《西戎·罽宾传》，第16册，第5309页。

得码碯杯，王舍城得佛经”。这里的“罽宾”实指漕国，韦节一行就是沿着丝路南道到了漕国、王舍城（北婆罗门）。漕国于“大业（605—617）中，遣使贡方物”，[①] 显然是随韦节使团一同东来回访隋朝。

至于不见于以往正史《西域传》的漕国，为何会突然出现在《隋书·西域传》中？这应当与6世纪中叶以后嚈哒的衰落、粟特的崛起有关，粟特势力趁机向南越过阿姆河，渗透到漕国境内。该传“康国”条记载，“米国、史国、曹国、何国、安国、小安国、那色波国、乌那曷国、穆国皆归附之”，康国成了粟特地区的宗主国。乌那曷国、穆国位于阿姆河以西，“乌那曷国”条记其“都乌浒水西，旧安息之地也。王姓昭武，亦康国种类”；“穆国”条记其“都乌浒河之西，亦安息之故地，与乌那曷为邻。其王姓昭武，亦康国王之种类也”，都归入了以康国为首的粟特势力范围。不仅如此，康国势力还向南越过阿姆河，“漕国”条称“其王姓昭武，字顺达，康国王之宗族”，可知在隋代粟特康国取代嚈哒，成为漕国的宗主国，派遣昭武顺达出任漕国国王，这样漕国就成了粟特成员国，直到唐初罽宾取代粟特康国，重新控制了此一地区。以上这些表明，隋代康国不仅统一了粟特地区，而且还越过阿姆河，大举向外拓展，控制了乌那曷、穆国、漕国。也正因此，漕国也打上了粟特文化的痕迹。

第四节　从顺天神的移动看鱼国人的迁徙

上节说到，漕国紧邻北印度，位于兴都库什山之南。《通典》卷一九二《边防典八·罽宾》云：“至隋时，谓之漕国，在葱岭之西南”；[②]《新唐书》卷二二一上《西域上·罽宾传》云：“罽宾，隋漕国也，居

① 《隋书》卷八三《西域传》（点校本二十四史修订本），第6册，第2071、2088页。

② 杜佑《通典》卷一九二《边防典八·西戎四》，第5册，第5236页。

葱岭南”。据《隋书》《新唐书》之《西域传》记载，漕国在吐火罗西南1700里，而吐火罗在葱岭西500里，可证漕国确实位于葱岭之西南（“居葱岭南”属笼统称呼），而非葱岭之北。

然而，《隋书》《北史》的《西域传》均称“漕国，在葱岭之北，汉时罽宾国也”，《太平寰宇记》卷一八二记载罽宾国亦曰：“至隋时，谓之漕国，在葱岭之北”。[①] 现代学者在点校《隋书》《太平寰宇记》《通典》时，皆称漕国在葱岭之北有误。对于这一方位，研究者也无一例外都提出了质疑。

尽管如此，我们还是不得不思索：为什么《隋书》《北史》这些初唐文献都记载漕国在“葱岭之北”，而直到中唐时代的《通典》才改作西南呢？笔者以为，《隋书》《北史》《太平寰宇记》的记载似也不能一概简单地以为错误。如果考虑到隋代及稍前中亚世界的形势异动与民族迁徙等情况，或许可以对史籍中的这一记载作出解释。

第四章第三节已经谈到，6世纪初，嚈哒东侵塔里木盆地，吞灭姑墨（鱼国）、龟兹、焉耆等国，部分鱼国人被迫迁往漠北茹茹或中原北朝。到6世纪中叶以后，嚈哒灭亡，粟特崛起，中亚形势又发生了巨大变动。这对鱼国是否会产生新的影响呢？从种种迹象判断，鱼国人似乎曾经向西翻越葱岭，进而往南穿越费尔干纳盆地，并在粟特康国的支持下建立了漕国，定居在鹤悉那一带。

要考论鱼国人绕过葱岭迁移到漕国，除了关注当时的中亚局势外，最佳的切入点是顺天神的位置移动，从中可以得到生动的侧证。玄奘在《大唐西域记》卷一《迦毕试国》记载稿那天神（顺天神）曾经迁至该国：

> 闻诸土俗曰：初，稿那天神自远而至，欲止此山，山神震恐，摇荡溪谷。天神曰：“不欲相舍，故此倾动，少垂宾主，当盈财宝。吾今往漕矩吒国稿那呬罗山，每岁至我受国王、大臣祀献之时，宜

① 乐史《太平寰宇记》卷一八二《四夷十一·西戎三·罽宾》，第8册，第3486页。

相属望”。故阿路猱山增高既已，寻即崩坠。

卷一二《漕矩吒国》亦云：

> 天祠数十，异道杂居，计多外道，其徒极盛，宗事稿那天。其天神昔自迦毕试国阿路猱山徙居此国南界稿那呬罗山中。[①]

玄奘路过迦毕试国，从当地人口中听到关于稿那天神的传说，言该神从远方来到迦毕试国，本来想居住在该国阿路猱山，再从阿路猱山前往漕矩吒国南界的稿那呬罗山。上引两段话提到三个地点，即（1）远方；（2）迦毕试国的阿路猱山；（3）漕矩吒国的稿那呬罗山。从稿那天神的移动路线来看，总体上是从北向南，其具体的移动过程分析如下：

第一，“自远而至”的“远”，位于迦毕试国阿路猱山往北较远的地方。考虑到《隋书·西域传》所记“葱岭山有顺天神者”，迦毕试国人所说的稿那天神（顺天神）原本居住的远方，可能就是葱岭之北的凌山，位于婆来伽国（即跋禄迦国、鱼国）的西境。《大唐西域记》卷一《跋禄迦国》说到“凌山及大清池”：

> 国西北行三百余里，度石碛，至凌山，此则葱岭北原，水多东流矣。山谷积雪，春夏合冻，虽时消泮，寻复结冰。经途险阻，寒风惨烈，多暴龙，难凌犯。行人由此路者，不得赭衣持瓠大声叫唤，微有违犯，灾祸目睹。暴风奋发，飞沙雨石，遇者丧没，难以全生。[②]

凌山是葱岭北部的东西分水岭，以东属于鱼国，位于“葱岭北原”，这不禁让人想起《隋书》《北史》《太平寰宇记》等书所记“漕国，在葱岭之北”之语，可能并非空穴来风。这反映的或许是最初的本

---

① 玄奘、辩机著，季羡林等校注《大唐西域记校注》卷一《迦毕试国》，上册，第146页；卷一二《漕矩吒国》，下册，第957页。

② 玄奘、辩机著，季羡林等校注《大唐西域记校注》卷一《跋禄迦国》，上册，第67页。

意，即漕国原本位于葱岭之北。因此，我们不能简单地一概认为上述史籍中的“北”字是“南”或“西南”之讹。鱼国位于葱岭东北，在今新疆维吾尔自治区阿克苏地区，其境内东西600余里，西至凌山，恰在葱岭之北。正因为一部分鱼国人像玄奘一样翻越凌山，进入葱岭以西地区，然后再南下穿过费尔干纳盆地，到达鹤悉那一带定居下来，建立了漕国。“漕国”一名始见于《隋书》，显然是6世纪中叶嚈哒灭亡后才出现的西域国家。慧超《往五天竺国传》记载漕国“土人是胡”，也与鱼国人相合。

第二，《大唐西域记》卷一中的“欲止此山”，即卷十二中的阿路猱山，位于迦毕试国境内。卷一《迦毕试国》记载都城往南40余里，至霤蔽多伐剌祠城，“霤蔽多伐剌祠城南三十余里，至阿路猱山，崖岭峭峻，岩谷杳冥。其峰每岁增高数百尺，与漕矩吒国穆那呬罗山髣髴相望”。[1] 穆那天神从葱岭北原的凌山南移至迦毕试国的阿路猱山，原本想在此山居留，但从其对阿路猱山神所说的话语可知，穆那天神未能实现在此山居留的愿望。从“山神震恐，溪谷摇荡”之语透露出，穆那天神的到来对当地造成了极大的恐慌。迦毕试国阿路猱山的这则传说，实质上反映的是信仰穆那天神的鱼国人从远方的葱岭凌山南迁到阿路猱山，与迦毕试国的当地土著发生了冲突，以致未能在此立稳脚跟，只好掠夺财宝，继续往南前往漕矩吒国（漕国）的穆那呬罗山。《隋书》卷八三《西域·漕国传》记载有“胜兵者万余人”，若是将这一数字与同传其他诸国的兵数相比（表6-2），可以看出漕国兵强马壮，军事实力令人刮目相看。

---

① 玄奘、辩机著，季羡林等校注《大唐西域记校注》卷一《迦毕试国》，上册，第146页。

表 6-2 《隋书·西域传》所记诸国兵数表

<table>
<tr><th>国名</th><th>兵数</th></tr>
<tr><td>吐火罗</td><td>10 万</td></tr>
<tr><td>波斯</td><td>2 万余</td></tr>
<tr><td>漕国</td><td>1 万余</td></tr>
<tr><td>龟兹</td><td rowspan="3">各数千人</td></tr>
<tr><td>于阗</td></tr>
<tr><td>钹汗</td></tr>
<tr><td>挹怛</td><td>五六千</td></tr>
<tr><td>疏勒</td><td rowspan="2">各 2000</td></tr>
<tr><td>穆国</td></tr>
<tr><td>焉耆</td><td rowspan="3">各 1000 余</td></tr>
<tr><td>史国</td></tr>
<tr><td>曹国</td></tr>
<tr><td>何国</td><td>1000</td></tr>
<tr><td>米国</td><td rowspan="2">各数百</td></tr>
<tr><td>乌那曷</td></tr>
</table>

从表中一眼就可看出，漕国的兵数在隋代西域诸国中位居第三，达万余人，仅次于吐火罗、波斯两个大国，而其他诸国只有数千或数百人。正因为漕国兵力较多，才会在经由迦毕试国的迁徙过程中耀兵于路，造成当地惶恐，沿途劫掠财宝而去。

第三，稿那天神最终到达的地点是漕国南界的稿那呬罗山，稿那天神之得名即来源于此。这也表明，稿那天神并非原来的神名，其原名已经被湮没在历史尘埃之中。如前所言，“稿那”为梵语 śunā 的音译汉字，是“稿那呬罗”的简称。因此，稿那天神只是借用了漕国南界稿那呬罗山这一梵语地名。要想还原稿那天神原本的名字已经很难了，但玄奘的记述告诉我们：稿那天神既然不是原名，也就不是梵语神名，季羡林等人认为是婆罗门教的福乐天神，当然就不准确。此神作威作福，为暴为恶，与福乐之意恰好相反，也证实了这一点。不过，这只是佛教徒玄奘对他眼中的外道的描述。信奉稿那天神的鱼国人辗转迁徙到漕国以后，境内有数十座天祠，与当地的“异道”即婆罗门教相杂居，信徒极多，势力甚大，仅胜兵就达万余人。从地理上看，稿那呬罗山位于漕国的南界，实际上是与北天竺之间的界山，因此漕国除了受粟特文化影响外，也受到印度文化的影响。

第五节　虞弘墓志中的“鱼”字原为“漕”

论证至此，再回过头来看虞弘墓志中改刻后的“鱼”字。第四章第一节中说到，“鱼”字在改刻前不是“虞”，那么又会是什么字呢？仔细观察墓志彩图，可以发现：两处“鱼”字的左侧均有一道被凿挖后遗留的竖痕。第一处“鱼”字，即第1行“鱼国尉纥驎城人”之“鱼”字，在改刻以后位置比较居中，与左侧之竖痕较为贴近，但竖痕呈凹状，依然可见；第二处“鱼”字，即第3行“鱼国领民酋长”之“鱼”字，在改刻以后位置稍微偏右（以观者的视角为基准），左侧之遗痕更为明显。笔者三次赴山西博物院实地察看虞弘墓志原石，确认了这两个“鱼”字旁边的那条竖痕，并且断定是“鱼”字挖改以前的原字的偏旁。

那么，这个偏旁会是什么呢？如前所论，笔者以为最大的可能性就是“氵”，尤其是第一处“鱼”字左侧竖痕的最上部为倒三角形，是墓志中“氵”起笔的第一点。联系到虞弘出自鱼国、其头冠为金鱼头冠，以及漕国国王也戴金鱼头冠、祭祀顺天神用鱼脊骨进行综合判断，可以推断出以下结论：虞弘墓志中的两处“鱼”字在改刻以前，其原字应当为“漕”。

鱼国原本位于今新疆维吾尔自治区阿克苏地区，葱岭以东的鱼国与葱岭西南的漕国究竟是怎样的关系呢？这与6世纪中亚地区的局势发生巨大变动，导致了婆来伽国（鱼国）人的四处迁徙有关。一部分向东迁至漠北茹茹或晋陕一带黄河两岸，称“步落稽”，在北朝后期势力颇大，其余绪延及隋唐；另一部分向西翻越葱岭，再南下穿越费尔干纳盆地，进入今阿富汗境内，建立起了“漕国”；而留在本地的婆来伽（鱼国）人，至晚在唐初已称“跋禄迦国”。易言之，步落稽、婆来伽、跋禄迦均指鱼国，为 balïk（鱼）的汉字音写，而漕国是鱼国人迁至今阿富汗加兹尼一带新取的名字，系“漕矩吒国”之简称。隋代，虞弘在并州去世后入葬，墓志中原先刻好的“漕”字之所以又被凿挖掉，改刻为“鱼”，一方面是因为漕国原本即出自鱼国，另一方面是“蕃人多以部落称姓”，[①] 像隋朝宰相虞庆则“本姓鱼”，以及当时还有名将鱼俱罗等人，因此虞弘墓志中将“漕”字改刻为“鱼”。虞弘墓志的志盖中将他的姓刻作“虞”字，这一点与虞庆则完全一样，是中古时代鱼部族汉化的一环。

---

① 《旧唐书》卷一〇四《哥舒翰传》，第 10 册，第 3211 页。

第七章　从葱岭东西到黄河两岸

——鱼国人的东徙及其郡望的形成

鱼国人的东徙，要比6世纪中叶翻越葱岭的西迁早得多。4世纪及5世纪前期，中国历史上出现了十六国政权，此前大批漠北与西域的胡人涌入中原，极大地改变了中国历史的进程。其中，姑墨国（鱼国）胡人也随着这波浪潮东徙到关中地区，对十六国前秦的政治影响颇大。如前所言，6世纪中叶，东亚局势发生巨大变动，盘踞在蒙古高原的柔然（茹茹）为突厥所灭，中亚腹地嚈哒的兴衰与粟特的崛起，也改变了中亚诸族的历史进程，包括鱼国人的四处迁徙，这对中亚及中国的历史产生了一定的影响。

第一节　汉魏京兆长安的鱼氏人物

早在公元前2世纪张骞凿空西域以前，西汉都城长安就有鱼氏人物生活，如《汉书》卷五九《张汤传》云："始为小吏，干没，与长安富贾田甲、鱼翁叔之属交私"。鱼翁叔即《风俗通义》所记"汉有长安富人鱼翁俶也"。[①] 张汤起初"为长安吏"，后来"给事内史，为宁成掾"，[②] 宁

① 应劭撰、王利器校注《风俗通义校注》之《佚文·姓氏》，北京：中华书局，2010年第2版，下册，第504页。

② 《汉书》卷五九《张汤传》，第9册，第2637页。

成于“武帝即位，徙为内史”，[①] 故知至晚在武帝以前的景帝时期，张汤已为长安吏，其与长安富商鱼翁叔的交往也始于汉景帝时期。此时西汉尚未西向经略，鱼翁叔是否来自西域尚难以定论。

不过，在汉武帝派张骞凿空西域以前，汉地也有西域胡人活动，如西汉初年，樊哙“破（陈）豨别将胡人王黄军代南……击豨胡骑衡谷”；灌婴“复从击（韩王）信胡骑晋阳下，所将卒斩胡白题将一人”。[②] “白题”一名多见于萧梁时期，除了梁元帝《职贡图》外，《梁书》中也有多处记载，如：“白题国，王姓支，名史稽毅，其先盖匈奴之别种胡也。汉灌婴与匈奴战，斩白题骑一人。今在滑国东。去滑六日行，西极波斯。土地出粟、麦、瓜、果，食物略与滑同。普通三年（522），遣使献方物”；末国“北与丁零，东与白题，西与波斯接”；“是时，西北徼外有白题及滑国，遣使由岷山道入贡。此二国历代弗宾，莫知所出。子野曰：‘汉颍阴侯斩胡白题将一人。服虔《注》云：白题，胡名也’”。[③] 这个白题国位于波斯、末国（即隋唐史籍中的穆国）、滑国（即嚈哒）之东，其国王姓支，当即汉代大月氏（支）之余裔。如此，灌婴所斩“胡白题将”，也应当是新遭匈奴冒顿单于攻击或俘虏的月氏胡人。此外，张骞西使的使团中有胡人堂邑氏奴甘父，“堂邑父胡人，善射，穷急射禽兽给食”。[④] 张骞出使大月氏，甘父很可能就是月氏人或其他西域胡人，而不太可能属于敌对方的匈奴人。朱浒曾对汉代以前的外族图像作过梳理，也同样揭示了张骞凿空西域以前生活

---

① 《汉书》卷九〇《酷吏传》，第 11 册，第 3649 页。

② 《汉书》卷四一《樊哙、灌婴传》，第 7 册，第 2072、2083 页。

③ 姚思廉《梁书》卷五四《诸夷·西北诸戎传》、卷三〇《裴子野传》（点校本二十四史修订本），北京：中华书局，2020 年，第 3 册，第 898—899 页；第 2 册，第 489 页。

④ 《汉书》卷六一《张骞传》，第 9 册，第 2687、2689 页。

在中原的胡人踪迹。[①] 考虑到凿空以前汉地有月氏或其他胡人生活，以及丝绸之路在此之前早已开通，长安富商鱼翁倣来自西域姑墨国并非没有可能，他的富商身份似乎也暗示了善于经商的胡人特点。

葛洪《西京杂记》卷一“上林名果异木”条云：

> 初修上林苑，群臣、远方各献名果异树，亦有制为美名，以标奇丽。(以下记录梨、枣、栗、桃、李、柰、查、椑、棠、梅、杏、桐、林檎、枇杷、橙、安石榴、楟及各种树木）余就上林令虞渊得朝臣所上草木名二千余种，邻人石琼就余求借，一皆遗弃。[②]

值得注意的是，段成式《酉阳杂俎》前集卷一六《广动植之一并序》中亦云：

> 葛稚川尝就上林令鱼泉得朝臣所上草木名二千余种，邻人石琼就余求借，一皆遗弃。[③]

对比可知，“余”改作“葛稚川”，“虞渊”改作“鱼泉”，后书加一“尝”字，其余文字相同。“稚川”为葛洪的字，改称自可理解；但“虞渊”改作“鱼泉”，除了成书于唐代的《酉阳杂俎》为避唐高祖李渊之讳而改“渊”为“泉”外，“虞”也改为“鱼”，则颇堪玩味。这也表明，“虞”“鱼”两字可以互相通用。前述虞弘出自鱼国、虞庆则“本姓鱼”，均可为之旁证。据《魏书》记载，太和十五年（491）十二月设置虞曹官员，穆蒲坂为虞曹尚书，崔鸿为尚书虞曹郎中；[④] 但《北魏韩震墓志铭》却记“君妻南阳娥氏，羽真、南平公、鱼曹尚书、使

---

① 朱浒《汉画像胡人图像研究》，北京：生活·读书·新知三联书店，2017年，第2—13页。

② 葛洪《西京杂记》卷一“上林名果异木”，《古今逸史精编（西京杂记等八种）》，重庆出版社，2000年，第107—108页。

③ 段成式撰、许逸民校笺《酉阳杂俎校笺》前集卷一六《广动植之一并序》，北京：中华书局，2015年，第2册，第1121页。

④ 《魏书》卷一一三《官氏志》（点校本二十四史修订本），第8册，第3236页；卷二七《穆崇传》，第2册，第744页；卷六七《崔光传》，第4册，第1631页。

持节、秦雍二州刺史、仇池都督娥清之女”,[①]可见“虞曹”“鱼曹”也可互称。《全唐诗》卷八五五虞有贤《送卧云道士》小字注云“一作鱼又玄”。[②] 敦煌文献中有一篇 P. 3994《鱼美人》,[③] 今多写作《虞美人》。综上可知，中古时期，“鱼”“虞”二字确实可以互相通用，这样“虞渊”改作“鱼泉”也就不足为怪了。

虞渊（鱼泉）在上林苑中掌管名果异木，包括瀚海梨（出瀚海北）、东王梨（出海中）、弱枝枣、玉门枣、西王枣（出昆仑山）、金城桃、胡桃（出西域）、羌李、蛮李、蛮查、羌查及安石榴、琉璃树等，其中弱枝（即月氏）枣、西王枣、胡桃、安石榴、琉璃树均出自西域，玉门枣、金城桃、羌李、羌查也来自西方。随着丝绸之路的凿空，这些西方名果异木被大量引进，移植到长安的上林苑中。

汉武帝经略四方，特别是打通丝绸之路以后，陆续引进了许多域外物种,[④] 获致大量奇珍异宝、珍禽异兽、名果异木。《汉书》卷九六下《西域传下》云：“殊方异物，四面而至。于是广开上林，穿昆明池。营千门万户之宫，立神明通天之台。兴造甲乙之帐，落以随珠和璧。天子负黼依，袭翠被，冯玉几，而处其中。设酒池肉林以飨四夷之客，作《巴俞》都卢、海中《砀极》、漫衍鱼龙、角抵之戏以观视之”。尤其是来自西域的物种如葡萄等，同书卷九四下《匈奴传下》云：“元寿二年（前 1 年)，单于来朝，上以太岁厌胜所在，舍之上林苑蒲陶宫”。蒲陶（葡萄）是张骞出使西域带回来的植物，植于上林苑蒲陶宫内外，上林苑也成了接待外邦君长、使者的场所。《西域传下》云：“上乃以乌孙主解忧弟子相夫为公主，置官属侍御百余人，舍上林中，学乌孙言。天

① 赵超《汉魏南北朝墓志汇编》，第 286 页。

② 彭定求等编《全唐诗》卷八五五，第 25 册，第 9672 页。

③ 上海古籍出版社、法国国家图书馆编《法藏敦煌西域文献》第 30 卷，上海古籍出版社，2003 年，第 327 页。

④ 石云涛《汉代外来文明研究》第一章《动物篇》、第二章《植物篇》，北京：中国社会科学出版社，2017 年，第 1—149 页。

子自临平乐观，会匈奴使者、外国君长大角抵，设乐而遣之”。正因为上林苑中住有外国君长、使者，具备外交功能，所以可以在苑中学习乌孙语言。此外，上林苑中有胡巫，[1] 也就不足为奇了。

上林令虞渊（鱼泉）负责掌管上林苑中产自异域的名果异木，并称“邻人石琼就余求借”。虞渊晓知西方的名果异树，极可能与其出自西域姑墨国（鱼国）有关；石琼与虞渊比邻而居，并向他求借果木，与这些名果异木关系密切，疑其为昭武九姓胡人。关于入华粟特人所取的汉式姓氏，亦即昭武九姓，最早是在《隋书·西域传》中提出的，有康、安、米、史、曹、何、穆、石等；但是，“昭武”一词早在汉代就已出现，如张掖郡所辖 10 县中有昭武县，[2] 悬泉里程简 Ⅱ90DXT0214①：130 亦记：“觻得去昭武六十二里府下，昭武去祁连置六十一里”。[3]“昭武”当非汉语，疑为月氏语。也就是说，这个地名在月氏、匈奴时期就已存在，并为汉代所沿用。从汉到南北朝时期，昭武九姓也在陆续形成之中。齐藤达也研究指出，安、康二姓出现于东汉，其他诸姓（还提到包括毕、翟、罗）在 5 世纪末至 6 世纪中叶，或更迟至 6 世纪后期形成。[4] 然而，王慧慧从居延汉简中拣出安、曹、史、何、石及苏姓人名，时代均在西汉后期，除了个别人物来自中原外，其他大多数是河西本地人；她指出，“与昭武九姓类似的九姓在河西地区普遍出现”，“大

---

① 《汉书》卷六三《武五子·戾太子据传》记载，征和二年（前 91），太子刘据收斩江充，“炙胡巫上林中”，第 9 册，第 2743 页。

② 《汉书》卷二八下《地理志下》，第 6 册，第 1613 页。

③ 郝树声《敦煌悬泉里程简地理考述（续）》，《敦煌研究》2005 年第 6 期，第 66 页。

④ 齐藤达也《北朝·隋唐史料に見えるソグド姓の成立について》，《史学雜誌》第 118 编第 12 号，2009 年，第 38—63 页；《中國におけるソグドの姓の歷史》，森部丰编《ソグド人と東ユーラシアの文化交渉》，东京：勉诚出版株式会社，2014 年，第 30—45 页。

月氏曾经生活过的地区是有这些姓氏的”，认为两者之间具有族源关系。[①] 汉简中的这一现象表明，西汉河西地区有与后世的昭武九姓相同的姓氏，而这里恰是西迁大月氏人的原居地。东汉以后，大月氏人及其曾经的占领区中的粟特、漕国人不断东迁，取昭武九姓及鱼姓为己姓。西汉上林令虞渊（鱼泉）及其邻居石琼应即来自西域，所以对长安上林苑中的名果异树十分熟悉，颇疑虞渊本姓鱼，东徙长安后不仅以姑墨（鱼国）之国名为姓，而且进一步攀附中华古帝虞舜，改姓为虞。[②] 而长安富贾鱼翁叔也很可能是一位胡商，同时代的匈奴人金日磾也“字翁叔”，[③] 表明“翁叔”一词为胡人所喜用，颇堪玩味。

及至三国曹魏，历史上出现了一位著名的史学家鱼豢，望称京兆。刘知几在《史通》卷一二《外篇》“古今正史第二”条提到“魏时，京兆鱼豢私撰《魏略》”。[④] 裴松之注释《三国志》时经常引用鱼豢所撰的《魏略》，尤其是卷三〇《魏书·乌丸鲜卑东夷传》的末尾附有《魏略·西戎传》，记述到氐、赀虏、羌及西域诸国，提及敦煌玉门关入西域三道，并逐一叙说南道、中道、北新道上的各国，特别是对最西的大秦国所叙备详，约占全传篇幅的 2/5 强（图 7-1）。大秦国不仅地处极西，“自葱领（岭）西，此国最大”，而且鱼豢对大秦的情况如数家珍，叙介极详，远远超过了此前的《汉书·西域传》，甚至连此后编

---

① 王慧慧《昭武九姓族源与居延汉简中姓氏的关系》，《敦煌研究》2008 年第 2 期，第 81—85 页。

② 值得注意的是，《史记》《汉书》中提到汉武帝时期的虞初。《史记》卷一二《孝武本纪》云：“因为太初元年（前 104）。是岁，西伐大宛。蝗大起。丁夫人、雒阳虞初等以方祠诅匈奴、大宛焉”，第 2 册，第 483 页。《汉书》卷二五下《郊祀志下》也抄录了这段话，第 4 册，第 1246 页。汉军西伐大宛时，在方祠诅诬匈奴、大宛，这次诅诬仪式由丁夫人与虞初操持举行，颇疑虞初与后世虞弘、虞庆则一样，原本姓鱼，来自西域姑墨国（鱼国），改姓为虞。因属臆测，姑附于此。

③ 《汉书》卷六八《金日磾传》，第 9 册，第 2959 页。

④ 刘知几著、浦起龙通释、王煦华整理《史通通释》卷一二《外篇》，上海古籍出版社，2009 年，第 322 页。

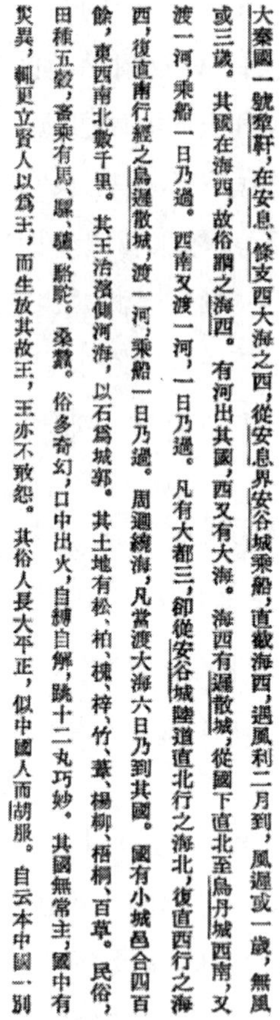
大秦國一號犂靬，在安息、條支西大海之西，從安息界安谷城乘船，直截海西，遇風利二月到，風遲或一歲，無風或三歲。其國在海西，故俗謂之海西。有河出其國，西又有大海。海西有遲散城，從國下直北至烏丹城西南，又渡一河，乘船一日乃過。西南又渡一河，一日乃過。凡有大都三，卻從安谷城陸道直北行之海北，復直西行之海西，復直南行經之烏遲散城，渡一河，乘船一日乃過。周迴繞海，凡當渡大海六日乃到其國。國有小城邑合四百餘，東西南北數千里。其王治濱側河海，以石為城郭。其土地有松、柏、槐、梓、竹、葦、楊柳、梧桐、百草。民俗，田種五穀，畜乘有馬、騾、驢、駱駝。桑蠶。俗多奇幻，口中出火，自縛自解，跳十二丸巧妙。其國無常主，國中有災異，輒更立賢人以為王，而生放其故王，王亦不敢怨。其俗人長大平正，似中國人而胡服。自云本中國一別

图 7-1 《三国志》卷三〇裴松之注引鱼豢《魏略·西戎传》（局部）

纂的《后汉书·西域传》《晋书·西域传》等书也远逊于之，其内容甚或抄自鱼书。汉魏时期，虽然大秦通往中国的道路为安息所隔，东汉甘英西使大秦也为安息所阻，但鱼豢所记三道之中道可达大秦，大秦绕经北陆或海洋及通过水路到益州永昌，皆可抵达中国。尤其是在 166 年，大秦使节终于通过海路抵达了东汉都城洛阳。[①]

① 《后汉书》卷八八《西域传》云："至桓帝延熹九年（166），大秦王安敦遣使自日南徼外献象牙、犀角、玳瑁，始乃一通焉"，第 10 册，第 2920 页。

鱼豢《魏略·西戎传》的最后一段文字为其议论之言：

鱼豢议曰：俗以为营廷之鱼不知江海之大，浮游之物不知四时之气，是何也？以其所在者小与其生之短也。余今泛览外夷大秦诸国，犹尚旷若发蒙矣，况夫邹衍之所推出，《大易》《太玄》之所测度乎！徒限处牛蹄之涔，又无彭祖之年，无缘托景风以迅游，载騕褭以遐观，但劳眺乎三辰而飞思乎八荒耳。

鱼豢的感慨议论仍以大秦为例，称其"旷若发蒙"。李培栋《鱼豢"发蒙"》一文称："三国以后，对罗马帝国了解的停滞倒退适与其间南北朝对于海南、西域的发展交流和保留大量资料成鲜明对比"；"鱼豢毫无蔑视外夷大秦而独崇中国的传统偏见，甚且赞叹异域种种有'旷若发蒙'之感，这种旷达宽容的文化精神在中国古代真不多见。……表现着对异质文化的实际尊重程度的，并且流露出向往的心情：'但劳眺乎三辰而飞思乎八荒耳'"。[①] 令人深思的是，鱼豢何以对位于极西之地的大秦国有如此深刻的了解？他对西戎地理、人情风俗了如指掌，对西戎诸国的态度也确实如李氏所言，作了客观平实的公允叙说。颇有意趣的是，鱼豢的议论以"营廷之鱼"来作比喻，莫非京兆鱼豢真的与西域鱼国部族有关？假如鱼豢原本真的出自西域，其对大秦等西戎诸国熟悉了解也就不足为怪了。至于陈连庆所言："京兆鱼氏出身，虽然史书无明文记载，但各种迹象表明，其应属于氐族"；"鱼豢系出京兆，可能亦氐族"。[②] 这一说法仅属臆测，并无依据；而张金龙称"京兆鱼氏当为春秋巴地鱼国后裔"，[③] 更是难以令人信服。

长安是京兆郡的治所，我们不知道曹魏京兆鱼豢与西汉长安鱼翁叔、鱼渊之间，是否存在某种关联；但很显然，经过汉代儒学的发展，

① 李培栋《鱼豢"发蒙"》，《文史哲》1993 年第 3 期，第 70—71 页。

② 陈连庆《中国古代少数民族姓氏研究》"鱼氏"条，长春：吉林文史出版社，1993 年，第 303 页。

③ 张金龙《隋代虞弘族属及其祆教信仰管窥》，《文史哲》2016 年第 2 期，第 95 页。

鱼氏由商入儒，到曹魏时鱼豢精通儒家文化，成为著名的史学家，[①] 甚至形成了京兆鱼氏之郡望。这也说明，鱼氏从西域东徙京兆已经有较长的一段时间了。

汉魏以降，京兆鱼氏及活动在长安的鱼氏人物时常可见，如十六国前秦太师鱼遵、后秦长安令鱼佩，[②] 元魏雍州刺史鱼玄明、[③] 鱼世略，[④] 隋尚书右仆射虞庆则（本姓鱼），[⑤] 唐天下观军容使鱼朝恩、神策军护军中尉鱼志弘，[⑥] 以及“京兆市井粗猛之人”鱼万盈、[⑦] “长安里家女”女道士鱼玄机，[⑧] 等等。其中，虞庆则虽为“京兆栎阳人”，但他原本家居灵武回乐，后来迁至京兆栎阳，其家族与曹魏京兆鱼豢并无关联，很可能是因为自曹魏以来京兆郡一直有鱼氏存在，所以虞庆则家族便也前来此地，定居于栎阳县。关于京兆栎阳鱼氏，详见后文第三节。

第二节　十六国至唐冯翊下邽的鱼氏集团

自东汉后期以降，塞外民族纷纷涌入中原，特别是西晋末以后出现

---

① 王昊哲探讨了鱼豢《魏略》的《儒宗传》及其儒宗观，见《事能抑或守学——〈魏略·儒宗传〉考释》，《湖北文理学院学报》2021 年第 4 期，第 12—16 页。

② 《晋书》卷一一二《苻生载记》、卷一一七《姚兴载记上》，第 9 册，第 2875、2878 页；第 10 册，第 2980—2981 页。

③ 《魏书》卷六《显祖纪》（点校本二十四史修订本），第 1 册，第 153—154 页；图版见赵万里编《汉魏南北朝墓志集释》卷一一《鱼玄明专志》，《石刻史料新编》第 3 辑（4），下册，第 339 页，图版五八二。

④ 林宝撰、岑仲勉校记《元和姓纂（附四校记）》卷二“鱼”条，第 1 册，第 195—196 页。

⑤ 《隋书》卷四〇《虞庆则传》（点校本二十四史修订本），第 4 册，第 1328 页。

⑥ 《旧唐书》卷一七下《文宗纪下》，第 2 册，第 563 页。

⑦ 李昉等编《太平广记》卷一〇七《报应六·金刚经》“鱼万盈”条引，第 3 册，第 724 页。

⑧ 李昉等编《太平广记》卷一三〇《报应二十九》“绿翘”条引，第 3 册，第 922 页。

了“五胡入华”，其中也包括大量的西域胡人。学界主要关注匈奴、鲜卑、羯、氐、羌五个主体民族，但他们只是建立政权的大民族，另外还有许多小民族如鱼部族，也随着亚洲民族迁徙的大浪潮进入了中原大地。

至晚在前秦时代，长安东北的冯翊郡下邽县出现了鱼部族群体。350年，氐酋苻洪建立前秦，以“安定梁楞为前将军、领左长史，冯翊鱼遵为右将军、领右长史”。[①] 可见在前秦建国之初，鱼遵与梁楞一起成为国主苻洪的左膀右臂。苻健时，鱼遵官至太师，位极人臣。355年苻健临终前安排后事，“健引太师鱼遵、丞相雷弱儿、太傅毛贵、司空王堕、尚书令梁楞、左仆射梁安、右仆射段纯、吏部尚书辛牢等受遗诏辅政”。[②] 鱼遵位列八大辅政大臣之首，地位最高。然而，也正因为鱼遵势力极大，功高震主，引起了前秦国主的猜忌，最终遭到灭门之灾，这在《晋书》卷一一二《苻生载记》中有记载：

> 初，生梦大鱼食蒲。又长安谣曰：“东海大鱼化为龙，男便为王女为公。问在何所，洛门东”。东海，苻坚封也，时为龙骧将军，第在洛门之东。生不知是坚，以谣、梦之故，诛其侍中、太师、录尚书事鱼遵及其七子、十孙。

关于这一举门诛戮事件的分析，详见第九章第一节，此处不赘。需加注意的是，苻生之梦、长安之谣都提到了大鱼，《酉阳杂俎》前集卷一六《广动植之一并序》云：“东海大鱼，瞳子大如三斗盎。”[③] 东海大鱼的特点是瞳子大如三斗盎，盎是腹大口小的容器，如同重瞳。这让人想起《隋虞弘墓志》“水行驭历，重瞳号奇”及《隋书·鱼俱罗传》“相表异人，目有重瞳”的记载，这一重瞳相貌固然可与虞舜、项羽（夫人为虞姬）联系起来，但《牡丹亭》第二十一出《谒遇》唱道：

---

① 《资治通鉴》卷九八东晋穆帝永和五年（350）条，第7册，第3102页。

② 《资治通鉴》卷一〇〇东晋穆帝永和十一年（355）条，第8册，第3147页。

③ 段成式撰、许逸民校笺《酉阳杂俎校笺》前集卷一六《广动植之一并序》，第2册，第1100页。

“重瞳有眼苍天瞎，似波斯赏鉴无差”，[①] 张金龙据此认为鱼俱罗、虞弘很可能具有高加索血统。[②]

《元和姓纂》卷二“鱼”条记载鱼遵家族的世系：

> 【冯翊下邳（邽）】苻秦有鱼遵；元孙经，后魏吏部尚书，生徽、俊、代略。俊生备，隋高唐公；生俱罗，隋安州刺史、高唐公；生怀节、让、俨。世略，后魏雍州刺史、梁泉公；生叔攒，唐将作丞；生晔、瞌，度支郎中、司农少卿也。[③]（图 7-2）

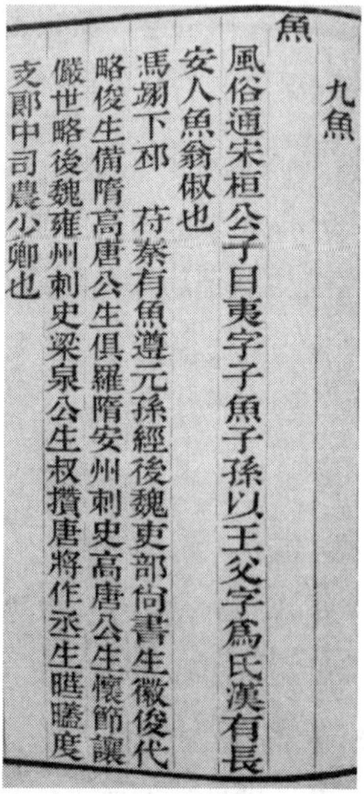
魚　九魚
風俗通宋桓公子目夷字子魚子孫以王父字爲氏漢有長
安人魚翁叔也
馮翊下邳　苻秦有魚遵元孫經後魏吏部尚書生徽俊代
略俊生備隋高唐公生俱羅隋安州刺史高唐公生懷節讓
儼世略後魏雍州刺史梁泉公生叔攢唐將作丞生瞱瞌度
支郎中司農少卿也

图 7-2 《元和姓纂》卷二“鱼”条

---

① 汤显祖《牡丹亭》第二十一出《谒遇》，北京：人民文学出版社，1982 年，第 98—104 页。

② 张金龙《隋代虞弘族属及其祆教信仰管窥》，《文史哲》2016 年第 2 期，第 93—95 页。不过，张氏一方面说“鱼俱罗与虞弘的人种特征相似，两人或有相同的族源”，甚至称“鱼俱罗更有可能原本出生在北齐，周灭齐时被徙居关中。若此，则其原居地当在晋阳，为虞弘同宗子弟的可能性甚大”；另一方面又推测鱼俱罗的祖先鱼遵为汉人，说法前后矛盾。

③ 林宝撰、岑仲勉校记《元和姓纂（附四校记）》卷二“鱼”条，第 1 册，第 195—196 页。

尽管前秦鱼遵遭到满门诛戮，家族势力受到沉重打击，但到元魏时，其五代孙鱼世略（即代略）出任雍州刺史；至隋代，七代孙鱼俱罗得以列传于《隋书》。十六国、北朝至隋，冯翊下邽鱼氏一直聚族而居，从鱼遵到鱼俱罗中经两个多世纪，但其家族仍然保持了重瞳的相貌。这一重瞳特征与波斯人相貌相近，就是因为鱼遵家族原本就来自西域。

关于鱼遵的族属，学界意见不一，如蒋福亚在《前秦史》中称"氐酋鱼遵"，[①] 陈连庆也认为鱼遵是氐族；[②] 而张金龙"推测鱼遵等七人中，南安雷弱儿或为氐人，其他六人则应为汉人。虽不排除他们因长期受氐族统治而在前秦时期氐族化的可能，但论其原本之族属当为汉人"，[③] 则是把鱼遵当作汉人。不过，以上诸人的看法皆属推测之词，不足凭信。应当注意的是，苻健临死前安排鱼遵等八位大臣受诏辅政，并对其子苻生说：

> 六夷酋帅及大臣执权者，若不从汝命，宜渐除之。[④]

鱼遵是"六夷酋帅及大臣执权者"的首席代表，应为胡人无疑，且极可能是出自西域鱼国（姑墨国）。

鱼遵家族从西域迁居中原以后，定居在冯翊下邽。唐代下邽在同州（冯翊郡）、华州（华阴郡）之间改隶不定。据《元和郡县图志》卷二记载，华州西至上都长安180里，下邽县东南至华州80里。[⑤] 考虑到下邽位于长安之东北、华州之西北，可知下邽到长安的距离为100多里。同州冯翊郡一带是西域胡人的聚居地，《北周安伽墓志》记其为"大都督、同州萨保"，[⑥] 参考《隋书》卷二八《百官志下》"诸州胡二百户

① 蒋福亚《前秦史》，北京师范学院出版社，1993年，第58页。
② 陈连庆《中国古代少数民族姓氏研究》"鱼氏"条，第301—303页。
③ 张金龙《隋代虞弘族属及其祆教信仰管窥》，《文史哲》2016年第2期，第94页。
④《资治通鉴》卷一〇〇东晋穆帝永和十一年（355）条，第7册，第3147页。
⑤ 李吉甫《元和郡县图志》卷二《关内道二》"华州"条，上册，第33—36页。
⑥ 陕西省考古研究所《西安北周安伽墓》，第60—62页。

图 7-3 陕西省西安市北周同州萨保安伽墓门额驼背火坛
（采自《西安北周安伽墓》图版一五）

已上萨保”的规定，同州至少有 200 户胡人，以一户五口计，同州的胡人聚落在 1000 人以上；安伽为粟特人，出任同州萨保，说明同州的胡人聚落是以粟特人为主导（图 7-3）。至于冯翊郡所辖的下邽县，更是胡人的集凑之地。[①] 除了冯翊下邽鱼氏外，《隋支彦墓志铭》记其“夫

① 北周时，冯翊郡下面还设置了胡城县。参道宣《续高僧传》卷二四《护法上·周京师大中兴寺释道安传五》云：“释道安，俗姓姚，冯翊胡城人也”，下册，第 913 页；《周书》卷四四《阳雄传》记载其父阳猛“带胡城令”，第 3 册，第 796 页。王仲荦《北周地理志》卷七《河南上》（北京：中华书局，1980 年，下册，第 578 页）认为，胡城县又作湖城县，为陕州阌乡郡之属县，治今河南省灵宝市西 30 里。王氏所论系据北魏、北齐墓志所作的推测，并不适用于北周。从前引《续高僧传》可知，北周胡城县为冯翊郡之属县。

人下邽翟氏”,[①]《唐安元寿翟六娘夫妇墓志铭并序》之标题为“大唐故右威卫将军武威安公故妻新息郡夫人下邳（邽）翟氏墓志铭并序”,[②]支彦为酒泉月氏人，安元寿是凉州姑臧粟特人，皆为源出西域的河西胡人，他们的妻子翟氏均望称下邽，属于胡族之间的通婚。唐代中期，下邽县甚至还有翟公乡,[③] 自然是因为这里为翟氏胡人的聚居地。

冯翊下邽鱼遵家族发展到隋代，其七代孙鱼俱罗在《隋书》卷六四有列传，亦记作“冯翊下邽人也”。从他身上也透露出西域胡人特征的信息：第一，“俱罗”可能是胡名。第二，鱼俱罗身长八尺，与虞庆则身高相同，且“相表异人，目有重瞳”。第三，鱼俱罗、鱼赞兄弟皆为隋炀帝“藩邸之旧”，毕波考论过隋代胡人作为宫廷侍卫的情况，列有一张“隋代宫廷内外宿卫胡人表”，大多为西域胡人，其中就有鱼俱罗、鱼赞、虞庆则、虞孝仁等鱼氏人物。[④] 第四，鱼俱罗随杨素进击突厥，所向披靡，“自是突厥畏惧屏迹，不敢畜牧于塞下”，这一点与粟特人史万岁的情况颇相类似。[⑤] 第五，鱼俱罗擅长经商，隋末“东都饥

---

① 洛阳古代艺术馆编《隋唐五代墓志汇编·洛阳卷》第3册，天津古籍出版社，1991年，第15页。毛阳光认为翟氏是来自中亚的胡人，仍保持胡族之间的通婚，所称下邽属于伪托，见《一支洛阳月氏胡人家族的汉化经历——以〈支彦墓志〉与〈支敬伦墓志〉为中心》,《华夏考古》2010年第4期，第129页。

② 昭陵博物馆（陈志谦执笔）《唐安元寿夫妇墓发掘简报》,《文物》1988年第12期，第47—48页。

③ 《旧唐书》卷一七上《敬宗纪》记载，长庆四年（824）五月“己未，割富平县之丰水乡、下邽县之翟公乡、澄城县之抚道乡、白水县之会宾乡，以奉景陵”，第2册，第510页。此外,《汉书》卷二八上《地理志上》（第6册，第1545页）记左冯翊下辖24县，其中有翟道。或许早在汉代，这一带就是安置翟姓胡人的地方。

④ 毕波《中古中国的粟特胡人——以长安为中心》，北京：中国人民大学出版社，2011年，第84—100页。

⑤ 《隋书》卷五三《史万岁传》（点校本二十四史修订本），第5册，第1524页。关于史万岁为粟特人之推测，参山下将司《新出史料より見た北朝末・唐初間ソグド人の存在形態——固原出土史氏墓誌を中心に——》,《唐代史研究》第7号，2004年，第60—77页；毕波《中古中国的粟特胡人——以长安为中心》，第60—61页。

馑，谷食踊贵，俱罗遣家仆将船米至东都粜之，益市财货”，这也与粟特人善于经商别无二致。以上种种情况似都表明，鱼俱罗出自西域鱼国，其家族虽然早在前秦时就已东徙中原，但两百多年间一直聚族而居，或与其他西域胡人相杂居，所以在形貌上仍然保留了胡人特征，甚至在职业方面也仍然有所体现。

上引《元和姓纂》记载鱼遵的玄孙鱼经有鱼徽、鱼俊、鱼世略三子，[①] 其中鱼俊之孙为鱼俱罗、鱼赞，鱼世略有子鱼叔攒，孙鱼晔、鱼瞌。鱼俱罗、鱼赞兄弟见于前揭《隋书》卷六四《鱼俱罗传》，鱼叔攒及鱼晔、鱼瞌父子亦见于墓志、史籍，如《唐鱼涉墓志铭并序》云：“曾祖殖，随丹方（坊）二州诸军事、二州刺史、下邳（邽）郡开国公，二千石之良也。祖叔瓒，皇朝请大夫、卫尉将作等丞、阆州西水县令、贵平公。家邦必达也。父承曄，自邢州司法参军擢比部员外郎、朝请大夫、度支郎中、洛阳河南二县令、大理司农二少卿、襄邑县开国男”；[②]《唐李承悌妻冯翊鱼夫人墓志铭并序》亦云：“曾祖瓒，皇朝请大夫、武陵郡别驾。祖承曄，皇司农少卿。并门唯国选，器宝人宗。屈槻舆于一州，秉丹笔于九棘。父浩见，武当郡郧乡县令。”[③] 对比《元和姓纂》与上引墓志可知人物的对应关系为：

（1）鱼世略 = 鱼殖

（2）鱼叔攒 = 鱼叔瓒 = 鱼瓒

（3）鱼瞌 = 鱼承曄 = 鱼承曄

鱼殖（世略）很可能以“殖”为名、“世略”为字。鱼叔攒即鱼叔瓒，省称鱼瓒。“攒”“瓒”二字的偏旁“扌”“王”形近，墓志为自

---

① 《元和姓纂》中同时出现了代略、世略，实为同一人，原名世略，林宝为避唐太宗李世民之讳，将“世”字改为“代”，但该书或后世抄写对此避讳并不严格，所以有的地方没有完全改掉。

② 毛阳光、余扶危主编《洛阳流散唐代墓志汇编》，第238—239页。

③ 洛阳市文物考古研究院编，史家珍、余扶危主编《洛阳市文物考古研究院藏石集粹．墓志篇》〇九〇，郑州：中州古籍出版社，2020年，第194、195页。

家请人刻写，自然较为准确，复揆以人名取法，当以“瓒”字为确。鱼承曦即鱼承曦，省称鱼曦。“曦”“曦”二字的偏旁“日”“目”形近，从《唐马怀素墓志铭并序》所记“长史鱼承曦”可知，[①]应以“曦”字为确。

如同鱼曦为鱼承曦之省称一样，其兄鱼晔的原名亦为鱼承晔，是武周时期的著名酷吏，史籍中多有记载，如光宅元年（684），宰相杨炎劝说武则天返政于唐睿宗，则天命“侍御史栎阳鱼承晔鞫之”，[②]其结果是裴炎被斩，全家籍没；武则天下台以后，神龙元年（705）三月八日唐中宗颁布的诏书中提到18位酷吏，其中就有鱼承晔，当时已经去世；开元十三年（725）三月十二日，御史大夫程行谌上奏要求严惩武周酷吏，其中来子珣等23人情状尤重，子孙不许与官；而“陈嘉言、鱼承晔、皇甫文备、傅游艺四人，情状稍轻，子孙不许近任”。[③]以上这些都证实，鱼承晔、鱼承曦为原名，到中唐林宝撰写《元和姓纂》时省作“鱼晔”“鱼曦”，略去了中间的“承”字。这种省略中间一字的现象，在中古时期较为普遍。[④]

从上引两方墓志可知，鱼承曦有鱼涉、鱼浩见二子，孙女为李承悌

① 周绍良主编《唐代墓志汇编》开元〇七四，上海古籍出版社，1992年，第1205页。

② 《资治通鉴》卷二〇四周则天后光宅元年（684）条，第14册，第6425页。值得注意的，鱼承晔本为冯翊下邽人，但此处在名字前面却冠有“栎阳”之地名。关于冯翊下邽与京兆栎阳的关系，容下节讨论。

③ 《旧唐书》卷一八六上《酷吏上·来俊臣传》，第15册，第4841页。王溥《唐会要》卷四一《酷吏》作“鱼承煜”，北京：中华书局，1955年，中册，第744页。疑为音近致误。

④ 如：西魏瓜州刺史元荣即元太荣、唐前期军将张端即张令端、晚唐归义军节度使张奉即张承奉等。参白雪、冯培红《敦煌本宋绍读经题记及相关问题考释》，《敦煌研究》2012年第1期，第74页。陈国灿认为，这种省称“是唐时瓜、沙、伊、西一带称呼上的一种习惯”，见《武周瓜沙地区的吐谷浑归朝事迹——对吐鲁番墓葬新出敦煌军事文书的探讨》，敦煌文物研究所编《1983年全国敦煌学术讨论会文集（文史·遗书编）》，兰州：甘肃人民出版社，1987年，上册，第21页。

妻。据《朝野佥载》记载，鱼承晔有子名鱼思咺，“精于巧思”，为武则天造匦；后来徐敬业在扬州造反，鱼思咺为其制造兵器，杀伤官军甚众，乱平后被诛。[①] 从“精于巧思”这一点，不由得让人联想起虞孝仁“有巧思，颇称旨”、[②] 何稠“性绝巧，有智思，用意精微”，[③] 这些西域鱼国或粟特胡人后裔都擅长技术工艺。

尽管鱼遵家族在前秦时一度遭到灭门之诛，鱼俱罗、鱼赞兄弟也在隋代被诛斩或畏罪而死，但鱼遵的五代孙鱼世略一支则保持稳定发展，至唐代仍有人不断出仕。因此，冯翊鱼氏从十六国到唐代一直存在较大的势力，最典型地体现在英国图书馆藏唐代敦煌文献 S. 2052《新集天下姓望氏族谱一卷并序》中：

> 同州冯翊郡出八姓：鱼、吉、党、雷、印、合、力、寇。[④]

（图 7-4）

在同州冯翊郡所出的 8 个著姓中，鱼氏排在首位，足见其家族势力在唐代仍极显赫。除了鱼叔瓒一系外，鱼俱罗一系也出现了一位游击将军鱼幹，《唐杜守夫人鱼氏墓志铭并序》记其为“随高唐公之孙，游击将军冯翊鱼幹之女也”。[⑤] 杜守夫人鱼氏卒于开元十年（722），享年 65 岁，由此推知她生于 658 年。她是隋代高唐公之孙女、鱼幹之女，《元

---

① 李昉等编《太平广记》卷一二一《报应二十》“鱼思咺”条引，第 3 册，第 852 页。《新唐书》卷四七《百官志二》则记作“鱼保宗”，第 6 册，第 1206 页；《御史台记》作“（鱼）保家”，见《资治通鉴》卷二〇三周则天后垂拱二年（686）条胡三省注，第 14 册，第 6438 页。“宗”“家”属形近致误。

② 《隋书》卷四〇《虞庆则传》（点校本二十四史修订本），第 4 册，第 1330 页。

③ 《隋书》卷六八《何稠传》（点校本二十四史修订本），第 6 册，第 1788 页。关于何稠家族，参林梅村《何稠家族与粟特工艺的东传》，荣新江、罗丰主编《粟特人在中国：考古发现与出土文献的新印证》，上册，第 229—236 页。

④ 沙知主编《英藏敦煌文献（汉文佛经以外部分）》第 3 卷，成都：四川人民出版社，1990 年，第 210 页。

⑤ 陈晓捷、王建域、任筱虎编著《铜川碑刻》，西安：三秦出版社，2019 年，图版见上册，第 35 页；录文见下册，第 234—235 页。

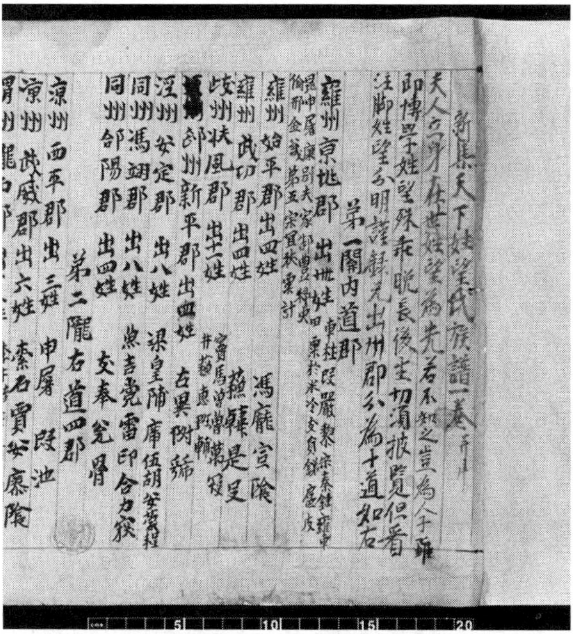

图 7-4　敦煌文献 S. 2052《新集天下姓望氏族谱一卷并序》（首部）
（采自 IDP 国际敦煌项目）

和姓纂》卷二“鱼”条记载到两位隋高唐公，即鱼备、鱼俱罗父子。《隋书》卷六四《鱼俱罗传》记其于 589 年随杨广平陈，假设他当时 20 岁，到 613 年讨伐朱燮、管崇时则为 44 岁。658 年出生的鱼幹之女，很可能是鱼俱罗、而非鱼备的孙女。墓志中，鱼幹的官名前面未冠朝代名，与“高唐公”之前的“随”即隋朝相区别，所以应为唐人，其郡望为冯翊，与《隋书·鱼俱罗传》《元和姓纂》所记冯翊下邽相合。到了晚唐，《唐郑德柔墓志》记其为唐宣宗之舅郑光的次女，丈夫“司马鱼君，良士也”，即墓志标题中所记的“齐州司马冯翊鱼君”；[①]《唐田章墓志铭并叙》亦记其“长女归于冯翊鱼氏”，[②] 均为唐代冯翊鱼氏之例证。

① 吴钢主编《隋唐五代墓志汇编·陕西卷》第 4 册，天津古籍出版社，1991 年，第 130 页。

② 吴钢主编《隋唐五代墓志汇编·陕西卷》第 4 册，第 143 页。

及至北宋，乐史《太平寰宇记》卷二八“同州”条所列冯翊郡5姓中，却无鱼姓，[①] 表明唐宋之际同州冯翊郡著姓的内部发生了升降变动，鱼氏从当地势力中逐渐淡出。不过，陕西省渭南市蒲城县博物馆中所立《北宋熙宁三年（1070）八月二十七日护难村专知元□等造像碑》，刻有“檀越主鱼志”之题名；韩城市七佛洞1号窟右壁前起第8尊罗汉造像左侧，刻有北宋崇宁元年（1102）“鱼阿高一尊”之题记。[②] 当时，蒲城、韩城二县均隶属于同州，[③] 仍有鱼氏人物分布。中古时期的同州冯翊郡主要在今渭南市境内，这一带至今仍有许多鱼姓村落，如笔者曾调查过的临渭区下邽镇鱼家村、韩城市芝川镇大鹏村，均以鱼氏为主，大鹏村还保留有一块“鱼氏先茔”碑，每年春节与元宵节前举行“跑走马”表演时还戴有鱼冠，当属中古鱼氏遗留下来的风俗。

第三节　经河西会稽、灵武回乐到京兆栎阳

《元和姓纂》卷二“虞”条记载虞氏有三望，分别为会稽余姚、济阳、灵武回乐，其中最后一望为：

> 【灵武回乐】《状》云，本自会稽徙焉。后周有泌（沁）源公虞详（祥），生庆则，隋右仆射、鲁公。孙操，唐长江令。[④]（图7-5）

对比《隋书》或《北史》的《虞庆则传》可知，《元和姓纂》中关于其父的记述多有错讹，如“虞详”当作“虞祥”，“泌源县公”应

---

① 乐史《太平寰宇记》卷二八《关西道四》“同州”条，第2册，第594页。所列5姓为：郭、盖、雷、党、吉。

② 这两条鱼氏资料承蒙西北工业大学石建刚副教授示知，谨此致谢！

③ 据《宋史》卷八七《地理志三》（北京：中华书局，1977年，第7册，第2146页）记载，蒲城县于建隆（960—963）中自京兆改隶同州，天禧四年（1020）改隶于华州，韩城为同州辖县。

④ 林宝撰、岑仲勉校记《元和姓纂（附四校记）》卷二“虞”条，第1册，第227—229页。

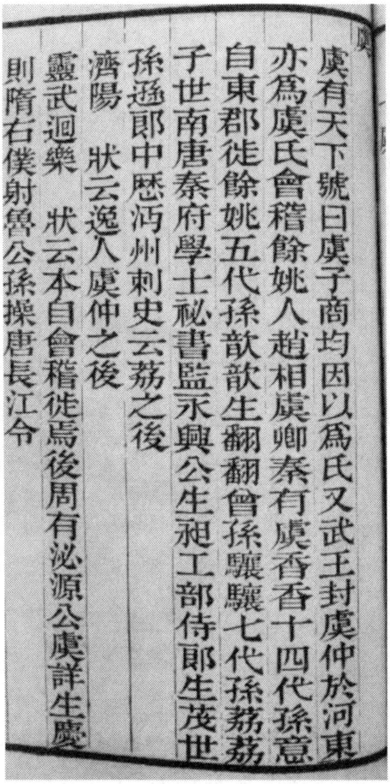

虞有天下號曰虞子商均因以爲氏又武王封虞仲於河東
亦爲虞氏會稽餘姚人趙相虞卿秦有虞香香十四代孫意
自東郡徙餘姚五代孫歆歆生翻翻曾孫驤驤七代孫荔荔
子世南唐秦府學士祕書監永興公生昶工部侍郎生茂世
孫遜郎中歷沔州刺史云荔之後
濟陽　狀云逸人虞仲之後
靈武迴樂　狀云本自會稽徙焉後周有泌源公虞詳生慶
則隋右僕射魯公孫操唐長江令

图 7–5　《元和姓纂》卷二“虞”条

为“沁源县公”，[①] 但《元和姓纂》称虞庆则出自灵武回乐，则十分准确。隋代灵武郡辖领 6 县，治回乐县，[②] 向来为重要的胡人聚居地，其中就有鱼（虞）氏部族居住。《隋书》卷四〇《虞庆则传》云：

虞庆则，京兆栎阳人也。本姓鱼，其先仕于赫连氏，遂家灵武，代为北边豪杰。父祥，周灵武太守。庆则幼雄毅，性倜傥，身长八尺，有胆气，善鲜卑语，身被重铠，带两鞬，左右驰射，本州

---

① 沁源县是上党郡所辖 10 县之一，见《隋书》卷三〇《地理志中》（点校本二十四史修订本），第 3 册，第 951 页。

② 《隋书》卷二九《地理志上》（点校本二十四史修订本），第 3 册，第 905—906 页。

豪侠皆敬惮之。

虞庆则本姓鱼，实际上就是出自西域鱼国，其家族在东徙定居过程中逐渐汉化，改姓为虞。早在十六国赫连勃勃所建的夏国，虞庆则的祖先就已迁居该国灵武回乐，“代为北边豪杰”；到北周时，其父虞祥甚至在本郡担任灵武太守；虞庆则年轻时练就高强武艺，为本州豪侠所敬惮，“本州”即指灵州。由此可见，十六国至隋代，灵武虞氏是本地的显赫豪族，势力极大，被北周朝廷赐予类似“作牧本州”的荣宠；[①] 及至唐代，甚至还形成了灵武虞氏之郡望。

灵武回乐望所据之《状》称虞祥家族“本自会稽徙焉”，这被岑仲勉说成是“数典忘祖”，[②] 但此处之“会稽”并非虞氏首望的会稽余姚，而应是河西走廊上的会稽。西晋曾在河西走廊的西部设立会稽县（治今甘肃省酒泉市瓜州县小宛破城），即《晋书》卷一四《地理志上》云：“元康五年（295），惠帝分敦煌郡之宜禾、伊吾、冥安、深泉、广至等五县，分酒泉之沙头县，又别立会稽、新乡，凡八县为晋昌郡”。晋惠帝在敦煌、酒泉二郡之间新设会稽、新乡二县，连同从二郡中析分出来的六个县，设置了晋昌郡（治今甘肃省瓜州县锁阳城）。[③] 不过，河西会稽要形成郡望，需要设郡，而不只是置县。前秦末，苻坚将与东晋交战中俘获的 1 万余户中州人与江汉人迁徙到敦煌；到 405 年西凉李暠从敦煌迁都酒泉时，又将这些人全部东徙至酒泉，其中“分南人五千户置

---

① 钟盛《西魏北周“作牧本州”考析》，武汉大学中国三至九世纪研究所编《魏晋南北朝隋唐史资料》第 25 辑，武汉大学文科学报编辑部，2009 年，第 85—104 页。

② 林宝撰、岑仲勉校记《元和姓纂（附四校记）》卷二“虞”条，第 1 册，第 229 页。

③ 晋昌郡会稽县直到隋代仍然存在，如《魏书》卷五二《阚骃传》（点校本二十四史修订本）记“父玟，为一时秀士，官至会稽令”，第 4 册，第 1274 页；敦煌文献北三井 025-014-002《华严经卷第卌六》尾题：“大随（隋）开皇三年岁在癸卯五月十五日，武候帅都督、前治会稽县令宋绍演”云云，见三井文库编《敦煌写经：北三井家》，东京：三井文库，2004 年，第 44 页。

会稽郡”；[①] 但是，这个会稽郡位于酒泉，治今甘肃省玉门市赤金堡。[②] 北魏正光元年（520），在原西晋会稽县旧址设立会稽郡，[③] 直到北周初才被裁废。[④]

需要注意的是，河西会稽在中古时期成了入华粟特人的聚居地，甚至还形成了会稽康氏之郡望。荣新江认为，粟特人从西而来，大多数自称为会稽郡望的康姓人落籍于河西会稽。[⑤] 王睿虽然认可会稽康氏中有部分是河西粟特后裔，但说“其他绝大多数的会稽康氏，则都出自汉族”，特别是唐代江南会稽康希铣家族以才学入仕显名，多为文职仕宦，故“认为他们是地道的汉人，而非深于汉化的粟特人”。[⑥] 尹波涛、龙成松专门撰文考论粟特会稽康氏，前者指出：“在现存关于会稽康氏的传世文献和石刻史料中，未见到任何让我们能够将其与河西会稽相联系的信息，相反，康遂诚和康希铣家族明确言及其郡望为会稽郡山阴县”，从而否定了河西会稽康氏说，而断为江南会稽康氏，但认为其族属是粟

① 《晋书》卷八七《凉武昭王李玄盛传》，第 7 册，第 2263 页。

② 李并成认为，李暠安置南人（江汉之人）的会稽郡设在会稽县原址，由其升格而来，并不准确。荣新江对此也未作区分。参李并成《归义军会稽镇考》，《敦煌吐鲁番研究》第 3 卷，北京大学出版社，1998 年，第 224 页；荣新江《北朝隋唐粟特人之迁徙及其聚落》，《中古中国与外来文明》（修订版），第 57—58 页。相关辩证参冯培红《河西走廊上的会稽与建康》，冻国栋、李天石主编《“唐代江南社会”国际学术研讨会暨中国唐史学会第十一届年会第二次会议论文集》，南京：江苏人民出版社，2015 年，第 264—270 页。

③ 乐史《太平寰宇记》卷一五三《陇右道四》“瓜州”条晋昌县下云：“宜禾故城，汉宜禾都尉所居，城在县西北界。乃后魏明帝正光元年（520）侨立会稽郡于此”，第 7 册，第 2960 页。可知北魏会稽郡位于晋昌县西北，即今小宛破城。

④ 《隋书》卷二九《地理志上》“敦煌郡”条（点校本二十四史修订本）玉门县下注云：“后魏置会稽郡，后周废郡”，第 3 册，第 909 页。

⑤ 荣新江《中古中国与外来文明》（修订版），第 56—58 页。

⑥ 王睿《唐代粟特人华化问题述论》第一章第一节《康姓族源与郡望》，北京：社会科学文献出版社，2016 年，第 71 页。

特人；[1] 后者从《唐康希铣神道碑铭》切入，考察了江南会稽康氏的族属、文化网络及家学，认为出自粟特胡人，但是汉化极深，在经史、文学等方面取得极高成就，是新生江南会稽士族的重要代表。[2]

尽管王氏与尹、龙二氏对会稽康氏的族属看法不同，但他们都强调了江南会稽康氏说。然而，正如荣氏所言，如此多的粟特康氏出自会稽使人感到困惑，特别是参与平定六胡州康待宾之乱的灵州人康植，爵封天山县男，其孙康日知“又徙晋绛，加累检校尚书左仆射，封会稽郡王”，曾孙康志睦为“徙泾原，封会稽郡公”，玄孙康承训“封会稽县男，擢义武节度”，[3] 他推测康植家族是从河西瓜州会稽徙居于灵州。笔者赞同荣说，唐代粟特康氏的会稽郡望应当源自北朝河西会稽郡。河西会稽之有粟特康氏，也为出土墓志所证实，如《唐凤翔蕃落十将会稽康忠信墓志铭并序》云：

> 府君讳忠信，其先西凉府人也。曾祖逵，皇岷州都督。祖令直，皇洮州司马。考绒，皇赤水军使、安西北庭河西等军节度留后、兼御史大夫。府君即大夫之元子也，建中四年（783）来兹岐陇。[4]

墓志标题中，在康忠信的名前标有“会稽”二字，序文又称“其先西凉府人”，一家四代均任职于河陇；后因吐蕃攻陷河陇，康忠信不得不向东撤退，移居凤翔，官任凤翔蕃落十将。可以说，其家族是十分典型的河西会稽粟特人。

居住在灵州的会稽粟特康氏，除了康植家族外，《唐何文哲墓志铭

---

① 尹波涛《粟特康氏会稽郡望考论》，《敦煌学辑刊》2017 年第 1 期，第 156—164 页。

② 龙成松《唐代粟特族裔会稽康氏家族考论》，《新疆大学学报》2017 年第 3 期，第 78—86 页。

③ 《新唐书》卷一四八《康日知传》，第 15 册，第 4772—4774 页。

④ 此方墓志拓片由陕西师大王庆昱提供照片，特表感谢！又参刘子凡《从西北援军到京西北藩镇——新见〈唐康忠信墓志〉研究》，《河北师范大学学报》2020 年第 5 期，第 27—33 页。

并序》记其“世为灵武人焉”，为粟特何国王丕之五代孙，祖上在永徽（650—655）初来到唐朝，其父何游仙行灵州大都督府长史，他本人先后娶康氏姊妹为妻，“夫人从公之爵，封于会稽郡，为郡夫人焉”。[①] 这两位康氏姊妹很可能也是从河西会稽东徙至灵州的粟特人。

如前所言，鱼国人越过葱岭，迁徙至漕国定居，而漕国王姓昭武，为康国王之宗族，被纳入粟特昭武九姓的势力圈。参比粟特康植家族从河西会稽迁徙到灵州的情况，鱼国人虞庆则的祖先很可能也是经由河西会稽来到灵州，定居在回乐县。鱼国、漕国与粟特之间形成了密切的共生关系。《元和姓纂》虞氏灵武回乐望所据《状》称“本自会稽徙焉”，并非江南会稽。总之，虞庆则家族是从西域鱼国先迁至河西会稽，然后又继续东徙到赫连夏国的灵武回乐。

北周时，虞庆则“稍迁外兵参军事，袭爵沁源县公”。从“袭”字可知，沁源县公原本是其父虞祥的爵位。沁源县为上党郡所辖 10 县之一，[②] 在今山西省东南部。宣政元年（578），虞庆则出任并州总管长史；翌年，宇文盛、高颎平定步落稽的叛乱，为了镇抚其众，推荐合适的人选担任石州总管。《隋书》卷四〇《虞庆则传》云：“须文武干略者镇遏之。表请庆则，于是即拜石州总管，甚有威惠，境内清肃，稽胡慕义而归者八千余户”。虞庆则之所以被确定为石州总管的人选，恐怕不完全是因为具有文武干略，而是因为他是西域鱼国人的后裔，所以很快取得了意料之中的效果，步落稽人纷纷慕义归附。[③] 约在北周时，虞祥、庆则父子离开灵武，迁徙定居在京兆栎阳。本章第一节论及京兆鱼氏，其中活动在京城长安的鱼氏人物不少，另外在栎阳县也形成了鱼（虞）氏集团。陈连庆认为，“虞庆则系出京兆鱼氏，当是鲜卑化之氐

---

① 吴钢主编《隋唐五代墓志汇编·陕西卷》第 4 册，第 107 页。

② 《隋书》卷二九《地理志上》（点校本二十四史修订本），第 3 册，第 951 页。

③ 这一点跟西魏时史宁出任凉州刺史，说服凉州城中的粟特人相类似。参冯培红《北朝至唐初的河西走廊与粟特民族——以昭武九姓河西诸郡望的成立为出发点》，《丝路文明》第 1 辑，上海古籍出版社，2016 年，第 64—66 页。

族”；“京兆鱼氏出身，虽然史书无明文记载，但各种迹象表明，其应属于氐族”。[①] 如上所论，这一观点并不准确。虞庆则身高八尺，他本姓鱼，与同为鱼姓的鱼俱罗、鱼弘身高相同，[②] 这一身高要高出常人，故史传中要特记一笔。[③]

虞庆则在北周并州、石州任职之时，也是虞弘掌领并、代、介三州乡团和检校萨保府的时代，他俩在任职时间、地点上有交集，而且都负责处理河东胡族事务，应当有比较密切的接触。他们均为西域鱼国人的后裔，皆将其姓改鱼为虞，这是鱼氏汉化的重要一步。《隋书》卷四〇《虞庆则传》记其“善鲜卑语”，正说明他不是鲜卑族，不然史书中没必要专门指出这一点；从开皇四年（584）虞庆则出使突厥、顺利招降沙钵略可汗并被招赘为妹夫来看，他可能还通晓突厥语。充当使节、精通多种语言是早期入华胡人的重要特征，这让人联想到虞弘曾作为茹茹使节出使波斯、吐谷浑、北齐，作为北周使节出使鲜卑可比部落，以及粟特人安吐根作为北魏使节出使茹茹，后又代表茹茹出使东魏。[④]

虞庆则家族从灵武回乐迁居到京兆栎阳以后，这里成了鱼部族的聚居地。当时在陕西省西安市临潼区栎阳街道、栎阳医院、通灵寺小学等地出土了多方造像碑，其中就有一些鱼氏人物，如：

（1）栎阳街道北门外出土的《北周天和二年（567）六月廿七日像主郭映女等合邑二百五十人造像记》正面刻有“治律□主鱼元妃”，右侧刻有“□□鱼□休”之题名。[⑤]

---

① 陈连庆《中国古代少数民族姓氏研究》“鱼氏”条，第 302—303 页。

② 《梁书》卷二八《夏侯亶附鱼弘传》（点校本二十四史修订本），第 2 册，第 464 页。

③ 《隋书》所记身高 8 尺的人物，除了虞庆则、鱼俱罗外，还有于顗、虞绰、段达，见卷六〇《于仲文附兄于顗传》、卷七六《文学 · 虞绰传》，卷八五《段达传》（点校本二十四史修订本），第 5 册，第 1634 页；第 6 册，第 1951、2139 页。

④ 《北史》卷九二《恩幸 · 和士开附安吐根传》，第 10 册，第 3047 页。

⑤ 赵康民、李小萍编著《临潼碑石》，西安：三秦出版社，2006 年，第 94、96 页。

（2）栎阳街道南门外出土的《下元三年八月十五日诸邑子等造像记》刻有“邑主鱼肖□”“像主鱼洛逊”“邑子鱼要姿”。[①]（图7-6）

图7-6　《下元三年八月十五日诸邑子等造像记》拓片（局部）
（采自《文物》1985年第4期第25页）

（3）发现于栎阳医院的《都像主武明等造像记》背面刻有“邑子鱼肖庆”。[②]

（4）发现于临潼区纸李通灵寺小学的《智隆等一百人造像记》碑阴下部刻有“典坐韩充妻鱼敬娘”。[③]

以上诸位鱼氏人物中，最堪注意的是鱼洛逊，“洛逊”为粟特语

① 图版见赵康民《陕西临潼的北朝造像碑》，《文物》1985年第4期，第25—26页；录文见魏宏利《北朝关中地区造像记整理与研究》，第369页。

② 赵康民、李小萍编著《临潼碑石》，第97页。时代定作北周。

③ 赵康民、李小萍编著《临潼碑石》，图版见第9页（但几乎无法识读）；文字见第99页。时代定作隋代。

roxšan 的音译汉字，意为“光明”，与安禄山的“禄山”为同名异译。[①] 此外，《封神演义》第六十四回《罗宣火焚西岐城》中，自称火龙岛焰中仙的“罗宣”亦为 roxšan 的另译。从其“戴鱼尾冠，面如重枣，海下赤髯，红发三目，穿大红八卦服，骑赤烟驹”的形象来看，[②] 与光明之意正相符合，也与前述韩城大鹏村“跑走马”表演中的骑头马者戴鱼冠、骑火焰驹基本一致。

需要说明的是，栎阳实际上是唐代县名，隋代称万年县。[③] 《隋书·虞庆则传》记其为京兆栎阳人，就因为是唐初的作品。《唐鱼本墓志铭并序》亦记“其先京兆栎阳人也”，有意思的是其祖父名曰鱼弘，也生活在北周时期，官任朝散大夫，有子孙后代，[④] 显然与虞弘不是同一人。[⑤]《唐鱼骞感墓志铭并序》亦记其为“京兆栎［阳］人”。[⑥] 这些京兆栎阳鱼氏人物与虞庆则及前列造像记中的鱼氏人物一样，都应该是西域鱼国人的后裔。尽管敦煌文献 S. 2052《新集天下姓望氏族谱一卷并序》所记雍州京兆郡出 40 姓，中无鱼氏，但唐代墓志中却有京兆鱼氏之记载，如《唐慕容升墓志铭并序》记其“夫人京兆鱼氏”，为慕容

---

① Edwin G. Pulleyblank, *The Background of the Rebellion of An Lu-shan*, Oxford University Press, 1955, pp. 15–16；荣新江《安禄山的种族、宗教信仰及其叛乱基础》，《中古中国与粟特文明》，北京：生活·读书·新知三联书店，2014 年，第 269—270 页。

② 许仲琳《封神演义》第六十四回《罗宣火焚西岐城》，上海古籍出版社，2011 年，第 441 页。

③ 《旧唐书》卷三八《地理志一》记载，京兆府所辖诸县中有“栎阳　隋万年县。武德元年（618），改为栎阳”，第 5 册，第 1397 页。

④ 赵文成、赵君平编《秦晋豫新出墓志蒐佚续编》，北京：国家图书馆出版社，2015 年，第 2 册，第 368 页。

⑤ 参冯培红《中古史上的四位鱼弘——兼说流寓中国的西域鱼国人》，《档案》2018 年第 11 期，第 32—42 页。

⑥ 该墓志现藏于深圳望野博物馆，承蒙阎焰馆长发来墓志照片，谨表感谢！

三藏之曾孙媳；[①] 而慕容三藏有两位夫人，其中“后夫人虞氏”，[②] 应当亦即鱼氏。出自鲜卑的慕容氏与鱼氏两代婚姻，关系极为密切，属于胡人之间的通婚。[③] 这些京兆鱼（虞）氏应该都出自京兆栎阳，与虞庆则同居一地，为其同族。

需要注意的是，史籍或墓志中有时还出现“冯翊栎阳”的提法，如上节引《资治通鉴》卷二〇三武则天命“侍御史栎阳鱼承晔鞫之”，鱼承晔为冯翊下邽鱼遵之七代孙，但司马光却在其名前标作“栎阳”。这恐怕不是温公的误书，《唐鱼涉墓志铭并序》亦记：“公讳涉，字德源，冯翊栎阳人也”。[④] 墓志称鱼涉为冯翊栎阳人，而非冯翊下邽人或京兆栎阳人。京兆栎阳与冯翊下邽之间距离颇近，为邻郡邻县。栎阳县在秦汉时初隶于左冯翊，东汉并入万年县，至西晋改隶于京兆郡，唐武德元年（618）复置栎阳县，仍隶京兆郡；[⑤] 而到垂拱元年（685），下邽县从同州（冯翊郡）改隶于华州（华阴郡）。[⑥] 栎阳、下邽相去较近，两地之间的鱼氏也多有交流。鱼涉之所以称冯翊栎阳人，有两种可能性：一是唐初关中东部地区的行政区划发生了变动，栎阳县一度从京兆

---

① 周绍良主编《唐代墓志汇编》开元〇五九，上册，第 1195—1196 页。

② 《隋慕容三藏墓志并序》，见周绍良主编《唐代墓志汇编》咸亨〇七五，上册，第 564—565 页。

③ 慕容三藏的后夫人虞氏，李鸿宾认为是汉人，见《慕容三藏的家世与汉化》，《中央民族大学学报》2004 年第 2 期，第 77 页。然而，慕容三藏为鲜卑人，曾孙慕容升也娶京兆鱼氏为妻，可见鲜卑族慕容氏与西域鱼国后裔之间保持着世代通婚的关系；从活动地域看，慕容三藏的祖父慕容远为北魏并州大中正、恒州刺史，父绍宗为北齐并州刺史、晋州刺史，自己为北周晋州刺史，均在河东地区，故颇疑其后夫人虞氏与虞弘出自同地同族。

④ 毛阳光、余扶危主编《洛阳流散唐代墓志汇编》，第 238—239 页。

⑤ 《汉书》卷二八上《地理志上》，第 6 册，第 1545 页；司马彪《续汉书·郡国志一》，收入《后汉书》，第 12 册，第 3405 页；《晋书》卷一四《地理志上》，第 2 册，第 430 页；李吉甫《元和郡县图志》卷二《关内道二》“京兆下”条，上册，第 27 页。

⑥ 李吉甫《元和郡县图志》卷二《关内道二》“华州”条，上册，第 36 页。

郡改隶于冯翊郡，但这在各种地理志书中均未有记载，而且撰于唐初的《隋书》记虞庆则为京兆栎阳人，《唐鱼本墓志铭并序》亦称其先京兆栎阳人，均表明唐初栎阳县确实隶属于京兆郡（雍州），而非冯翊郡（同州）；二是冯翊为鱼涉之郡望，栎阳为籍贯，墓志将郡望与籍贯作了合并书写，这种现象在史籍、墓志中常可见到。[①] 笔者倾向于后一种看法，认为鱼涉家族原本为京兆栎阳人，但将鱼氏最著名的冯翊郡望冠于自己的头上。《唐鱼行赟墓志铭并序》为籍隶栎阳、望称冯翊提供了很好的例证：

> 君讳行赟，字纯，冯翊人也。盖鱼氏之先，宋襄公子目夷，字子鱼，为宋左师，因字命氏，始著姓焉。曾祖玉，随朝请大夫、延州诸军事、延州刺史。……父弘，唐朝议郎、行贝州历亭县令。……君……起家任左卫翊卫，秩满，授游击将军、右金吾卫石门府果毅都尉、上柱国。……以咸亨三年（672）七月十三日终于閈阓城，春秋六十有三。夫人安定皇甫氏……以总章三年（670）五年十日终于石门府之官宅，春秋五十有二。以大周久视元年岁次庚子（700）七月戊申朔廿六日癸酉，与都尉君合葬于鸿州栎阳县栖亩乡栖亩原，礼也。[②]

墓志虽然记载鱼行赟为冯翊人，但他最后与夫人皇甫氏合葬于鸿州栎阳县栖亩乡栖亩原。据《旧唐书》卷三八《地理志一》记载，栎阳县于“天授三年（692）隶鸿州，大足元年（701）还隶雍州”。鸿州栎阳县就是雍州（京兆郡）栎阳县，鱼行赟实即京兆栎阳人，但却攀附了冯翊

① 如：《旧唐书》卷一八一《史宪诚传》记其“今为灵武建康人”，第14册，第4685页。道宣《续高僧传》卷一六《习禅初·周京师大追远寺释僧宝传》记其为“咸阳灵武人也”，中册，第591页；《董敬墓铭》记其为“陇西敦煌人也”，罗新、叶炜认为有“现籍敦煌，郡望却在陇西”之可能，见《新出魏晋南北朝墓志疏证（修订本）》，第477—478页。

② 王庆昱《鱼行赟墓志与唐初经营西域史事考》，《石河子大学学报》2020年第3期，第98—99页。个别文字据拓片有所订正。

郡望，故而自称为冯翊人。

如前所考，鱼国（婆来伽国）人曾翻越葱岭，迁往漕国；而漕国与北印度相毗邻，其所崇奉的䅭那天神（顺天神），名字取自漕国南界的䅭那呬罗山，梵语为 śunā。1985 年，西安临潼区庆山寺塔地宫出土了一件胡女头像铜壶（图 7-7），壶腹高浮雕分铸六位胡女头像，人面弯眉大眼，高鼻小口，额间分发，两侧垂落联珠纹发辫，柄端近口沿处立有一朵忍冬叶。[①] 此壶上部的风格与粟特银壶相似，胡女发辫的联珠纹为粟特、波斯常见风格，尤堪注意的是胡女面相有浓重的印度特征。安尼塔·朱里安诺、朱迪斯·勒内曾经指出："虞弘石棺上刻画的许多人物——他们的姿势与服饰的细微之处——与印度艺术相似。"[②] 这实际上是因为虞弘所出之鱼国与漕国之间存在十分密切的联系，而漕国因毗邻印度，自然受其影响。

图 7-7　陕西省西安市临潼区庆山寺塔地宫出土的胡女头像铜壶（采自《佛影湛然：西安临潼唐代造像七宝》第 205 页）

雍州京兆郡从栎阳县往北，为宜君、泾阳、富平等县，均有鱼氏人

① 浙江省博物馆、西安市临潼区博物馆编《佛影湛然：西安临潼唐代造像七宝》，非卖品，2017 年，第 205 页。藏品号 01844。

② 安尼塔·朱里安诺、朱迪斯·勒内《根据新近的发现对美穗（Miho）石榻的再认识》，陈永耘译，《西北民族论丛》第 1 辑，2002 年，第 295 页。

物活动，历代绵延不绝。《隋郭羌造像碑》记载到宜州宜君县，右侧面刻有“弟妇鱼阿贵”之题名。[①]《明乔继宁继配鱼氏墓志铭》记其为“泾阳处士鱼得溟之女”，尾刻“富平鱼登科镌”。[②] 本书第四章曾说到，北周时乔姓也是步落稽姓氏；直到明代，乔、鱼二姓仍相通婚，延续了近千年的传统。

在今陕北地区，延安市宝塔区狄青牢石窟第1窟窟外右侧天王造像左肩部，阴刻“施主刘进、鱼谦修善神两士”之题记；甘泉县香林寺石窟第2号窟南壁，有元代至正十五年（1355）二月所刻题记，提到陕西延安路安塞县宣化村侯伯诚之“妻鱼氏”；子长县钟山石窟第10窟中央佛坛右侧，有明洪武十九年（1386）重修延安府安定县大普济禅寺记碑，碑阳下部所刻人名中有“训术鱼文选”；黄龙县佛爷崖《清嘉庆五年（1800）创修佛寺碑》中有“鱼善施银叁钱”“鱼在停施银叁钱”之题记。[③] 时至今天，陕北地区也仍有鱼姓人物。这种生生不息、连绵不绝的传衍，正是鱼部族自西域东徙以后顽强生命力的写照。

第四节　从西域经漠北至晋阳及其周边

《隋虞弘墓志》清晰地揭示出其家族向东迁徙的路线，即先从西域鱼国尉纥骥城东迁到漠北茹茹（柔然），再南下进入中原北齐，定居于并州太原。墓志记其远祖“徙赤县于蒲坂”，这虽然是对中华古帝虞舜的攀附，但也反映出虞弘所率鱼部族的分布范围可能包括蒲坂一带，或是距离蒲坂不远；他本人在北周末“领并、代、介三州乡团，检校萨保

① 曹永斌编著《药王山碑刻》，西安：三秦出版社，2013年，图版见第154页，部分录文见第284页。

② 陈晓捷、王建域、任筱虎编著《铜川碑刻》，图版见上册，第122页；录文见下册，第329页。

③ 张华主编、石建刚执行主编《延安石窟碑刻题记》，西安：陕西人民出版社，2020年，第40—41、119、131、369—370页。个别文字据图版有所订正。

府”，隋开皇（581—600）时“敕领左帐内，镇押并部”，最后卒葬于并州，其墓葬就出土于今太原市西南的王郭村。虞弘长期在并州任职，兼统邻近的代、介二州，掌领地方乡团武装，其势力以并州为中心，北起代州、南到介州，甚或及于蒲州，几乎遍布整个河东地区。他负责检校萨保府，统辖这一地区信奉祆教的西域胡人移民聚落。虞弘夫妇合葬墓所在的太原市晋源区晋祠镇王郭村，集聚着明秀寺、真武庙、天主堂、关帝庙，以及其他民间信仰的庙宇，可以说是个万神殿，特别是不少人家的门上写着“主赐安康”“主赐安福”等字，显示着来自西方的宗教对这个村子的影响力，让人不禁怀疑是否曾在某个历史阶段，祆祠摇身一变被改造成了景教乃至天主教堂，从而遗留至今。①

1958 年，今太原市晋源区金胜镇金胜村发现了一批汉唐墓葬，距离虞弘夫妇合葬墓仅 12 公里，其中 5 号墓的信息较为丰富，② 此墓出土了一方《虞祖墓志》，志盖、志身系用两片单面绳纹砖制成，志盖呈盝顶，用白粉篆书“□君墓志”四字。从发掘者描摹的志盖文字可见（图 7-8），“□”似为“虞”字，但下部之“吴”呈倒书，即上“天”下“口”。沈睿文认为，“很可能是墓志书写者汉文水平较低或是描摹过程中出现的偏差”。③ 从整篇墓志文字来看，撰写者的汉文水平确实

---

① 在陕西省渭南市临渭区下邽镇，也存在类似的情况，慧照寺与肖家天主堂仅一墙之隔，距此不远还有一座张家天主堂，足见当地天主教的势力之大。作为中古鱼氏的最大聚落，同州冯翊下邽鱼氏信奉的祆教后来也很可能为天主教取代。

② 3 号墓参山西省文物管理委员会（边成修执笔）《太原南郊金胜村三号唐墓》，《考古》1960 年第 1 期，第 37—39 页、图版陆；4、5 号墓参山西省文物管理委员会（代尊德执笔）《太原南郊金胜村唐墓》，《考古》1959 年第 9 期，第 474—476 页、图版肆、伍；6 号墓参山西省文物管理委员会（李奉山、沈振中执笔）《太原市金胜村第六号唐代壁画墓》，《文物》1959 年第 8 期，第 19—22 页；山西省考古研究所、太原市文物管理委员会《太原金胜村 337 号唐代壁画墓》，《文物》1990 年第 12 期，第 11—15 页、彩色插页、图版伍；侯毅《太原金胜村 555 号唐墓》，《文物季刊》1992 年第 1 期，第 24—26 页、图版叁。

③ 沈睿文《太原金胜村唐墓再研究》，《丝绸之路研究集刊》第 2 辑，2018 年，第 28 页。

图 7-8　《虞祖墓志》志盖文字摹本
（采自山西省文物管理委员会《太原南郊金胜村唐墓》）

不高，对于笔画繁复的“虞”字，写起来有难度，以至于出现部分笔画倒书的情况。女尸头前有一件已朽的圆形漆盒，内盛 30 颗各色料珠、1 块残白色水晶、1 件海马葡萄纹铜镜、1 枚嵌有白色琉璃的银戒指、1 枚萨珊波斯库思老二世（590—627）银币等物。这些随葬品大多是从西域传到中原的，沈氏甚至认为墓中所出陶灯为东罗马高足杯，特别是萨珊银币的正面为王者像和钵罗婆铭文 Afzut（昌盛）Ausrui（库思老），背面为袄教火坛，两侧各有一位祭司。墓室东壁南端绘有一位马夫与两匹半身的马和骆驼，马夫头戴尖状乌帽，帽顶向后弯曲。墓中还出土了陶骆驼俑。据发掘者称，“死者未用棺木装殓，而直接置于砖砌棺床之上，是当时的一种葬俗，近几年来在太原市郊区发现的唐宋墓中颇不乏例”。

虞祖与虞弘同在并州，墓中随葬品中有不少来自西域，显然他应当也是一位西域鱼国胡人的后裔。沈睿文从金胜村出土的这批唐墓均为无棺葬，以及 5 号墓主人虞祖夫妇的姓氏和随葬品出发，认为“这批太原金胜村唐墓墓主便很可能与虞弘所辖种落有着千丝万缕的关系”，“他们可能为虞姓粟特胡”，“金胜村一带应是初唐政府特意安葬太原地区粟特贵族首领的一个墓地。其规划恐跟隋时虞弘夫妇安葬于此存有某种关联”。[①] 他不仅将同在并州的虞祖与虞弘联系起来，而且推测他俩是粟特人。[②]

与虞弘、虞祖不同的是，隋唐并州地区还有大量鱼氏人物并未改姓为虞，仍然保持了鱼姓。例如，《隋鱼政墓志铭并序》记载其“父景，齐并州主簿”。[③] 又如，唐天宝十载（751）八月，安禄山讨伐契丹，大败而归，“归罪于左贤王哥解、河东兵马使鱼承仙而斩之”。[④] 安禄山于当年二月兼领河东节度使，鱼承仙为其部下大将，[⑤] 很可能是一位胡人将领。刻于大历十一年（776）的《唐鱼辩江墓志铭并序》记其为“太原宜阳人也”，历任汾州介休府别将、扈从正将、河阳三城防御所十将、同德军使等官职。[⑥] 唐代汾州境内有 12 个折冲府，介休府为其中之一。[⑦] 唐代的汾州，在北周时称介州，[⑧] 即虞弘所领三州乡团中的一州，由其检校萨保府。另据《唐曹怡墓志》可知，其父曹遵为介州萨宝府车

---

① 沈睿文《太原金胜村唐墓再研究》，《丝绸之路研究集刊》第 2 辑，2018 年，第 7—32 页。

② 不过，沈睿文在 2006 年发表的《夷俗并从——安伽墓和北朝烧物葬》中，认为虞庆则、虞弘为步落稽人，见《中国历史文物》2006 年第 4 期，第 12—13 页。

③ 邓盼《新见中古鱼氏的几方新材料——兼论鱼氏族群的起源》，《丝路文明》第 2 辑，2017 年，第 122—124 页。

④ 《资治通鉴》卷二一六唐玄宗天宝十载（751）条，第 15 册，第 6909 页。

⑤ 鱼承仙与鱼承曦、鱼承晔均姓鱼、名字中第二字均为“承”，但时间上有相差，不知是否有可能为同一家族的兄弟辈人物？

⑥ 图版、录文见邓盼《新见中古鱼氏的几方新材料——兼论鱼氏族群的起源》，《丝路文明》第 2 辑，2017 年，第 126—128 页；图版又见张永华、赵文成、赵君平编《秦晋豫新出墓志蒐佚三编》，第 3 册，第 741 页。

⑦ 《新唐书》卷三九《地理志三》，第 4 册，第 1004 页。

⑧ 《隋书》卷三〇《地理志中》（点校本二十四史修订本），第 3 册，第 954 页；《旧唐书》卷三八《地理志二》，第 5 册，第 1475 页。

骑、骑都尉，[1] 当为粟特人。直到今天，山西省介休市顺城路仍然保留了一座祆神楼。关于“太原宜阳”，查历代地理志，太原郡所辖诸县中皆无宜阳，[2] 但李商隐撰并书《唐王翊元李灵素夫妇合祔墓志铭并序》末尾即题“宜阳鱼元弼刻”，与鱼辩江的籍贯相同。不少学者研究过这方墓志铭，[3] 其中马瑞、张燕在探讨李商隐的书法之后，还专门谈到刻工鱼元弼，称“就碑版书迹而言，其产生必经过书丹和镌刻工序，刻工和书家关系极为密切。如说书家的书丹是一种创作，那么，刻工的镌刻亦可以说是一种再创作”；“我们在惊叹李商隐书学成就的同时，亦不能忽略将其书丹付诸于石上的刻工”；认为“镌者亦绝非凡庸之手”。[4] 柳公权撰《唐韩复墓志铭并序》末尾亦题有“鱼元弼镌”，赵力光称“镌刻者鱼元弼，刀工娴熟，较好地体现了书法的韵致”。[5] 白敏中撰《唐符澈

---

① 山西省考古研究所、汾阳市博物馆《山西汾阳唐曹怡墓发掘简报》，《文物》2014 年第 11 期，第 29、31 页。

② 汉晋时期，弘农郡下设有宜阳县；东魏时升格为宜阳郡，下仍设宜阳县；隋初废郡，宜阳县隶属于洛州（后改为河南郡），隋末复置宜阳郡；唐初改名熊州，宜阳县改曰福昌县。见《汉书》卷二八上《地理志上》，第 6 册，第 1549 页；《续汉书·郡国志一》，收入《后汉书》，第 12 册，第 3401 页；《晋书》卷一四《地理志上》，第 2 册，第 416 页；《魏书》卷一〇六上《地形志上》（点校本二十四史修订本），第 7 册，第 2726 页（《地形志中》还记载到一个宜阳郡，隶属于阳州，第 2808 页）；《隋书》卷三〇《地理志中》（点校本二十四史修订本），第 3 册，第 935 页；《旧唐书》卷三八《地理志一》，第 5 册，第 1424 页。“太原宜阳”颇疑是将郡望与籍贯作了合并书写。

③ 钟明善《从〈王翊元夫妇墓志铭〉看李商隐的诗文与书法》，《西安交通大学学报（社会科学版）》2011 年第 4 期，第 70—74 页；张玖青《试论新出李商隐撰书〈太原王公墓志铭〉》，《武汉大学学报》2013 年第 4 期，第 97—102 页；王庆卫《李商隐撰书〈王翊元暨妻李灵素墓志〉及相关问题》，《形象史学研究（2014 年号）》，北京：人民出版社，2015 年，第 192—202 页；刘莹、王素《李商隐撰书〈王翊元与夫人李氏合祔墓志铭〉新论》，《故宫博物院院刊》2021 年第 7 期，第 96—103 页。

④ 马瑞、张燕《李商隐撰并书〈王翊元夫妇墓志〉研究中的几个问题》，《人文杂志》2016 年第 6 期，第 72 页。

⑤ 赵力光《新出柳公权撰〈韩复墓志〉考释》，《文物》2009 年第 11 期，第 92—93、96 页。

墓志铭》亦尾题“刻字人鱼元弼”。[①] 李商隐、柳公权、白敏中等人撰写的墓志皆由鱼元弼来镌刻，可见他是晚唐非常著名的刻工。

笔者还注意到，上揭《唐韩复墓志铭并序》的书丹者是墓主人的内弟仲年，其名又见于《唐董谊妻史氏墓铭并序》尾题“仲年书，左武卫执戟邵宗简镌”，而邵宗简之名又见于《唐张彦敏墓志铭并序》尾题“玉册官邵宗简刻字”，[②] 很巧的是邵宗简之父邵建和的墓志也已出土，标题中记其为“中书省镌□御题玉简都勾当刻玉册官”，序文中云“生三子：宗简、宗立、宗厚等”。[③] 由此可知，邵建和、宗简父子均在中书省担任玉册官，可谓家传镌刻技艺，为皇帝御笔刻字服务，属最高级别的刻工。另外，邵建初也曾在晚唐时担任“中书省镌玉册官”，[④] 疑与邵建和为兄弟关系。[⑤] 鱼元弼、邵宗简均曾为仲年书丹的墓志刻字，两人很可能有交集，邵氏的家传刻艺让人不由得联想到，鱼氏家族是否也同样家传刻艺呢？程章灿在《〈石刻考工录〉补编》中列有晚唐

---

① 赵文成、赵君平编《秦晋豫新出墓志蒐佚续编》第 5 册，第 1198 页。关于此方墓志的研究，参李殷《神策军将校家族的仕宦空间与中晚唐政局变迁——以新出唐符澈墓志为线索》，《学术研究》2017 年第 11 期，第 137—145 页。但该文未言及刻字人鱼元弼。

② 赵文成《浅论唐〈董谊妻史氏墓志〉》，《荣宝斋》2020 年第 12 期，第 140—147 页；张永华、赵文成、赵君平编《秦晋豫新出墓志蒐佚三编》第 4 册，第 1133 页。

③ 张永华、赵文成、赵君平编《秦晋豫新出墓志蒐佚三编》第 4 册，第 1073 页。研究参李浩《新发现唐代刻石名家邵建和墓志整理研究》，《文献》2018 年第 6 期，第 161—169 页。

④ 《唐德妃王氏墓志铭并序》《唐马公度妻王氏墓志铭并序》，见吴钢主编《隋唐五代墓志汇编・陕西卷》第 4 册，第 158、162 页。《唐刘遵礼墓志铭并序》仅书“镌玉册官”，见同书第 153 页。

⑤ 关于晚唐的邵氏刻工，除了邵建初之外，程章灿还列有邵宗异、邵宗、邵易等人，均为晚唐刻工。见程章灿《〈石刻考工录〉补遗》，《石学论丛》，台北：大安出版社，1999 年，第 142、143 页。关于玉册官，参任江《略论唐宋玉册官制度——以碑志资料为中心》，《四川文物》2007 年第 6 期，第 45—60 页。

鱼元诚、南宋鱼澄二人。[①] 尾崎康根据日本大谷大学图书馆藏《思溪藏》列出许多刻工姓名，其中有11位鱼姓人物或其母、妻：

> 鱼乙郎、鱼大宗、鱼大唐、鱼大娘、鱼母唐三娘、鱼李、鱼李九娘、鱼宗、鱼宗亮、鱼念六、鱼保奴[②]

不过，他没有对这些集中出现的鱼氏刻工展开讨论。丁延峰专门考察了《思溪藏》的刻工群体，并称："饶有意味的是，《思溪藏》刻工中，虽以男性居多，亦不乏女性刻工。如鱼大娘、鱼李九娘、鱼李氏、鱼母唐三娘、鱼十八娘等，当皆为女性。在百家姓中，鱼姓少见，《思溪藏》中出现了10余人，是很值得关注的现象。这些鱼姓族人很可能是以家族形式共同参与刻书。从鱼母唐三娘与鱼大宗、鱼宗亮、鱼大唐等姓名来看，他们或为母子关系。他们之间肯定还有其他关系，因无法提供进一步的证据，不敢妄言。信徒或普通百姓施资助刊佛经，是一种虔诚、膜拜以求达到为长辈祈福，为家族其他成员祈求平安或祝延圣寿的目的，因此往往以家族集体团队形式出现"。[③] 这些鱼氏刻工虽然经历了从石刻到刻书的时代变化，但一脉相承的刻工技艺却让人思绪万千，特别是《思溪藏》鱼氏刻工群体的集中出现，无法让人不去思考鱼氏族群内部的技艺传承。

尤应注意的是，唐宋时期并州地区形成了晋阳鱼氏之郡望，如《唐赵宗祐墓志并序》记其有四位夫人，其中前三位早亡，排在最末的是"次夫人晋阳鱼氏，终于其后"。[④] 唐初高士廉等人编撰《氏族志》时，鱼氏被列入并州晋阳郡所出的三姓之中。国家图书馆藏敦煌文献

---

① 程章灿《石刻刻工研究》下编《〈石刻考工录〉补编》，上海古籍出版社，2008年，第209—210、283页。

② 尾崎康《正史宋元版之研究》第一部第三章《宋版鉴定之前提性讨论（附）》，乔秀岩、王铿编译，北京：中华书局，2018年，第30页。

③ 丁延峰《〈思溪藏〉刻工考述》，《文津学志》第12辑，北京：国家图书馆出版社，2019年，第105页。

④ 吴钢主编《隋唐五代墓志汇编·陕西卷》第4册，第157页。

BD. 8679《氏族志》前部残缺，现存第 2 行为：

□（并）阳郡三姓并州：仪、景、鱼。[1]（图 7–9）

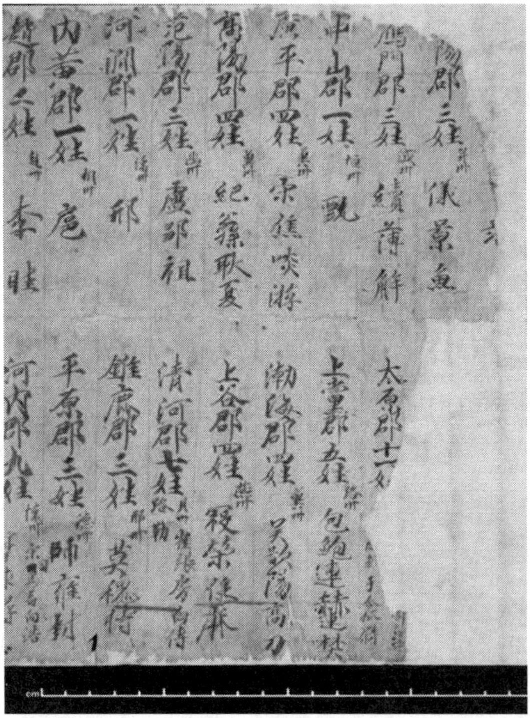

图 7–9　国家图书馆藏敦煌文献 BD. 8679《氏族志》（首部）
（采自 IDP 国际敦煌项目）

从志文尾部内容可知，共记有 85 郡、398 姓，贞观八年（634）五月十日由吏部尚书高士廉等人编撰，[2] 吐蕃统治敦煌的丙辰年（836）由当地僧人唐悟真抄写。此句首字残缺，次字略有残损但可识读，从小字注文“并州”可知为“晋阳”。林世田对 BD. 8679《氏族志》中的晋阳鱼氏略有揭示，并结合虞弘墓志称：“敦煌文献与新发现的虞弘墓前

① 任继愈主编《国家图书馆藏敦煌遗书》第 103 册，第 385 页。

② 此件当为高士廉等编撰《氏族志》之底本，后来被唐太宗责令重修，于贞观十二年（638）所上。见《旧唐书》卷三《太宗纪下》，第 1 册，第 49 页。

后辉映，为我们揭示了一段尘封已久的民族文化融合的画卷”。[1]

宋人乐史《太平寰宇记》卷四〇“并州”条亦记晋阳郡所出三姓中有鱼氏：

姓氏：太原郡十一姓：……晋阳郡三姓：鱼、仪、景。[2]

北宋并州晋阳郡所列三姓与唐代相同，只不过鱼氏的排序升至首位，反映了唐宋时期此地内部大族势力之升降，鱼氏获得了更大的发展，跃升为当地的头号大姓，是个值得关注的现象。历代正史《地理志》中从未记载并州设有晋阳郡，仅太原郡下有晋阳县。[3] 然而，《旧唐书》卷一七上《敬宗纪》记载，长庆四年（824）十二月“丁酉，宰相牛僧孺进封奇章郡公，李程彭原郡公，窦易直晋阳郡公，并食邑三千户”。窦易直被封晋阳郡公一事，在两《唐书》本传中均有记载。[4]《唐宗庠墓志铭并序》记其为魏博节度要籍、天雄军司马，卒于大中六年（852）；他先后所娶两位夫人，都出自并州大族：“公先婚晋阳郡夫人郭氏，不幸早丧；今夫人太原王氏”，[5] 可见中晚唐时期确实流行晋阳郡望。

从并州往北不远至忻州定襄县，《定襄金石考》卷一金代《广教院香台记》记载“本里居民张和”，有“伯古，伯母鱼氏。兄有二：一曰信，二曰实；新妇鱼氏、刘氏、刘氏”。可见张古、张信两代皆与鱼氏通婚。

---

① 林世田《敦煌写本〈贞观姓氏录〉与新发现的虞弘墓》，《文物天地》2006年第4期，第75页。

② 乐史《太平寰宇记》卷四〇《河东道一》“并州”条，第2册，第841页。

③ 从西汉到北齐，晋阳一直设县，为太原郡之首县；到北齐河清四年（565），移理太原县；武平六年（575），于原晋阳县址置龙山县，隋开皇十年（591）废龙山县，移晋阳县理之。见李吉甫《元和郡县图志》卷一三《河东道二》“太原府”条，上册，第363—367页。

④《旧唐书》卷一六七《窦易直传》，第13册，第4364页；《新唐书》卷一五一《窦易直传》，第15册，第4828页。

⑤《唐宗庠墓志铭并序》，见周绍良、赵超主编《唐代墓志汇编续集》咸通〇五〇，第1072页。

需加注意的是，张和的祖母、弟媳均姓康氏。[①] 与张和家族通婚的鱼、康二氏应当都来自西域。这也表明在并州北面有鱼氏、康氏等胡人居住。

从并州、介州（唐称汾州）往南，东南向为潞州、泽州，西南向为绛州（图 7-10），这些地方也都是西域胡人的聚居之地。[②] 潞州上党郡（今山西省长治市）为粟特人的聚居地，出土了许多粟特人墓葬，近年来颇受学界关注。2020 年，毛阳光发表《墓志所见唐代潞州地区的粟特人》一文，运用 14 方新出长治粟特人及相关墓志，考察了唐代潞州粟特人的聚居状况。[③] 翌年，葛承雍又对该地墓葬出土的胡商骑驼

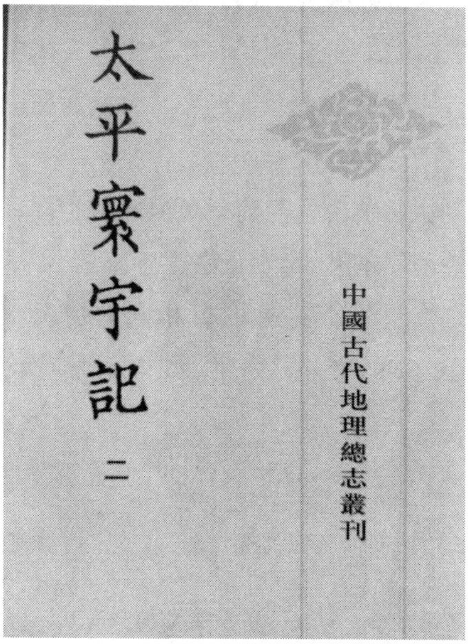

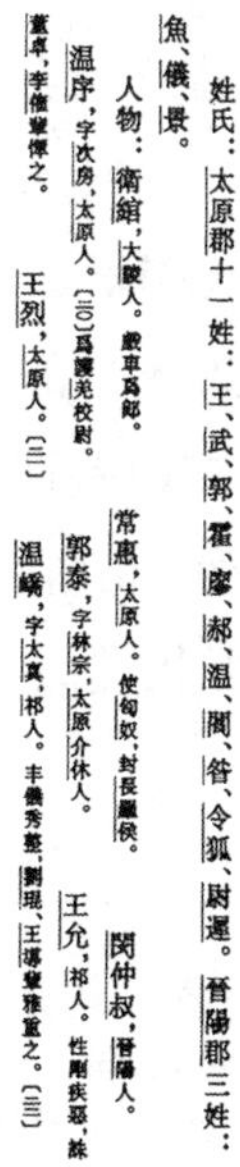
姓氏：太原郡十一姓：王、武、郭、霍、廖、郝、温、閻、昝、令狐、尉遲。晋陽郡三姓：魚、儀、畢。

人物：衛綰，大陵人。戲車爲郎。　常惠，太原人。使匈奴，封長羅侯。　閔仲叔，晋陽人。

温序，字次房，太原人。〔二〇〕爲護羌校尉。　郭泰，字林宗，太原介休人。　王允，祁人。性剛疾惡，誅董卓，李傕輩憚之。　王烈，太原人。〔二一〕　温嶠，字太真，祁人。丰儀秀整，劉琨、王導輩雅重之。〔二二〕

河東道一　并州　八四一

图 7-10　《太平寰宇记》卷四〇“并州”条

① 牛诚修辑《定襄金石考》卷一金《广教院香台记》，太原：三晋出版社，2018 年，第 1 册，第 115—117 页。

② 参贾发义《中古时期粟特人移入河东的原因及分布初探》，《中华文史论丛》2015 年第 1 期，第 301—318 页。

③ 毛阳光《墓志所见唐代潞州地区的粟特人》，夏炎主编《中古中国的知识与社会：南开中古社会史工作坊系列文集（二）》，上海：中西书局，2020 年，第 78—102 页。

俑进行专门研究，提出了“上党殊样”或“长治模本”的概念，指出潞州粟特人的特殊性，胡商俑造型生动、形象栩栩如生，与两京相比别有殊样，独炫异彩。[①] 与粟特人密切相关的鱼国人也有在潞州上党郡居住，《隋上党郡中正鱼政墓志铭并序》云：

> 君讳政，字卿，上党壶关人也。……祖遵，齐瀛州大中正。父景，齐并州主薄。兹雅道孤融，雄材杰出。声华许、郭，业纂金、张。君……用能望重珪璋，誉流乡曲。既而雌黄是属，推择攸归。僚府虚怀，辟为中正。遽而有隋失道……以武德五年（622）十月十六日卒于家馆，春秋六十有五。夫人卫氏，河东人也。……粤以大唐仪凤三年（678）五月廿九日，合葬于州城西南七里之原，礼也。有孙文可，荀龙表异，刘骥驰芳。命也何之，俄从物故。……冥婚贾氏，合窆幽堂。[②]（图 7-11）

鱼政家族的可信世系追溯到祖父鱼遵，与前秦鱼遵姓名相同，但在时代上却相差两个世纪；鱼政一名亦见于《唐鱼骞感墓志铭并序》：“曾祖政、祖将、父莫，并代称族望”。[③] 这种取名相同的情况，与鱼（虞）弘相类似，除了出自鱼国的虞弘之外，南梁、北周、唐代均有名

---

① 葛承雍《上党殊样：山西长治唐胡商骑驼俑探讨》，《故宫博物院院刊》2021 年第 12 期，第 44—55 页。

② 邓盼《新见中古鱼氏的几方新材料——兼论鱼氏族群的起源》，《丝路文明》第 2 辑，2017 年，第 122—124 页。

③ 隋上党郡中正鱼政卒于武德五年（622），享年 65 岁，可推知他出生于北齐天保八年（558）；鱼骞感卒于开元十二年（724），享年 89 岁，可推知他出生于贞观九年（636），则其曾祖父鱼政的生活时代约在北朝后期。由此可见，这两位鱼政的生活时代基本相近，但后者稍早。其次，鱼骞感死后与已故两位夫人及长男崇福“合葬于州城西南七里平原”，隋上党郡中正鱼政与夫人卫氏“合葬于州城西南七里之原”，两者用语几乎一致，连方位、里数都同，极可能是指同一块坟茔。鱼骞感墓志虽然记其为“京兆栎［阳］人”，但该志现藏于深圳市望野博物馆，据阎焰馆长告知，原石出于山西晋城，则墓志中的“州城”很可能不是京兆栎阳所在的雍州，而是上党郡壶关县所在的潞州。京兆栎阳或许为其祖籍或郡望。

图 7-11 《隋上党郡中正鱼政墓志铭并序》拓片
（采自邓盼《新见中古鱼氏的几方新材料——兼论鱼氏族群的起源》）

叫鱼弘的人，他们应当都来自西域鱼国，但名同人异。[①] 鱼遵、鱼景父子主要活动于北齐，后者担任并州主簿，与虞弘生活的时代、任职的地域大体一致。从北齐到隋代，鱼遵家族在地方上势力颇大，如鱼遵为北齐瀛州大中正、鱼政为隋上党郡中正，是当地著名的豪族之家。关于魏晋南北朝的九品中正制，前贤已有深入研究，[②] 唐代柳芳说："其州大中正、主簿，郡中正、功曹，皆取著姓士族为之，以定门胄，品藻人物"。[③] 鱼遵、鱼政能够当选为州大中正、郡中正，就因为鱼氏是当地

① 冯培红《中古史上的四位鱼弘——兼说流寓中国的西域鱼国人》，《档案》2018 年第 11 期，第 32—42 页。

② 唐长孺《九品中正制度试释》，《魏晋南北朝史论丛》，第 85—126 页；宫崎市定《九品官人法研究——科举前史》，韩昇、刘建英译，北京：中华书局，2008 年；张旭华《九品中正制研究》，北京：中华书局，2015 年。

③ 《新唐书》卷一九九《儒学中 · 柳冲传》，第 18 册，第 5677 页。

的著姓大族。尤其是按照“齐朝体式，本州大中正以京官为之”，[①] 瀛州大中正鱼遵实际上任职于北齐朝廷，但却掌握着家乡的选举用人之权。鱼政为上党郡壶关县人，“望重珪璋，誉流乡曲”，被上党郡府辟为中正，可见这里也是鱼部族的聚居地。从北齐鱼遵到隋代鱼政，其家族很可能经历了从瀛州到上党郡壶关县的迁徙历程，其间鱼景还担任过并州主簿。从鱼政家族的婚姻关系来看，他娶河东卫氏为妻，其孙鱼文可早卒，家人为之与河东汉族贾氏举办了冥婚。上党鱼氏与河东汉族大姓卫、贾二氏联姻，是当地大族婚姻圈的重要内容，也是鱼氏汉化的必然过程。

除了上党郡壶关县鱼政家族外，原立于黎城县城西北 4 公里古县村的《隋开皇五年（585）浮图之碑》，碑阴额部下方篆书刻有“浮图之碑”四字，其他部位列刻功德人的名单，其中第 2 行有“大斋主赵郡卢北□，大浮图主鱼行充，大斋主冯孝鸿，大浮图主、前并州主簿”。[②] 鱼行充的名字列在前并州主簿之前，足见其社会地位不低。此外，前述虞祥、庆则父子均被封为沁源县公，沁源县在北周隶属于晋州义宁郡，[③] 至隋代一度升格为沁州，大业三年（607）撤州改县，隶属于上党郡。[④] 这里是鱼部族的聚居区，所以才会被用作出自同族的虞祥家族的世袭封爵。自西晋末羯胡石勒定居于上党武乡羯室以来，[⑤] 这里一直是西域胡人的聚居地，[⑥] 同出西域的鱼部族定居于此，自然也不足为怪，尤其是鱼政担任上党郡中正，足见其在当地之势力。

---

① 《北齐书》卷四三《许惇传》，第 2 册，第 575 页。

② 常福江主编《长治金石萃编》，太原：山西春秋电子音像出版社，2006 年，上册，第 78—80 页。个别文字据拓片订正。该碑现移存于黎城县文博馆城隍庙院内。

③ 王仲荦《北周地理志》卷九《河北上》，下册，第 815 页。

④ 《隋书》卷三〇《地理志中》（点校本二十四史修订本），第 3 册，第 951 页。

⑤ 《魏书》卷九五《羯胡石勒传》（点校本二十四史修订本），第 6 册，第 2218 页。

⑥ 贾发义《中古时期粟特人移入河东的原因及分布初探》，《中华文史论丛》2015 年第 1 期，第 301—318 页。

图 7-12　山西省长治市博物馆藏绿釉人面鱼俑（作者摄）

令人注目的是，当地的墓葬中还出土了许多人面鱼身俑（图 7-12），[①] 殷小亮曾经搜集了长治地区唐墓中的 9 例人面鱼身俑，并称“唐墓人面鱼身俑随葬主要集中在山西长治地区，在辽宁、河北、河南等地也有零星出土”。[②] 前揭太原金胜村唐墓中，3 号墓也出土了一件人面鱼身俑。[③] 关于人面鱼身俑的讨论较多，[④] 但它们主要出土于今山西省境内，是否可能也与这一带有鱼部族居住有关呢？或者是移居此地的鱼国胡人后裔借用了人面鱼身俑这种葬仪形式。

从潞州往南至泽州（高平郡），这里也是鱼国胡人后裔的聚居地。《宋史》卷一〇二《礼志五》云：“建隆元年（960），太祖平泽、潞，仍祭祆庙、泰山、城隍”，可见直到宋初，泽、潞二州仍然存在祆庙，并且得到宋太祖的祭祀。这里的祆庙应当是鱼国、粟特人后裔等崇奉祆

① 长治市博物馆《山西长治唐代王惠墓》，《文物》2003 年第 8 期，第 51—52 页；《山西长治市北郊唐崔拏墓》，《文物》1987 年第 8 期，第 43、46 页；《山西长治市唐代冯廓墓》，《文物》1989 年第 6 期，第 52、54 页。

② 殷小亮《山西长治地区唐墓人面鱼身俑探析》，《文物鉴定与赏析》2020 年第 2 期，第 22—24 页。

③ 山西省文物管理委员会（边成修执笔）《太原南郊金胜村三号唐墓》，《考古》1960 年第 1 期，第 39 页、图版陆之 22。

④ 徐苹芳《唐宋墓葬中的“明器神煞”与“墓仪”制度——读〈大汉原陵秘葬经〉札记》，《考古》1963 年第 2 期，第 93 页；白冰《雷神俑考》，《四川文物》2006 年第 6 期，第 66—68 页。

神的场所。现藏于山西博物院的《北魏王黄罗等造像碑》，就是从今山西省高平市三甲镇邢村村征集来的。在碑阴所刻人名中，第一排右起第6行题名为“唯那鱼公主”，第3排左起第3行题名为“鱼女王”（图7-13）。[①]

图7-13　山西博物院藏《北魏王黄罗等造像碑》碑阴及局部（作者摄）

从并州、介州往西南至绛州，最著名的鱼氏人物自然非郑注莫属。《旧唐书》卷一六九《郑注传》云：

> 郑注，绛州翼城人，始以药术游长安权豪之门。本姓鱼，冒姓郑氏，故时号“鱼郑”。注用事时，人目之为“水族”。

如同虞庆则一样，郑注也本姓鱼，他精通药术，“自言有金丹之术，可去痿弱重膇之疾”，由此得到山南东道节度使李愬、宦官枢密使王守

① 碑文亦见胡春涛《山西五至八世纪造像碑的图像志研究》，南宁：广西美术出版社，2017年，第223—224页。

澄等人的厚遇，甚至还向唐文宗进献了《药方》一卷。[①] 此外，《酉阳杂俎》前集卷一九《广动植之四·草篇》云："郑注太和（827—835）初赴职河中，姬妾百余尽骑，香气数里，逆于人鼻"。[②] 西域胡人东来入华，不少精通方术，像郑注就精于药术，会炼金丹，其姬妾所用之香芬芳浓郁，很可能也是来自西域，[③] 显然原本姓鱼的郑注也是西域鱼国人的后裔。

郑注没有像虞弘那样改姓为虞，而是择取了门第更高的郑氏。在唐代，崔、卢、李、郑氏是一流门阀，有些入华西域胡人的后裔就攀附这些高门，如陈寅恪所论崔莺莺原名曹九九，认为是粟特曹氏冒取汉姓第

---

① 郑注所撰的《药方》直到宋代仍在流传，如《新唐书》卷五九《艺文志三》记"郑注《药方》一卷"。卢向前《"惜训恶注"与时人心态——甘露事件研究之三》论及郑注的出身是时人"惜训恶注"的原因之一，也考论了他的医术，见《唐研究》第6卷，2000年，第240—245页。与郑注撰《药方》类似的，是郑虔撰有《胡本草》七卷，同列于《新唐书》卷五九《艺文志三》（第5册，第1571、1573页）。郑虔对西域的知识极为广博，《封氏闻见记》卷一〇《赞成》云："天宝（742—756）初，协律郎郑虔采集异闻，著书八十余卷"，见封演著、赵贞信校注《封氏闻见记校注》，北京：中华书局，2016年，第94页。陈尚君从《北户录》《唐会要》中辑录出郑虔《会粹》一书的佚文21则，其中涉及西域、河西的物产颇多，如勃律国之偏桃仁、乌苌国之婆弄迦木等，可以说与《胡本草》有异曲同工之妙；他说"还没有证据知道郑虔有周访西域、岭南的经历"，但从杜甫《陪郑广文游何将军山林十首》所记园林中有大量奇花异草，以及"万里戎王子，何年别月支？异花开绝域，滋蔓匝清池。汉使徒空到，神农竟不知"等句，推测何将军出自昭武九姓何国，郑虔（即郑广文）就是从与何将军等人的交游中获知纂述《会粹》《胡本草》的知识。见《〈郑虔墓志〉考释》，《贞石诠唐》，上海：复旦大学出版社，2016年，第207—232页。

② 段成式撰、许逸民校笺《酉阳杂俎校笺》前集卷一九《广动植之四·草篇》，第3册，第1378页。

③ 释慧皎《高僧传》卷九《神异上·晋邺中竺佛图澄传》记载后赵时，"澄常遣弟子向西域市香"，第351页。

一高门崔氏。[①] 如果说陈氏此论尚属于推测之辞，那么粟特后裔郑岩取郑为姓，攀附中原名门荥阳郑氏，则是确实的例证。关于郑岩为粟特人后裔，学界已有考证，兹不赘述。[②] 另外，沙武田通过对《唐郑延昌墓志》及其四边侧面线刻壶门胡人伎乐图像进行考察，认为郑延昌也是粟特人后裔。[③] 唐宪宗的孝明皇后郑氏，即宣宗之母，“或言本尔朱氏”。她原本是浙西节度使李锜的侍者，后没入宫，为宪宗生子宣宗。[④] 尔朱氏为契胡，出自羯族，与鱼国一样均来源于西域。[⑤] 黄楼称她“出身卑微，身份地位类于倡优，亦有倡优善于编排故事的天赋”，并说这一表演天赋影响到其子唐宣宗。[⑥] 这一点从改姓为郑的尔朱氏之族属来说亦可得到理解。由此观之，来自西域的鱼氏胡人冒充汉姓高门郑氏，时人也都知道郑注的实际出身，所以称他“鱼郑”，甚至目为“水族”。[⑦]

---

① 陈寅恪《陈寅恪集. 元白诗笺证稿》第四章《艳诗及悼亡诗（附：读莺莺传）》及《附校补记》（十一），北京：生活·读书·新知三联书店，2009 年第 2 版，第 110—120、375—377 页。关于该问题的进一步论述，参葛承雍《崔莺莺与唐蒲州粟特移民踪迹》，《中国历史文物》2002 年第 5 期，第 60—79 页。

② 赵振华《唐代少府监郑岩及其粟特人祖先》，《中国国家博物馆馆刊》2012 年第 5 期，第 69—76 页；《唐代湘乡县令郑钴及其八代祖盘陁——再论唐代少府监郑岩及其粟特人祖先》，《唐研究》第 19 卷，北京大学出版社，2013 年，第 589—599 页。李建华《唐少府监郑岩乃粟特后裔考——以郑岩家族墓志为中心》，《敦煌学辑刊》2015 年第 3 期，第 163—169 页。

③ 沙武田《唐粟特后裔郑延昌墓志线刻胡人乐舞图像研究》，沙武田主编《丝绸之路研究集刊》第 4 辑，北京：商务印书馆，2019 年，第 33—66 页。该墓志现藏于洛阳龙门博物馆。图版又见张永华、赵文成、赵君平编《秦晋豫新出墓志蒐佚三编》第 4 册，第 1120—1121 页。

④ 《新唐书》卷七七《后妃下·宪宗孝明皇后郑氏传》，第 11 册，第 3505 页。

⑤ 王素甚至将契胡、羯胡、稽胡（步落稽）相勘同，认为尔朱氏的族属与出自鱼国的虞弘均为粟特，见《北魏尔朱氏源出粟特新证——隋修北魏尔朱彦伯墓志发覆兼说虞弘族属及鱼国今地》，《故宫博物院院刊》2018 年第 5 期，第 57—71 页。这一观点虽不准确，但契胡尔朱氏、鱼氏均来自西域则无误。

⑥ 黄楼《唐宣宗大中政局研究》，天津古籍出版社，2011 年，第 204 页。

⑦ 郑注被称为“鱼郑”，与李昉等编《太平广记》卷二五五《嘲诮三》“郑愔”条所记“愔本姓鄚，改姓郑，时人号为‘鄚郑’”相类似，第 6 册，第 1982 页。

综上所论，从北朝后期到隋唐时代，河东地区南北各地均有鱼氏人物分布，尤其是北周时在并、代、介三州组成了乡团武装，虞弘检校萨保府，管理着信仰祆教的胡人聚落，鱼政出任上党郡中正，是当地的豪族大姓；在太原地区，甚至形成了晋阳鱼氏之郡望，其势力不可小觑。这一情况也与汉末以来河东地区胡族势力的蔓延发展一脉相承，特别是五胡入华以后的民族情势息息相关。

第五节　其他地区的鱼氏人物

以上四节考察了集中居住在关中、河东地区的鱼氏部族，他们活动于晋陕交界的黄河两岸，是西域鱼国人东迁以后的主要聚居地。此外，还有一些鱼氏人物四散分布，有的居住在河北、河南，远的甚至流播到江南、岭南、剑南等地。

一、河北

唐代的河北向来是被认为胡化最严重的地区，尤其是安禄山、史思明的老巢幽州及周围地区，生活着大量以粟特为首的来自西域的胡人，其中也有鱼国胡人或其后裔。北京房山石经各洞题记中就有一些鱼姓人物，十分珍贵，如：

1洞596为《大般若波罗蜜多经》卷第二百三十二条五百八十六面，题记中记载到“丝绵行”，中有鱼献璧、鱼大娘等人。[①] 该题记虽然没有落款时间及地点，但参照同洞其他各“行”题记之时、地信息，

---

① 吴梦麟、张永强《房山石经题记整理与研究（题记卷）》，北京：文物出版社，2021年，第39页。原书无图版，承蒙张先生发来拓片图版，惜鱼献璧之“璧”字中间拓印模糊，难以看出是“璧”或“璧”，于义而言，“璧”为确。

大致可以定在778—798年，地点可能是幽州或涿州。[①]

1洞916为《大般若波罗蜜多经》卷第二百二十九条五百七十八面，题记中有鱼六娘等人。[②]

9洞241为大和七年（833）四月八日所造《佛说百佛名经》，题记中有“邑人谭玄境，妻鱼氏，男自兴、智佺；妻史，男忠佐、新妇刘，孙朝润；妻李氏”。[③] 谭玄境娶了鱼、史、李氏三位妻子，前两位很可能出自西域鱼国和粟特史国。[④]

二、河南

河南位于天下之中，距离关中、河东不远，也有不少鱼氏人物居住在这里。洛阳龙门发现的《唐杨长恒等合邑造像记》共刻有93个人名，其中可识读者77人，以杨氏最多，达43人；其次是鱼氏8人；另外，刘氏4人、张、姚氏各3人，王、马氏各2人，韦、侯等12氏各1人，姓氏不明者16人。鱼氏人物数量仅次于杨氏，可见在当地具有一定的势力。该造像碑分为四面，其中正面雕刻有一朵莲花，莲花的两侧各有一人，人物身后均有文字题记。值得注意的是，右侧（以观者的视角为基准）人物的眼睛和鼻子雕刻得非常突出，邓盼称“非汉地人物

① 分别为：543贞元十年（794）幽州油行、579建中四年（783）涿州诸行市、619贞元七年（791）幽州磨行、633贞元五年（789）涿州市杂货行、661贞元八年（792）涿州幞头行、689贞元十四年（798）涿州磨行、695贞元十年涿州市新货行、805贞元元年（785）果子行、813建中□年涿州市肉行、826贞元七年涿州靴行、833贞元六年（790）涿州市杂货行、859大历十三年（778）丝绵行、863贞元十一年（795）杂货行、896贞元八年涿州石经邑杂货行、907建中五年（784）彩帛行、915贞元元年（781）涿州椒笋行、931贞元十三年（797）涿州磨行、956贞元十一年幽州市诸行。见吴梦麟、张永强《房山石经题记整理与研究（题记卷）》，第35—61页。

② 吴梦麟、张永强《房山石经题记整理与研究（题记卷）》，第58页。

③ 吴梦麟、张永强《房山石经题记整理与研究（题记卷）》，第273页。

④ 吴梦麟、张永强《房山石经题记整理与研究（题记卷）》中还有一些虞姓人物，兹不具列。

形象无疑”，[①] 其身后题记为“□□□□、邑子鱼红罗”，这与他为鱼国胡人的相貌正相符合。碑的另三面均刻有文字，邓氏所标第二面刻有“天宫主鱼阳高”“化主鱼端”，第三面刻有“邑子鱼明安、邑子鱼志明”，第四面刻有“邑子鱼遵庆”“邑子鱼羣粲”“邑子鱼老虎”（图 7-14）。“羣粲”显然为胡名。

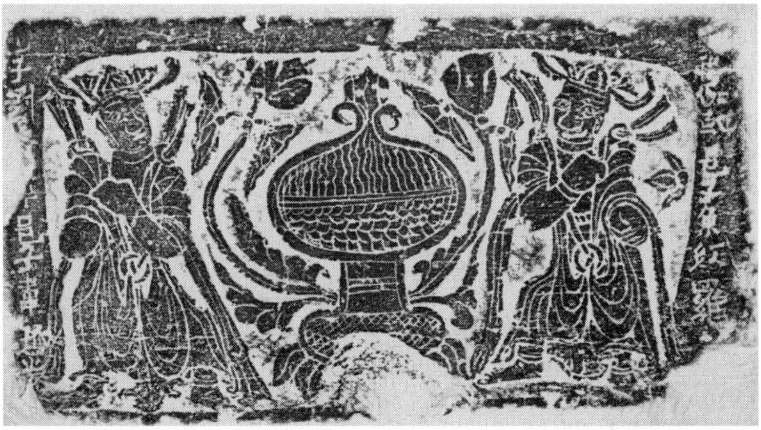

图 7-14 《唐杨长恒等合邑造像记》拓片（局部）
（采自邓盼《新见中古鱼氏的几方新材料——兼论鱼氏族群的起源》）

《唐东都安国寺上座韦圆净墓志铭并序》记其圆寂以后，“以兴元二年（785）正月十日安神于龙门天竺寺西南原”。据墓志题署可知，这位葬于洛阳龙门的东都安国寺上座韦圆净的墓志由“河南府乡贡进士鱼宗文述”。[②] 鱼宗文为河南府乡贡进士，是落籍于河南的鱼氏人物。唐代河南府又名洛州，辖领洛阳、河南等 26 个县。前揭《唐鱼涉墓志

① 邓盼《新见中古鱼氏的几方新材料——兼论鱼氏族群的起源》，《丝路文明》第 2 辑，2017 年，第 116 页。本书所引《唐杨长恒等合邑造像记》造像记文字，皆见此文，所录文字个别略异。邓氏认为此造像记的时代当为北朝，不确，从杨长恒的散官仪同三司、杨仲兴的职事官别将来看，当属唐代。

② 周绍良主编《唐代墓志汇编》兴元〇〇二，下册，第 1836 页。

铭并序》提到其父鱼承嗑曾任洛阳、河南二县令，《唐鱼辩江墓志铭并序》记其为河阳三城防御所十将，“寝疾终于河阳之私第”，死后“权殡于温之西卅里故城北平原”，河阳、温县亦皆隶属于洛州河南府。[①]

前面提到的《唐鱼本墓志铭并序》记“其先京兆栎阳人也”，实际上其家族早已从京兆栎阳迁居到河南洛阳，所以上元三年（676）二月十七日鱼本病死后，“即以其年龙集景子四月戊戌朔廿三日庚申，迁窆于洛阳县清风乡和仁里”。鱼本疑即鱼务本，《唐鱼务本阖家造像记》记载到他本人及其子、孙等家族成员，共同雕造阿弥陀佛一区。造像碑的右侧刻有鱼务本及其子、孙共 6 人之题名：

1　弟子鱼务本供养

2　本长息护军□□供养

3　本第二息上护军仁则供养

4　□长息延年供养

5　□□息延庆供养

6　则第二息延□供养

造像碑的左侧是鱼务本的发愿文，其文字为：

夫大一□真至，道冈息言之妙；中千运劫浇，风惊有爱之尘。既而骏发天师，坐花台而匠物；清澄智海，舣宝栧以航津。转十景于中天，觉万灵于首旦。自鹤林□□龙树，紬规象设。将百亿均区贝典，□大千俱运。清信弟子鱼务本，粹捡霜□，□□□□。演虑四禅之境，赋想三空□□。□□□于广□惠之掞于绵隅仰□□□□界，敬造阿□陀像一区，千佛□□□□□。然则采□□□□缛思□□□□□□□刊睟□□□□□□□□□□□□□□□□□□□□。[②]

① 李吉甫《元和郡县图志》卷五《河南道一》，上册，第 143—144 页。

② 邓盼《新见中古鱼氏的几方新材料——兼论鱼氏族群的起源》，《丝路文明》第 2 辑，2017 年，第 121—122 页。个别文字据图版有所改正。

笔者推断鱼务本即鱼本，证据有三：（1）两者均姓鱼，名字仅有一字之差，如前所论人名可以省称，尤其是造像碑的右侧首行刻有“鱼务本”之名，第2、3行首字皆仅作“本”，可证鱼务本即鱼本；（2）造像碑中鱼务本自称“弟子”，与墓志称鱼本为“处士”较相对应，皆无官职；（3）造像碑的右侧第2、3行记有“本长息”“本第二息”，是指鱼务本的两个儿子鱼□□、鱼仁则，这与墓志所记鱼本“有子二人”正相吻合。

如此可知，造像碑的右侧刻有鱼务本阖家3代6人：首行为鱼务本。第2、3行为其长子鱼□□、第二子鱼仁则。第4、5、6行皆为“延”字辈兄弟，其中第6行“则第二息延□”，“则”即鱼仁则，为鱼务本的第二子；那么，第5行的鱼延庆当为鱼仁则的长子，该行前面所残二字为“则长”；第4行的鱼延年当是鱼务本的长子鱼□□的长子。

结合《唐鱼本墓志铭并序》《唐鱼务本阖家造像记》，可以梳理出其家族的5代世系：第一代鱼弘，为北周朝散大夫；第二代鱼闰，为隋代立信尉；第三代鱼本（即鱼务本，字僧惠），生于隋末，入唐后隐而不仕；第四代鱼□□、鱼仁则（即鱼则）兄弟，分别有护军、上护军之勋官；第五代鱼延年、鱼延庆、鱼延□，可能年纪尚轻，皆无官职。

从洛阳往南至襄阳，这里是南北政权的交界地带，也是交通枢纽之地，鱼国人自然也有落籍于此的。最著名的是南朝萧梁的鱼弘，《梁书》《南史》中均有《鱼弘传》，分别附在夏侯亶、夏侯详传之后。夏侯亶是夏侯详之子，两书各以为传主。关于鱼弘的记事，《梁书》略而《南史》详，兹全引《梁书》卷二八《夏侯亶附鱼弘传》于下：

> 鱼弘，襄阳人。身长八尺，白皙美姿容。累从征讨，常为军锋，历南谯、盱眙、竟陵太守。常语人曰：“我为郡，所谓四尽：水中鱼鳖尽，山中麞鹿尽，田中米谷尽，村里民庶尽。丈夫生世，如轻尘栖弱草，白驹之过隙。人生欢乐富贵几何时！”于是恣意酣赏。侍妾百余人，不胜金翠，服玩车马，皆穷一时之绝。迁为平西

湘东王司马、新兴、永宁二郡太守，卒官。

《南史》卷五五《夏侯详附鱼弘传》的文字要超过《梁书》一半多，主要增补了鱼弘出佐湘东王萧绎幕府后率众西赴江陵、迎送瑞像东至都城建康二事。陈连庆认为，“襄阳多京兆流寓，鱼弘仍当出自京兆”，[①] 或可备一说。鱼弘身长八尺，比常人要高，故史传中要特记一笔，而同时同地的粟特人康绚，[②] 以及隋代同姓鱼氏的虞庆则和鱼俱罗，也都身长八尺。传文特别记载鱼弘“白皙美姿容”，显然是因为鱼国人本为白种人。

鱼弘历任南谯、盱眙、竟陵、新兴、永宁五郡太守及平西湘东王司马。[③] 在《梁书》中，“鱼弘”又写作“鱼弘文”，如：卷二八《夏侯亶传》记普通六年（525）大举北伐，“先遣豫州刺史裴邃帅谯州刺史湛僧智、历阳太守明绍世、南谯太守鱼弘、晋熙太守张澄，并世之骁将，自南道伐寿阳城”；而卷一八《张惠绍传》则记张澄“起为晋熙太守，随豫州刺史裴邃北伐，累有战功，与湛僧智、胡绍世、鱼弘文并当时之骁将”。[④] 显然，这里的“鱼弘”即“鱼弘文”，“明绍世”即“胡绍世”，为省文或形近而致误。同卷《康绚、昌义之传》还记载鱼弘文为太仆卿，与昌义之、曹世宗、徐元和一起率军援助康绚，抵抗北魏军队。“校勘记〔九〕”云：“‘鱼弘文’亦疑为‘鱼弘’之讹”。

---

① 陈连庆《中国古代少数民族姓氏研究》“鱼氏”条，第302页。

② 《梁书》卷一八《康绚传》（点校本二十四史修订本），第2册，第327页。

③ 《梁书》卷二八《夏侯亶附鱼弘传》（点校本二十四史修订本）（第2册，第422页）中的“平西湘东王司马”，李延寿《南史》卷五五《夏侯详附鱼弘传》作“湘东王镇西司马”，北京：中华书局，1975年，第5册，第1362页。

④ 1973年出版的中华书局点校本《梁书》卷一八《张惠绍传》原文无“文”字，但从“校勘记”〔一〕可知，各本均作“鱼弘文”，点校者根据同书及《南史》有《鱼弘传》，以及《南史》卷五五《张惠绍传》作“鱼弘”，而删去了“文”字，第2册，第286、296页。不过，2020年中华书局出版的点校本二十四史修订本《梁书》则有“文”字，修订者在“校勘记”〔二〕指出了同书卷二八《夏侯亶传》与《南史》卷五五《张惠绍传》及《册府元龟》卷三五二作“鱼弘”，《南史》卷四四《齐武帝诸子·文惠皇太子传》作“鱼文”，第332页。

鱼弘曾对人说有“四尽”，极尽搜刮残暴之能事，追求人生富贵享乐，“侍妾百余人，不胜金翠，服玩车马，皆穷一时之绝”。《南史》卷五五本传在“绝”字前增一“惊”字，更突出了鱼弘所用之物的惊绝罕见，[①] 应该多非南朝本境之物，而可能来自西域或南海。《南史》增补了鱼弘率众西赴江陵与迎送瑞像东至建康二事，前者记其统率部众采菱悉尽与捕捉数百猕猴以作粮食，行事甚为怪异；后者记其数百部曲“悉衣锦袍”，极为奢华。“四尽”之说及两则故事反映了鱼弘鲜明的性格特点，被视作为生性残暴、恣意享受、行事乖戾。《南史》卷一五《徐孝嗣传》云：“时襄阳鱼弘亦以豪侈称，于是府中谣曰：‘北路鱼，南路徐’。然其服玩次于弘也”。可以说，襄阳鱼弘的豪华奢侈确实称得上是天下之最了。[②] 此种豪奢的生活与西域有着密切的关联，这在《酉阳杂俎》前集卷一九《广动植之四·草篇》中有透露：

金钱花，一云本出外国，梁大同二年（536）进来中土。梁时，荆州掾属双陆赌金钱，钱尽，以金钱花相足。鱼弘谓得花胜得钱。[③]

金钱花出自外国，萧梁时曾有进贡；而荆州掾属在玩双陆时，却用金钱花相赌，可见当时荆州作为丝路贸易的重要据点，东至建康，南通南海，西面经由益州、吐谷浑通往西域，北抵襄阳，可以获得金钱花等异域奇物。鱼弘曾任湘东王司马，为荆州掾属，在他看来，金钱花的价值要超过金钱。作为西域鱼国人的后裔，鱼弘喜欢收藏来自故土的、价格昂贵的金钱花。罗隐有诗《金钱花》云：“占得佳名绕树芳，依依相伴向秋光。若教此物堪收贮，应被豪门尽劚将”，[④] 也道尽了豪门才有金银花。

---

① 《南史》卷五五《夏侯详附鱼弘传》“校勘记〔三三〕”称“‘惊绝’疑当作‘精绝’”，第 5 册，第 1362、1378 页。似未洽。

② 参葛承雍《中古时代胡人的财富观》，沙武田主编《丝绸之路研究集刊》第 1 辑，北京：商务印书馆，2017 年，第 1—15 页。

③ 段成式撰、许逸民校笺《酉阳杂俎校笺》前集卷一九《广动植之四·草篇》，第 3 册，第 1427 页。

④ 彭定求等编《全唐诗》卷六五六，第 19 册，第 7546 页。

唐代，山南东道节度、观察使府的治所在襄阳，也有鱼氏人物在幕府中任职。前述郑注本姓鱼，被节度使李愬辟为衙推；宝应（762—763）时，节度使来瑱遭到宦官程元振的陷害而被贬死，“瑱行军司马庞充统兵二千人赴河南，至汝州，闻瑱死，将士鱼目等回兵袭襄州”。五代后唐长兴四年（933），秦王李从荣表请“前襄州支使山阳鱼崇远为记室”，后来李从荣被废为庶人，鱼崇远也遭到长流；[①] 后晋时，鱼崇远又担任凤翔管内观察支使。[②] 支使、记室（即掌书记）在藩镇使府中专掌文翰，文笔甚佳，到后周时鱼崇远又升任为翰林学士，即史载广顺元年（951），“诏加泰宁节度使慕容彦超中书令，遣翰林学士鱼崇谅诣兖州谕指。崇谅，即崇远也”，[③] 在开封朝廷中任职。

此外，在山东济南历城黄石崖造像中，有一则北魏孝昌二年（526）九月八日的《帝主元氏法义卅五人题记》，造像名单中列有一位“鱼小姬”。[④]

三、江南

如上所考，中古时期鱼部族主要居住在北方，并且形成了冯翊、京兆、灵武、晋阳诸郡望；而在南方也有一些鱼氏人物，但数量不多，散布于江南、岭南、剑南等地，较为零星。

我们在史籍中发现南朝四位鱼氏人物，除了上面提到的萧梁襄阳鱼弘外，另外还有刘宋、萧梁时期三人：

---

① 《资治通鉴》卷二七八后唐明宗长兴四年（933）条，第19册，第9083、9095页。

② 《后晋秦国显德太夫人刘氏墓志铭并序》题署“凤翔管内观察支使、朝议郎、检校秘书少监、兼御史中丞、柱国、赐紫金鱼袋鱼崇远撰”，图版见刘军社《李茂贞与秦王陵》，西安：三秦出版社，2006年，第228、230页。

③ 《资治通鉴》卷二九〇后周太祖广顺元年（951）条，第20册，第9457页。

④ 陆增祥《八琼室金石补正》卷一六《北魏五》，北京：文物出版社，1985年，第90页。

第一位是鱼长耀。史载刘宋后废帝元徽“五年（477），又遣员外散骑常侍李祖、员外散骑侍郎鱼长耀朝贡”北魏。[①]

第二位是鱼和。史载北魏孝昌元年（525），梁武帝“萧衍遣其北梁州长史锡休儒、司马鱼和、上庸太守姜平洛等入寇直城”，为北魏梁州刺史傅竖眼之子敬绍所败。[②]

第三位是鱼天愍。史载梁武帝大通（527—528）时，陈庆之进攻北魏荥阳城，“一鼓悉使登城，壮士东阳宋景休、义兴鱼天愍逾堞而入，遂克之”。[③] 义兴郡始置于西晋，[④] 即今江苏省宜兴市一带。张彦远《历代名画记》卷五记载，晋代“康昕，字君明，下品。外国胡人，或云义兴人”，[⑤] 当即来自粟特康国的胡人，定居在义兴郡。[⑥] 宜兴市博物馆陈列有多件青瓷胡人楼阁堆塑谷仓罐，另外还有一些胡人瓷俑：一组头戴尖顶帽或三角帽的 9 人青瓷俑，时代定在孙吴时期；西晋太康元年（280）墓出土的胡人瓷俑，头戴尖顶帽，髭须浓密，高鼻梁，大眼睛；一组 4 件胡人奏乐俑，皆头戴尖顶帽，髭须浓密，高鼻深目，手持乐

① 《魏书》卷九七《岛夷刘裕传》（点校本二十四史修订本），第 6 册，第 2328 页。

② 《魏书》卷九《肃宗纪》（点校本二十四史修订本），第 1 册，第 285 页。

③ 《梁书》卷三二《陈庆之传》（点校本二十四史修订本），第 2 册，第 512 页。

④ 《晋书》卷一五《地理志下》云：“又以周玘创义讨石冰，割吴兴之阳羡并长城县之北乡置义乡、国山、临津并阳羡四县，又分丹杨之永世置平陵及永世，凡六县，立义兴郡，以表玘之功，并属扬州”，第 2 册，第 463 页。

⑤ 张彦远撰、许逸民校笺《历代名画记校笺》卷五《叙历代能画人名 · 晋》，北京：中华书局，2021 年，上册，第 348 页。释慧皎《高僧传》卷四《义解一 · 晋剡东仰山竺法潜附康法识传》亦记：“康法识亦有义学之功，而以草隶知名。尝遇康昕，昕自谓笔道过识，识共昕各作右军草，傍人窃以为货，莫之能别”，第 157—158 页。

⑥ 义兴郡主要是从吴兴郡析置的，吴兴郡在汉晋时期是粟特康国胡人迁居的重要聚落。释慧皎《高僧传》卷七《义解四 · 宋吴虎丘山释昙谛传》云：“释昙谛，姓康，其先康居人。汉灵帝时移附中国，献帝末乱，移止吴兴”，第 278 页；董诰等编《全唐文》卷三四四颜真卿《唐康希铣神道碑铭》记载，康翼“随晋元帝过江，为吴兴郡丞，因居乌程”，北京：中华书局，1983 年，第 4 册，第 3487 页。

器，大多已经脱落，双腿分得很开，大概原来均有坐骑，故被定为“胡人骑兽俑残件”，时代应也大致相当。[①]

鱼长耀、鱼天愍、鱼和及鱼弘均仕于南朝，后三人都参与了对北魏的军事战争，尤其是鱼天愍的姓名前面冠有义兴之地名，表明江南鱼氏有其固定的居住地，甚至可能形成了郡望，即义兴鱼氏。鱼氏之所以迁居到义兴郡，可能与此地的粟特康氏聚落有关，这一点与鱼弘与康绚同居于襄阳相类似。

及至唐代，在江南地区仍可见到鱼氏人物，甚至还担任了浙西藩帅。《逸史》记载：“秘书少监卢常师，进士擢第，性淡薄，不乐轩冕，于世利蔑然，弃官之东洛。谓所亲曰：‘某浙西鱼尚书故旧’”。[②] 查《唐方镇年表》卷五《浙西》与《唐刺史考全编》卷一三七《润州(丹阳郡)》中的浙西节度使及其治所所在的润州刺史，皆无检校官为尚书的鱼氏长官，[③] 此可补之。

四、岭南

《唐会要》卷四一《酷吏》记开元十三年（725）三月十一日敕曰：“陈嘉言、鱼承煜、皇甫文备、傅游艺，宜配岭南”。[④] 不过，该书此条恐有错漏，对照《旧唐书》卷七《中宗纪》、卷八《玄宗纪上》、卷五〇《刑法志》、卷一八六上《酷吏上·来俊臣传》可知，“鱼承煜”当即“鱼承晔”，疑属音近致误。《来俊臣传》《玄宗纪上》对此有详细的记载，前传云：“开元十三年三月十二日，御史大夫程行谌奏：‘周朝酷吏来子珣、万国俊、王弘义、侯思止、郭霸、焦仁亶、张知默、李敬

---

① 此据 2021 年 6 月 7 日笔者在宜兴市博物馆的实地调查。

② 李昉等编《太平广记》卷一五一《定数六》“卢常师”条，第 4 册，第 1086 页。

③ 吴廷燮《唐方镇年表》卷五《浙西》，北京：中华书局，1980 年，第 2 册，第 742—769 页；郁贤皓《唐刺史考全编》第九编《江南东道》卷一三七《润州（丹阳郡）》，合肥：安徽大学出版社，2000 年，第 3 册，第 1845—1873 页。

④ 王溥《唐会要》卷四一《酷吏》，中册，第 744 页。

仁、唐奉一、来俊臣、周兴、丘神勣、索元礼、曹仁哲、王景昭、裴籍、李秦授、刘光业、王德寿、屈贞筠、鲍思恭、刘景阳、王处贞二十三人，残害宗枝，毒陷良善，情状尤重，子孙不许与官；陈嘉言、鱼承晔、皇甫文备、傅游艺四人，情状稍轻，子孙不许近任"；后纪文字大多相同，仅时间作同年同月"丙申"，末有"请依开元二年（714）二月五日敕"一句。但从《中宗纪》及《来俊臣传》另处记载可知，神龙元年（705）鱼承晔等人"其身已死，并遣除名……有官者并令削夺。唐奉一依前配流，李秦授、曹仁哲并与岭南恶处"，[①] 可知当时鱼承晔已死，其被处分的只是官职除名，子孙不许在近处任官。因此，流配岭南并非鱼承晔本人，而是李秦授、曹仁哲。

尽管如此，唐代确有鱼氏人物在岭南任官。《新唐书》卷四三上《地理志七上》记载，桂州理定县西有灵渠，经常湮塞不通，"咸通九年（868），刺史鱼孟威以石为铧堤，亘四十里，植大木为斗门，至十八重，乃通巨舟"。为此他还在咸通十一年（870）撰写了一篇《桂州重修灵渠记》，里面提到"咸通九年，余自黔南移镇于此"。[②] 可知他原先是在黔南任职，868 年调任桂州，直到 870 年仍在任上。[③]

五、剑南

两《唐书》中得以列传的鱼氏人物，除了前述本姓鱼的郑注外，最有名的当属权阉鱼朝恩。《新唐书》卷二〇七《鱼朝恩传》记其为

---

① 此段引文出自《旧唐书》卷一八六上《酷吏上 · 来俊臣传》，第 15 册，第 4841 页；卷四一《中宗纪》文字略异："虽已身死，并宜除名。唐奉一配流，李秦授、曹仁哲并改与岭南远恶处"，第 1 册，第 138 页。

② 李昉等编《文苑英华》卷八一三《记十七 · 河渠》，第 5 册，第 4297—4298 页。

③ 郁贤皓将鱼孟威出刺桂州的时代定在"咸通九年—约十二年（868—约 871）"，见《唐刺史考全编》第十五编《岭南道》卷二七五《桂州（始安郡、建陵郡）》，第 3257 页。不知郁氏为何将到期之年置于约 871 年。

"泸州泸川人"。安史之乱时，鱼朝恩以左监门卫将军知内侍省事。当时，九节度使共讨安庆绪于相州，不立统帅，以鱼朝恩为观军容宣慰处置使；唐军收复洛阳后，鱼朝恩升为天下观军容宣慰处置使，专掌神策军大权；以后又加判国子监事，光禄、鸿胪、礼宾、内飞龙、闲厩等使，地位煊赫。他先后被封为冯翊郡公、郡王，[①] 自然是因为冯翊是鱼氏最著名的郡望。

鱼朝恩收养尚可孤为子，"奏姓鱼氏，名智德"。尚可孤属"东部鲜卑宇文之别种，代居松漠之间"，原为安史部将，后来归顺唐朝，为神策军大将，遂为鱼朝恩收养。鱼朝恩死后，尚可孤被赐姓李氏，名嘉勋，后来恢复本来的姓名尚可孤。兴元元年（784）因收复京城之功，"封冯翊郡王"。[②] 冯翊为鱼氏郡望所在，尚可孤虽然恢复了本来的姓名，但这一爵位极可能仍是袭承自已故的养父鱼朝恩。

唐末，宰相崔胤联合朱温诛灭宦官，"时宦官尽死，惟河东监军张承业、幽州监军张居翰、清海监军程匡柔、西川监军鱼全禋及致仕严遵美，为李克用、刘仁恭、杨行密、王建所匿得全"。[③] 鱼全禋为西川监军使，因得到节度使王建的庇护而保全了性命。

综上所考可以发现，中古时期鱼氏族群的分布范围极广，南北各地都有，但主要集中于晋陕交界的黄河两岸，这跟西域鱼国人的迁徙路线息息相关，而且在这一带形成了冯翊、京兆、灵武、晋阳等鱼氏郡望，表明这里确实是鱼氏族群的聚居区。此外，在河北、河南、江南、岭南、剑南等地也有零星的鱼氏人物分布。当然，这只是根据史籍、碑志的记载所作的大致勾勒，并不完整。事实上，其他地区应当也有鱼氏人物存在，如法国国家图书馆藏敦煌文献 P. 2331v《姓氏录》列举了73个姓，其中排在第68位的是鱼姓。需加注意的是，第11—21位为

---

① 《旧唐书》卷一八四《宦官·鱼朝恩传》，第 15 册，第 4763—4765 页。

② 《旧唐书》卷一四四《尚可孤传》，第 12 册，第 3911—3912 页。

③ 《资治通鉴》卷二六四唐昭宗天复三年（903）条，第 18 册，第 8601 页。

“安、康、石、必（毕）、[①] 罗、白、米、史、曹、何、翟” 11 个姓排列在一起，显然都是西域胡姓，大多出自粟特昭武九姓，也有吐火罗、龟兹、翟国姓氏，而“鱼”却未与之连排。[②] 检索土肥义和编撰的《八世纪末期~十一世纪初期　敦煌氏族人名集成》，未见列有鱼氏人物。[③] 这或许说明，西域鱼国人在东迁时即便经过或驻留敦煌，但并未在此地形成聚落。笔者曾在陕西省渭南市以及西安市临潼区、咸阳市长武县与甘肃省定西市陇西县调查鱼氏村落，走访了鱼家村、鱼家门村（图 7-15）、鱼家柯寨村（图 7-16）、鱼家湾、大鹏村等地，时至今日仍有一

图 7-15　陕西省咸阳市长武县洪家镇鱼家门村（作者摄）

---

① “必（毕）”：任占鹏校改作“必（平）”，见《姓氏教材〈敦煌百家姓〉与晚唐五代的敦煌社会》，载《敦煌吐鲁番研究》第 19 卷，上海：上海古籍出版社，2020 年，第 190 页。

② 《法藏敦煌西域文献》第 12 卷，2000 年，第 84 页。该文书还记有“前节度兵马史（使）后□□押衙、银青光禄大夫、检校国子祭酒男龙藏同心供养”，从官衔来看显然属于归义军时期。

③ 土肥义和编《八世紀末期~十一世紀初期　燉煌氏族人名集成：氏族人名篇　人名篇》，东京：汲古书院，2015 年。

图 7-16　甘肃省定西市陇西县柯寨镇鱼家柯寨村（作者摄）

些聚居在一起的鱼氏村落，村民绝大多数姓鱼，一些村中老者依然呈现出鼻梁高耸甚至鹰钩状的相貌，很可能是历史上鱼氏族人的遗留，颇堪吟味。

第八章　步落稽白、鱼二氏的混融与共生

第四章第二节考论“□奴栖＝步落稽＝balïk（鱼）”时，列举出19位北朝时代的步落稽人，其中白氏有两位，即银州白郁久同（闾）、绥州白郎；到了隋代，甚至出现了胡头汉舌的“丹州白室”；入唐以后，绥州白铁余起兵反抗唐朝的统治。为什么步落稽人会以白为姓呢？白氏与鱼氏有着怎样的关系？本书的观点认为，白为龟兹王姓，鱼氏出自鱼国（婆来伽国、跋禄迦国），龟兹与跋禄迦本为邻国，在东迁时混融共生，最后共同定居在晋陕交界的黄河两岸，成为步落稽人。

第一节　步落稽中的白姓及其分布

上举步落稽白氏人物及丹州白室均在晋陕地区，而白为龟兹王姓，[①] 这不由得让人想起西汉在今陕北地区设立的龟兹县。据《汉书》卷二八下《地理志下》记载，上郡辖23县，其中有龟兹县，下注“属

---

① 冯承钧《中亚新发现的五种语言与支白安康尉迟五姓之关系》及《附：论龟兹白姓（向觉明）》《再说龟兹白姓》及《附：论龟兹白姓兼答冯承钧先生（向觉明）》《附：论龟兹白姓兼答刘盼遂先生（向觉明）》，皆见冯承钧《西域南海史地考证论著汇辑》，第158—175页。刘盼遂《唐代白氏为蕃姓之史料二事》，《女师大学术季刊》第1卷第4号，1930年，第199—200页。周一良《北朝的民族问题与民族政策》，《魏晋南北朝史论集》，第165—166页。陈世良《龟兹白姓和佛教东传》，《世界宗教研究》1984年第4期。史晓明《亦论龟兹白姓》，《新疆师范大学学报》2012年第4期，第57—62页。

国都尉治”，颜师古注曰：“龟兹国人来降附者，处之于此，故以名云”。《水经注》卷三《河水》亦云：“帝原水西北出龟兹县，东南流。县因处龟兹降胡著称”。[①] 这批西域龟兹降胡被东徙安置在上郡并设立属国，很可能发生在汉宣帝神爵二年（前 60 年）设置西域都护的前夕。[②]《汉书》卷七〇《郑吉传》云：

> 神爵（前 61—前 58）中，匈奴乖乱，日逐王先贤掸欲降汉，使人与吉相闻。吉发渠黎、龟兹诸国五万人迎日逐王，口万二千人、小王将十二人随吉至河曲，颇有亡者，吉追斩之，遂将诣京师。汉封日逐王为归德侯。吉既破车师，降日逐，威震西域，遂并护车师以西北道，故号都护。都护之置自吉始焉。

此事在该书卷八《宣帝纪》、卷九四上《匈奴传上》、卷九六上《西域传上》亦皆有简略记载，唯未及渠黎、龟兹国人迎匈奴日逐王先贤掸事。匈奴日逐王降汉以后，其部众被郑吉迁徙到河曲。郑吉派遣迎接日逐王的渠黎、龟兹诸国人多达 5 万，其中监护匈奴军众东徙的那部分龟兹国人，极可能也一同被迁至河曲，并在上郡设立龟兹县，置属国以统之。[③]

---

① 陈桥驿《水经注校释》卷三《河水》，第 48 页。

② 陈守忠、陈秀实认为龟兹属国设立于元狩二年（前 121），即西汉攻占河西后将浑邪王部众东迁所设的五属国之一；并推测“必是流落在匈奴中的龟兹随匈奴降汉，被安置于此地，而置龟兹城”，见《两河西、两云中、双龟兹——历史地理考证》，《西北史地》1995 年第 3 期，第 5 页。此说为推测之论，姑且存疑。

③ 关于龟兹县及属国的位置，或认为在陕北榆林古城滩古城、盐湾，或认为在内蒙古乌审旗嘎鲁图镇，或认为在宁夏盐池张家场古城，涉及三个省区，意见极不统一。参陈永中《“龟兹盐池”不在盐池县》，《宁夏师范学院学报》1984 年第 2 期，第 96 页；王北辰《内蒙古乌审旗古代历史地理从考——龟兹县、榆溪塞、契吴山》，《干旱区地理》1989 年第 4 期，第 11—17 页；普慧《两汉上郡龟兹属国及其文化遗存考臆》，《人文杂志》2008 年第 5 期，第 130—138 页；吕波《两汉上郡龟兹县考略》，《榆林学院学报》2011 年第 1 期，第 8—10 页；艾冲、陈娇《两汉上郡龟兹县治城位置新探》，《陕西师范大学学报》2015 年第 5 期，第 5—11 页；马孟龙《响衍抑或龟兹——宁夏盐池县张家场古城考辨》，《中国边疆史地研究》2019 年第 4 期，第 35—47 页。

到东汉时，龟兹县不再设置，但仍保留龟兹属国。[①] 王子今说："上郡'龟兹属国'是目前所见用西域国名命名汉地县的唯一一例"；[②] 但类似的情况其实也有存在，如《汉书》卷九六下《西域传下》颜师古注曰："今雍州醴泉县北有山名温宿岭者，本因汉时得温宿国人令居此地田牧，因以为名"。温宿国在姑墨国西270里，至唐代均为跋禄迦国领地。汉代，龟兹、温宿国人皆被东徙，分别被安置在陕北或关中。可能龟兹降胡人多，在上郡设立了龟兹县，并置龟兹属国进行统治；而温宿降胡则未置县或属国，不过唐武德元年至贞观元年（618—627）从醴泉县析置温秀县，[③] 当即汉代东徙温宿降胡的居住地，说明直到唐初仍有影响。

白作为龟兹王姓，史籍中最早见于东汉时代的白霸。《后汉书》卷四七《班超传》记载建初三年（78），班超攻破姑墨石城后，上疏请兵进击龟兹，提议"今宜拜龟兹侍子白霸为其国王"。这位在汉都洛阳的龟兹侍子取了汉式姓名，可能如姚薇元所言："其以白为氏，盖中国所锡"，[④] 这就是龟兹王族白姓的开始。班超击降龟兹后，废龟兹王尤利多并将之押送至洛阳，立白霸为龟兹王。延光三年（124），班超之子西域长史班勇经营西域，"而龟兹王白英犹自疑未下，勇开以恩信，白英乃率姑墨、温宿自缚诣勇降"。自亲汉派的白霸以后，白作为龟兹王姓得以延续下来。

西晋时，焉耆王龙安对其子龙会说："我尝为龟兹王白山所辱，不

---

① 《续汉书·郡国志五》，收入《后汉书》，第12册，第3524页。

② 王子今《匈奴经营西域研究》，北京：中国社会科学出版社，2016年，第342页。

③ 《旧唐书》卷三八《地理志一》，第5册，第1395页；《新唐书》卷三七《地理志一》，第4册，第963页。

④ 姚薇元《北朝胡姓考（修订本）》外篇《未见魏书官氏志诸胡姓》第九《西域诸姓》之一"白氏"，第398页。

忘于心。汝能雪之，乃吾子也”；后来龙会继位，袭灭白山，占领龟兹。[①] 前秦末吕光西征，主要进攻对象是龟兹国，《晋书》卷一二二《吕光载记》记载当时的龟兹国王为帛纯。吕光占领龟兹，击走帛纯，“立帛纯弟震为王”。《北史》卷九七《西域传》云：

> 龟兹国，在尉犁西北，白山之南一百七十里。都延城，汉时旧国也。去代一万二百八十里。其王姓白，即后凉吕光所立白震之后。……周保定元年（561），其王遣使来献。隋大业（605—617）中，其王白苏尼咥（咥）遣使朝，贡方物。[②]

“白山”即天山，“白震”即前述帛震，“白”“帛”只是不同的汉字译写。隋代龟兹国王以白为姓，这种情况一直持续到唐代，如《新唐书》卷二二一上《西域上·龟兹传》称“姓白氏”，并且提到国王白莫苾。[③] 周一良在指出“白是龟兹国姓”的同时，又认为步落稽中的诸多白姓可能来自西域。[④] 诚如唐长孺所言，步落稽是包括了西域胡、屠各、南匈奴等族在内的民族杂合体。[⑤] 除了第四章所举步落稽白氏人物外，从北魏至唐代，晋陕地区黄河两岸确实有不少白姓胡人，甚至形成

---

① 《晋书》卷九七《四夷·西戎·焉耆国传》，第8册，第2542页。西晋以前，《后汉书》卷八八《西域传》未列龟兹国，情况不甚清楚；不过，该书卷八九《南匈奴传》记载，中平“五年（188），右部醯落与休著各胡白马铜等十余万人反，攻杀单于”，第10册，第2964—2965页。这位白马铜属于休著（即“屠”）各胡，与南匈奴右部醯落一起攻杀单于羌渠。颇疑白马铜为西汉监护匈奴日逐王东徙的龟兹降胡之后裔。换言之，东汉末龟兹属国自称姓白。

② 《隋书》卷八三《西域传》“龟兹”条（点校本二十四史修订本）作“其王姓白，字苏尼咥”，第6册，第2082页。“咥”为“咥”之形近误字。“苏尼咥”又译作“苏尼失”，见《旧唐书》卷一〇九《阿史那社尔传》记载到其叔祖苏尼失，第1册，第100—101页。

③ 同传提到的龟兹王诃黎布失毕、素稽，在《旧唐书》中则作“龟兹王白诃黎布失毕”“龟兹王白素稽”，见卷五《高宗纪下》、卷一〇九《阿史那社尔传》，第1册，第100—101页；第10册，第3289页。

④ 周一良《北朝的民族问题与民族政策》，《魏晋南北朝史论集》，第165—166页。

⑤ 唐长孺《魏晋杂胡考》，《魏晋南北朝史论丛》，第442—444页。

了较大的势力集团。

了解了西域龟兹白氏及其在西汉东迁上郡龟兹县以后，再来看中古时期黄河两岸的步落稽白氏。前秦建元四年（368）十月一日所立的《广武将军□产碑》，碑阴刻有“□威将军酋大白安”“行事白禽”“主簿白国”等人。[①]“酋大”一词为部落酋长，故此可知白氏为胡人，当来自西域龟兹。此碑于1920年出土于今陕西省渭南市白水县史官镇史官村仓颉庙前影壁，后移入西安碑林。白水县在唐代为同州（冯翊郡）辖县，这一带有龟兹白氏部族居住，这也符合前秦时代此地的民族杂居状况。

进入北朝，在黄河东岸也出现了一支太原白氏。《唐白敏中墓志铭并序》追记道：“元魏初，因阳邑侯包为太原太守，子孙因家焉，逮今为太原人也”；[②]《新唐书》卷七五下《宰相世系表五下》“白氏”条记载，白起的“二十三世孙后魏太守邕，邕五世孙建”。白包、白邕大概是北魏时期最早出现的白氏人物，但这毕竟属于后世的追述，难以尽信。如后所述，太原白氏在北朝后期及隋唐时代西渡黄河，进入同州（冯翊郡）境内，又与同州一带的白氏相合流。关于此点，后文有论，这里来谈北魏黄河两岸的白氏胡人。

北魏太宗神瑞二年（415）三月，上党地区出现了一位自号单于的胡人白亚栗斯：

> 河西饥胡屯聚上党，推白亚栗斯为盟主，号大将军，反于上党，自号单于，称建平元年，以司马顺宰为之谋主。夏四月，诏将军公孙表等五将讨之。河南流民二千余家内属。众废栗斯而立刘

---

① 王昶《金石萃编》卷二五，西安：陕西人民美术出版社，1990年，第1册，本卷第6—7页。钱伯泉认为还有一位“白平君”，但似不见于碑文，也不见于钱氏录文，不知何故。他还将“帛初”“帛大谷”2人也归入龟兹白氏。见《汉唐龟兹人的内迁及其扩散》，《西域研究》2001年第2期，第15—16页。

② 吴钢主编《全唐文补遗》第3辑，西安：三秦出版社，1996年，第245页。

虎，号率善王。[①]

这段史料对于说明源自西域龟兹的步落稽白氏极为重要，下面试作分析：

第一，白亚栗斯的活动区域从河西到上党，跨越黄河两岸；而且还提到河南流民2000余家内属，所谓“河南”系指鄂尔多斯高原。这一区域正属于第四章第二节所考论的步落稽胡人的活动范围。

第二，“饥胡”可能是指饥饿的胡人，但也可能为“稽胡”之另译，同为“步落稽”之简称，也可能是魏收使用该词具有双关性的含义。1974年出版的中华书局点校本《魏书》，在“饥胡”的“胡”字下方加了下划线，而“饥”字下方则无之，这意味着点校者是把“饥”字当作“饥饿”之意来对待。林幹甚至径注曰：“饥胡（饥饿的山胡）”。[②] 刘东升则认为，“饥”“稽”二字为音译汉字之异写。[③] 2017年出版的点校本二十四史修订本《魏书》仍然标作“饥胡”。不过，修订本关于该词的点校处理较为混乱，如卷二九《叔孙建传》作“饥胡”，卷三三《公孙表传》、卷一〇五之二《天象志二》、卷一一二上《灵征志上》则皆作“饥胡”。有的加下划线，有的则未加。我们注意到，稽胡有时还写作“嵇胡”，如《朝野佥载》记载“白铁余者，延州嵇胡也”。[④] 考虑到“步落稽”及“稽”为突厥语之汉译，加上白亚栗斯姓白、且为胡名，笔者倾向于认为应该统一点校作“饥胡”。易言之，稽、饥、嵇为同音异译之字。

第三，从白亚栗斯的姓名来看，白为龟兹王姓，名字保留鲜明的胡

---

① 《魏书》卷三《太宗纪》（点校本二十四史修订本），第1册，第64页。

② 林幹《稽胡（山胡）略考》，《社会科学战线》1984年第1期，第152页。

③ 刘东升《中华书局点校本〈魏书〉勘误一则》，《江海学刊》2013年第2期，第110页。

④ 李昉等编《太平广记》卷二三八《诡诈》“白铁余”条引：“白铁余者，延州嵇胡也”，第5册，第1833页。不过，1979年中华书局点校出版的《朝野佥载》第73页则作“白铁余者，延州稽胡也”。

风特点，又自号单于，建立年号，以司马顺宰为谋主，显然受到匈奴与中原两方面制度文化的影响。白亚栗斯极可能来自龟兹，他或其祖上东迁时经由匈奴地区，受到匈奴制度文化的影响，迁至黄河两岸后加入并成为步落稽人。①

第四，关于公孙表等人讨伐白亚栗斯之事，《魏书》卷二四《崔玄伯传》记载，神瑞（414—416）初，“并州胡数万家南掠河内，遣将军公孙表等率师讨之，败绩”；崔玄伯举荐“寿光侯（叔孙）建，前在并州，号为威猛。胡丑畏服，诸将莫及”。尽管传文称“遂平胡寇”，但从上引同书《太宗纪》可知，实际上是饥胡发生内讧，白亚栗斯遭废，刘虎得立，号率善王。卷三三《公孙表传》揭示了这一事件的真相：“时胡内自疑阻，更相杀害，表以其有解散之势，遂不与戍将相闻，率众讨之。法令不整，为胡所败，军人大被伤杀。太宗深衔之”。

继白亚栗斯之后，白龙也举起了反魏大旗。《魏书》卷四上《世祖纪上》记载延和三年（434）七月：

> 命诸军讨山胡白龙于西河。九月戊子，克之，斩白龙及其将帅，屠其城。冬十月癸巳，蠕蠕国遣使朝贡。甲午，破白龙余党于五原。诏山胡为白龙所逼及归降者，听为平民。诸与白龙同恶，斩数千人，虏其妻子，班赐将士各有差。十有一月，车驾还宫。

太延三年（437）：

> 秋七月戊子，使抚军大将军、永昌王健，司空、上党王长孙道生，讨山胡白龙余党于西河，灭之。八月甲辰，行幸河西。九月甲申，车驾还宫。

魏收把白龙的身份标作“山胡”，姚薇元、周一良、唐长孺考证即

① 蒲立本猜想稽胡的语言属于汉藏语言，“白”的多音形式就是步落稽，见 Edwin G. Pulleyblank，“JI HU 稽胡：Indigenous Inhabitants of Shaanbei and Western Shanxi”，E. H. Kaplan and D. W. Whisenhunt（ed.），*Opuscula Altaica：Essays Presented in Honor of Henry Schwarz*，p. 511.

为步落稽胡，周氏甚至说："曹国是昭武九姓国家之一，白是龟兹国姓。胡酋之中这两姓特多，岂非告诉我们可能是来自西域吗？"[①] 从白龙及其余部的活动范围看，东起西河，西至五原，也是跨据黄河两岸，甚至向北到了今内蒙古河套地区。这与白亚栗斯的活动范围基本一致。434年讨伐白龙，北魏世祖亲赴西河，身先士卒，[②] 经过两个月的激烈交战，终于击斩白龙，并屠其城。关于世祖屠城一事，《魏书》中多有记录，[③] 于此可见白龙所率的步落稽集团遭到沉重打击，其余部在翌月及两年后皆被荡平。437 年彻底镇压白龙余部后，北魏世祖再次亲巡西河，亦见对步落稽白氏反抗斗争的重视。

此后，《魏书》卷四下《世祖纪下》记载太平真君六年（445）九月，卢水胡盖吴在杏城聚众反魏，至十一月：

> 盖吴遣其部落帅白广平西掠新平，安定诸夷酋皆聚众应之，杀汧城守将。吴遂进军李闰堡，分兵掠临晋、巴东。……诏殿中尚书乙拔率五将三万骑讨盖吴，西平公寇提三将一万骑讨吴党白广平。盖吴自号天台王，署置百官。……（七年）秋八月，盖吴为其下人所杀，传首京师，永昌王仁平其遗烬。高凉王那破盖吴党白广平，生擒屠各路那罗于安定，斩于京师。

盖吴为卢水胡人，白广平是他的部下，身份为"部落帅"，虽然也同属胡人，但并非卢水胡，而是步落稽，即龟兹白氏后裔，活动在新平

---

① 姚薇元《北朝胡姓考（修订本）》外篇《未见魏书官氏志诸胡姓》第三《匈奴诸姓》之一三"白氏"，第 319 页；周一良《北朝的民族问题与民族政策》，《魏晋南北朝史论集》，第 164—165 页；唐长孺《魏晋杂胡考》，《魏晋南北朝史论丛》，第 440—441 页。

② 《魏书》卷三四《陈建传》（点校本二十四史修订本）记录了世祖亲征的细节："世祖讨山胡白龙，意甚轻之，单将数十骑登山临崄，每日如此。白龙乃伏壮士十余处，出于不意。世祖坠马，几至不测。建以身捍贼，大呼奋击，杀贼数人，身被十余创。世祖壮之，赐户二十"，第 3 册，第 891 页。

③ 《魏书》卷一六《道武七王·阳平王熙传》（点校本二十四史修订本），第 2 册，第 455 页；卷三〇《娥清传》《奚眷传》，第 3 册，第 803、804 页。

郡以东地区。北魏世祖派兵分别征讨盖吴、白广平，也表明白广平是盖吴集团的重要力量，很可能是一支相对独立的力量。446年盖吴被杀，白广平也为高凉王拓跋那所击破。

综上可见，从415年白亚栗斯叛魏到446年白广平被魏军击破，前后长达31年，步落稽白氏多次掀起反抗北魏的斗争，甚至建立政权，产生了很大的影响。

除了反抗者之外，也有一些白氏人物服务于北魏朝廷，如《北史》卷九二《恩幸传》的目录中，李坚后面附有白整，惜正文中仅有“太和（477—499）末，又有秦松、白整，位并长秋卿”等字。[①] 据此可知，白整为北魏高祖的幸臣，担任长秋卿，受到宠幸。该传序文云：“亦有西域丑胡，龟兹杂伎，封王开府，接武比肩。非直独守幸臣，且复多干朝政”，白整当属“龟兹杂伎”而得以封官。

北魏灭亡后，分裂为东、西魏。《隋白仵贵墓志铭并序》记其“祖哲，从魏武入关，授北肆州阳曲县令”，父白贵为冠军县令，他本人官至韩城县令，卒于大业十年（614）。[②] 可知白哲随孝武帝西渡黄河入关，担任西魏的北肆州阳曲县令，其子白贵、孙白仵贵亦均任县令。山西省运城市闻喜县桐城镇邱村出土的《邑子毌丘氏等造像碑》碑阴第五层刻有“邑子白外姬”，胡春涛判断此碑属西魏时期。[③] 至于北周境内的步落稽白氏，见前所述有银州白郁久同（闾）、绥州白郎，不赘言。北齐时太原出现一位著名人物白建，在《北齐书》中有列传，记其为“太原阳邑人也”。姚薇元将之列作西域姓氏，认为是龟兹族。[④]

---

① 《北齐书》卷三三《徐之才传》，第2册，第532—533页；《北史》卷九二《恩幸传》，第10册，第3018、3037页。

② 赵万里编《汉魏南北朝墓志集释》卷一一《白仵贵墓志盖》《白仵贵墓志》，《石刻史料新编》第3辑（4），下册，第217—218页，图版四八六、四八七。

③ 碑文亦见胡春涛《山西五至八世纪造像碑的图像志研究》，第236—238页。

④ 姚薇元《北朝胡姓考（修订本）》外篇《未见魏书官氏志诸胡姓》第九《西域诸姓》之一“白氏”，第402页。

后述白居易自称是白建的后裔，其堂弟白敏中的远祖白包自然也是白建的祖先。从白包、白建均为太原人来看，很可能属于从龟兹东迁的步落稽白氏或其后裔。白建初入大丞相高欢的幕府，主管骑兵曹，“明解书计”；文宣帝天保十年（559），兼领中书舍人；武成帝河清三年（564），突厥南侵代、忻二州，白建驱赶数万匹细马避于五台山谷中，散付给军人牧养，使得“戎乘无损，建有力焉”；后主武平（570—576）末，官至侍中、中书令。[①] 另外，史载武成帝时，“唐邕掌外兵，白建掌骑兵”，[②] 分掌北齐内外马步军权；两人都是太原人，《北齐书》中多处说到“并州赫赫唐与白”“世称唐、白云”，[③] 足见太原唐、白二氏权势之大，分别为胡汉势力之代表。白建明解书计、善于养马，与粟特人擅长经商、牧马颇有相似之处；尤其是在军权的分工上，唐邕、白建分掌外兵、骑兵，这一分工极可能有汉、胡之别。白建不仅善于养马，而且长期任职于骑兵曹，控制北齐的骑兵力量，似也透露出他为步落稽胡人。值得注意的是，《北史》卷五五《白建传》记载北齐后主武平末，“封高昌郡公”。[④] 高昌与龟兹邻近，如果考虑到白建家族源出龟兹，北齐用高昌郡作为他的封爵就显得合情合理。

隋代除了上举韩城县令白仵贵外，在黄河两岸均有白氏造像碑出土，如山西省晋中市寿阳县之《隋仁寿三年（603）四月八日白朋威造观世音像》、陕西省彬州市之《隋白显造道像》。[⑤] 尤其是大业九年（613）正月，“灵武白榆妄称‘奴贼’，劫掠牧马，北连突厥，陇右多

---

① 《北齐书》卷四〇《白建传》，第2册，第532—533页。

② 《北史》卷九二《恩幸·和士开传》，第10册，第3044页。

③ 《北齐书》卷三三《徐之才传》、卷四〇《唐邕传》，第2册，第447、532—533页。

④ 《唐白慎言墓志铭并序》记其曾祖白建为“南昌郡开国公”，见齐运通《洛阳新获七朝墓志》，北京：中华书局，2012年，第224页。“南”字当为“高”之误。龙成松也指出了这一点，见《新出墓志与白居易家族谱系、婚姻问题考论》，《新疆大学学报》2020年第2期，第94页。

⑤ 韩理洲辑校编年《全隋文补遗》，第431、485页。

被其患。遣将军范贵讨之，连年不能克”。[①] 这些隋代白氏人物均活动在步落稽的势力范围内，而“稽胡呼奴为库利”，[②] 他们显然是步落稽人无疑。“白榆妄”，司马光据《略记》作“白瑜娑”，[③] 甚是。“榆”“瑜”音同译异，“妄”“娑”形近致误。姜伯勤对隋朝末的“奴军”起义作过探讨，其中包括灵武白榆娑，以及平凉、陇西、金城、扶风诸郡的奴军，认为他们是北朝“河西牧子”的子孙，为胡族，他重点提到了其中的稽胡。[④] 毗邻关中的陇右也有白氏胡人居住，代表性人物如《隋书》卷五三《刘方传》所附之陈永贵：“陇右胡人也，本姓白氏，以勇烈知名。高祖甚亲爱之，数以行军总管镇边，每战必单骑陷阵。官至柱国、兰利二州总管”。陈永贵原本姓白，被魏征等人称作胡人，自然是从西域东迁到陇右的龟兹胡人或其后裔。同书卷六一《宇文述传》记载“富商大贾及陇右诸胡子弟，述皆接以恩意，呼之为儿。由是竞加馈遗，金宝累积”。这些向宇文述贿赂金宝的陇右诸胡子弟，应当包括陈永贵在内的龟兹白氏，他们从事丝绸之路中转贸易，积聚了许多来自西域的珍宝。

及至唐代，陕北地区爆发了绥州步落稽人白铁余领导的反唐起事，甚至建立了政权。《旧唐书》卷八三《程务挺传》云：“永淳二年(683)，绥州城平县人白铁余率部落稽之党据县城反，伪称尊号，署百官，又进寇绥德，杀掠人吏，焚烧村落，诏务挺与夏州都督王方翼讨之。务挺进攻其城，拔之，生擒白铁余，尽平其余党”。张鷟《朝野佥载》卷三对此事记载甚详：

> 白铁余者，延州稽胡也。左道惑众。先于深山中埋一金铜像于柏树之下，经数年，草生其上。绐乡人曰：“吾昨夜山下过，每见

① 《隋书》卷四《炀帝纪下》（点校本二十四史修订本），第1册，第94页。
② 李吉甫《元和郡县图志》卷三《关内道三》“丹州”条，上册，第75页。
③ 《资治通鉴》卷一八二隋炀帝大业九年（613）条，第12册，第5668页。
④ 姜伯勤《隋末奴军起义试探》，《历史研究》1963年第4期，第151—164页。

佛光。”大设斋，卜吉日以出圣佛。及期，集数百人，命于非所藏处斸，不得。乃劝曰：“诸公不至诚布施，佛不可见。”由是男女争布施者百余万。更于埋处斸之，得金铜像。乡人以为圣，远近传之，莫不欲见。乃宣言曰：“见圣佛者，百病即愈。”左侧数百里，老小士女皆就之。乃以绯紫红黄绫为袋数十重盛像，人聚观者，去一重一回布施，收千端乃见像。如此矫伪一二年。乡人归伏，遂作乱，自号光王，署置官职，杀长吏，数年为患。命将军程务挺斩之。①

《旧唐书》记载白铁余为绥州城平县人，而《朝野佥载》则作延州人，看似矛盾，实际上城平县位于绥州南部，与延州北界相接；尤其是在唐初武德年间（618—626），绥州设总管府，先侨置于延州丰林县，次向东北徙治于延州延川县，最后往西北徙治于绥州城平县的魏平县废城。② 由于绥、延二州毗邻且曾交错侨置，所以不同的史籍对白铁余的籍贯叙述出现了歧异。

白铁余所称之尊号，上引《朝野佥载》作“自号光王”，但《资治通鉴考异》引《朝野佥载》则作“自号月光王”，司马光皆以为误，而是从《实录》作“自称光明圣皇帝”。③ 罗汉、张朝富均认为光明圣皇帝、月光王来源于佛教，强调了白铁余与佛教之间的联系。罗氏还把同为步落稽人的刘萨诃与白铁余联系起来。④ 白铁余以金铜像为道具，固

① 张鷟《朝野佥载》卷三，北京：中华书局，1979 年，第 73 页。

② 《新唐书》卷三七《地理志一》“绥州上郡”条云：“武德三年（620）以归民于延州丰林县侨置，六年徙治延川境，七年徙治魏平”，第 4 册，第 974 页；《旧唐书》卷三八《地理志一》“绥州”条记载侨置于延州丰林、延川县后云：“又移治城平县界魏平废城”，第 5 册，第 1412 页。

③ 《资治通鉴》卷二〇三唐高宗弘道元年（683）条，第 14 册，第 6414 页。

④ 罗汉《剥开蚕茧：在白铁余 682—683 年的佛教运动中的民族、财富和末法意识》，胡素馨编《佛教物质文化：寺院财富与世俗供养国际学术研讨会论文集》，上海书画出版社，2003 年，第 322—331 页；张朝富《白铁余起事佛教背景考察》，《四川大学学报》2012 年第 4 期，第 84—90 页。

然是通过佛教来吸引更多的信众，为反唐斗争积累资金和力量。[①] 事实上，光明圣皇帝、月光王两种说法都对，“光王”前当夺一“月”字。白铁余原本信仰袄教，崇尚火与光明，故称光明圣皇帝；但他又要借助佛教来敛财，以及招徕更多的人众，壮大势力，遂又改饰为佛教中的月光王。而且，两者也具有一定的相通性。《新唐书》卷一一一《王方翼传》记作“妖贼白铁余”，就是从袄教的角度来称呼他的。白铁余最后被程务挺擒斩，步落稽人的反唐斗争为唐军所镇压。

除了反抗者之外，更多的白氏人物则仕于唐朝，为朝廷效力，如开元时幽州节度使张守珪的部将白真陀罗、天宝时平卢节度使刘正臣的部将白秀芝。[②] 史载，开元“二十六年（738），守珪裨将赵堪、白真陀罗等假以守珪之命，逼平卢军使乌知义令率骑邀叛奚余烬于湟水之北，将践其禾稼。知义初犹固辞，真陀罗又诈称诏命以迫之，知义不得已而行。及逢贼，初胜后败，守珪隐其败状而妄奏克获之功。事颇泄，上令谒者牛仙童往按之。守珪厚赂仙童，遂附会其事，但归罪于白真陀罗，逼令自缢而死”。[③] 从张九龄《敕平卢使乌知义书》所叙“春初尚寒，卿将士已下并平安好，今令白真陀罗往，亦赐卿衣一副，至宜领取，遣书指不多及”可知，[④] 白真陀罗在担任幽州节度使府军将之前，是唐廷派往平卢军的使节。大概出使之后就留仕于幽州，成为节度使张守珪的裨将；但白真陀罗毕竟是朝廷使节，所以在“假以守珪之命”之后，

---

① 1981年，陕西省延长县罗子山乡石佛村发现一批佛教石造像，包括佛弟子、菩萨、侏儒等，共7尊，其中有2尊侏儒像，虽然高度不超过80厘米，但肌肉发达，眼球突出，狮鼻大耳，面目狰狞，雄健豪迈，胡风明显，有学者认为属于步落稽的作品。见姬乃军、王沛、陈明德、袁继民《延长发现一批隋唐佛教石造像》，《文博》1990年第3期，第58—59页、图版肆。此地在唐代属于延州，北距绥州城平县不远。

② 《旧唐书》卷一四五《李忠臣传》，第12册，第3940页。

③ 《旧唐书》卷一〇三《张守珪传》，第10册，第3195页。

④ 董诰等《全唐文》卷二八五，第3册，第2894页。

又“诈称诏命”，逼迫平卢军使乌知义讨伐叛奚，结果大败。[1] 真陀罗为一神名，见于日本大阪杏雨书屋藏敦煌文献羽六二八《佛说延寿命经》记载“神名真陀罗”。[2]

安史之乱期间及此后，名将李光弼的手下也有多位白氏人物，或为武将，沙场立功；或为文吏，参议谋划，颇为引人注目。《新唐书》卷一三六《李光弼传》云：“光弼所部将李怀光、仆固怀恩、田神功、李抱玉、董秦、哥舒曜、韩游瓌、浑释之、辛京杲自有传。若荔非元礼、郝廷玉、李国臣、白孝德、张伯仪、白元光、陈利贞、侯仲庄、柏良器，皆章章可称列者，附次左方”。所列 18 人中，白氏占了 2 人。《旧唐书》卷一〇九《白孝德传》明确记载：

> 白孝德，安西胡人也，骁悍有胆力。乾元（758—760）中，事李光弼为偏裨。

白孝德（714—779）为安西胡人，唐代安西都护府设在龟兹，是知白孝德为龟兹胡人。[3] 河阳之役，他自称“国之大将”，单骑渡河，力斩史思明的骁将刘龙仙。此后累立战功，官至安西北庭行营节度、鄜坊邠宁节度使。至于白元光，《新唐书》卷一三六《李光弼附白元光传》则记：“白元光，字元光，其先突厥人”。这很可能是白元光家族在东迁时经由突厥境内入唐，故而被当作突厥人，也可能是突厥人取了龟兹白姓。前一种可能性比较大，这与粟特人史宪诚被记作“奚人”

---

① 参冯培红、冯晓鹃《唐代粟特军将康太和考论——对敦煌文献、墓志、史籍的综合考察》，《敦煌研究》2021 年第 3 期，第 51—52 页。

② 吉川忠夫编集《敦煌秘笈 影片册》第 8 册，大阪：公益财团法人武田科学振兴财团，2012 年，第 315—316 页。

③ 董诰等《全唐文》卷九九九仆罗《诉授官不当上书》中提到“龟兹王子白孝顺”，第 10 册，第 10355 页；《新唐书》卷二二一上《西域上 · 龟兹传》云：“王白莫苾死，子多匝立，改名孝节。十八年（730）遣弟孝义来朝”，第 20 册，第 6232 页。吐火罗人仆罗上书的年代在开元七年（719）。白孝德与白孝顺、白孝节、孝义兄弟皆为龟兹人，姓名中仅末字有异，但时代比后三人要晚，不知他们之间是否有关联？

的情况相类似。[①] 其父白道生历任宁、朔二州刺史，主要活动在步落稽人的生息之地。白元光随李光弼平定安史之乱，后来又多次击破吐蕃军队，[②] 官至灵武留后、定远城使。

与白孝德、白元光为武将不同，李光弼幕府中还有一位出身于胥吏的白志贞。《旧唐书》卷一三五《白志贞传》云：

白志贞者，太原人，本名琇珪。出于胥吏，事节度使李光弼。

白志贞与北齐白建一样是太原人，且仕于河东节度使李光弼的幕府，勤慎能干，"光弼深委信之，帐中之事，与琇珪参决"。唐德宗时，白志贞担任神策军使、兼京城召募使，但所召之人"皆以京师沽贩之徒以填其阙。其人皆在市廛，及泾师犯阙，诏志贞以神策军拒贼，无人至者，上无以御寇，乃图出幸"。[③] 这些京师沽贩之徒，不少为西域胡人。由白志贞统领和召募的神策军众，大多是从事商业的西域胡人，战斗力自然不强，而且他们大多只是在神策军中挂籍，所以 783 年泾原之变发生，神策军竟至无人可用。[④] 这也透露出，白志贞当为迁居中原的龟兹人后裔，才会任命他为神策军使、兼京城召募使，后来官至浙西观察使。

白氏人物最集中的莫过于黄河两岸的晋陕地区，亦即原步落稽的势力范围。《唐白休征墓志铭并序》出土于内蒙古自治区鄂尔多斯市准格尔旗十二连城古城遗址东，墓志记其为太原人，官任银州龙川府长史，卒于开元九年（721）四月九日，与夫人阎氏于"其月十九日合葬于胜

① 参李晓明《唐史孝章家族族属再考》，《西北民族大学学报》2016 年第 6 期，第 96—101 页。

② 《旧唐书》卷一九六《吐蕃传》，第 16 册，第 5241、5243 页。

③ 《旧唐书》卷一三五《白志贞传》，第 11 册，第 3718—3719 页。

④ 这让人想起四年之后，宰相李泌检括居留在京城长安的西域使节，"胡客无一人愿归者，泌皆分隶神策两军，王子、使者为散兵马使或押牙，余皆为卒，禁旅益壮"，见《资治通鉴》卷二三二唐德宗贞元三年（787）条，第 16 册，第 7493 页。性质类同。

州之东原”，[1] 可见该城址即唐胜州城。陕西省榆林市靖边县红墩界镇华家洼林场出土的《唐白敬立墓志并序》记其为秦将白起之后，贯称南阳，“其后子孙沦弃，或逐扶苏有长城之役者，多流裔于塞垣。公家自有唐洎九世，世世皆为夏州之武官”，曾祖白令光、祖白奉林、父白文亮世袭兴宁府都督，他本人历任夏州马步都虞候、鄜州招葺使、延州防御使，景福二年（893）“薨于夏州之故里”，乾宁二年（895）“葬于夏州朔方县”。[2] 横山县横山镇魏墙村出土的《后唐白全周墓志》称其为“唐礼部侍郎居易之后，因官流散，子孙异乡焉”；父白文亮“自河东楼蕃监盛族，萍泛聿来秦土。初游银郡，及于白婆村”；白全周为定难军节度押衙，“兼主回图重务”，其子白友琅亦“主持回易”，负责藩镇的贸易事务。[3] 白全周是否为白居易的后裔可置不论，值得注意的是其父白文亮自河东楼蕃监西渡黄河，来到银州白婆村。“楼蕃”即“楼烦”之异译，唐五代设置牧监。《宋史》卷二六一《白重赞传》即记其为“宪州楼烦人，其先沙陀部族”。此外，五代白奉进为云州清塞军人，“父曰达子，世居朔野”，其女为晋高祖第二子石重信之妃。[4]

众所周知，唐中叶以后，吐蕃势力膨胀，亡国后的吐谷浑人被迫迁居黄河两岸的晋陕一带，并且出现了不少白氏人物，成为吐谷浑的重要部落酋长。周伟洲《吐谷浑史》胪列吐谷浑的氏族、部落，其中就有

---

① 石俊贵主编《托克托文物志》，北京：中华书局，2006 年，上册，第 231—234 页。

② 康兰英主编《榆林碑石》，西安：三秦出版社，2003 年，图版见第 75 页，录文见第 242—243 页。

③ 杜建录、邓文韬、王富春《后唐定难军节度押衙白全周墓志考释》，《宁夏社会科学》2015 年第 2 期，第 129—130 页。关于回图务，参周鼎《晚唐五代的商人、军将与藩镇回图务》，《中国经济史研究》2020 年第 3 期，第 109—121 页。他指出藩镇回图务中的军将，“在经营上呈家族化倾向”，白全周、友琳父子即为其例。

④ 《旧五代史》卷九五《晋书 · 白奉进传》，第 4 册，第 1263—1264 页。

龟兹白氏，具体举出晚唐白义诚与五代白承福、白可久、白铁匮四人。[①] 森部丰、村井恭子也对吐谷浑白氏有所论述。[②] 事实上，早在北魏时代吐谷浑中可能已出现白姓，如《魏书》卷六《显祖纪》记载皇兴三年（469）“十有一月，吐谷浑别帅白杨提度汗率户内附”。我们注意到，北魏显祖曾命长孙观率军讨伐吐谷浑，在曼头山大败可汗拾寅（452—481），拾寅不得已，“复修藩职，遣别驾康盘龙奉表朝贡”。在拾寅的前任可汗慕利延统治时期（436—452），曾“入于阗，杀其王，死者数万人。南征罽宾”，[③] 将其西疆拓至西域。拾寅时代的白杨提度汗、康盘龙极可能就是西域人，前者出自龟兹，后者出自粟特康国。正因为白杨提度汗原本是龟兹人，所以才被称作是吐谷浑的“别帅”。关于吐谷浑白氏，此后直到晚唐五代才又大量出现于晋北地区，如晚唐蔚州刺史“吐浑白义诚”，[④] 五代时“吐浑节度白承福”统率本族三万余帐，从割让给契丹的应州投归后晋，[⑤] 然因“吐浑白可久叛入契丹”，白承福与白铁匮等一同被诛。[⑥] 这些吐谷浑白氏势力颇大，很可能是原来的步落稽白氏加入了吐谷浑，两支出自西域龟兹的白氏在晚唐五代又融为一体。

以上对北魏至五代晋陕一带黄河两岸的白姓人物进行了系统梳理，

---

① 周伟洲《吐谷浑史》，桂林：广西师范大学出版社，2006 年，第 155 页。另参该书第 178—179、193—198 页。

② 森部丰《ソグド人の東方活動と東ユーラシア世界の歴史的展開》第 6 章第 2 节《唐末~宋初の北中国東部における吐谷渾》，大阪：关西大学出版部，2010 年，第 218—226 页；村井恭子《唐末五代オルドス・河東の党項・吐谷渾関係石刻史料——研究状況の紹介と考察——》，《文物考古資料による唐~宋代オルドス地域の歴史的構造の研究》，2015~2017 年度科学研究费补助金（基盘研究 C）成果报告书，2018 年，第 9—13 页。

③ 《魏书》卷一〇一《吐谷浑传》，第 6 册，第 2237—2238 页。

④ 《旧唐书》卷一九下《僖宗纪》，第 3 册，第 707 页。

⑤ 《旧五代史》卷九八《晋书・安重荣传》，第 4 册，第 102 页。

⑥ 《旧五代史》卷八四《晋书・少帝纪四》、卷一一〇《太祖纪一》，第 4 册，第 1114 页；第 5 册，第 1449 页。

可以确认白姓是步落稽中的著姓，当是从西域龟兹东迁融入了步落稽。尤其是陕北地区早在汉代就有龟兹人徙居，此后龟兹人又不断东来，定居在同族人所居之地自然较为便利，遂形成了步落稽著姓白氏。唐代中叶以后，步落稽人逐渐消堙衰歇，而吐谷浑迁徙至晋陕一带，白氏遂又融入吐谷浑之中，成为吐谷浑部族酋长。即便是时至今日，这一地区仍有白姓人物居住，如普慧指出："现今的镇川、盐湾一带有白姓家族，乃大户之家。盐湾有白硷、镇川东有白家墹（属米脂县），皆以白氏为主。据田野调查、走访，镇川、盐湾一带的白氏家族，普遍皮肤白皙，头发弯曲，呈大波浪状，浓眉大眼，双眼皮，鼻梁挺直，很有可能就是龟兹吐火罗人之后裔"。[①] 这种情况跟笔者调查鱼家村的情况颇相类似。

第二节　白居易家族的族属及迁徙路线

中国历史上最著名的白姓人物，自然非唐代大诗人白居易莫属，就是北齐白建的八世孙。关于白居易的族属，学界有过不少讨论，其中颇有持西域龟兹说者。

1949 年，陈寅恪在《岭南学报》发表《白乐天之先祖及后嗣》一文，在考论其先祖时说：

> 鄙意白氏与西域之白或帛氏有关，自不俟言，但吾国中古之时，西域胡人来居中土，其世代甚近者，殊有考论之价值。若世代甚久，已同化至无何纤微迹象可寻者，则止就其仅余之标帜即胡姓一事，详悉考辨，恐未必有何发见。而依吾国中古史'种族之分，多系于其人所受之文化，而不在其所承之血统'之事例言之，（见拙著唐代政治史述论稿及隋唐制度渊源略论稿。）则此问题亦可不辨。故元微之出于鲜卑，白乐天出于西域，固非妄说，却为赘论也（图 8-1）。

---

① 普慧《两汉上郡龟兹属国及其文化遗存考臆》，《人文杂志》2008 年第 5 期，第 136—137 页。

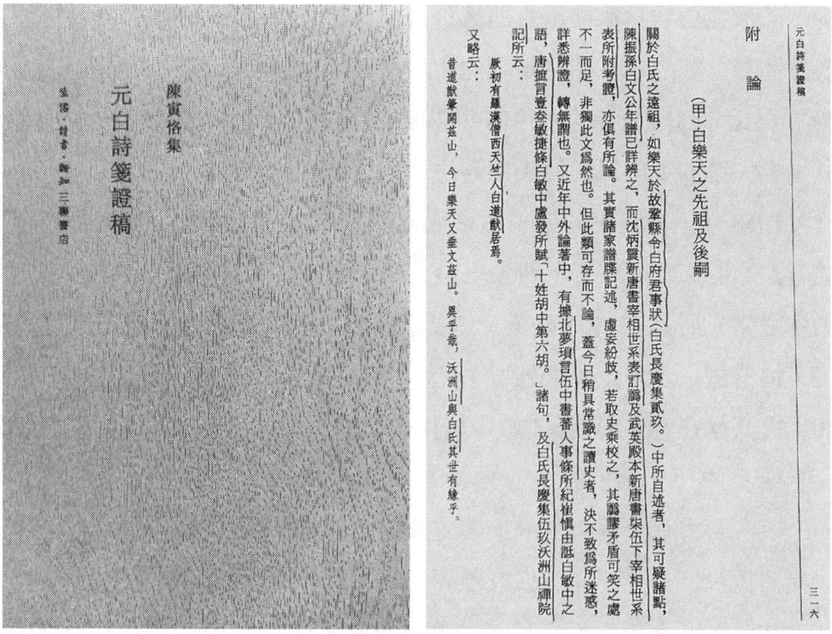

陳寅恪集

元白詩箋證稿

生活·讀書·新知三聯書店

元白詩箋證稿

附　論

（甲）白樂天之先祖及後嗣

關於白氏之遠祖，如樂天於故鞏縣令白府君事狀（白氏長慶集貳玖。）中所自述者，其可疑諸點，陳振孫白文公年譜已詳辨之，而沈炳震新唐書宰相世系表訂譌及武英殿本新唐書柒伍下宰相世系表所附考證，亦俱有所論。其實諸家譜牒記述，虛妄紛歧，若取史乘校之，其譌謬矛盾可笑之處不一而足，非獨此文爲然也。但此類可存而不論，蓋今日稍具常識之讀史者，決不致爲所迷惑，詳悉辨證，轉無謂也。又近年中外論著中，有據北夢瑣言伍中書蕃人事條所紀崔愼由詆白敏中之語，唐摭言壹叁敏捷條白敏中盧發所賦「十姓胡中第六胡。」諸句，及白氏長慶集伍玖沃洲山禪院記所云：

厥初有羅漢僧西天竺人白道猷居焉。

又略云：

昔道猷肇開茲山，今日樂天又垂文茲山。異乎哉，沃洲山與白氏其世有緣乎。

三一六

图 8-1　陈寅恪《元白诗笺证稿》所收《白乐天之先祖及后嗣》首页

他还论及“乐天之父母以亲舅甥为婚配”之事，肯定了“乐天之外祖母乃其祖之女，与其父为同产”，并称“乐天先世本由淄青李氏胡化藩镇之部属归向中朝”，以及谈到其母看花堕井而他却作诗，故遭贬官之事。[①] 陈氏在《唐代政治史述论稿》中进一步指出：“至白氏亲舅甥之婚配，乃新兴阶级之陋习，宜其为尊尚礼法门风之山东旧族所鄙薄。又白香山之违犯当时名教，坐不孝贬官，虽有政治性质，终亦与其门族渊源不无关系”。[②] 白居易（字乐天，自称香山居士）父母以舅甥相婚配，白母堕井身亡而居易作诗，这些被中原门阀旧族所不容的行

① 此据陈寅恪《陈寅恪集．元白诗笺证稿》附论（甲）《白乐天之先祖及后嗣》，第 317—328 页。

② 陈寅恪《唐代政治史述论稿》中篇《政治革命及党派分野》，见《陈寅恪集．隋唐制度渊源略论稿・唐代政治史述论稿》，北京：生活・读书・新知三联书店，2009 年，第 280 页。

为，若放在白居易家族出自西域龟兹白氏这一背景下来理解，或许就可涣然冰释。陈杰就从胡化婚姻的角度探讨了白居易家族的婚配问题，认为“白氏为西域胡姓这一论断并非妄言。白居易之家族既然出于胡种，其婚姻关系和家庭风气浸染胡族之风俗也是理所当然”。[①]

1958年，陈寅恪的弟子姚薇元出版《北朝胡姓考》一书，据《唐摭言》《北梦琐言》所记两条史料，认为白敏中为龟兹族人，由此连带敏中之堂兄居易亦为龟兹族。[②] 限于是书体例，姚氏没有展开详细论证，尚有进一步申论的需要。白敏中在唐武宗、宣宗、懿宗三朝为宰相，尤其是在宣宗前期，“敏中居四辅之首”。[③]《唐摭言》卷一三《敏捷》云：

> 白中令镇荆南，杜蕴常侍廉问长沙，时从事卢发致聘焉。发酒酣傲睨，公少不怿。因改著词令曰：“十姓胡中第六胡，也曾金阙掌洪炉。少年从事夸门第，莫向樽前喜气粗”。卢答曰：“十姓胡中第六胡，文章官职胜崔卢。暂来关外分忧寄，不称宾筵语气粗”。公极欢而罢。[④]

“白中令”指白敏中担任中书令，大中（847—859）末出为荆南节度使。其僚属卢发大概出自范阳卢氏，在一次宴会上夸耀门第。白敏中不悦，自言“十姓胡中第六胡”，并说曾在朝中“掌洪炉”，即执掌鸿胪寺。卢发的对答敏捷巧妙，亦称白为十姓胡中第六胡，但在文学、做官方面都超过了一流门阀崔、卢二氏，以此取悦于白敏中。晚唐时期，白作为胡姓已是众所周知之事，在十姓胡中排名第六，而白敏中也不讳

① 陈杰《胡化婚姻与白居易家族婚配问题探讨》，张建庭主编《杭州文博》第7辑，杭州出版社，2004年，第97—100页。

② 姚薇元《北朝胡姓考》外篇《未见魏书官氏志诸胡姓》第九《西域诸姓》之一“白氏”，北京：科学出版社，1958年，第374—376页；《北朝胡姓考（修订本）》，第400—402页。

③ 《旧唐书》卷一六六《白居易附从父弟白敏中传》，第13册，第4359页。

④ 王定保撰、姜汉椿校注《唐摭言校注》卷一三《敏捷》，第266—267页。

言其胡人出身。关于白为胡姓，《广异记》云：

千年之狐，姓赵、姓张；五百年狐，姓白、姓康。[①]

“狐”即“胡”也。[②] 白姓出自龟兹王族，康属粟特昭武九姓，因为东迁中原的时间不太长，所以从相貌或其他方面或许还能判断出来，故称五百年狐（胡）；而东迁时间更久的胡人冒充汉族大姓赵、张二氏，已经完全汉化，无论在体质抑或文化方面都已经难以判断，故称千年之狐（胡）。白居易家族至晚在北朝已经东迁，到晚唐已有400年左右，可谓五百年胡，从种族文化方面依稀仍可看出一些胡人特征。

《北梦琐言》卷五《中书蕃人事》记载一则故事：

唐自大中至咸通（847—873），白中令入拜相，次毕相諴、曹相确、罗相劭，权使相也，继升岩廊。崔相慎猷曰：“可以归矣！近日中书尽是蕃人。”盖以毕、白、曹、罗为蕃姓也。[③]

“崔慎猷”在两《唐书》中作“崔慎由”，皆有列传或附传，清河武城人，[④] 为汉族门阀大姓。他于大中十一年（857）二月至十二年（858）正月担任宰相，[⑤] 正值白敏中罢相、入相之间，而毕諴、曹确入相是在咸通（860—873）年间。[⑥] 由此可知，崔慎猷任相是在毕、曹二人之前，所谓“可以归矣！近日中书尽是蕃人”，并非其亲口所言，只是后人的戏语，故意借汉族第一高门清河崔氏之口说出。不过，龟兹王

① 李昉等编《太平广记》卷四五〇《狐四》“唐参军”条，第10册，第3678页。

② 陈寅恪《狐臭与胡臭》，《陈寅恪集．寒柳堂集》，北京：生活·读书·新知三联书店，2001年，第157—160页；刘永连《“狐”与“胡”的关系再探》，《陕西师范大学学报》2010年第4期，第149—153页；王青《早期狐怪故事：文化偏见下的胡人形象》，《西域研究》2003年第4期，第93—94页。

③ 孙光宪《北梦琐言》卷五《中书蕃人事》，北京：中华书局，2002年，第97页。

④ 《旧唐书》卷一七七《崔慎由传》，第14册，第4577—4580页；《新唐书》卷一一四《崔融附崔慎由传》，第13册，第4198—4199页。

⑤ 《旧唐书》卷一八下《宣宗纪》，第2册，第636、643页；《新唐书》卷七二下《宰相世系表二下》，第9册，第2744页。

⑥ 《旧唐书》卷一九上《懿宗纪》，第3册，第651、657页；《新唐书》卷七五下《宰相世系表五下》，第11册，第3417—3419页。

姓白，粟特地区有毕、曹二国，[①] 入华吐火罗人自称姓罗，[②] 这四位晚唐宰相恐不无西域胡姓之嫌疑。尽管到晚唐时代，原本出自西域胡人的后裔已经日益汉化，几乎看不出明显的民族特征，但是史籍的记载仍会透露出一些蛛丝马迹。以毕諴为例，他曾任驾部员外郎、仓部郎中，“故事：势门子弟，鄙仓、驾二曹，居之者不悦。唯諴受命，恬然恭逊，口无异言”；大中（846—859）末，党项羌叛扰河西，“諴即援引古今，论列破羌之状”，并被任命为邠宁节度、河西供军安抚等使，“諴至军，遣使告喻叛徒，诸羌率化”；咸通二年（861），“改太原尹、北都留守、河东节度使。太原近胡，九姓为乱。諴明赏罚，谨斥候，期年诸部革心”。[③] 毕諴之父毕匀“为盐估”，[④] 门第卑微，不同于高门势族，故而毕諴甘居仓、驾二曹。他熟习民族事务，遣使告喻便令诸羌率化，九姓胡革心，这不禁让人想起西魏粟特人史宁说服凉州，“城中吏民皆相率降附”；[⑤] 鱼国人虞庆则出任石州总管，“境内清肃，稽胡慕义而归者八千余户”。[⑥] 因此，颇疑毕諴也出自粟特毕国，故能顺利地处理好民族事务。他在太原“求丽姝，盛饰使献”宰相令狐绹，又向唐宣宗进献李玄伯为太医，而玄伯为宣宗炼治丹剂，致其驾崩，“懿宗立，收玄伯及方士王岳、虞芝等，俱诛死”。[⑦] 这与西域胡人追求奢侈享

---

① 《隋书》卷八三《西域传》“安国”条所附毕国、“曹国”条（点校本二十四史修订本），第6册，第2080、2085—2086页。另参蔡鸿生《唐代九姓胡与突厥文化》，北京：中华书局，1998年，第1—3、74—80页。

② 王腾《隋唐五代西域罗氏流寓中国与敦煌罗氏家族研究》，郑炳林主编《敦煌归义军史专题研究三编》，兰州：甘肃文化出版社，2005年，第634—692页。

③ 《旧唐书》卷一七七《毕諴传》，第14册，第4608—4609页。

④ 《新唐书》卷一八三《毕諴传》，第17册，第5379页。

⑤ 《周书》卷二八《史宁传》，第2册，第466页。

⑥ 《隋书》卷四〇《虞庆则传》（点校本二十四史修订本），第4册，第1329页。

⑦ 《新唐书》卷一八三《毕諴传》，第17册，第5380页。

乐、[1] 精通医药方术可能都有密切关系。需加注意，一同被诛的虞芝极可能就是一位鱼国人。以上种种迹象似乎透露出毕諴为粟特毕国人之后裔，而与之同列的白敏中、曹确、罗邵三位宰相也可能是西域胡人。

1983年，魏长洪发表《白居易祖籍新疆库车摭谈》一文，依据白居易《沃洲山记》及《述异记》两条史料，旗帜鲜明地提出白居易为龟兹人的观点。[2] 对于这两条史料，尚需作进一步的分析。《沃洲山记》略云：

> 晋、宋以来，因山洞开，厥初有罗汉僧西天竺人白道猷居焉。次有高僧竺法潜、支遁（道）林居焉。次又有……凡十八僧居焉。……故道猷诗云："连峰数千里，修林带平津。茅茨隐不见，鸡鸣知有人"。……太和二年（828）春，有头陀僧白寂然来游兹山，见道猷、支、竺遗迹，泉石尽在，依依然如归故乡，恋不能去。……六年夏，寂然遣门徒僧常贽自剡抵洛，持书与图诣从叔乐天，乞为《禅院记》云。昔道猷肇开兹山，后寂然嗣兴兹山，今日乐天又垂文兹山。异乎哉！沃洲山与白氏其世有缘乎（图8-2）！[3]

记文提到东晋、刘宋时期的"罗汉僧西天竺人白道猷"与唐代的"头陀僧白寂然"。《述异记》也记载，章安县西有赤城山，"晋泰元（376—396）中，有外国道人白道猷居于此山"。[4] 白居易与白道猷的生

---

① 参葛承雍《中古时代胡人的财富观》，《丝绸之路研究集刊》第1辑，2017年，第1—15页。

② 魏长洪《白居易祖籍新疆库车摭谈》，《新疆大学学报》1983年第2期，第107—113页。

③ 白居易《白氏长庆集》卷六八，北京：文学古籍刊行社，1955年，第3册，第1693—1694页。又参俞国璋编著《新昌历代碑刻》，北京：文物出版社，2019年，第42—43页。后书有浙江省新昌县博物馆藏南宋重刻《沃洲山记》碑拓图版。对比文集、碑刻，唯一字有异，当以碑刻"道"字为确，而非文集之"遁"。

④ 李昉等编《太平广记》卷二九四《神四》"白道猷"条，第6册，第2341页。

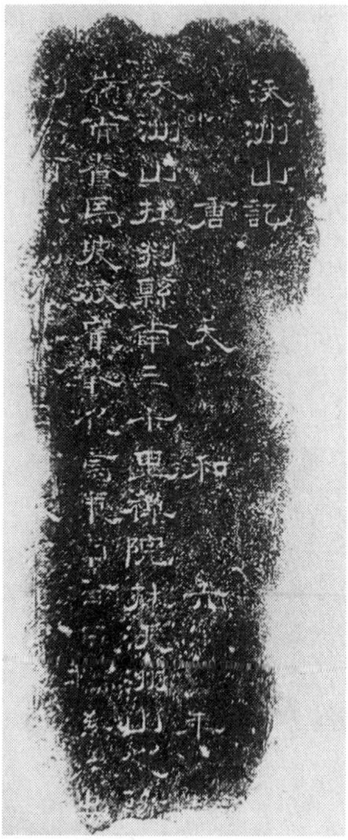

图 8-2 浙江省新昌县博物馆藏《沃洲山记》拓片（采自《新昌历代碑刻》第 42 页）

活时代相去约 400 年，且称白道猷为西天竺人，所以两人之间当无关联。白寂然与白居易生活在同时代，称白居易为从叔，并命门徒自剡溪至洛阳，请求撰写《沃洲山记》，记文也追述到白道猷从西域来到沃洲山之事。白寂然在《宋高僧传》卷二七有传，云："释寂然，姓白氏，不知何许人也。名节素奇，踵四圣种，故号头陀焉"。[①] 白居易与头陀僧白寂然为从叔侄关系，究竟是真实抑或攀附，尚难确定。[②] 魏长洪据《沃洲山记》《述异记》等史料，认为"佐证了白居易与白道晋、白寂然之间的血缘关系。白道猷是东晋时到内地传播佛教的沙门僧，可以肯定的说是白居易的先祖"；然后从白道猷来自西域出发，结合龟兹王姓为白，断定"白居易的先祖白道猷是龟兹白氏王族的本家同宗"。[③] 然而，从以上两篇史料根本得不出白居易与白道猷之间存在血缘关系，无法断定后者是前者的先祖；而白道猷为西天竺人，是否为龟兹王族亦难以证实。

2001 年，钱伯泉揭出一方《唐皇甫炜夫人白氏墓志》，志文记载"其先太原人也"，为白敏中之女，亦即白居易之堂侄女，特别是提到了"既我唐受命，孝德以破虏安边，军功为最"。前述白孝德为安西胡

① 赞宁《宋高僧传》卷二〇《感通篇第六之三·唐潞州普满传》，下册，第 523 页。

② 白居易《白氏长庆集》卷一九有一首《寄白头陀》，第 1 册，第 487 页。亦未言及两人有亲属关系。

③ 魏长洪《白居易祖籍新疆库车摭谈》，《新疆大学学报》1983 年第 2 期，第 110—111 页。"晋"字当为"猷"之误。

人，钱氏据此认为白居易家族亦为龟兹人。[①] 这条材料可以说是证明白居易家族为龟兹后裔的极有力的证据之一。2016 年，薛宗正、霍旭初在《龟兹历史与佛教文化》一书中亦说：“唐代三大诗人之一的白居易就是白孝德的后裔”。[②] 2018 年，范兆飞对太原白氏作过个案考察，认为“太原白氏是中古时期名不见经传的次等士族，其族属极可能是西域的龟兹族”。不过，他只是考察了太原白氏的远古祖先，而对北齐白建以降的家族世系基本未作探讨，附录二《中古太原白氏世系简图》给出了包括白建以下 9 代人物在内的世系表。[③]

要考证白居易是否为龟兹人后裔，确非易事，尤其是《旧唐书》卷一六六《白居易传》云：“自锽至季庚，世敦儒业，皆以明经出身。季庚生居易”，可知白居易家族从事儒学、考取明经，但也只是白锽、季庚、居易祖孙三代而已，白锽、季庚父子官至县令、别驾。经过白家三代习儒，汉化逐渐加深，到白居易时自称“仆本儒家子”，[④] 更加不易辨别其族属。然而，细绎相关史料记载，还是能够发现一些蛛丝马迹。

第一，白居易的母亲看花堕井而他却作诗，透露出与传统名教不一样的风习。元和五年（810），白居易因母亲陈氏去世，回到下邽老家服丧，但五年后，遭到宰相、中书舍人王涯等人的排挤，“言浮华无行，其母因看花堕井而死，而居易作《赏花》及《新井》诗，甚伤名教”，

---

① 钱伯泉《汉唐龟兹人的内迁及其扩散》，《西域研究》2001 年第 2 期，第 15—18 页。

② 薛宗正、霍旭初《龟兹历史与佛教文化》，北京：商务印书馆，2016 年，第 181 页。张春海、孙妙凝在采访薛宗正后，发表了一篇报道文章《学者著书论证纷争或将再起：白居易系西域龟兹王族后裔?》，《中国社会科学报》2016 年 5 月 9 日第 1 版。

③ 范兆飞《士族谱系的变奏——基于中古太原白氏的个案考察》，《中华文史论丛》2018 年第 4 期，第 117—147 页。

④ 白居易《白氏长庆集》卷一一《郡中春宴因赠诸客》，第 1 册，第 259 页。

被外贬为江州司马。[①] 需要注意的是，此事并非发生在陈氏去世后的服丧期间，而是在其死后五年。这是白居易的政敌借有伤名教之名，在政治上对他进行打击。

第二，白居易生性耽爱西域音乐，尤其喜听龟兹琵琶。他曾撰《琵琶引》《听李士良琵琶》《春听琵琶兼简长孙司户》《听琵琶妓弹略略》《听曹刚琵琶兼示重莲》《代琵琶弟子谢女师曹供奉新调弄谱》等诗作，[②]《江南遇天宝乐叟》亦记此乐叟在安史乱前"入梨园，能弹琵琶和法曲"，[③] 足见白居易对琵琶乐曲极为钟情，而最著名的则属龟兹琵琶。史载，"周武帝聘虏女为后，西域诸国来媵，于是龟兹、疏勒、安国、康国之乐，大聚长安。胡儿令羯人白智通教习，颇杂以新声"；[④]"周武帝时，有龟兹人曰苏祇婆，从突厥皇后入国，善胡琵琶"。[⑤] 在诸国乐中，龟兹乐排在首位，白智通应当与苏祇婆一样都是龟兹乐人。隋炀帝定《九部乐》，其中《龟兹》乐条下记"令乐正白明达造新声"。[⑥] 可见在周隋之际，以龟兹乐为首的西域胡乐大量涌入长安，龟兹乐人白智通、苏祇婆、白明达善弹琵琶，担任教习。唐元和十一年（816），白居易在浔阳江头湓浦口送客，夜闻舟中琵琶声，邀为弹奏，"初为《霓裳》后《绿腰》"。[⑦] 他曾撰《霓裳羽衣歌》，记其陪侍唐宪宗内宴，"千歌百舞不可数，就中最爱霓裳舞"；[⑧] 而《杨柳枝词八首》首句

---

① 《旧唐书》卷一六六《白居易传》，第13册，第4334—4345页。

② 白居易《白氏长庆集》卷一二、一六、一七、二四、二六，第1册，第292—293、413、437、640、679页；卷三一、三二，第2册，第829页。

③ 白居易《白氏长庆集》卷一二，第1册，第272页。

④ 《旧唐书》卷二九《音乐志二》，第4册，第1069页。

⑤ 《隋书》卷一四《音乐志中》（点校本二十四史修订本），第2册，第374页。

⑥ 《隋书》卷一五《音乐志下》（点校本二十四史修订本），第2册，第409页。此条即系于"龟兹乐"下。

⑦ 白居易《白氏长庆集》卷一二，第1册，第292—293页。

⑧ 白居易《白氏长庆集》卷二一，第1册，第533页。

为“六幺水调家家唱”,[①]“六幺”即“绿腰”。大中元年（847）白居易去世，唐宣宗以诗吊之，中有“胡儿能唱《琵琶》篇”一句,[②] 甚堪玩味。白居易如此钟情于龟兹琵琶，固然是因为龟兹乐在当时社会颇为风靡，同时也可能与他本身是龟兹人后裔不无关系。此外，白居易还创作了《胡旋女》《西凉伎》《小童薛阳陶吹觱篥歌》《柘枝妓》《看常州柘枝赠贾使君》《伊州》《柘枝词》《凉州》《和同州杨侍郎夸枝见寄》《何满子》等与西域胡乐有关的诗作。[③] 在白居易的身上弥漫着浓郁的西域胡风。

第三，白居易的诗中经常提到一些源自西域的物品，如银瓶、胡饼、三勒浆等。银瓶又称银胡瓶，有的边饰鎏金。[④]《井底引银瓶》云：“井底引银瓶，银瓶欲上丝绳绝”;[⑤]《琵琶引并序》亦有“银瓶乍破水浆迸”句。胡饼是西域传来的食品，深受白居易的喜爱，他曾撰有《寄胡饼与杨万州》。[⑥] 三勒浆主要出自波斯，唐代上层社会宴饮常用,[⑦] 白居易《寄献北都留守裴令公并序》在“为穆先陈醴”句下自注：“居易每十斋日在会，常蒙以二勒汤代酒也”。[⑧]“二”字疑为“三”之讹，二勒汤即三勒浆。在白居易的日常生活中，上述物件与食品当是常用之

---

① 白居易《白氏长庆集》卷三一，第2册，第820页。

② 王定保撰、姜汉椿校注《唐摭言校注》卷一五《杂记》，第294页。

③ 白居易《白氏长庆集》卷三、四、二一、二三、二五，第1册，第85、98、535—536、594—595、598、662、668页；卷三一、三二、三五，第2册，第810、834、930页。

④ 杨瑾《说唐墓壁画中的胡瓶》，陕西历史博物馆编《唐墓壁画国际学术研讨会论文集》，西安：三秦出版社，2006年，第251—266页；高启安《胡瓶传入和唐人注酒方式的改变》，《丝绸之路研究集刊》第1辑，2017年，第80—92页。

⑤ 白居易《白氏长庆集》卷四，第1册，第108—109页。

⑥ 白居易《白氏长庆集》卷一八，第1册，第451页。

⑦ 陈明《“法出波斯”：“三勒浆”源流考》，《历史研究》2012年第1期，第4—23页；乔天《唐代三勒浆杂考》，《唐史论丛》第25辑，西安：三秦出版社，2017年，第205—221页。

⑧ 彭定求等编《全唐诗》卷四五七，第14册，第5182页。

物，这也说明他对源自西域的物品非常熟悉。

从以上所述情况来看，白居易家族极可能是龟兹白氏的后裔，确切地说，是从龟兹东迁的步落稽人。其祖上东迁以后，先居住在太原，后来又沿着汾河而下，渡过黄河进入今陕西境内。《旧唐书》卷一六六《白居易传》记其为“太原人。北齐五兵尚书建之仍孙”，并云：“初，建立功于高齐，赐田于韩城，子孙家焉，遂移籍同州。至温徙于下邽，今为下邽人焉”。[①] 白居易为其父白季庚所撰《襄州别驾府君事状》有更详细的记载：

> 初，高祖赠司空，有功于北齐，诏赐庄、宅各一区，在同州同（韩）城县，至今存焉。故自司空而下、都官郎中而上，皆葬于韩城县。今以卜归不便，遂改卜巩县府君及襄州别驾府君两茔于下邽县义津乡北原。其两茔同兆域而异封树，盖从时宜，且叶吉也。[②]

“高祖”指白建，除赐田外还被赏赐庄、宅，位于同州韩城县，白建家族遂从并州太原迁居到同州韩城。尽管历经北齐、北周、隋、唐的时代变迁，且白居易的曾祖父白温又进一步迁居到下邽县，但直到白居易生活的中唐时代，其家族在韩城的家业仍然存在，从白建（赠司空）到白志善（检校都官郎中白温之父）三代人的墓葬也都在韩城县。[③] 不过，陈寅恪以白建所赐庄宅在北周境内为由，质问“何得越在同州韩城即仇雠敌国之境内乎？其为依托，不待辨论也”，进而认为“后来子孙

---

① 《旧唐书》卷一六六《白居易传》，第 13 册，第 4340 页。

② 白居易《白氏长庆集》卷四六，第 2 册，第 1131—1134 页。

③ 《襄州别驾府君事状》中的“都官郎中”，据《旧唐书》卷一六六《白居易传》可知是白温，都官郎中实际上是他的检校官。从白建到白温，中经白士通、白志善两代。第 13 册，第 4340 页。

远攀异国之贵显，遂致前代祖宗横道李树代桃之厄耶！”[①] 东魏、北齐与西魏、北周对峙时期，边境经常交战，互相争夺土地，黄河两岸处在两国之间，时而属北周，时而属北齐，乃是常事。韩城扼守龙门关，更是双方必争之地，屡次易手。《周书》卷三五《薛端传》云：“魏孝武西迁，太祖令大都督薛崇礼据龙门，引端同行。崇礼寻失守，遂降东魏”；《北齐书》卷二〇《薛循义传》记其在北魏末为龙门镇将，“武帝之入关也，高祖奉迎临潼关，以修义为关右行台，自龙门济河。西魏北华州刺史薛崇礼屯杨氏壁，修义以书招之，崇礼率万余人降”；侄子薛震于“天平（534—537）初，受旨镇守龙门，陷于西魏”。[②] 据《新唐书》卷七五下《宰相世系表五下》记载，“白建字彦举，后周弘农郡守、邵陵县男”，他很可能在北齐末年投奔北周，迁居韩城，并被任命为弘农郡守。白建率领家族从河东太原沿汾河而下，在龙门关西渡黄河，到达河西的同州韩城县，“移籍同州”。这一迁徙路线也是步落稽人常走的路线。党康琪认为，“太原是白居易的远祖籍贯，渭南是白居易父祖的安葬地，新郑是白居易的出生地，洛阳是白居易的安葬地，新郑、符离、渭南和洛阳又是白居易家人的客籍地，至于韩城，确实是白居易的祖籍”。[③]

前面提到，隋代白仵贵为韩城县令，然不知与白建家族有无关联。陕西省渭南市韩城市苏东乡出土了白居易的堂弟白公济及其子白敬宗的墓志，现藏于韩城市博物馆，有力地证实了白建从太原移家同州韩城，

---

① 陈寅恪《陈寅恪集·元白诗笺证稿》附论（甲）《白乐天之先祖及后嗣》，第 317 页。关于白建韩城依托说，又见同集之《唐代政治史述论稿》中篇《政治革命及党派分野》，第 280 页。苏利国指出多方白居易家族墓志记载中的歧异之处，认为白居易不是白建之后裔，见《出土墓志与白居易家族世系新考》，《社会科学论坛》2021 年第 6 期，第 90—99 页。

② 《北齐书》卷二〇《薛循义传》，第 1 册，第 275—277 页。

③ 党康琪《白居易祖籍考》，《渭南师范学院学报》2013 年第 11 期，第 43—46 页。

为确凿之事。《唐白公济墓志铭并序》云：

> 府君讳公济，字子捷，本太原人也。秦将武安君起之苗裔。远代意慕中华，徙居同州韩城县临汾乡紫贝里居焉。……大和五年辛亥岁（831）五月十八日终于私第。……府君与姚氏夫人大中九年岁次乙亥（855）十一月丁未朔四日己酉，合葬于东原，去庄三里，祔先茔域也（图 8-3）。①

图 8-3　《唐白公济墓志铭并序》（刘姗提供）

最堪注意的是“远代意慕中华”一句，是说白公济家族原非中华人士，而是从西域龟兹迁居中原华夏的少数民族。这条材料为白居易家族出自龟兹又添一力证。白氏起初入居于太原，后来徙至同州韩城县临汾乡紫贝里。墓志记载白公济有子 6 人，其中第四子为白敬宗。《唐白敬宗墓志铭并序》云：

> 府君讳敬宗，字子肃，其先太原晋阳人也。……府君七代祖建，齐中书令、赠司空，有功于齐，诏赐庄、宅二所，在同州韩城

---

① 吴钢主编《全唐文补遗》第 5 辑，西安：三秦出版社，1998 年，第 435 页。

县临汾乡紫贝里，府君所居者是也。高祖温，不仕。曾若镛，唐朝散大夫、秘书郎。祖季论，坊州宜君县令。父公济，不仕。叔伯等尽皆进士出身，累登科第。名显于四夷，位达于一品。故不书耳。府君不仕，……会昌六年（846）八月二十日终于私第（图 8-4）。①

图 8-4　《唐白敬宗墓志铭并序》（刘姗提供）

白公济、敬宗父子居住在同州韩城县临汾乡紫贝里，皆卒于家中，墓志也都出土于当地，表明直到 9 世纪白氏家族仍有人生活在韩城，此二方墓志可谓铁证。白居易与白公济为同辈兄弟，与白敬宗为堂叔侄，白温以上系共祖。关于白温，墓志记其“不仕”，应当是准确的，而《旧唐书・白居易传》记白温为“检校都官郎中”，只是检校官，并非实职。白温向南迁徙到下邽，子白锽、孙季庚、曾孙居易属于南迁一支，但子白若镛、孙季论、曾孙公济、玄孙敬宗一支则仍然留在韩城老家。党康琪指出，今韩城市有白家原、白田村、白田沟、白家沟、白家

① 吴钢主编《全唐文补遗》第 1 辑，西安：三秦出版社，1994 年，第 413 页。

庄、白村、白家洼、白家岭、白家山等名；[①] 韩城市人民政府网站也介绍，当地今有白、雷、郭、张、高等大姓，其中白姓在韩城南北均有分布，也有以白氏命名的村庄如白村等。[②] 这些虽然不能说完全与白建家族有关，但肯定是步落稽白氏的后裔。

白温一支从韩城县南徙至下邽县，遂为下邽人。垂拱元年（685）以前，两县皆隶属于同州，此后下邽县移隶于华州。从现存史料可知，白温一支除儿子白锽外，另一子白鏻也迁居华州下邽，这表明白温是举家从韩城迁至下邽。

白居易撰《故巩县令白府君（锽）事状》记其为白温第六子，大历八年（773）病卒于长安，“以其年权厝于（下）邽县下邑里”，“元和六年（811）十月八日，孙居易等始发护灵榇，迁葬于下邽县北义津乡北原而合祔焉”。白锽有五子：季庚、季般、季轸、季宁、季平。[③] 前揭《襄州别驾府君（白季庚）事状》记其卒于贞元十年（794），“至元和六年（811）十月八日，嗣子居易等迁护于下邽县义津乡北原，从巩县府君宅兆而合祔焉”；其夫人陈氏于“元和六年四月三日，殁于长安宣平里第，享年五十七；其年十月八日，从先府君祔于皇姑焉”。由此可知，白居易是在811年母亲陈氏死后，于十月八日将父母及祖父白锽一同迁葬下邽老家，即下邽县义津乡北原。《故巩县令白府君（锽）事状》又记白温之父白志善以上“皆葬于韩城县。今以卜归不便，遂改卜巩县府君及襄州别驾府君两茔于下邽县义津乡北原”，即言白温之子白锽（巩县令）、孙白季庚（襄州别驾）皆葬于下邽县。《事状》还提到夫人颍川陈氏之“妣太原白氏夫人”，为陈润之妻，[④] 亦即白居易的外祖母。白居易撰《唐陈润

---

① 党康琪《白居易祖籍考》，《渭南师范学院学报》2013年第11期，第46页。

② www. hancheng. gov. cn/info/contentView. jsp? info_ id = 37692&site_ id = CMShc

③ 白居易《白氏长庆集》卷四六，第2册，第1130—1131页。

④ 白居易《白氏长庆集》卷四六，第2册，第1131—1134页。

夫人白氏墓志铭并序》云："夫人太原白氏，其出昌黎韩氏，其适颍川陈氏，享年七十，唐和州都督讳士通之曾孙，尚衣奉御讳志善之玄孙，都官郎中讳温之孙，延安令讳锽之第某女，韩城令讳钦之外孙，故鄜城尉讳润之夫人，故颍川县君之母，故大理少卿、襄州别驾讳季庚之姑，前京兆府户曹参军翰林学士白居易、前秘书省校书郎行简之外祖母也"。由此可知，白居易的外祖母白氏，是祖父白锽之女，这也就是学界所说白居易的父母为舅甥婚的问题。贞元十六年（800），白锽之女在徐州古丰县病死，权窆于符离县之南，"至元和八年（813）春二月二十五日，改卜宅兆于华州下邽县义津乡北原"，[①] 也迁葬到下邽老家。

据《襄州别驾府君（白季庚）事状》可知，白季庚有子四人：幼文、居易、行简、金刚奴。《旧唐书·白居易传》记载，元和"六年（811）四月，丁母陈夫人之丧，退居下邽"；他还写过《下邽庄南桃花》《自河南经乱关内阻饥兄弟离散各在一处因望月有感聊书所怀寄上浮梁大兄於潜七兄乌江十五兄兼示符离及下邽弟妹》等诗作。[②] 白居易原来打算死后也葬在下邽老家，甚至在生前自撰《醉吟先生墓志铭并序》，称"以某年月日，葬于华州下邽县临津里北原，祔侍御、仆射二先茔也"。"侍御"指其祖父侍御史白锽，"仆射"指其父赠右仆射白季庚。[③] 白居易为三弟行简撰写的《祭弟文》亦言："下邽北村尔莹（茔）之东，是吾他日归全之位"。[④] 不过，白居易后来改变了主意，"遗命不归下邽"，别葬于洛阳龙门香山如满师塔之侧。[⑤] 四弟金刚奴早夭，白居易撰《唐太原白氏之殇墓铭并序》云："白氏下殇曰幼美，小字金刚奴"；"九岁不幸遇疾，夭徐州符离县私第；贞元八年（792）九月，权窆于县南原；元和八年（813）春二月二十五日，改葬于华州下

① 白居易《白氏长庆集》卷四二，第2册，第1064—1065页。
② 白居易《白氏长庆集》卷一三，第1册，第306、第320页。
③ 白居易《白氏长庆集》卷七一，第3册，第1777页。
④ 白居易《白氏长庆集》卷六九，第3册，第1711—1712页。
⑤《旧唐书》卷一六六《白居易传》，第13册，第4358页。

邽县义津乡北冈，祔于先府君宅兆之东三十步”。[①]

至于白鏻一系，也同样生活在下邽，并且死后也都葬在当地。《唐白季康墓志铭并序》云：“祖讳志善，尚医奉御。父讳鏻，杨（扬）州录事参军。公即录事府君次子，历华州下邽尉”云云；白季康卒于溧水县令任上，“归葬于华州下邽县某乡某原”；其后夫人敬氏，亦“以大和七年（833）正月某日寝疾，终于下邽别墅”。[②] 其子敏中，“大和七年（833），丁母忧，退居下邽”。[③]《唐白敏中墓志铭并序》记其于咸通二年（861）七月十五日卒于凤翔，“以其年十月三十日归葬于华州下邽县义津乡洪义原。前崔夫人合祔，从先茔，礼也”（图 8-5）。[④]

图 8-5　陕西省渭南市临渭区龙背街道北程村白居易家族墓地及白温墓（作者摄）

综上所考，白温一支从韩城县南迁到下邽县后，一直生活在这里；除白居易卒葬于洛阳之外，家族中其他人死后均葬在下邽县义津乡。这里成了步落稽白温家族的重要定居地。

① 白居易《白氏长庆集》卷四二，第 2 册，第 1066 页。
② 白居易《白氏长庆集》卷七〇，第 3 册，第 1735—1736 页。
③《旧唐书》卷一六六《白居易附白敏中传》，第 13 册，第 4358 页。
④ 吴钢主编《全唐文补遗》第 3 辑，第 246—247 页。

第三节　龟兹白氏、跋禄迦鱼氏的东徙与混融共生

在西域地区，龟兹与跋禄迦国（鱼国）比邻而居，物产、风俗、文化相同，前者势力较大，一度统治过后者。即便时至今日，库车（古龟兹）、阿克苏（古跋禄迦）仍有隶属关系，只不过关系与古代刚好相反，两者同为县级市，但阿克苏市为地区行政公署所在地，库车市为阿克苏地区所辖。由此可见，自古及今两者之间的关系一直极为密切。

在历史上，龟兹人、姑墨（即婆来伽、跋禄迦、鱼国）人皆曾向东迁徙，大多定居在黄河两岸的晋陕一带。对于东徙的龟兹人，汉代设置了龟兹县、龟兹属国进行管理；而东徙的鱼国人则在北朝隋唐时形成了步落稽势力集团。

上章考察了鱼部族东迁以后的分布范围，主要分布在西起灵武回乐，南至京兆栎阳、冯翊下邽，东到并州晋阳等地，大体在《周书》卷四九《异域上·稽胡传》所记步落稽的分布范围："自离石以西、安定以东，方七八百里"，甚至还有所拓展。这一地域也正好与本章前两节所考察的东徙龟兹白氏的分布范围相符合，即黄河两岸的晋陕一带。鱼、白二氏的活动区域之所以如此吻合，究其原因，就是因为他们原本都来自西域塔里木盆地北缘，生活习性、文化风俗相同，在向东迁徙的过程中自然而然地聚集在了一起。这种情况可以拿前述襄阳鱼弘来作类比。襄阳是南来北往的交通枢纽之地，汉末以来有不少粟特胡人从西域流寓至此，先后聚集定居下来。《续高僧传》卷二八《释智嶷传》记其"姓康，本康居王胤也。国难东归魏，封于襄阳，因累居之，十余世矣"。[1] 传文称释智嶷是康居国王的后代，实际出自粟特康国。他是隋

① 释道宣《续高僧传》卷二八《感通下·隋京师静法寺释智嶷传》，下册，第1128页。

都长安静法寺的僧人，仁寿（601—604）时奉命送舍利于瓜州崇教寺。一世为30年，从仁寿时往前逆推十余世，当在魏晋时期，故“国难东归魏”是指其祖先在曹魏时东来，定居于襄阳，至隋已有三个多世纪。《梁书》卷一八《康绚传》亦记：“其先出自康居。初，汉置都护，尽臣西域。康居亦遣侍子待诏于河西，因留为黔首，其后即以康为姓。晋时陇右乱，康氏迁于蓝田。绚曾祖因为苻坚太子詹事，生穆，穆为姚苌河南尹。宋永初（420—422）中，穆举乡族三千余家，入襄阳之岘南。宋为置华山郡蓝田县，寄居于襄阳”。[①] 以一家五口计，3000余家超过了15000人，足见粟特康穆的宗族及乡亲势力极大，以至于宋武帝在襄阳为他们专门侨置了华山郡蓝田县。十六国前凉时，竺法护译出的《光赞经》“逸在凉州”，“泰元元年岁在丙子（376）五月二十四日，此经达襄阳。释慧常以酉年，因此经寄互市人康儿，辗转至长安。长安安法华遣人送至互市，互市人送达襄阳”。[②] 酉年为376年之前的癸酉年，即东晋宁康元年（373）。凉州互市人康儿与长安安法华应当都是粟特胡人，通过他们及其他互市人之手，将这部《光赞经》从凉州辗转送到长安，最后送抵襄阳。在这条沟通十六国与东晋之间的商业与文化交流的道路上，粟特胡人扮演了重要的角色。[③] 由此可知，曹魏及刘宋初，不断有粟特人迁居到襄阳，这里成为以粟特为主的西域胡人的重要据点。而同样出自西域的鱼国人后裔鱼弘也定居在襄阳，应该跟此地有粟特聚落有关。同理，鱼、白二氏迁居到黄河两岸，也共同组成了步落稽集团，形成了较大的势力集团。通过前面的考察可知，鱼氏有晋阳、冯翊郡望，白氏也有太原郡望，并也与鱼氏一样定居在同州（冯翊郡）下邽县。晋阳、太原都在并州，从并州太原沿着汾水南下，西渡黄河，

---

① 《梁书》卷一八《康绚传》（点校本二十四史修订本），第2册，第326页。

② 释僧祐《出三藏记集》卷九《渐备经十住梵名并书叙第三》，北京：中华书局，1995年，第332—333页。

③ 朱雷《东晋十六国时期姑臧、长安、襄阳的“互市”》，黄惠贤、李文澜主编《古代长江中游的经济开发》，武汉出版社，1988年，第197—208页。

再南下同州下邽，这既是白建家族的迁徙路线，又是鱼氏两大郡望的起讫点。这显然不是历史的巧合，而是因为鱼、白二氏都是步落稽人，原本均出自西域塔里木盆地北缘。

黄河虽然将山西与陕西分作两省，但并不隔绝两岸人民的往来；恰好相反，步落稽人自由地出入黄河两岸，其东西移动已司空见惯。前述北魏白亚栗斯、白龙率领部众出入于黄河两岸，白文亮自河东楼蕃监渡河至银州白婆村，皆属其例。《周书·稽胡传》记载到郝阿保、郝狼皮、郝三郎等步落稽人，不由得让人想起《晋书》卷四《惠帝纪》所记西晋元康四年（294），匈奴郝散在河东上党起兵反晋，最后为冯翊都尉所杀；两年后，其弟郝度元率领冯翊等地羌胡再次起兵，击破冯翊太守欧阳建、雍州刺史解系的军队。[1] 可见也是在黄河两岸皆有分布，彼此呼应，自由地渡越黄河往来。步落稽中有郝姓，显然是鱼国人在东迁过程中与南匈奴人相融合而冒充匈奴姓氏。另外，曹魏末年扩增晋公司马昭的封域，位于黄河西面的冯翊郡就在晋国的范围之内。由此看出，上党、冯翊虽然分处在黄河东、西两岸，但是交通便利，有时甚至被视作为同一地理单元，所以步落稽人地跨黄河两岸自然也就可以理解。

前揭《唐鱼辩江墓志铭并序》记其为太原宜阳人，但却被封为“冯翊县开国伯”；[2]《唐赵宗祐墓志并序》记其病死于“华阴孝义之旧里”，“安厝于冯夷之原钱来之趾，附于先茔”。“冯夷”即“冯翊”。墓志记载他有四位夫人，其中前三位早卒，排在最末的“次夫人晋阳鱼氏，终于其后”。[3] 赵宗祐家居华阴县孝义里，隶属于华州，与同州（冯翊郡）相毗邻，而后者于“垂拱元年（685），割下邽属华州”。[4] 华阴与下邽距离

---

① 《晋书》卷四《惠帝纪》，第1册，第92、94页。

② 张永华、赵文成、赵君平编《秦晋豫新出墓志蒐佚三编》第3册，第741页。

③ 吴钢主编《隋唐五代墓志汇编·陕西卷》第4册，第157页。

④ 《旧唐书》卷三八《地理志一》，第5册，第1400页。

不远，赵宗祐卒葬于冯翊先茔，而冯翊恰好是鱼氏的郡望所在地。颇疑其妻晋阳鱼氏实为冯翊人，但攀附冒用了晋阳郡望，这也反映出冯翊、晋阳两地鱼氏之间存在某些关联。此外，鱼玄机《寄刘尚书》诗中有“汾川三月雨，晋水百花春”之语。[①] 她是活动在咸通（861—873）年间的长安人，写诗捎送的对象刘尚书，应为检校官为礼部尚书的河东节度使刘潼，[②] 而河东汾水流域正是中古鱼氏族人的聚居区。[③]

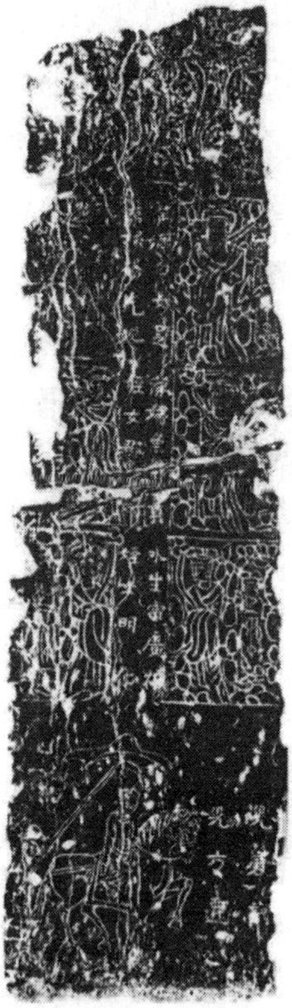
图 8-6 《隋郭羌造像碑》拓片（采自《药王山碑刻》第 154 页）

关于鱼、白二氏之间的交往，资料寡少，但也不是毫无蛛丝马迹可寻。《续高僧传》卷一四《释智正传》云：“释智正，姓白氏，定州安喜人也。……仁寿元年（601），左仆射虞庆则钦正高行，为奏寺额，造仁觉寺，延而住之，厚礼设御”。[④] 这位隋代俗姓白氏的僧人释智正与尚书左仆射虞庆则有过交集。虞庆则为他专门建造仁觉寺，延请住寺，厚礼供养，恐怕不仅仅是因为钦慕其德行，更可能是因为他们都是步落稽人之故。今陕西省铜川市耀州区雷家崖出土的《隋郭羌造像碑》（图 8-6）记载到隋代宜州宜君县，有“弟妇白姜是、弟妇鱼阿贵”。[⑤] 另外，山东省济南市历城区黄石崖造像中有一则《北魏帝主元氏

① 彭定求等编《全唐诗》卷八〇四，第 23 册，第 9048 页。

② 吴廷燮《唐方镇年表》卷四《河东》，第 1 册，第 432—433 页。《旧唐书》卷 19 上《懿宗纪》云：“以昭义节度使、检校礼部尚书、上柱国、赐紫金鱼袋刘潼为太原尹、北都留守、御史大夫，充河东节度观察处置等使”，第 3 册，第 654 页。

③ 今山西省隰县下李乡有鱼家村。

④ 道宣《续高僧传》卷一四《义解篇十 · 唐终南山至相寺释智正传九》，中册，第 495 页。

⑤ 曹永斌编著《药王山碑刻》，第 154 页。

法义卅五人题记》，记载孝昌二年（526）九月八日造弥勒像一躯，造像者名单中列有"鱼小姬、白舍姬"。[①] 这些鱼、白二氏人物均为前后并列，后者名字中皆有一"姬"字，颇堪玩味。如果把她们放在跋禄迦鱼氏、龟兹白氏东迁以后，在步落稽中混融共生，就比较容易理解了。时至今日，陕西省韩城市芝川镇大鹏村主要有鱼、张、白、孙、胡等姓，其中鱼、白二姓分别占第 1、3 位，[②] 也在一定程度上体现了两者的共生关系，是古代鱼、白二氏共生形态的遗留。

---

① 陆增祥《八琼室金石补正》卷一六《北魏五》，第 90 页。

② 《今昔大鹏村》编委会编《今昔大鹏村》，第 164—196 页。

第九章　鱼氏族人与中古政治

在中古政治史上，有一些鱼氏人物非常引人注目，具有较大的政治影响力，有的甚至达到功高震主的地步，如十六国前秦的鱼遵、隋朝的虞庆则、唐朝的鱼朝恩等，他们几乎攀至政治权力的顶峰，但最终引起人主的猜忌，落得个身死门灭的下场。本章将中古史上产生重要政治影响的鱼氏族人放在一起，考索相关的政治事件，也借以阐明鱼氏族人与中古政治的关系。

第一节　释"东海大鱼"：前秦鱼遵家族的灭门之诛
——附说隋鱼俱罗兄弟之死

十六国政权绝大多数由五胡诸族建立，这为胡人在中原地区的活动提供了前所未有的舞台。由氐族苻氏建立的前秦，实行相当开明的民族政策，来自四面八方的各色人种纷纷来到前秦境内。车频《秦书》曰："符坚时，四夷宾服，凑集关中。四方种人皆奇貌异色，晋人为之题目，谓：'胡人为侧鼻，东夷为广面阔颏，北狄为匡脚面，南蛮为肿蹄'，方方以类名也"。[1] 这些奇貌异色的四方种人凑集关中的景况，似乎是到符坚（即苻坚）统治时期才出现，但实际上在苻坚上台之前就已如

① 李昉等《太平御览》卷三六三《人事部》"形体"条，北京：中华书局，1960 年，第 2 册，第 1672 页。

此。从车频的记述来看，东夷、北狄、南蛮皆带有方位，剩下的“胡人为侧鼻”自然是指来自西方的胡人，呈高鼻深目之样貌，其中也包括鱼国胡人。

前秦时期鱼国胡人的领袖为冯翊人鱼遵，历仕苻洪、苻健、苻生三朝，担任高官，位极人臣，权势甚大。关于鱼遵的资料十分零散，最系统的莫过于《资治通鉴》卷九八至卷一〇〇的记载，共有9条，兹摘列于下：

(1)［东晋永和六年（350）正月］（蒲）洪自称大都督、大将军、大单于、三秦王，改姓苻氏。以南安雷弱儿为辅国将军，安定梁楞为前将军、领左长史，冯翊鱼遵为右将军、领右长史。

(2)［八月］（苻健）以鱼遵为前锋，行至盟津，为浮梁以济。

(3) 苻菁、鱼遵所过城邑，无不降附。

(4)［七年（351）正月］丙辰，健即天王、大单于位，国号大秦，大赦，改元皇始。……以苻雄为都督中外诸军事、丞相、领车骑大将军、雍州牧、东海公；苻菁为卫大将军、平昌公，宿卫二宫；雷弱儿为太尉，毛贵为司空，略阳姜伯周为尚书令，梁楞为左仆射，王堕为右仆射，鱼遵为太子太师，强平为太傅，段纯为太保，吕婆楼为散骑常侍。

(5)［九年（353）七月］秦以左仆射鱼遵为司空。

(6)［十年（354）八月］秦主健赏拒桓温之功，以雷弱儿为丞相，毛贵为太傅，鱼遵为太尉，淮南王生为中军大将军，平昌王菁为司空。

(7)［十一年（355）六月］甲申，健引太师鱼遵、丞相雷弱儿、太傅毛贵、司空王堕、尚书令梁楞、左仆射梁安、右仆射段纯、吏部尚书辛牢等受遗诏辅政。

(8)［升平元年（357）五月］秦主（苻）生梦大鱼食蒲，又长安谣曰：“东海大鱼化为龙，男皆为王女为公”。生乃诛太师、录尚书事、广宁公鱼遵并其七子、十孙。

(9) 九月，追复太师鱼遵等官，以礼改葬，子孙存者皆随才擢叙。[①]

350 年，氐酋苻洪聚众枋头，摆脱后赵的控制，自称大将军、大单于、三秦王，任命梁楞、鱼遵为左、右长史，他俩成了苻洪的左膀右臂。不久，苻洪被赵将麻秋毒杀，子苻健代领部众，自称征西大将军、都督关中诸军事、雍州刺史，率众西进，以鱼遵为前锋，击走京兆杜洪，占据长安。翌年，苻健即天王、大单于位，建国前秦，鱼遵被任命为太子太师，后来又历任左仆射、司空、太尉、太师等官，位极人臣。355 年，前秦皇帝苻健病卒，临终前为太子苻生安排了八位大臣受诏辅政，其中鱼遵位居其首，地位最高。苻生继位以后，派遣阎负、梁殊出使凉州，他俩对前凉实际执政者张瓘列数前秦的文臣武将，号称“济济多士”，其中除了苻氏宗室外，排在首位的仍是“其耆年硕德、德侔尚父者，则太师、录尚书事、广宁公鱼遵”。张瓘听后，告知国主张玄靓，前凉遂遣使称藩。[②]

然而，也正因为鱼遵势力极大，功高震主，引起了秦主苻健、苻生父子的猜忌，最终遭到灭门之灾。上述苻健临死前安排八位辅政大臣，同时又对苻生说：“六夷酋帅及大臣执权者，若不从汝命，宜渐除之。”[③] 很显然，苻健对鱼遵等人实际上并不信任，他临终前的人事安排实有不得已之处。鱼遵排在八位辅政大臣之首，是“六夷酋帅及大臣执权者”的首席代表，自然首当其冲。

上列第（8）条记事在《十六国春秋·前秦录》《魏书·临渭氐苻健传》《晋书·苻生载记》中均有记载。值得注意的是，《十六国春秋》

---

① 《资治通鉴》卷九八、九九、一〇〇东晋穆帝永和六年（350）、七年（351）、九年（353）、十年（354）、十一年（355）、升平元年（357）条，第 7 册，第 3102、3107、3108、3111—3112、3133、3143、3147、3162、3166 页。

② 《晋书》卷一一二《苻生载记》，第 9 册，第 2873—2876 页。

③ 《资治通鉴》卷一〇〇东晋穆帝永和十一年（355）条，第 7 册，第 3147 页。又参《晋书》卷一一二《苻生载记》，第 9 册，第 2878 页。

末尾仅言“诛侍中鱼遵”，[①]《魏书》增作“诛太师鱼遵父子一十八人”，《晋书》更增作“诛其侍中、太师、录尚书事鱼遵及其七子、十孙”，《资治通鉴》还提到鱼遵的广宁公爵位。由此可见，越到后来，史书对鱼遵的任官及所诛之人数记述越详。不过，以上诸书除《资治通鉴》外，在“长安谣”之后还记有“东海，苻坚封也，时为龙骧将军，第在洛门之东。生不知是坚”等语，司马光大概认为此话不可信，故摒而不采。

值得注意的是，苻生之梦、长安之谣都提到大鱼。苻生梦见大鱼食蒲，“蒲”是前秦苻氏家族原来的姓。《晋书》卷一一二《苻洪载记》记载，350 年苻洪谋称尊号，“以谶文有‘艹付应王’，又其孙坚背有‘艹付’字，遂改姓苻氏”。“艹付应王”的谶文或许是苻洪当时制造的，但他是否因为其孙苻坚背有“艹付”之字而改姓为苻呢？则十分可疑。这很可能是苻坚上台后添加上去的。苻洪起事之初，“宗人蒲光、蒲突遂推洪为盟主”，可见其家族最初确实姓蒲。苻生梦到大鱼食蒲，“蒲”既为姓，“鱼”亦当是姓，系指鱼遵无疑。此鱼形体甚大，段成式甚至拿“一筋千头”的武阳小鱼来作反向对比，[②]突出东海大鱼的体型相当庞大，[③]也预示着鱼氏部族势力极大。蒋福亚对此梦解释道：“苻生只是从‘鱼’字考虑，鱼能食蒲，误认为侍中、太师、录尚书事

---

① 李昉等《太平御览》卷四六五《人事部一百六》“谣”条，第 3 册，第 2140 页。

② 段成式撰、许逸民校笺《酉阳杂俎校笺》前集卷一六《广动植之一并序》云：“武阳小鱼，一筋千头；东海大鱼，瞳子大如三斗盎（盌）”，第 2 册，第 1100 页。校笺〔四六〕“武阳小鱼”条云：“《初学记》卷三〇引《广志》：‘武阳小鱼，大如针，号一斤千头，蜀人以为酱’”，第 1112 页。“筋”与“斤”音同致误。

③ 段成式撰、许逸民校笺《酉阳杂俎校笺》前集卷一六《广动植之一并序》校笺〔四七〕“东海大鱼”条云：“《太平御览》卷九三八引《魏武四时食制》：‘东海有大鱼如山，长五六里，谓之鲸鲵。次有如屋者，时死岸上，膏（按，当作膏）流九顷。其须长一丈，广三尺，厚六寸。瞳子如三斗椀’”，第 1112 页。

鱼遵要政变”。[①] 苻生之梦的内容唯其自己知晓，能够流传到社会上，也必然是出自苻生自己之口。“大鱼食蒲”之梦荒诞无稽，极可能是苻生及其身边之人制造出来的，目标是针对鱼遵家族。虽然这只是一个虚无缥缈的梦，但却真实地反映了前秦皇帝苻生感受到鱼遵部族势力强大，已经威胁到了原本姓蒲的苻秦政权。

长安流行“东海大鱼化为龙，男便为王女为公。问在何所，洛门东”的谣言，也同样提到了“大鱼”，并且变化成为真龙天子，分封子女为王公，同样对前秦产生了威胁。苻生之梦、长安之谣都提到大鱼，清晰地表明苻生将矛头指向的对象，极可能是出自西域鱼国的太师鱼遵，而且除了男为王外，女亦被封为公，这不由得让人想起第七章提到的《北魏王黄罗等造像碑》中题刻的“鱼女王”“鱼公主”。如果像史籍所言，“东海大鱼化为龙”指的是东海王苻坚，那样不仅对大鱼没作解释，而且与苻生梦见大鱼食蒲也毫无关联，自然没有什么说服力。这应该是以苻坚杀苻生继位所作的解释。洛门是长安城北出东头第一门。《三辅黄图》卷一《都城十二门》“洛城门”条云：“长安城北出东头第一门曰洛城门”，何清谷引《水经·渭水注》“又曰洛门”。[②] 当时作为宗室的苻坚，其宅第应当在长安城内，不太可能在城东北的洛门之东。而鱼遵家族出自长安东面偏北的冯翊郡下邽县，用“洛门东”来称呼也是合适的。

这种梦见大鱼及其变化的现象，在南匈奴刘渊之母呼延氏身上也发生过。她曾在龙门祈子，一条大鱼跃至祭所，被巫觋认为是“嘉祥”；“其夜梦旦所见鱼变为人，左手把一物，大如半鸡子，光景非常，授呼延氏”，遂诞下刘渊。[③] 苻生与呼延氏均梦见大鱼，并且都发生了鱼变化为龙或人的情况，后者指创建汉国的真龙天子刘渊。此外，刘渊之子

① 蒋福亚《前秦史》，第 52 页。

② 何清谷《三辅黄图校释》，北京：中华书局，2005 年，第 87 页。

③ 《晋书》卷一〇一《刘元海载记》，第 9 册，第 2645 页。

刘聪“游猎无度，晨出暮归，观鱼于汾，以烛继昼”。[①] 他在汾水边昼夜观鱼，甚至要斩杀劝谏的中军大将军王彰。这很难仅以其喜欢观鱼来作解释，很可能是刘聪在汾水一带举行规模庞大的祭鱼活动。[②]

我们注意到，苻健任命的八位辅政大臣最终全部遭到苻生的诛杀。[③] 苻生在史籍中被描绘成一个嗜杀成性的暴君，不过这恐怕也是继任者苻坚篡改史书、曲笔丑化堂兄苻生的结果。隐士赵逸就说：“苻生虽好勇嗜酒，亦仁而不杀”；[④] 刘知几在《史通》卷七“曲笔”条亦云：“昔秦人不死，验苻生之厚诬”。[⑤] 如果考虑到苻健临终前对苻生所说的“六夷酋帅及大臣执权者，若不从汝命，宜渐除之”，就可以理解苻生的诛戮行为，这反映了前秦内部民族矛盾极深，氐族统治者尚未能够完成中央集权。苻生打击豪强部族，既是饯行其父临终前的遗言，更是前秦加强中央集权的行为过程。

作为辅政大臣的首席代表，鱼遵是最后被杀的一位，这也体现了鱼氏部族势力最大，一直顽抗到了最后阶段。鱼遵家族被诛者有七子、十孙，连同他自己，祖孙 3 代共 18 口被杀，其家族乃至鱼氏部族的势力

---

① 《魏书》卷九五《匈奴刘聪传》（点校本二十四史修订本），第 6 册，第 2215 页。“鱼”字，《晋书》卷一〇一《刘元海载记》与《资治通鉴》卷八八西晋怀帝永嘉六年（312）条皆作“渔”。

② 从北魏到唐代，帝王“观渔”史不绝书，如《魏书》卷二《太祖纪》（点校本二十四史修订本）记其“观渔于延水”，第 1 册，第 48 页；《周书》卷三《孝闵帝纪》记载“帝欲观渔于昆明池，博士姜须谏，乃止”，第 1 册，第 49 页；《隋书》卷三《炀帝纪上》（点校本二十四史修订本）记其在榆林郡“御北楼，观渔于河，以宴百僚”，第 1 册，第 78 页；《新唐书》卷八《敬宗纪》记其“观渔于临碧池”，第 1 册，第 329 页。

③ 《资治通鉴》卷一〇〇东晋穆帝永和十一年（355）条记载苻生一上台就杀了段纯，第 7 册，第 3147 页；《晋书》卷一一二《苻生载记》记载八位辅政大臣中的毛贵、梁楞、梁安、雷弱儿、王堕、辛牢、鱼遵先后被杀，第 2873 页。

④ 杨衒之著、周祖谟校释《洛阳伽蓝记校释》卷二《城东》“景兴尼寺”条，上海书店出版社，2000 年，第 80 页。

⑤ 刘知几著、浦起龙通释、王煦华整理《史通通释》卷七《内篇》“曲笔第二十五”条，第 185 页。

遭受了重大打击。苻生在诛灭鱼遵家族后，自己也迅速地走向了灭亡。就在鱼遵被诛的翌月，苻生为其堂弟苻坚所杀。苻坚即位三个月后，为鱼遵平反昭雪，追复其官，以礼改葬，而且“子孙存者皆随才擢叙”。这意味着，鱼遵家族虽然 18 口被杀，但并非完全诛绝，仍有后嗣留存。张金龙说：“鱼遵及其直系子孙已被诛杀殆尽，即便有被任用的鱼氏成员也应该出于旁支”，① 恐不完全正确。只不过鱼遵家族受到沉重打击，势力大大削弱了。刻于前秦建元三年（367）的《邓艾祠堂碑》记载，冯翊护军郑能进统领“屠各、上郡夫施黑羌、白羌、高凉西羌、卢水、白虏、支胡、粟特、苦水、杂户七千、夷类十二种”，② 可见冯翊郡境内的民族种类众多，其中来自西域的也不少，如支胡、粟特，碑中没有提到当地著姓鱼氏部族，此时上距鱼遵被杀有 12 年，应当跟鱼遵事件以后鱼氏部族势力遭到严重削弱有关。

《元和姓纂》卷二“鱼”条未记鱼遵之子、孙、曾孙辈人物，仅从“元孙经，后魏吏部尚书”叙起。③ 换个角度来理解，从鱼遵到其玄孙鱼经之间依然传承不绝，只不过没有做官，名不见经传。尽管男性子孙未见记载，但《北魏寇演墓志》却记其祖母为鱼遵之女：

> 祖元宝，本州别驾、安南将军、豫州刺史、再假太尉、河南简公；太夫人冯翊鱼氏，父遵，苻太师公。④（图 9-1）

寇元宝之妻冯翊鱼氏即为鱼遵之女，墓志还记载寇元宝之父寇赞曾

---

① 张金龙《隋代虞弘族属及其祆教信仰管窥》，《文史哲》2016 年第 2 期，第 94 页。

② 北京图书馆金石组编《北京图书馆藏中国历代石刻拓本汇编》第 2 册，第 120—121 页。图版漫漶模糊，录文参据马长寿《碑铭所见前秦至隋初的关中部族》，桂林：广西师范大学出版社，2006 年，第 12—13 页。

③ 林宝撰、岑仲勉校记《元和姓纂（附四校记）》卷二“鱼”条，第 1 册，第 195—196 页。

④ 北京图书馆金石组编《北京图书馆藏中国历代石刻拓本汇编》，第 4 册，第 62 页。

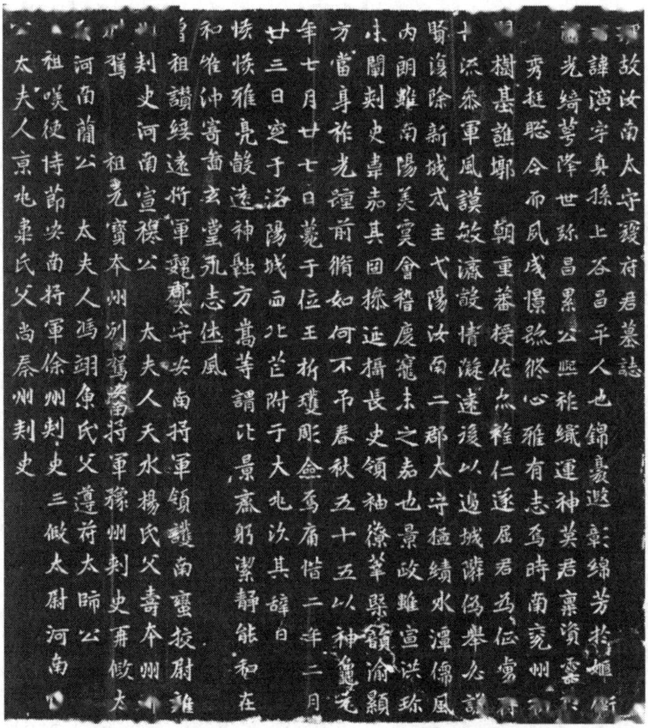

图 9-1　《北魏寇演墓志》拓片
（采自《北京图书馆藏中国历代石刻拓本汇编》第 4 册第 62 页）

任雍州刺史，与在前秦都城长安任职的鱼遵有交往，[①] 两人结为儿女亲家。

《元和姓纂》记述鱼经之子“世略，后魏雍州刺史”，从其子孙均为唐官来看，此“后魏”极可能是西魏，而非北魏。不过，《魏书》中还多处记载到另一位北魏雍州刺史鱼玄明，皇兴元年（467）被谋反的镇军大将军、东平王拓跋道符杀害，[②] 翌年所立的《北魏鱼玄明之铭》

---

① 《魏书》卷一〇六下《地形志下》（点校本二十四史修订本）记载雍州所领五郡中有冯翊郡，第 7 册，第 2852 页。

② 《魏书》卷六《显祖纪》（点校本二十四史修订本），第 1 册，第 153—154 页；卷三〇《陆真传》、卷四九《李灵传》，第 3 册，第 813、1209 页。

中，刻有“皇兴二年戊申岁（468）十一月癸卯朔十九日辛酉，安西将军、雍州刺史、□康公鱼玄明之铭”等字（图 9-2）。[①] 鱼世略与鱼玄明之间是否有亲缘关系，不得而知，但拓跋魏政府先后任用两位鱼氏人物为雍州刺史，显然是因为冯翊鱼氏的影响仍然存在，受到朝廷重用，以便于加强对关中地区的统治。

图 9-2 《北魏鱼玄明之铭》拓片［采自《石刻史料新编》第 3 辑（4）第 339 页］

至于鱼世略之兄鱼俊一系，孙鱼俱罗在《隋书》卷六四有列传，也是鱼遵家族唯一得以在正史中列传之人。鱼俱罗作为晋王杨广的亲信参加了平陈战役，以后又跟随杨素南征北战，先是平定江南沈玄侩、高智慧的叛乱，后来北出灵州道击突厥，以勇猛善战著称，所向披靡，使突厥畏惧屏迹，不敢畜牧于塞上。在地方上，鱼俱罗历任叠州总管、丰州总管、安州刺史、赵郡太守。大业（605—617）时，他率军讨平越巂飞山蛮，东征高丽，隋末又率军征讨江南刘元进、朱燮、管崇之乱。

① 图版见赵万里编《汉魏南北朝墓志集释》卷一一《鱼玄明专志》，《石刻史料新编》第 3 辑（4），下册，第 339 页，图版五八二。“□”字漫漶不清，图版作“”，王连龙编撰《魏晋南北朝墓志集成》（上册，第 49 页）录作“南”，并注称“诸家阙”。仔细阅读图版，似非“南”字。南康地在南朝，北魏偶有所封，也主要是给南征将领或管理南境的官员，如《魏书》卷二六《长孙肥传》（点校本二十四史修订本）记侄孙长孙真，“从驾征刘义隆，至江，进爵南康公”，第 2 册，第 733 页；卷五一《皮豹子传》记其子皮喜，“征为南部尚书，赐爵南康侯”，第 4 册，第 1247 页。张金龙甚至认为鱼玄明可能是鱼豢或其族人后代，见《隋代虞弘族属及其祆教信仰管窥》，《文史哲》2016 年第 2 期，第 95 页。仅属猜测，并无根据。

与鱼俱罗一样，其弟鱼赞也是杨广的“藩邸之旧”，但在隋炀帝上台以后却逐渐不受信任。《隋书》卷六四《鱼俱罗传》云：

赞性凶暴，虐其部下，令左右炙肉，遇不中意，以签刺瞎其眼。有温酒不适者，立断其舌。帝以赞藩邸之旧，不忍加诛，谓近臣曰：“弟既如此，兄亦可知”。因召俱罗，谴责之。出赞于狱，令自为计。赞至家，饮药而死。帝恐俱罗不自安，虑生边患，转为安州刺史。岁余，迁赵郡太守。后因朝集，至东都，与将军梁伯隐有旧，数相往来。又从郡多将杂物以贡献，帝不受，因遗权贵。御史劾俱罗以郡将交通内臣，帝大怒，与伯隐俱坐除名。

鱼赞用烤肉的签子刺瞎手下的眼睛，并以温酒不当而割断人的舌头，这样的行为固然凶暴酷虐，但隋炀帝以此推断“弟既如此，兄亦可知”，甚至担心鱼俱罗生出边患，显然不是从鱼赞的个人行为得出的推论，而应是对鱼俱罗兄弟拥握鱼氏部族的势力的担心。其结果是：鱼赞因为兄被诏责而饮药自杀，鱼俱罗则被调任安州刺史，一年后又改任赵郡太守。从安州、赵郡的州郡名称来看，鱼俱罗调任、鱼赞自杀发生在大业二年（606）左右。[①] 易言之，隋炀帝上台翌年，就已经表现出对鱼俱罗兄弟的不信任了。大业四年（608），隋炀帝“自塞北还至东都，改胡床为交床，改胡瓜为白露黄瓜，改茄子为昆仑紫瓜”；[②] 贞观四年（630），唐太宗亦曰：“隋炀帝性好猜防，专信邪道，大忌胡人，乃至谓胡床为交床，胡瓜为黄瓜，筑长城以避胡。终被宇文化及使令狐行达杀之”。[③] 可见大业初年，隋炀帝加强了对包括步落稽鱼氏在内的胡人的防范。在这样的背景下来看，鱼俱罗、鱼赞兄弟之死显然是事出有

---

① 《隋书》卷三《炀帝纪上》（点校本二十四史修订本）记载，大业三年（607）四月“壬辰，改州为郡”，第1册，第75页。

② 韦述、杜宝撰，辛德勇辑校《两京新记辑校·大业杂记辑校》，西安：三秦出版社，2006年，第29页。

③ 吴兢编著《贞观政要》第6卷《慎所好》，上海古籍出版社，1978年，第196页。

因的。

隋末天下大乱，鱼俱罗命令仆人用船运米，至东都粜卖，而且“益市财货”，从中捞取利益。这并不是鱼俱罗趁机发国难财，他很可能像粟特人一样，一直有从事商业活动的传统。正因如此，隋炀帝“恐其有异志，发使案验。使者至，前后察问，不得其罪”，最后命大理司直梁敬真诬奏鱼俱罗出兵不利，将其抓获，斩首于东都市，家口籍没。[①] 实际上，“俱罗相表异人，目有重瞳，阴为帝之所忌”，道出了背后的真实。

表 9-1　鱼遵家族世系表

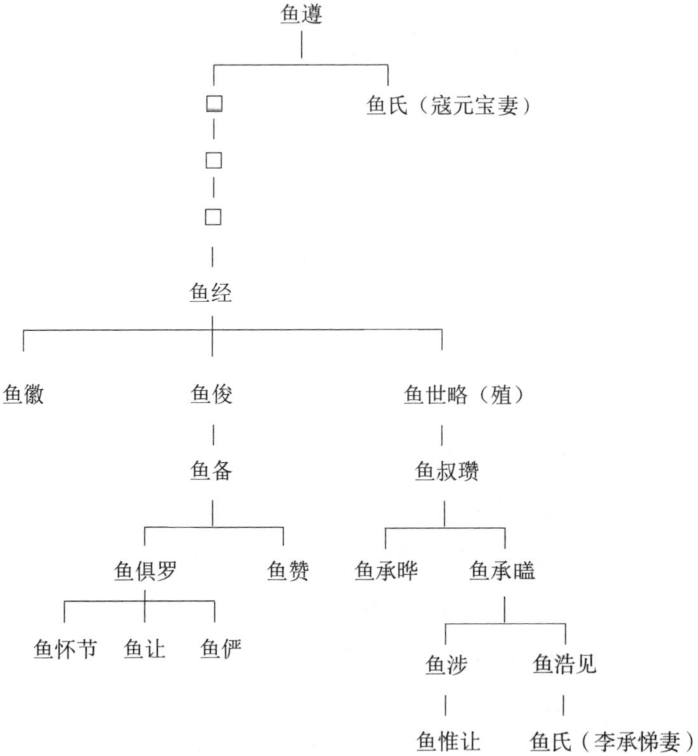

① 此事在《隋书》卷六二《梁毗传》（点校本二十四史修订本）中也有记载：“时帝欲成光禄大夫鱼俱罗之罪，令敬真治其狱，遂希旨陷之极刑”，第 5 册，第 1659 页。

第二节　释“以骆驼负函盛水养鱼而自给”：隋虞庆则父子之诛

《隋书》中与鱼俱罗一同列传的，还有一位“本姓鱼”的虞庆则，两人可以说是隋代鱼氏部族的双子星座。他俩均出自西域鱼国，自十六国以来，鱼俱罗家族世居冯翊下邽，虞庆则家族则从灵武回乐迁居京兆栎阳。这两支鱼氏邻郡而居，相去不远，均属于步落稽。虞庆则、鱼俱罗对隋朝的建设均有贡献，同时也有着类似的悲剧命运，即都遭到隋朝皇帝的诛杀，这对步落稽鱼氏打击极大。

虞庆则是杨坚最亲信的人物，也是他代周建隋的有力支持者。581年，隋朝建国伊始，隋高祖任命尚书、门下、内史三省及禁军等核心班子成员：

> 以柱国、相国司马、渤海郡公高颎为尚书左仆射、兼纳言，相国司录、沁源县公虞庆则为内史监、兼吏部尚书，相国内郎、咸安县男李德林为内史令，上开府、汉安县公韦世康为礼部尚书，上开府、义宁县公元晖为都官尚书，开府、民部尚书、昌国县公元岩为兵部尚书，上仪同、司宗长孙毗为工部尚书，上仪同、司会杨尚希为度支尚书，上柱国、雍州牧、邗国公杨惠为左卫大将军。[①]

虞庆则原先在北周担任相国司录，是杨坚相国府中的中枢人物，他甚至还是诛灭北周皇室宇文氏的罪魁祸首。《隋书》卷四二《李德林传》云：“初，将受禅，虞庆则劝高祖尽灭宇文氏，高颎、杨惠亦依违从之”，这一提议虽然遭到李德林的竭力反驳，但后者被隋高祖杨坚怒批为“君读书人，不足平章此事”。于是，在虞庆则的提议下，北周宇

① 《隋书》卷一《高祖纪上》（点校本二十四史修订本），第1册，第13—14页。三天后，又任命赵煚为尚书右仆射。

文氏宗室尽遭屠灭。[1] 由于虞庆则在代周建隋过程中居功至伟，所以在隋高祖的政府班底中，虞庆则的地位仅次于高颎，十分引人注目。除了内史监、兼吏部尚书之外，他还被任命为“京兆尹，封彭城郡公，营新都总监”，负责隋朝新都大兴城的营造事宜，足见隋高祖对他的充分信任。开皇（581—600）时期，虞庆则与高颎、苏威、杨雄一起被称为“四贵”。[2]

《隋书》卷一《高祖纪上》有以下两条记载均提到，隋初虞庆则统兵对付“胡”人：

> （1）［开皇二年（582）十二月］丙子，名新都曰大兴城。乙酉，遣沁源公虞庆则屯弘化备胡。
>
> （2）［三年（583）八月］壬午，遣尚书左仆射高颎出宁州道，内史监虞庆则出原州道，并为行军元帅以击胡。[3]

后一处“胡”字，《资治通鉴》卷一七五作“突厥”。[4] 开皇初年，突厥沙钵略可汗确实不断地南攻隋朝，但正如隋高祖诏书中所言：突厥“部落之下，尽异纯民，千种万类”，[5] 突厥军队中裹挟着大量其他诸族部落。《隋书》卷二九《地理志上》记载，“雕阴、延安、弘化，连接山胡”。如前所论，山胡即步落稽胡人，弘化郡是步落稽人活动范围的

---

① 《资治通鉴》卷一七五陈宣帝太建十三年（581）条云：“周太祖孙谯公乾恽、冀公绚，闵帝子纪公湜，明帝子酆公贞、宋公实，高祖子汉公赞、秦公贽、曹公允、道公充、蔡公兑、荆公元，宣帝子莱公衍、郢公术皆死”，第12册，第5436页。

② 《隋书》卷四三《观德王雄传》（点校本二十四史修订本）云：“雄时贵宠，冠绝一时，与高颎、虞庆则、苏威称为‘四贵’”，第4册，第1374页。

③ 《隋书》卷一《高祖纪上》（点校本二十四史修订本），第1册，第18、20页。

④ 《资治通鉴》卷一七五陈长城公至德元年（583）八月条云：“壬午，隋遣尚书左仆射高颎出宁州道，内史监虞庆则出原州道，以击突厥”，第12册，第5467页。

⑤ 《隋书》卷八四《北狄·突厥传》（点校本二十四史修订本），第6册，第2101页。

西界。虞庆则在582年刚主持建成大兴城后，就被调到弘化去防御步落稽；翌年又出原州道，与高颎分道进击可能依附于突厥的步落稽。这跟北周末宇文盛、高颎讨平步落稽后，表请虞庆则出任石州总管，招抚8000余户步落稽人相类似，都是统治者实行以夷治夷的策略。值得注意的是，高颎、虞庆则作为隋高祖班底中最重要的人物，同时受命出击步落稽，足见隋初步落稽影响之大。

开皇四年（584），虞庆则升迁为尚书右仆射，与左仆射高颎一起成为隋高祖名副其实的左膀右臂。也就在这一年，虞庆则作为“重臣”奉命出使突厥，最终招降了突厥沙钵略可汗，突厥向隋朝称臣朝贡，请为藩国。[1] 这是他一生中最重要的功绩，在589年平陈后的庆功宴上，隋高祖将此事与高颎平定陈朝相提并论：“高颎平江南，虞庆则降突厥，可谓茂功矣”。[2] 关于虞庆则降突厥一事，《隋书》卷八四《北狄·突厥传》记述最为详细：

> 高祖报书曰：“大隋天子贻书大突厥伊利俱卢设莫何沙钵略可汗：得书，知大有好心向此也。既是沙钵略妇翁，今日看沙钵略共儿子不异。既以亲旧厚意，常使之外，今特别遣大臣虞庆则往彼看女，复看沙钵略也”。沙钵略陈兵，列其宝物，坐见庆则，称病不能起，且曰：“我父伯以来，不向人拜”。庆则责而喻之。千金公主私谓庆则曰：“可汗豺狼性，过与争，将啮人”。长孙晟说谕之，摄图辞屈，乃顿颡跪受玺书，以戴于首。既而大惭，其群下因相聚恸哭。庆则又遣称臣，沙钵略谓其属曰：“何名为臣？”报曰：“隋国称臣，犹此称奴耳”。沙钵略曰：“得作大隋天子奴，虞仆射之力也”。赠庆则马千匹，并以从妹妻之。

---

① 《隋书》卷四〇《虞庆则传》、卷五一《长孙览附从子长孙晟传》（点校本二十四史修订本），第4册，第1329页；第5册，第11500页。《资治通鉴》卷一七六陈长城公至德二年（584）条，第12册，第5476页。

② 《隋书》卷四〇《虞庆则传》（点校本二十四史修订本），第4册，第1329—1330页。

虞庆则作为特遣大臣出使突厥，迫使沙钵略可汗（即摄图）向隋称臣。从突厥可汗君臣相聚恸哭透露出，虞庆则、长孙晟的出使确实给突厥施加了极大的压力，以至于突厥不得不屈膝降隋。沙钵略可汗所言"虞仆射之力也"，诚非虚语。虞庆则可能利用他是步落稽人的身份，在对突厥的外交中采取了灵活的策略，确实取得了良好的效果，圆满地达到出使的目的，所以被隋高祖称作为"茂功"。这不禁让人联想到虞弘作为茹茹（柔然）的使节，出使波斯、吐谷浑、北齐；安吐根作为北魏的使节出使茹茹，后又代表茹茹出使东魏。虞庆则是步落稽人，又"善鲜卑语"，甚至还可能通晓突厥语，充当使节、精通多种语言是早期入华西域胡人的重要特征。

这次外交活动中有一点值得关注，即虞庆则在出使突厥前，隋高祖对他说："彼送公马，但取五三匹"；[①] 但是，他实际收受了一千匹马。不仅如此，他还娶了沙钵略可汗的从妹为妻。[②] 史载，隋高祖"尝令左右送西域朝贡使出玉门关，其人所经之处，或受牧宰小物，馈遗鹦鹉、麖皮、马鞭之属，上闻而大怒"。[③] 对于收受这些小礼物都十分愤怒的隋高祖来说，又怎么会容忍虞庆则收受一千匹马，并娶突厥公主为妻，以及对其抗旨不遵的行为"皆无所问"呢？

时间过了13年，到开皇十七年（597）七月丁丑，岭南桂州李世贤掀起反隋斗争，虞庆则受命率军前往镇压，讨平后却被人状告谋反，于十二月壬子被隋高祖诛杀。因该案关涉到虞庆则之死，故不惮冗烦引录《隋书》卷四〇《虞庆则传》相关文字于下：

---

① 《隋书》卷四〇《虞庆则传》（点校本二十四史修订本），第4册，第1329页。

② 《隋书》卷八四《北狄·突厥传》（点校本二十四史修订本），第2103页。《资治通鉴》卷一七六陈长城公至德二年（584）条，第12册，第5477页。不过，《隋书》卷四〇《虞庆则传》（点校本二十四史修订本）则作可汗之女，第1329页。似误。

③ 《隋书》卷二《高祖纪下》（点校本二十四史修订本），第1册，第59页。

开皇十七年，岭南人李贤据州反，高祖议欲讨之。诸将二三请行，皆不许。高祖顾谓庆则曰："位居宰相，爵乃上公，国家有贼，遂无行意，何也？"庆则拜谢恐惧，上乃遣焉。为桂州道行军总管，以妇弟赵什柱为随府长史。什柱先与庆则爱妾通，恐事彰，乃宣言曰："庆则不欲此行"。遂闻于上。先是，朝臣出征，上皆宴别，礼赐遣之。及庆则南讨辞上，上色不悦，庆则由是怏怏不得志。暨平贤，至潭州临桂镇，庆则观眺山川形势，曰："此诚崄固，加以足粮，若守得其人，攻不可拔"。遂使什柱驰诣京奏事，观上颜色。什柱至京，因告庆则谋反。上案验之，庆则于是伏诛。拜什柱为柱国。

该年二月，桂州先发生李光仕的反隋斗争；[①] 七月，李贤（即李世贤）又继之叛隋。[②] 虞庆则受命南征李贤，平定后却被告谋反，竟致伏诛。针对上面这段文字，试作分析如下：

第一，岭南桂州发生李世贤之乱，有两三位将领请求带兵出征，但隋高祖均不同意，他点名要虞庆则前往征讨，称其"位居宰相，爵乃上公，国家有贼，遂无行意，何也？"高祖此言，已经表现出对虞庆则的不满，所以"庆则拜谢恐惧"。换言之，虞庆则在平乱后是否被告谋反，实际上并非问题的核心，重要的是在出征前隋高祖对他早起猜忌之心。

第二，虞庆则被任命为桂州道行军总管，尚未出行，其随府长史赵什柱却大肆宣扬"庆则不欲此行"，并把此事传到隋高祖的耳朵里。赵

① 《隋书》卷二《高祖纪下》、卷四〇《王世积传》、卷六五《周法尚传》、卷六八《何稠传》（点校本二十四史修订本），第1册，第45页；第4册，第1327页；第5册，第1712页；第6册，第1789页。

② 为避唐太宗李世民之讳而省"世"字，见《隋书》卷六五《权武传》（点校本二十四史修订本），第5册，第1722页；又作"李代贤"，见卷二《高祖纪下》第1册，第46页。《北史》通作"李世贤"，见卷一一《隋本纪上》、卷七三《虞庆则传》、卷七八《权武传》，第1册，第421页；第8册，第2517、2637页。

什柱是虞庆则的小舅子，他这么做的目的是否真的因为怕与姐夫虞庆则的爱妾私通被暴露呢？原因恐怕不是那么简单，更何况私通爱妾属于私事，与率军出征并无直接的关联。

第三，根据以往的惯例，朝臣出征，皇帝要举行宴会进行送别，但虞庆则向隋高祖辞别时，“上色不悦，庆则由是怏怏不得志”。与其说隋高祖的不高兴是计较于虞家私事，不如说是出于对虞庆则的不满。

第四，平定李世贤以后，虞庆则班师回京，途中经过潭州临桂镇，观察山川形势，感叹十分险固。随其南征的检校潭州总管权武应当也一起返回，经临此镇。虽然他因“庆则以罪诛，功竟不录，复还于州”，但是仍任旧职，到隋炀帝时甚至还出任桂州刺史、始安太守。[①] 比起虞庆则落得被诛的下场，权武的结局已属幸运，这也表明虞庆则被诛自有其他原因。

第五，虞庆则派赵什柱先期至京报捷，但后者却状告庆则谋反。隋高祖下令案验以后，就诛杀了虞庆则。史籍中对此案的叙述如此轻描淡写，其背后的真相究竟如何，长期以来无人去作探究。

《隋书·虞庆则传》中有三处记载到他的儿子：一是虞孝仁，官至都水丞；二是虞义，为第二子，爵授彭城公；三是虞澄道，任东宫通事舍人，“澄道”可能是虞义的字。传云：

> 庆则子孝仁，幼豪侠任气，起家拜仪同，领晋王亲信。坐父事除名。炀帝嗣位，以藩邸之旧，授候卫长史，兼领金谷监，监禁苑。有巧思，颇称旨。（大业）九年（613），伐辽，授都水丞，充使监运，颇有功。然性奢华，以骆驼负函盛水养鱼而自给。十一年（615），或告孝仁谋图不轨，遂诛之。其弟澄道，东宫通事舍人，坐除名。

虞孝仁是晋王杨广的亲信，官拜仪同，597 年受到父亲虞庆则案件

---

① 《隋书》卷六五《权武传》（点校本二十四史修订本），第 5 册，第 1722 页。大业三年（607），桂州更名为始安郡。

的牵连而被除名，但隋炀帝即位后被重新启用，历任候卫长史、兼领金谷监及都水丞。大业十一年（615），虞孝仁被人状告图谋不轨而被诛，其弟澄道也受牵连而一同除名。虞孝仁究竟如何图谋不轨？史籍中也是语焉不详。由于虞庆则、孝仁父子连遭诛杀，势力大衰，所以《元和姓纂》卷二“虞”条灵武回乐望未记虞庆则子辈，仅列孙虞操，在唐代官任长江令，可见入唐以后其家族已经衰落。

笔者每读《隋书·虞庆则传》，对虞庆则、孝仁父子先后被诛的缘由，总是百思不得其解。相隔18年，虞氏父子遭到同样的命运。赵什柱诬奏虞庆则谋反、虞孝仁被人状告图谋不轨，究竟出于什么原因呢？关于这一点，仍要从传文本身入手，并结合同时代的鱼国人虞弘进行分析。

《隋虞弘墓志》记载，虞弘为鱼国尉纥驎城人，祖父□奴栖为鱼国领民酋长；《隋书·虞庆则传》记载，虞庆则本姓鱼，为京兆栎阳人，如前所考栎阳是鱼部族的重要居住地，当地出土的造像记记录了不少鱼氏人物，特别是鱼洛逊的名字为粟特语 roxšan 的音译，而虞孝仁“性奢华，以骆驼负函盛水养鱼而自给”。这些与“鱼”有关的信息，为索解虞庆则、孝仁父子被诛之谜提供了线索，也为鱼国之谜拨开了迷雾。

虞孝仁以骆驼负函盛水养鱼而自给，被认为是“性奢华”。2002年，余太山在探讨鱼国问题时对此作了如下解释：“为食鱼而如此大费周折，也许是代代相传的习俗使然，不仅仅是‘性奢华’的缘故”。[①] 将用骆驼负函盛水养鱼当作一种世代相传的习俗，是很有道理的，但传文并未作食鱼之记载，这鱼是否供食用需要慎重考虑。唐代长安女道士鱼玄机写诗爱用“鱼”字，特别是《寄刘尚书》云：“小材多顾盼，得作食鱼人”。[②] 不过，这里用的是俏皮的双关语，展现了鱼玄机的诗人

---

① 余太山《鱼国渊源臆说》，《史林》2002年第3期，第19页。

② 彭定求等编《全唐诗》卷八〇四，另有《赋得江边柳》“根老藏鱼窟”、《早秋》“雁飞鱼在水”、《寓言》“芙蓉月下鱼戏”、《期友人阻雨不至》“雁鱼空有信”及《酬李郢夏日钓鱼回见示》《闻李端公垂钓回寄赠》，第23册，第9047—9054页。

才情，与虞孝仁是否食鱼没有关系。在使用骆驼出行的地方，多为沙漠戈壁，只有绿洲才提供水源，养育鱼类。若是考虑食用，自然是做成鱼干更加方便携行；而在沿途不产或少有鱼类的地方旅行，携带盛水箱函来养鱼以供食用鲜鱼，恐怕是很难想象的。在虞孝仁的身上，为何保存着这种习俗？传文记述他在长安任官及征辽监运，几乎不去沙漠戈壁之地，何以需要使用骆驼呢？至于“性奢华”一语，余氏并未作解释。

2004 年，张庆捷注意到偃师北魏染华墓出土的骆驼俑背上的鱼（90YCXM7：55），并云：“令人困惑的是，在一些骆驼驮架上，挂有一条大鱼，这与穿越沙漠长途贩运的外商生活不相符合，驼上之鱼，我想不能完全排斥是食物，但更有可能是某种表示吉祥的象征与心愿。究竟是什么？还需要新的证据”。[①] 六年后，他在此基础上进一步推测：“因为唐代民间有以鱼为吉祥物的风俗，双鱼结的形式在墓葬中也出现了，反映了鱼与吉祥的关系”，不过究竟是什么关系，他仍说“目前尚不明白，还需要新的证据”。[②] 张氏揭出染华墓所出驼背上的鱼，至为重要，证实了驼、鱼结合形象的存在，为理解虞孝仁以骆驼负函盛水养鱼提供了思考的线索。同时也需指出，张氏所言唐代民间以鱼为吉祥物及墓葬中出现双鱼结，是单就鱼来论说，而未及骆驼，与驼背上的鱼这一组合关联不大，且仍属于猜测之论。

染华墓是 1990 年在河南省洛阳市偃师区城关镇杏元村砖厂发掘的，编号为 90YCXM7。该墓出土了一件灰陶骆驼俑，驼背鞍架上悬挂了一条鱼（图 9-3），不过发掘简报中没有提及鱼：

> 骆驼俑 1 件（M7：55）。泥质灰陶，驼身、驼架分别模制，组合而成。昂首，前腿跪地，后腿直立，背负鞍垫、水壶等物，作起卧状，下有长方形底板，造型生动逼真。通高 19.2、长 22 厘米

---

① 张庆捷《北朝隋唐的胡商俑、胡商图与胡商文书》，荣新江、李孝聪主编《中外关系史：新史料与新问题》，第 177、196 页。

② 张庆捷《胡商 胡腾舞与入华中亚人——解读虞弘墓》，第 195 页。

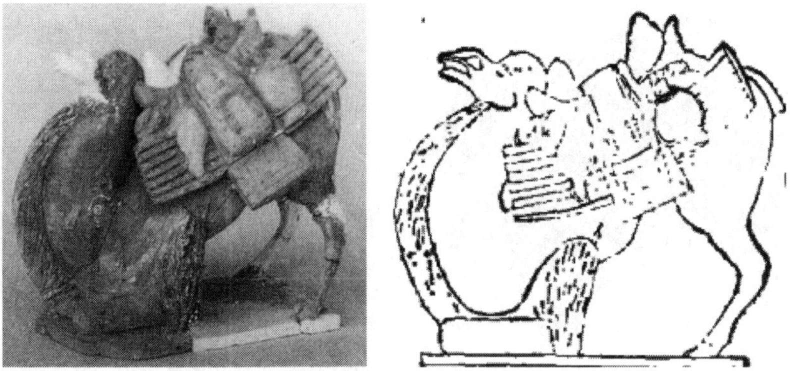

图 9-3　河南省洛阳市偃师区城关镇杏元村砖厂北魏染华墓出土的骆驼俑
（采自《考古》1993 年第 5 期图版壹之 2、第 416 页图三之 5）

（图版壹，2；图三，5）。[①]

实际上，驼背的鞍架上，除了驼囊后部挂的水壶外，前部挂的是鱼，鱼嘴朝上。骆驼昂首朝前，前腿卧着，后腿站立，似乎正要站起来，驮着货物准备出发。该发掘简报还一并介绍了河南省洛阳市偃师区南蔡庄乡联体砖厂 2 号墓，编号为 90YNLTM2，该墓在染华墓之西 5 公里，相去不远。巧的是，该墓也出土了一件驼鱼组合的灰陶骆驼俑（图 9-4）：

> 骆驼俑 1 件（M2：74）。泥质灰陶，昂首挺立，嘴半张，牙外露，背部二驼峰之间铺花边毡毯，两侧分别挂有鱼、禽、兽和水壶。驼尾弯曲。残高 18.5、长 23.6 厘米（图版肆，3；图三，3）。[②]

这峰骆驼昂首直立，驼背上的不是货架，而是花边毡毯，毡毯前部悬挂的是一条鱼，鱼嘴朝上，形象更为逼真。《北魏染华墓志》记其“高祖闵，赵武帝初封西华王、侍中、持节、都督中外诸军事、黄钺、

① 偃师商城博物馆（王竹林执笔）《河南偃师两座北魏墓发掘简报》，《考古》1993 年第 5 期，第 416 页，图三之 5，以及文后图版壹之 2。

② 偃师商城博物馆（王竹林执笔）《河南偃师两座北魏墓发掘简报》，《考古》1993 年第 5 期，第 424 页，图三之 3，以及文后图版肆之 3。

图 9-4　河南省洛阳市偃师区南蔡庄乡联体砖厂北魏 2 号墓出土的骆驼俑
（采自《考古》1993 年第 5 期图版肆之 3、第 416 页图三之 3）

大将军、录尚书事、武信王。赵祚既微，遂升帝位，号曰魏天王。群臣依皇图奏改族，因即氏焉”。[①] 结合史籍的记载可知，染华的高祖原本姓冉，冉闵是后赵武帝石虎的养孙；其父冉瞻曾封西华侯，冉闵大概因此袭爵并进封为西华王。冉闵先后废杀后赵石遵、石鉴二帝，于 350 年建立魏国，两年后国灭。“冉”“染”音同，染氏即冉氏。[②] 冉闵上台前夕，曾大肆杀戮胡人，“闵躬率赵人诛诸胡羯，无贵贱男女少长者皆斩之，死者二十余万”；“屯据四方者，所在承闵书诛之，于时高鼻多须至有滥死者半”。[③] 这些高鼻多须的胡羯之士，显然来自西域。尽管冉闵大肆杀胡，但其父冉瞻为石虎养子，自己为其养孙，与胡人关系极为密切。在北魏染华墓中，也出土了一件胡人舞俑，“高鼻深目，浓眉，短发卷曲”。[④] 这与悬挂着鱼的骆驼俑一起存放在墓室里，显然不是没有缘由的。

---

① 偃师商城博物馆（王竹林执笔）《河南偃师两座北魏墓发掘简报》，《考古》1993 年第 5 期，第 421、425 页。

② 罗新《北朝墓志丛札（一）》之“三、染华墓志与冉闵史料”，北京大学历史学系编《北大史学》9，北京大学出版社，2003 年，第 366—369 页。

③ 《晋书》卷一〇七《石季龙载记下附石鉴载记》，第 9 册，第 2792 页。

④ 偃师商城博物馆（王竹林执笔）《河南偃师两座北魏墓发掘简报》，《考古》1993 年第 5 期，第 418—419 页，图五，15。

无独有偶，1987 年，河南省洛阳市吉利区洛阳炼油厂基建工地发掘了一批墓葬，其中编号为 C9M 279 的北魏吕仁墓出土了 2 件陶骆驼俑，其中一件残缺甚多，一件完整，驼背上也悬挂着一条鱼（图 9-5）：

> 骆驼 2 件。C9M 279：9-1，残甚，仅存头脖及一峰。头部较小，头顶及脖下饰卷曲的驼毛（图一一，15）。C9M 279：9-2，四肢残缺。昂首挺立，头部较小，张嘴，粗脖，短尾。双峰间驮有毯子、袋子和鱼等。长 24、残高 20 厘米（图一一，1）。[1]

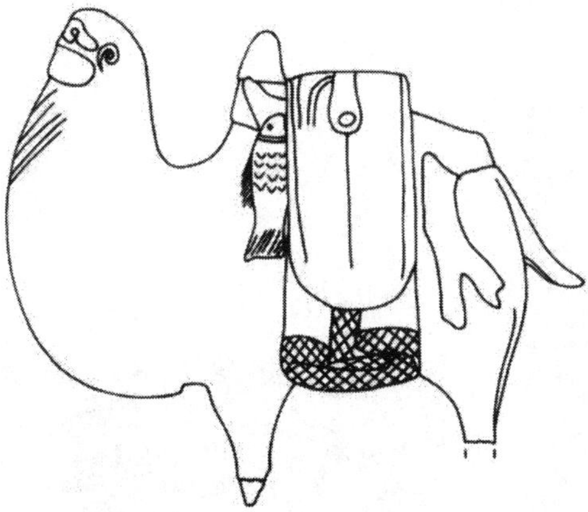

图 9-5　河南省洛阳市吉利区洛阳炼油厂基建工地北魏吕仁墓出土的骆驼俑
（采自《考古》2011 年第 9 期第 54 页图一一之 1）

C9M 279：9-1 残损严重，只看到驼背部分毡毯，其前部并未悬鱼；C9M 279：9-2 骆驼俑四肢虽然有所残缺，但昂首直立，背上铺着毡毯和驼囊，其前侧悬挂着一条鱼，鱼嘴朝上。在 C9M 279 吕仁墓的西南方约 23 米处，是其父吕达（又作吕通）之墓，编号为 C9M 315，出土了 4 件“头裹包布，高鼻深目，络腮胡”的男胡俑，以及 1 枚表面镶嵌有胡人舞蹈的蓝宝石、盘底四周联珠纹装饰的金戒指（图 9-6）。发掘者

---

① 洛阳市文物工作队（程永健执笔）《河南洛阳市吉利区两座北魏墓的发掘》，《考古》2011 年第 9 期，第 54 页，图一一之 1、15。

认为，“吕达墓中所出嵌蓝宝石金戒指制作精美，这种饰有联珠纹、嵌有宝石而且充满异域风格的戒指，有学者认为应是西亚粟特人所制作。同墓中还出土了4件胡俑，无疑为西域人的形象。这些都反映了北魏迁洛以后以洛阳为中心的东西文化交流和丝绸之路商贸活动的频繁”。[①]吕达墓出土的这些胡风文物不仅与其子吕仁墓出土的驼鱼组合俑息息相关，而且也与上述偃师北魏墓出土的驼鱼组合俑及胡人舞俑相类似。这些情况表明，驼鱼组合俑是属于西域才有的形象。虞孝仁以骆驼负函盛水养鱼，应当也与西域鱼国的某种风俗有关。

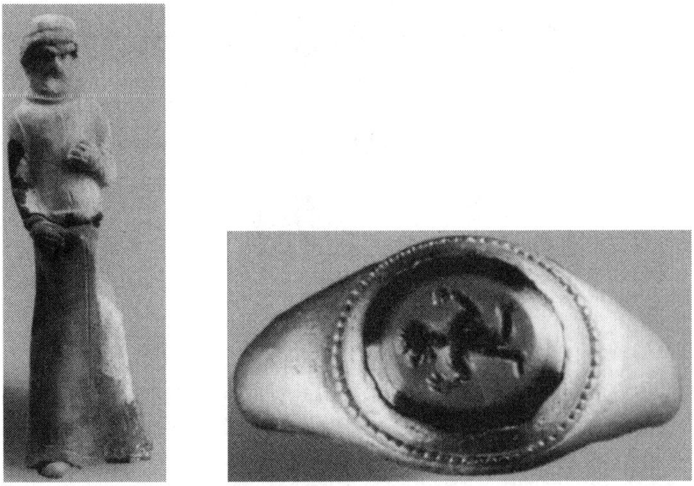

图 9-6　河南省洛阳市吉利区北魏吕达墓出土的男胡俑、金戒指
（采自《考古》2011年第9期，图版拾之2、拾叁之3）

虞孝仁以骆驼负函盛水养鱼被认为“性奢华”，这不禁让人想起漕国王戴金鱼头冠、祭祀顺天神用鱼脊骨，特别是后者“仪制极华，金银

① 洛阳市文物工作队（程永建执笔）《河南洛阳市吉利区两座北魏墓的发掘》，《考古》2011年第9期，第45、48、57页，图5之1；以及图版拾之2、拾叁之3。

鍱为屋，以银为地”，[①] 确实是极为奢华之举。据玄奘记述，漕矩吒国（即漕国）祭祀稿那天神（即顺天神）时，“邻国异俗君臣僚庶，每岁嘉辰，不期而会，或赍金银奇宝，或以牛马驯畜，竞兴贡奉，俱伸诚素。所以金银布地，羊马满谷，无敢觊觎。唯修施奉，宗事外道，克心苦行”。[②] 漕国迫令邻国每年进贡金银奇宝、牛羊马驯畜，以至于漕国金银布地，羊马满谷，全都施奉给顺天神。这也让人联想到虞庆则出使突厥时，隋高祖告诫他最多收受突厥赠送的三五匹马，但实际上却收受了一千匹，虞庆则的这一行为与漕国聚敛牛羊马驯畜，用以敬奉顺天神是完全一致的。其子虞孝仁以骆驼负函盛水养鱼，也与祭祀顺天神的仪式有关，这种仪式在以金银鍱为屋、以银为地的神祠中举行，仪制极为奢华。这显然不是说虞孝仁生性奢华，而是指祭祀顺天神的仪式极为奢华。

漕国祭祀顺天神时，每天在神祠前集合千余人，祠前立一巨型鱼脊骨，场景极为盛大。读书至此，思虑所及，终于豁然明白：虞庆则、孝仁父子先后被人告发谋反或图谋不轨，其实就是因为他们纠集了大批宗奉顺天神的步落稽信众；这种大型聚众集会活动，人数众多，场面极大，显示了鱼部族势力之大，难免会遭到君主的猜忌，从而招来杀身之祸。[③] 更何况隋高祖、炀帝恰恰是猜疑心极重的君主，如《隋书》卷二《高祖纪下》云：“然天性沉猜，素无学术，好为小数，不达大体，故忠臣义士，莫得尽心竭辞。其草创元勋及有功诸将，诛夷罪退，罕有存者”；尤其是唐太宗所说“隋炀帝性好猜防，专信邪道，大忌胡人”。[④]

---

① 《隋书》卷八三《西域·漕国传》（点校本二十四史修订本），第 6 册，第 2088 页。

② 玄奘、辩机著，季羡林等校注《大唐西域记校注》卷一二《漕矩吒国》，下册，第 957 页。

③ 参雷闻《隋唐时期的聚众之禁——中古国家与宗教仪式关系之一侧面》，《文史哲》2022 年第 4 期，第 118—134 页。

④ 吴兢编著《贞观政要》第六卷《慎所好》，第 196 页。

观隋高祖诛杀虞庆则，赵什柱散布虞庆则不欲出征实际上并不重要，因为在此之前，隋高祖已经对聚众祭祀顺天神的虞庆则起了猜忌之心；而赵什柱的身份是虞庆则的小舅子，显然对虞庆则祭祀顺天神的集会活动非常了解，他状告虞庆则谋反，所言即为借祭祀顺天神而聚众造反，从岭南直捣隋都长安。虞孝仁没有吸取其父的教训，依然举行祭祀顺天神仪式，自然也引起隋炀帝的猜忌，遂以图谋不轨的理由诛杀了虞孝仁。如此，这两起1400年前的历史悬案终于可以豁然通解。回过头来再看鱼俱罗、鱼赞兄弟之死，其实也是出于同样的情况。前揭唐太宗说隋炀帝猜防成性，“大忌胡人”，也为出自鱼国的步落稽胡人虞庆则父子、鱼俱罗兄弟之死提供了注脚。

第三节　鱼氏女性与李唐皇室的联姻

以往学者较多地关注李唐初期皇室与鲜卑贵族女子的婚姻，如唐高祖之与窦氏、唐太宗之与长孙氏，从而认为唐朝具有胡汉双重性格。葛承雍考证了唐玄宗的妃子曹野那姬，认为她是一位出自粟特曹国的女性，所生之女寿安公主名曰虫娘，就是一个混血儿。[①] 这揭开了唐朝皇帝与西域胡女的皇室婚姻关系。

除了粟特女性曹野那姬嫁给唐玄宗外，我们发现还有一位鱼国后裔女子也嫁给了唐朝皇帝。《唐鱼涉墓志铭并序》云：

> 公则司农府君第四子。长躯伟貌，河目海口。孝悌禀于天然，诗礼闻乎庭训。始以外氏　皇家懿戚，承　恩授执戟，历司戈、中候、司阶，凡四任。　玉阶侍卫，金仗驱驰，逾二十载

① 葛承雍《曹野那姬考》，《中国史研究》2007年第4期，第45—50页。此文收入葛承雍《胡汉中国与外来文明》之《胡马度阴山：民族卷》（北京：生活·读书·新知三联书店，2019年，第25—37页）时，部分文字略有改动，并且添加了副标题作《曹野那姬考——唐玄宗的西域姬妾》，更加突出了唐玄宗所娶妃子中有西域姬妾。

矣。　　制授义阳府右果毅都尉。属尘惊瀚海，烽入甘泉。凿门出师，授钺以讨。嗟乎！分李陵之步卒，隶周处于偏裨。一以当千，攸闻力战；以少击众，难以图存。初两军交锋，一鼓作气。戈酣日峇，见流血之成川；兵尽矢穷，张空拳而冒刃。虏惮其勇，众骑引还。贼潜为谋，会兵复战。戊辰岁八月辛卯于祁连阵间，毙公于锋镝矣。时年五十有二。　　皇上悼焉，赠以郎将，递柩还里，加礼葬之。……以开元十八年（730）十月四日奉柩葬于龙门原之茔，礼也。[①]（图 9-7）

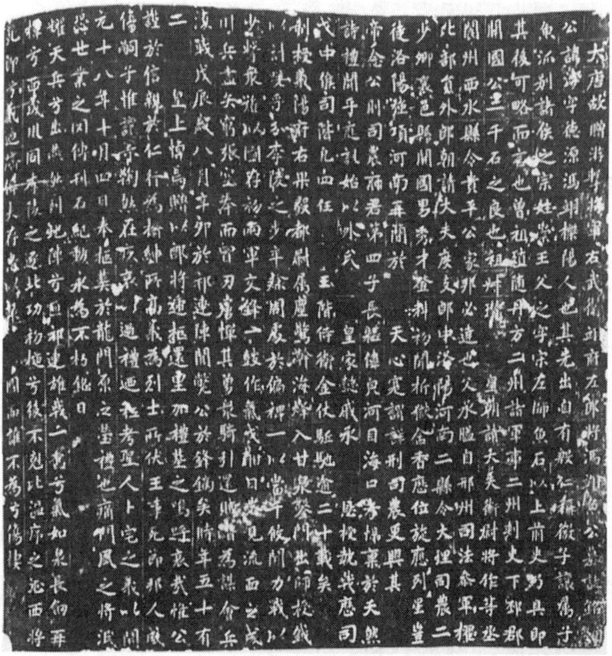

图 9-7　《唐鱼涉墓志铭并序》拓片
（采自《洛阳流散唐代墓志汇编》第 238 页）

① 毛阳光、余扶危主编《洛阳流散唐代墓志汇编》，第 238—239 页。

墓志的标题中称鱼涉为“冯翊鱼公”，序文记其为“冯翊栎阳人也”，还提到其曾祖父鱼殖、祖父鱼叔瓒、父鱼承曦。《元和姓纂》卷二“鱼”条记载，后魏雍州刺史鱼世略有子鱼叔攒、孙鱼曦，实即鱼叔瓒、鱼承曦，当以墓志为确。鱼世略亦即鱼殖，他在西魏时任雍州刺史，至隋为丹方（坊）二州诸军事、二州刺史，下邳（邽）郡开国公。由此可知，鱼涉为鱼遵的八代孙，为鱼国胡人之后裔，其家族长期定居在冯翊下邽；鱼涉时已从冯翊西迁至栎阳县，故称其为冯翊栎阳人，而这一迁徙在其父辈时已经完成。[①] 墓志记载鱼涉“长躯伟貌，河目海口”，似乎也透露出鱼涉的胡人相貌特征。

鱼涉“始以外氏皇家懿戚”，即指他是李唐皇室的外戚。他历任执戟、司戈、中候、司阶等官，长达20余年侍卫宫中。唐代，诸卫、东宫诸率府皆设置以上四官，但鱼涉侍卫玉阶，当是任职于诸卫府。《唐六典》卷二四《左右卫》云：“司阶各二人，正六品上；中候各三人，正七品下；司戈各五人，正八品下；执戟各五人，正九品下”，其他诸卫设官亦同。[②] 毕波曾对北朝末及隋唐宫廷中的胡人作过探讨，称“唐代统治者也充分发挥了胡人之特长，以武职授予胡人，使其担任宿卫、仪仗之职”，并且列有《隋代宫廷内外宿卫胡人表》《唐代入仕唐廷胡人表》，前表所列29人中有鱼俱罗、鱼赞兄弟与虞庆则、虞孝仁父子，后表所列136人中则无一鱼氏，[③] 鱼涉恰好填补这一空白。

鱼涉最后被授予义阳府右果毅都尉，并在祁连一战中阵亡于沙场。墓志记载，这场战斗发生在“戊辰岁八月辛卯”，鱼涉阵亡后，其灵柩于开元十八年（730）被运到洛阳龙门原安葬。730年之前的戊辰岁，

---

① 《资治通鉴》卷二〇四周则天后光宅元年（684）条提到“侍御史栎阳鱼承晔鞫之”，第14册，第6425页。

② 李林甫等《唐六典》卷二四、二五，第617—623、639—643页。

③ 毕波《中古中国的粟特胡人——以长安为中心》第二章《北朝末至唐初胡人的动向与步入宫廷》、第三章《隋唐宫廷内外的胡人——隋唐国际性的表征》，第81—195页，特别是第85—86、124、168—195页。

为开元十六年（728）。关于祁连之战，两《唐书》《资治通鉴》《册府元龟》等史籍均有记述。例如，《旧唐书》卷八《玄宗纪上》记载，此年八月“辛卯，萧嵩又遣杜宾客击吐蕃于祁连城，大破之，获其大将一人，斩首五千级”；卷一九六上《吐蕃传上》记述得更为详细：

> 八月，萧嵩又遣副将杜宾客率弩手四千人与吐蕃战于祁连城下，自辰至暮，散而复合，贼徒大溃，临阵斩其副将一人。贼败，散走投山，哭声四合。初，上闻吐蕃重来入寇，谓侍臣曰：“吐蕃骄暴，恃力而来，朕今按地图，审利害，亲指授将帅，破之必矣！”数日而露布至。

这一消息来源于露布，更加准确。唐军的战果只是斩杀吐蕃副将一人，而非《玄宗纪上》所记的大将，更未提到斩首5000级。[①] 从露布传来的战斗消息看，河西节度使萧嵩命令副将杜宾客率领4000弩手与吐蕃战于祁连城下，战斗从辰时一直打到日暮，“散而复合”“重来入寇”，即墓志所言“众骑引还。贼潜为谋，会兵复战”。唐蕃两军交锋，战斗激烈，血流成河，唐军弩矢射尽，只好展开肉搏。面对唐军的拼死作战，吐蕃军队只好暂时退兵，但不久又卷土重来，进攻唐军，并在此役中击毙了鱼涉。

作为义阳府右果毅都尉，鱼涉官居五品或六品，是个中层官员；但他是李唐皇室的外戚，其阵亡的消息传到京城后，“皇上悼焉，赠以郎将，递柩还里，加礼葬之”。两年后，其子鱼惟让奉鱼涉灵柩归葬于龙门原之茔。那么，是哪位皇帝娶了鱼涉家中的女子呢？墓志记载，鱼涉“始以外氏皇家懿戚，承恩授执戟”。鱼涉所任执戟是因为其外戚身份，才承恩授命的；此后历任司戈、中候、司阶，“玉阶侍卫，金仗驱驰，逾二十载矣”；最后担任义阳府右果毅都尉，战死于河西祁连城。鱼涉卒于728年，即便从该年往前逆推20余年，时在708年以前。这意味

---

① 这一数字亦未见于《旧唐书》卷九九《萧嵩传》及《新唐书》《资治通鉴》《册府元龟》等史籍。

着，极可能是唐中宗娶了一位鱼氏女子。惜两《唐书·后妃传》未载此位鱼氏妃子，这一点跟曹野那姬相类似，后者若非《新唐书》卷八三《诸帝公主·玄宗二十九女传》在记录寿安公主时言及“曹野那姬所生”，则唐玄宗娶粟特曹国女子曹野那姬一事也无人知晓；有赖于鱼涉墓志，今又揭出唐中宗取鱼国后裔女性为妃一事，真是幸莫大焉！由此也可得见，唐朝帝室与西域胡女（或后裔）联姻之史实，并非止于一帝一女，而是从唐中宗到唐玄宗两代均有之，这对于理解唐朝皇室与胡风胡韵的关系皆有裨益。

还可留意的是，鱼涉家族不仅有女性嫁给唐中宗作妃子，而且他还有一位侄女嫁给了李唐宗室李承悌为妻。《唐李承悌妻鱼夫人墓志铭并序》云：

> 大唐　皇四从故弟李承悌故妻冯翊鱼夫人墓志铭并序
>
> 夫人姓鱼氏，天帝喾之灵苗，宋桓公之鸿胤。春秋问义，以字为氏，因桓公公子子鱼之氏焉。曾祖瓒，皇朝请大夫、武陵郡别驾。祖承曦，皇司农少卿，并门唯国选，器宝人宗。屈榣舆于一州，秉丹笔于九棘。父浩见，武当郡郧乡县令。夫人即令之长女也。资柔明之德，怀婉顺之美。孝友温恭，慈仁雍宿。盖全事人之节也。年甫初笄，配于李氏。闺庭既穆，惟箱相和。无藻缋之容，躬浣濯之服。未几而陶门鹤寡，大野鸾孀。顾蒿里难追，攀柏舟易远。既丧君子，却归父天，多历载矣。无何遘疾楚郊，就医洛邑。爰在中路，乃渐弥留。以天宝十一载（750）闰三月廿七日终于南阳县之逆旅，春秋卅有九。呜呼！可谓盛年矣。以其载四月廿一日权葬于河南县龙门乡之原，礼也。呜呼哀哉！行路憯伤，亲戚兴恸。夫人之懿，曷可无言。以为铭曰：
>
> 于穆哲妇，诞受浮德。高行岳峻，思心泉塞。作嫔君子，令仪不忒。秉礼自躬，温容之特。降命不永，眉寿斯极。灵輀遄迈，玄堂此即。风云惨然，山川无色。零丁一女，永号匍匐。于以彰善，

图 9-8　《唐李承悌妻鱼夫人墓志铭并序》拓片
（采自《洛阳市文物考古研究院藏石集粹．墓志篇》第 194 页）

在乎刊勒。操笔泣然，我心孔棘。[①]（图 9-8）

李承悌之妻鱼夫人卒于天宝十一载（750），享年 39 岁，则知其生于 712 年。易言之，她生活在唐玄宗时期。李承悌是唐玄宗的四从弟，即两人的高祖是同一人，也就是唐高祖李渊。史载唐高祖有 22 个儿子，其中第五子楚王李智云，无子嗣，以济南公李世都之子灵龟为嗣，灵龟生福嗣，福嗣生承况。[②] 唐玄宗、李承悌与李承况为同辈四从兄弟。惜李承悌于史无载，不知出自唐高祖诸子何人之后。从鱼夫人墓志可知，李承悌夫妇均英年早逝，尤其是李承悌去世更早，只留下“零丁一女”。夫亡以后，鱼夫人回到娘家生活，由此亦见李承悌家道中落。而

① 史家珍、余扶危主编《洛阳市文物考古研究院藏石集粹．墓志篇》○九○，第 194、195 页。个别文字录文有异，如“瞌”“惟”“实”“澣”，订正为“瞌”“唯”“宝”“浣”。

② 《旧唐书》卷六四《高祖二十二子・楚王智云传》，第 7 册，第 2423 页。

鱼夫人不幸患病，其父鱼浩见时任武当郡郧乡县令，她也随父在郧乡。为了治病，她从郧乡前往洛阳，不料在途经南阳时病逝，死后权葬于河南县龙门乡之原，亦即鱼涉所葬的龙门原，这里是他们家族的坟茔。

墓志标题有“冯翊鱼夫人”等字，序文又提到她的曾祖父鱼瓒、祖父鱼承曦、父鱼浩见。如前所言，鱼瓒即鱼叔瓒，鱼承曦即鱼承曦。结合《唐鱼涉墓志铭并序》可知，鱼浩见与鱼涉为亲兄弟，鱼夫人为鱼涉的侄女。

综上所论，鱼涉家族有女子嫁给唐中宗，其侄女又嫁给宗室李承悌，出自西域鱼国的鱼涉家族与李唐皇室至少保持着两代通婚，关系十分密切。

第四节　唐代权阉鱼朝恩的政治浮沉

唐代后期，宦官权势极大，其中有两位令人瞩目的鱼氏人物，即鱼朝恩、鱼志弘，前者在唐代宗时担任天下观军容宣慰处置使，后者在唐文宗时担任神策军护军中尉，皆为掌握禁军最高权力的宦官首领，对唐代后期的政治产生了较大影响。按照时间先后顺序，本节先考察鱼朝恩，下节再讨论鱼志弘及其他。

鱼朝恩生活在唐玄宗、肃宗、代宗三朝。尽管《新唐书》卷二〇七《宦者上・鱼朝恩传》记其为“泸州泸川人”，但却被“封冯翊郡公”，其养子尚可孤（一度更名为鱼智德）也被封为“冯翊郡王”，[①]显然是受到冯翊鱼氏的郡望影响。尚可孤为东部鲜卑宇文之别种，这让人想起前述隋代虞庆则“善鲜卑语”一事。尚可孤原为安史部将，后来归顺唐朝，为神策军大将，并被鱼朝恩收养为子。

鱼朝恩于天宝（742—756）末入宫，“至德（756—758）初，监李

---

① 《旧唐书》卷一四四《尚可孤传》，第12册，第3911页。《新唐书》卷二〇七《宦者上・鱼朝恩传》还记载到另一位养子鱼令徽，第19册，第5865页。鱼朝恩还有一位养孙鱼志弘，详见本章第五节。

光进军”。[1] 史载“李光进，本河曲部落稽阿跌之族也。父良臣，袭鸡田州刺史，隶朔方军”；姊夫舍利葛旃杀仆固玚，任职于河东节度使府；李光进、光颜兄弟从小随姊生活，遂家太原；至德时，李光进出任代州刺史。[2] 部落稽即步落稽，亦即鱼国人东迁后形成的势力集团。换言之，鱼朝恩与李光进为同族。

此外，鱼朝恩最亲信的部将刘希暹“形貌光伟，以骑射闻”，并被封为“交河郡王”。[3] 交河郡即今新疆吐鲁番。《唐段晏墓志铭》记载安史乱后，“使主交河郡王、兼御史中丞李公尹凤翔府”。[4] 段晏卒于大历七年（772），此前姓李的凤翔节度使有：李鼎（760—761）、李抱玉（765—770、771—777）、李忠臣（770—771）三人。[5] 李鼎、李忠臣在任的时间极为短暂，李抱玉不仅两度任职，而且时间长达 11 年，所以段晏的使主极可能就是李抱玉。[6] 李抱玉原名安重璋，[7] 是隋末唐初武威粟特豪族安兴贵的曾孙。荣新江曾指出，康植因擒缚六胡州康待宾之功而被封为天山县男，是因为其家族“自称来自西域，故封天山”。[8] 与此类似，刘希暹被封为交河郡王，或许与李抱玉、康植一样也是来自西域的胡人或其

---

① 《新唐书》卷二〇七《宦者上·鱼朝恩传》，第 19 册，第 5863 页。

② 《旧唐书》卷一六一《李光进传》，第 13 册，第 4217 页。

③ 《旧唐书》卷一八四《宦官·鱼朝恩附刘希暹传》，第 15 册，第 4765 页。

④ 周绍良、赵超主编《唐代墓志汇编续集》大历〇二〇，第 705 页。

⑤ 吴廷燮《唐方镇年表》卷一《凤翔》，第 1 册，第 1—5 页。

⑥ 黄楼以李抱玉不可能同时身兼神策行营节度使、且爵封凉国公为由，认为此李公不是李抱玉，而是李忠诚，并言“其身份是蕃将，应是安西入援勤王的胡人，被鱼朝恩延至麾下”，见《唐代京西北神策诸城镇研究》，武汉大学中国三至九世纪研究所编《魏晋南北朝隋唐史资料——唐长孺先生百年诞辰纪念专辑》第 27 辑，武汉大学人文社会科学学报编辑部，2011 年，第 349—350 页。据《旧唐书》卷 11《代宗纪》记载，早在宝应二年（763）六月，李抱玉就被“封武威郡王”，第 2 册，第 272 页。又身兼多道节度使。故此不取黄说。

⑦ 《新唐书》卷一三八《李抱玉传》，第 4619 页。

⑧ 荣新江《北朝隋唐粟特人之迁徙及其聚落》，《中古中国与外来文明》（修订版），第 57 页。

后裔。李、康二人是粟特人，刘希暹可能是源出西域鱼国的步落稽人。如第四章第二节所说，刘是步落稽的第一大姓。

上述三人中，尚可孤出自宇文鲜卑之别部，被鱼朝恩收养为子，李光进为步落稽人，刘希暹疑亦属步落稽。鱼朝恩与他们关系密切，实际上是因为他本人就是步落稽（鱼国）人。《新唐书》本传描述鱼朝恩形象“素肥”，或许也与鱼国人或其后裔体质有关。

鱼朝恩在天宝末入宫为宦官，至德时常外出监军，其发迹是在安史之乱期间对相州安庆绪的征讨。乾元元年（758）九月，唐肃宗命令朔方郭子仪、河东李光弼、关内潞州王思礼等九节度使共同出兵，率军20万讨伐安庆绪于相州，但是不立统帅，特设“观军容宣慰处置使”一职，以宦官鱼朝恩为之。然因“军无统帅，诸将自图全，人无斗志”，加上史思明增派援军，唐军久攻相州城不下，尤其是翌年（759）初北庭行营节度使李嗣业为流矢所中，卒于军中。[①] 九月，东都洛阳再度失陷。

此后，鱼朝恩继督李光弼军，屡次催命出兵收复洛阳。由于史思明兵锋甚锐，李光弼屡次上表，言不可轻进，应候时而动。但在鱼朝恩的催逼之下，李光弼于上元二年（761）二月不得已出战，结果唐军在北邙山下大败，李光弼走保河东闻喜，鱼朝恩则退屯陕州。史载，“光弼御军严肃，天下服其威名，每申号令，诸将不敢仰视。及惧朝恩之害，不敢入朝”，广德二年（764）病卒于徐州。[②]

鱼朝恩退屯陕州以后，控制了卫伯玉率领的神策军力量。《旧唐书》卷四四《职官志三》在“左右神策军”条下注曰：

> 上元（760—761）中，以北衙军使卫伯玉为神策军节度使，镇陕州，以拒东寇，以中使鱼朝恩为观军容使，监伯玉军。及伯玉入为羽林帅，出为荆南节度使，朝恩专统神策军，镇陕。广德元年（763），吐蕃犯京师，代宗避狄幸陕，朝恩以神策军迎扈。及永泰

---

① 《旧唐书》卷一〇九《李嗣业传》，第10册，第3300页。

② 《旧唐书》卷一一〇《李光弼传》，第10册，第3311页。

元年（765），吐蕃犯京畿，朝恩以神策兵屯于苑中。自是，神策军恒以中官为帅。

卫伯玉初为神策军兵马使，驻于陕州，乾元二年（759）底在陕东强子坂击破史思明部将李归仁的骑兵；卫伯玉因功升为右羽林军大将军、知军事，四镇、北庭行营节度使，至上元时为神策军节度使。[①] 761 年，他率领神策军也参加了北邙山之战，战败后与鱼朝恩一起退屯陕州。宝应元年（762）四月，唐代宗即位。十月，天下兵马及回纥兵10 余万齐集陕州，攻讨史朝义，彻底平定了安史之乱。广德元年（763）十月，吐蕃军队进犯关中，唐代宗仓皇东奔，鱼朝恩迎驻陕州，其官职晋升为天下观军容宣慰处置使，并且亲自兼任神策军兵马使。从此，鱼朝恩牢牢地掌握了这支禁军力量。

安史之乱期间，除了李光弼之外，鱼朝恩与郭子仪也发生矛盾，三次阻挠起用郭子仪。第一次在乾元二年（759）三月，郭子仪被任命为东都畿、山南东道、河南诸道行营元帅，“中官鱼朝恩素害子仪之功，因其不振，媒孽之，寻召还京师”；第二次在翌年九月，郭子仪被重新起用，出任诸道兵马都统，“率英武、威远等禁军及河西、河东诸镇之师，取邠宁、朔方、大同、横野，径抵范阳。诏下旬日，复为朝恩所间，事竟不行”；第三次在宝应元年（762）四月唐代宗上台后，“时史朝义尚据洛阳，元帅雍王率师进讨，代宗欲以子仪副之，而鱼朝恩、程元振乱政，杀裴茂、来瑱，子仪既为所间，其事遂寝，乃留京师”。[②] 时人悉知鱼朝恩与郭子仪之间有矛盾，所以仆固怀恩造反时宣称“子仪为朝恩所杀”，[③] 甚至连郭子仪之父郭敬之的墓遭人盗掘，也被认为是鱼朝恩干的。

鱼朝恩与李光弼、郭子仪等名将之间有冲突，实际上反映的是唐肃

---

① 《旧唐书》卷一一五《卫伯玉传》，第 10 册，第 3378 页。又参卷一〇《肃宗纪》，第 1 册，第 257 页。

② 《旧唐书》卷一二〇《郭子仪传》，第 11 册，第 3453—3467 页。

③ 《旧唐书》卷一三二《李抱真传》，第 11 册，第 3647 页。

宗、代宗与领兵大将之间的矛盾。相州之役，唐肃宗不立统帅，而以宦官鱼朝恩为观军容使，目的就是为了亲自控制军队，不让大将专权；史臣裴垍言郭子仪“前后遭罹幸臣程元振、鱼朝恩谮毁百端”，[①] 可见也不是鱼朝恩一人阻挠郭子仪。《旧唐书》卷一一《代宗纪》史臣曰：“至如稔辅国之恶，议元振之罪，去朝恩之权”。鱼朝恩与程元振、李辅国相并列，均为宦官，表明唐肃宗、代宗是依靠这些宦官们去统治，特别是掌控军权，并非特指鱼朝恩一人。因此，表面上看是宦官与将领之间的冲突，实质上体现的是皇帝与将领之间的矛盾。这些宦官掌握着禁军大权，非常跋扈，不过一旦触怒皇帝，马上就会遭到杀身之祸。他们只不过是依附于皇权的寄生者。

其实，鱼朝恩颇有慧眼识人之才，为神策军选拔了一批有勇有谋的将领，增强了禁军的战斗力。[②] 试举三例于下：（1）尚可孤：原为安史部将，“鱼朝恩之统禁军，爱其勇，甚委遇之，俾为养子，奏姓鱼氏，名智德，以禁兵三千镇于扶风县，后移武功。可孤在扶风、武功凡十余年，士伍整肃，军邑安之”；“可孤性谨愿沉毅，既有勋勣，众会之中，未尝言功。贼平之后，营于白花亭，御众公平，号令严整，时人称焉。李晟甚亲重之”。[③]（2）郝廷玉：原为李光弼爱将，“观军容使鱼朝恩以廷玉善阵，欲观其教阅。廷玉乃于营内列部伍，鸣鼓角而出，分而为阵，箕张翼舒，乍离乍合，坐作进退，其众如一。朝恩叹曰：‘吾在兵间十余年，始见郝将军之训练耳。治戎若此，岂有前敌耶？’”[④]（3）禁军某人：因杀富平县令韦当而被捕，“名隶北军，监军鱼朝恩以有武材，请诏原其罪”，但遭给事中韩滉密疏驳奏而被杀。[⑤]

---

① 《旧唐书》卷一二〇《郭子仪传》，第 11 册，第 3466—3467 页。

② 亦可参何先成《唐代神策军与神策中尉研究》第一章第二节《鱼朝恩事件新解》，北京：中国社会科学出版社，2021 年，第 23—34 页。

③ 《旧唐书》卷一四四《尚可孤传》，第 12 册，第 3911—3912 页。

④ 《旧唐书》卷一五二《郝廷玉传》，第 12 册，第 4067—4068 页。

⑤ 《旧唐书》卷一二九《韩滉传》，第 11 册，第 3599—3600 页。

除了掌控军权外，鱼朝恩还时常招引儒者、文士，讲论经籍，撰作文章，判理国子、光禄、鸿胪等九卿事务。以一名宦官判理国子监，并为群臣讲授《周易》，在唐代乃至整个中国古代历史上都是十分罕见的。也正因此，遭到了朝臣们的反对，如中书舍人常衮奏曰："成均之任，当用名儒，不宜以宦臣领职"；[1] 又如，"宦官鱼朝恩为观军容使，仍知国子监事，恃宠含威，天宪在舌"，为京兆尹李勉所不礼，鱼朝恩遂"不复至太学"；[2] 元载入相后也说："以朝恩尝判国子监事，尘污太学，宜得名儒"。[3] 不过，《旧唐书》卷一八四《宦官·鱼朝恩传》所言"粗能把笔释义"，"自谓有文武才干"，恐怕并非虚言。另外，当时宦官出任朝臣并非鱼朝恩一人，如李辅国就曾担任兵部尚书、中书令。

由于鱼朝恩久掌禁军，过于跋扈，引起了唐代宗的不满，即所谓"上以朝恩太横，亦恶之"；"上益怒，朝恩未之察，日以骄横"。[4] 于是授意宰相元载、京兆尹崔昭等人，收买鱼朝恩的亲信陕州观察使皇甫温、射生将周皓，并于大历五年（770）罢免鱼朝恩的天下观军容宣慰处置使之职，趁寒食节在禁中宴请近臣之机，一举擒缢鱼朝恩。关于鱼朝恩之死，《新唐书》卷二〇七《宦者上·鱼朝恩传》记载甚详：

> （元）载留（皇甫）温京师，未即遣，约与（周）皓共诛朝恩。谋定，以闻，帝曰："善图之，勿反受祸！"方寒食，宴禁中，既罢，将还营，有诏留议事。朝恩素肥，每乘小车入宫省。帝闻车声，危坐，载守中书省。朝恩至，帝责其异图，朝恩自辨悖傲，皓与左右禽缢之，死年四十九，外无知者。帝隐之，下诏罢观军容等使，增实封户六百，内侍监如故。外咸言"既奉诏，乃投缢"云。还尸于家，赐钱六百万以葬。

---

① 《新唐书》卷一五〇《常衮传》，第 15 册，第 4809 页。
② 《旧唐书》卷一三一《李勉传》，第 11 册，第 3634—3635 页。
③ 《旧唐书》卷一一九《杨绾传》，第 10 册，第 3435 页。
④ 《旧唐书》卷一八四《宦官·鱼朝恩传》，第 15 册，第 4764 页。

如同虞庆则、孝仁父子被诬为谋反或图谋不轨一样，鱼朝恩也被责问有“异图”，最后被其部下周皓出卖擒杀。鱼朝恩被缢杀后，尸体被运送回家，制造了一个“朝恩还第，雉经而卒”的假象，唐代宗还故意上演了给鱼朝恩罢职、命官、增加实封的一幕假戏。

第五节 “甘露之变”中的双鱼火拼

大和九年（835）十一月二十一日，唐朝宫廷发生了一场“甘露之变”。据《资治通鉴》卷二四五记载，唐文宗与宰相李训、凤翔节度使郑注等人密谋诛杀宦官。当日百官上朝以后，左金吾卫大将军韩约奏称金吾卫府后院的石榴夜有甘露，宰相李训、舒元舆劝唐文宗前往观看。文宗率领百官至含元殿，让宰相李训等人先去探视，之后又“顾左、右中尉仇士良、鱼志弘帅诸宦者往视之”。然而，宦官们发现暗藏伏兵，遂赶紧挟持文宗回宫。金吾卫士兵、京兆郡巡逻兵、御史台从人联合夹击宦官，死伤者十余人。仇士良、鱼志弘等人脱身后，迅速组织禁兵予以反击，大肆杀掠，王涯、贾悚、舒元舆三宰相也被擒捉。新任命的太原尹、河东节度使王璠逃归家中，神策兵包围其宅第，假言喊道：“王涯等谋反，欲起尚书为相，鱼护军令致意！”王璠出门后，即被扭送到神策左军。两天后，逃奔终南山的宰相李训被杀，次日其他三宰相及王璠等人被斩于独柳之下。①

郑注如前所述原本姓鱼，为鱼国人之后裔；这里还出现了一位右中尉鱼志弘，即在右神策军中担任护军中尉的宦官首领，② 故而也被称作“鱼护军”，这是唐代除鱼朝恩之外又一位鱼姓宦官。

---

① 《资治通鉴》卷二四五唐文宗大和九年（835）条，第 17 册，第 7910—7916 页。

② 《旧唐书》卷四四《职官志三》注曰：“贞元（785—804）中，特置神策军护军中尉，以中官为之，时号两军中尉。贞元已后，中尉之权倾于天下，人主废立，皆出其可否”，第 6 册，第 1904—1905 页。

一、禁军首领宦官鱼志弘

鱼志弘，又写作“鱼弘志”，主要活动于唐敬宗、文宗、武宗三朝。他虽然没有被列入《旧唐书·宦官传》和《新唐书·宦者传》，但在两《唐书》《资治通鉴》等史籍中均有出现，不过名字记载颇有歧异，兹列表 9-2 于下，以作比较：

表 9-2　史籍所记鱼志弘（或鱼弘志）资料表[①]

序号	出处	内容
①	《旧唐书·敬宗纪》	帝好深夜自捕狐狸，宫中谓之“打夜狐”，中官许遂振、李少端、鱼弘志以侍从不及削职。
	《新唐书·刘克明传》	帝夜艾自捕狐狸为乐，谓之“打夜狐”，中人许遂振、李少端、鱼志弘侍从不及，皆削秩。
②	《旧唐书·王彦威传》	时内官仇士良、鱼弘志禁中用事。
	《新唐书·王彦威传》	时宦者仇士良、鱼弘志方用事。
③	《旧唐书·王守澄传》	俄而士良等率禁兵五百余人，露刃出东上阁门，逢人即杀，王涯、贾𫗧、舒元舆、李训等四人宰相及王璠、郭行余等十一人，尸横阙下。自是权归士良与鱼弘志。
	《新唐书·仇士良传》	已而训谋悉逐中官，士良悟其谋，与右神策军中尉鱼弘志、大盈库使宋守义挟帝还宫。……事平，加特进、右骁卫大将军，弘志右卫上将军、兼中尉，守义右领军卫上将军。……始，士良、弘志愤文宗与李训谋，屡欲废帝。……故胤恶中官，终讨除之，盖祸原于士良、弘志云。
	《新唐书·李训传》	顾中尉仇士良、鱼志弘等验之，训因欲闭止诸宦人，使无逸者。……璠聚河东兵环第自卫，弘志使偏将攻之。

① 为了便于与“鱼弘志”相区别，表中将“鱼志弘”加下划线。

（续表）

序号	出处	内容
③	《资治通鉴》卷二四五	顾左、右中尉仇士良、鱼志弘帅诸宦者往视之。……王璠归长兴里私第，闭门，以其兵自防。神策将至门，呼曰："王涯等谋反，欲起尚书为相，鱼护军令致意！"
④	《旧唐书·李训传》	仇士良以宗密容李训，遣人缚入左军，责以不告之罪。将杀之，宗密怡然曰："贫僧识训年深，亦知反叛。然本师教法，遇苦即救，不爱身命，死固甘心"。中尉鱼弘志嘉之，奏释其罪。
⑤	《旧唐书·文宗纪》	以给事中李翊为御史中丞，左右军中尉仇士良、鱼志弘并兼上将军。
⑥	《旧唐书·武宗纪》	两军中尉仇士良、鱼弘志矫诏迎颖王于十六宅。
	《新唐书·文宗纪》	左、右神策军护军中尉鱼弘志、仇士良立颍王瀍为皇太弟，权句当军国事，废皇太子成美为陈王。
	《新唐书·武宗纪》	神策军护军中尉仇士良、鱼弘志矫诏废皇太子成美复为陈王，立颍王为皇太弟。
	《新唐书·仇士良传》	始，枢密使刘弘逸薛季棱、宰相李珏杨嗣复谋奉太子监国，士良与弘志议更立，珏不从，乃矫诏立颍王为皇太弟，士良以兵奉迎，而太子还为陈王。
	《资治通鉴》卷二四六	中尉仇士良、鱼弘志以太子之立，功不在己，乃言太子幼，且有疾，更议所立。李珏曰："太子为已定，岂得中变！"士良、弘志遂矫诏立瀍为太弟。
⑦	《旧唐书·武宗纪》	以开府、右军中尉仇士良封楚国公，左军中尉鱼弘志为韩国公。
	《新唐书·仇士良传》	士良迁骠骑大将军，封楚国公；弘志韩国公，实封户三百。
⑧	《旧唐书·武宗纪》	知枢密刘弘逸、薛季棱率禁军护灵驾至陵所，二人素为文宗奖遇，仇士良恶之，心不自安，因是掌兵，欲倒戈诛士良、弘志。

上表以时间为序，将诸书所记同一件事并列呈示，以便比较。我们发现：

（1）《旧唐书》大多作“鱼弘志”（①②③④⑥⑦）或“弘志”（③⑧），但也有一处作“鱼志弘”（⑤）；

（2）《新唐书》有时作“鱼弘志”（②③⑥）或“弘志”（③⑥⑦），但有时则作“鱼志弘”（①③），甚至在同书的不同列传出现歧异；

（3）《资治通鉴》有时作“鱼弘志”或“弘志”（⑥），有时则作“鱼志弘”（③）。

由上可知，无论是在《旧唐书》《新唐书》，抑或是《资治通鉴》中，全都出现了人名的互歧现象；而且即使在同一书、甚至同一传中，也是互歧共出，前后矛盾。从诸书所记的历史事件看，无论是“鱼志弘”还是“鱼弘志”，实际上都是同一人。

会昌元年（841），裴素撰《唐重修汉未央宫记》，中云：

> 于是召左护军中尉志弘，指示之曰：“……吾欲崇其颓基，建斯余构。勿使华丽，爰举旧规而已。庶得认其风烟，时有以凝神于此也”。……时以通览无方，周视有截，则有若志弘奉圣君之旨也。志弘姓鱼氏，代宗皇帝之功臣朝恩之孙也。以绩效而封国公，由忠义而位上将。……由是委以腹心，寄之环列。上曰：“忠为令德，有若士良、志弘，为吾左右矣”。……臣素任当承旨，不敢固让，惶恐拜舞而文之。时会昌元祀濡大泽之明月也。谨记。[①]

裴素与鱼志弘为同时代人，所记应当无误，故当以“鱼志弘”为确，而非“鱼弘志”。从该记还可知道，鱼志弘为鱼朝恩之孙。宦官无子，鱼志弘当是鱼朝恩的养孙，也成为控握神策军大权的宦官首领。不过，也正因为两人是养祖孙关系，鱼志弘是否原本就姓鱼则不得而知。

唐敬宗时期，鱼志弘只是一名普通宦官，甚至因为没有侍候好皇帝“打夜狐”而遭削职；但到文宗时期，他已经升任为右神策军护军中

---

① 李昉等编《文苑英华》卷七九七《记一·宫殿》，第5册，第4216—4217页。

尉，与左军中尉仇士良对掌神策军。经过835年“甘露之变”以后，仇、鱼二人仍然牢牢地掌控着神策军。不过，文宗阴忌二人，暗中拉拢宰相李珏、杨嗣复与宦官知枢密刘弘逸、薛季棱等人，试图再次培植自己的势力。开成五年（840）正月二日，文宗暴疾，宰相李珏、知枢密刘弘逸奉密旨，以皇太子李成美监国；而仇士良、鱼志弘则于当夜矫诏迎立唐文宗之弟、颍王李瀍为皇太弟，李成美复封为陈王。“三日，仇士良收捕仙韶院副使尉迟璋杀之，屠其家。四日，文宗崩，宣遗诏：皇太弟宜于柩前即皇帝位”，十一天后李成美被杀。过了半年多以后，“八月十七日，葬文宗皇帝于章陵。知枢密刘弘逸、薛季棱率禁军护灵驾至陵所，二人素为文宗奖遇，仇士良恶之，心不自安，因是掌兵，欲倒戈诛士良、弘志。卤簿使兵部尚书王起、山陵使崔棱觉其谋，先谕卤簿诸军。是日弘逸、季棱伏诛。门下侍郎、同平章事杨嗣复检校吏部尚书、潭州刺史，充湖南都团练观察使；中书侍郎、同平章事李珏检校兵部尚书、桂州刺史，充桂管防御观察等使；御史中丞裴夷直为杭州刺史：皆坐弘逸、季棱党也”。[①] 这是继“甘露之变”之后，仇士良、鱼志弘发动的又一起政变，废太子，立武宗。他们之所以能够成功，就是因为一直掌握着左、右神策军的军事力量。

由于扶立唐武宗有功，仇士良、鱼志弘获得加官晋爵。《旧唐书》卷一八上《武宗纪》记载开成五年二月：“上御正殿，降德音，以开府、右军中尉仇士良封楚国公，左军中尉鱼弘志为韩国公”。《新唐书》卷八《文宗纪》亦记，开成五年正月“己卯，左、右神策军护军中尉鱼弘志、仇士良立颍王瀍为皇太弟，权句当军国事”。据此，仇士良、鱼志弘所掌领的神策军两厢互换了一下。马洪路认为《旧唐书》记载有误，但其所引大和九年（835）史料为时过早，[②] 不足以说明840年鱼、仇二人的官职。此时的官职记载分别出自两《唐书》不同的帝纪，

① 《旧唐书》卷一八上《武宗纪》，第2册，第583—585页。
② 马洪路《唐何少直墓志铭考释》，《考古与文物》1990年第3期，第90页。

应当不会有误，尤其是前引裴素在会昌元年（841）所撰《重修汉未央宫记》，也提到“于是召左护军中尉志弘指示之”，更加证实了鱼志弘确实从右护军中尉升任为左护军中尉，地位提高，成为统领禁军的宦官最高首领。事实上，从835年甘露之变发生时，鱼志弘派神策兵擒捉王璠后，将其扭送到神策左军，说明当时鱼志弘已从右护军中尉升为左职。

《新唐书·仇士良传》还记载他被封楚国公时，一并授予骠骑大将军，颇疑鱼志弘也一并升迁为骠骑大将军，亦即《唐何少直墓志铭并序》所记的“鱼骠骑”：

> 唐故右神策军押衙、朝散大夫、襄王府谘议参军、上柱国何少直墓志铭并序。
>
> 公讳少直，字子质，陈留郡人也。……曾为护军之爪牙，亦作台衡之耳目。公事右神策军中尉鱼骠骑。后鱼公得罪，公为进状雪之。不惬帝心，乃遭遐谪。公切报本使之恩，终无悔恨之意。明敕既下，是日出城，别其血族如脱屣矣。

墓志记载，何少直于开成五年（840）为襄王府谘议参军。襄王为唐敬宗第三子李执中，开成二年（837）八月受封襄王。马洪路认为“右神策军中尉鱼骠骑”指鱼志弘，[①] 甚是。鱼、仇二人同时升迁为骠骑大将军，与甘露之变后他俩“并兼上将军”是类似的。不过，鱼志弘此时的官职为右神策军护军中尉，而墓志记鱼志弘获罪及何少直被贬之事，没有明确的时间。从记载此事以后续言“初，开成元年（836）徙河南府同轨府折冲，改福王府功曹”“至开成三年丁忧，遂起，复拜右监门卫监府副率”“至开成五年，拜襄王府谘议”及美誉之词来看，何少直被贬当发生在开成五年（840）以后。换言之，鱼志弘从左神策军护军中尉降为右军中尉，是在当年其扶立唐武宗以后的某个时间。

---

① 马洪路《唐何少直墓志铭考释》，《考古与文物》1990年第3期，第88—89页。墓志文字据图版个别略作订正。

《旧唐书》卷一八上《武宗纪》亦记，会昌三年（843）“六月，西内神龙寺灾。左军中尉楚国公仇士良卒”，可见仇士良从右军中尉复升为左军中尉，这从杜牧《唐牛僧孺墓志铭并序》所记“仇军容开成（836—840）末首议立武宗，权力震天下”似乎也可看出。[①] 唐武宗上台以后，对仇士良、鱼弘志等宦官“内实嫌之，阳示尊宠”，但直到843年仇士良去世，于“死之明年，有发其家藏兵数千物，诏削官爵，籍其家”。很可能就在844年处置死后的仇士良时，一并处置打击鱼志弘，即《唐何少直墓志铭并序》所谓“鱼公得罪”，而其手下的右神策军押衙何少直也随之遭到远贬。[②] 李鸿宾推测何少直出自粟特何国人，其母兰氏有鲜卑或匈奴血统，[③] 可从。何少直在鱼志弘手下担任右神策军押衙，对鱼志弘忠心耿耿，亦见这些西域胡人后裔结成了同一政治利益集团。[④]

二、“水族”“鱼郑”：郑注与“甘露之变”

甘露之变中的一方是以仇士良、鱼志弘为首的宦官集团，另一方是以李训、郑注为代表的朝官。如前所述，郑注本姓鱼。颇有意趣的是，甘露之变的斗争双方竟然都由鱼氏人物来主导。

关于郑注，第七章第四节已经略作介绍，原本姓鱼，应当是鱼国人的后裔。可能也正因此，《新唐书》卷一七九《郑注传》称他“世微

---

① 杜牧《樊川文集》卷七，见吴在庆《杜牧集系年校注》，北京：中华书局，2008年，第2册，第705页。

② “右神策军押衙”的全称为“右神策军护军中尉押衙”，见《唐右神策军护军中尉押衙何少直故太夫人河南兰氏墓志铭并序》，参故宫博物院、陕西省考古研究院编著《新中国出土墓志·陕西〔肆〕》，北京：文物出版社，2021年，上册，第225页；下册，第206页。

③ 李鸿宾《唐兰夫人、何少直墓志铭再考》，《隋唐五代诸问题研究》，北京：中央民族大学出版社，2006年，第54—57页。

④ 然而，同为鱼姓的郑注，则因政治分野不同而与鱼志弘分处敌对阵营，进行你死我活的斗争，这是由于政治利益的不同而造成的。

贱，以方伎游江湖间”。李德裕《文武两朝献替记》有一段话甚堪关注：

> （大和）八年（834）春暮，上对宰相叹天下无名医，便及郑注，精于服食。或欲置于翰林伎术院，或欲令为左神策判官。注自称衣冠，皆不愿此职。守澄遂托（刘）从谏奏为行军司马。①

《旧唐书》卷一六九《郑注传》称他“始以药术游长安权豪之门”，可见他以医药、方伎著称，精于服食，有炼金丹之术，曾向李愬、王守澄、唐文宗进献药术，撰有《药方》一书。他不愿意任职于翰林伎术院，也不愿担任左神策判官。他是鱼国人后裔，大概因此而被称作“微贱”，但在追求门第的唐代，郑注又自称衣冠，应当指其冒姓郑氏，攀附荥阳郑氏之高门。时人称之为“鱼郑”，甚至目为“水族”，表明时人都非常清楚他的实际出身和底细。

卢向前对郑注参与的甘露之变作过十分精细的研究，② 不过没有涉及郑注出身鱼族。元和十三年（818），郑注先依附于山南东道节度使李愬，用药术为其治愈痿病，被任命为节度衙推；后随李愬移镇徐州，升为巡官，同时得到监军使王守澄的信任。长庆（821—824）时，王守澄知枢密事，专擅国政，郑注也开始在仕途上飞黄腾达，出任昭义节度副使、邠宁行军司马等职。大和七年（833），入为通王府司马、充右神策判官，翌年底为太仆卿、兼御史大夫，半年后与李训一起同为翰林侍讲学士，秘密合谋，排挤朝士，诛灭宦官。

诛灭宦官的行动得到了唐文宗的支持。大和九年（835）九月，郑注出为凤翔尹、凤翔节度使，欲与新任宰相李训内外合势，一举诛灭以左、右中尉仇士良、鱼志弘为首的宦官集团。十一月，李训提前发动甘

---

① 《资治通鉴》卷二四四唐文宗太和七年（833）条胡三省注，第17册，第7893—7894页。

② 卢向前《唐代政治经济史综论——甘露之变研究及其他》，北京：商务印书馆，2012年，第1—86页。

露之变，但谋泄致败，遭到宦官的疯狂反扑，宰相李训、王涯、贾悚、舒元舆尽皆被杀，郑注也在凤翔被监军使张仲清所斩，“注家属屠灭，靡有孑遗”。[①]

甘露之变主要是郑注、李训与宦官仇士良、鱼志弘之间的斗争，两方阵营中均由源自鱼国的鱼氏人物来领导，双鱼火拼确实是十分罕见之事。从前揭《唐何少直墓志铭并序》可知，鱼志弘还得到了粟特人何少直的支持，增加了民族复杂性。

① 《旧唐书》卷一六九《郑注传》，第13册，第4401页。

结语：开掘历史的潜流

如果不是太原虞弘夫妇合葬墓的发现，人们就不知道中古时期存在一个鱼国，也不了解鱼国人后裔在并、代、介三州的生活。观看墓葬石椁上雕绘的图像，恍如把人拉到一个充满异域风情的世界。以往阅读北朝及隋代历史，纵然对并州及其周边地区的胡人活动有所了解，但是当亲身站在真切实在的石椁之前、精美别致的图像映入眼帘的时候，仍然不禁为之一震，深深地感受到真实的历史面相要比史书的记载复杂得多。

虞弘夫妇合葬墓不是孤立的，在该墓发现后的几年里，西安又陆续发现了安伽、史君、康业等粟特人的墓葬，同时又让学者们联想起天水、安阳、益都等地发现的同类墓葬。这些充满浓郁西域风格的胡人墓葬，突然之间成群结队地飘然而至，为认识中古史提供了珍贵的历史资料。相对于传统史书记载的主流历史，这些胡人墓葬所揭示的历史面相则是一股潜流，但却是不可或缺的内容，大大丰富了我们对历史整体性和真实性的认识。

虞弘夫妇合葬墓的发掘者张庆捷说："一批重要的考古资料，往往会撕开古代社会的冰山一角，让我们能够见识甚至还原历史的本来面目。穿越历史，我们感觉到的何止是历史的深不可测呢？中华文化的博大精深也如滚滚河流奔腾而来。可以说，太原隋代虞弘墓的发现，就使得诸多重要历史信息穿过千年的时空展现出来"。[①] 诚哉斯言！在有限

① 张庆捷《解读虞弘墓——北朝定居中国的粟特人》，第3页。

的史料和认知下，历史的深邃博大远远没有能够完全揭示，历史的神秘面纱依然笼罩，甚至遮蔽了史实真相。这让人在未知的世界面前常感到自身的渺小，而能被揭现的历史潜流也因之具有十分重要的意义。以虞弘为代表的西域胡人墓葬，为探索中古史，特别是中原与西域之间的文明交流、胡汉民族的交融与中华民族的形成提供了极为珍贵的资料，学界也因之作出了重要的贡献。

如本书所论，虞弘所出之鱼国即步落稽。北朝隋唐时期，黄河两岸的晋陕一带出现步落稽集团，从最初的胡貌胡语到后来的汉化融入，是丝绸之路民族迁徙交融并最终融入中华民族的案例之一。尚丽新指出："稽胡人的历史就是一个部落民族如何融入主流文化中的历史"。[①]《隋图经》提到"胡头汉舌"的"丹州白室"，正是处在融合与汉化的过程之中，而丹州宜川县有一条"库碢川"，《隋图经》记载"川南是汉，川北是胡。胡汉之人于川内共结香火，故唤香火为库碢，因此为名"。[②]步落稽胡人与汉人隔水而居，但却在库碢川共结香火，互相交流，并且形成共同的精神纽带。

笔者从虞弘墓志中两个改刻的"鱼"字入手，分析挖字以后残留的笔画遗痕，判断为偏旁部首"氵"；又通过虞弘所戴鱼头冠的发现，将之与隋代西域漕国王所戴的金鱼头冠联系起来，最终得出"鱼"字挖改前的原字为"漕"。继而在鱼国、步落稽、□奴栖（虞弘的祖父，鱼国领民酋长）为balïk的音译异写的基础上，认为鱼国即婆来伽国、跋禄迦国，位于今新疆阿克苏一带；同时，通过跋禄迦国人所信奉的顺天神（稸那天神）向漕国的移动，跋禄迦国（鱼国）人在今阿富汗南部创建了漕国，遂最终判定虞弘墓志中的"鱼"字挖改前应为"漕"。由于漕国王姓昭武，为康国王之宗族，所以虞弘墓志中称他"检校萨保府"，其石椁图像

① 尚丽新《刘萨诃研究综述》，《敦煌学辑刊》2009年第1期，第141页。

② 乐史《太平寰宇记》卷三五《关西道十一》"丹州"条，第2册，第744页。

也呈现出祆教的内容。这些祆教图像也是大多学者把此墓当作粟特墓葬对待的原因，虽然以前没有人关注到鱼国与漕国的联系，也忽略漕国与粟特康国之间的关系。打捞这一段尘封的历史，过程是相当曲折的，需要对虞弘墓志、石椁图像、传世史籍等多种材料进行关联解读，并且有所发现，才能揭开历史的神秘面纱，开掘历史的潜流。谢承志等人分析检测虞弘与塔里木盆地周边地区古代人群的DNA序列，得出鱼族的分布范围为帕米尔高原东西两侧的结论，也正好与跋禄迦国（鱼国）、漕国的位置相吻合。

阅读《隋书》《北史》《资治通鉴》等史书，读到虞庆则、孝仁父子先后被隋朝皇帝诛戮，对其原因的交代仅以“谋反”或“谋图不轨”相敷衍，显然是将复杂的历史事件与深层的原因简单化了。笔者从虞庆则“本姓鱼”、京兆栎阳人切入分析，发现京兆栎阳是鱼氏部族的重要据点，这也为今西安市临潼区栎阳街道出土的多块造像碑中的鱼氏人物所证实，特别是“鱼洛逊”的名字，为粟特语roxšan的音译汉字，与安禄山属同名异译，意为光明，这也证明包括虞庆则在内的京兆栎阳鱼氏确实源自西域鱼国。另外，虞孝仁“性奢华，以骆驼负函盛水养鱼而自给”，也为洛阳、偃师北魏墓出土的悬挂着鱼的骆驼俑所证实。所悬之鱼并非为了食用，而是用来祭祀顺天神，这跟漕国王头戴金鱼头冠、祭祀顺天神用鱼脊骨是相符合的。而虞庆则、孝仁父子正是因为祭祀顺天神，每日在神祠前聚集千余人，为猜疑心重的隋高祖、隋炀帝父子所忌，遂遭诛戮。像隋代虞氏父子的案子，若不从顺天神的宗教信仰去作发覆，恐怕会成为一个永难索解的历史之谜。这样，既难以完全抉发历史的主流，又掩映了历史的潜流，距离历史的真实面相也就相当的遥远。

既然鱼国即跋禄迦国，位于今新疆维吾尔自治区阿克苏地区一带，那么步落稽中出现大量的白姓人物也就不足为奇了。学界推断步落稽白氏出自龟兹，位于今库车市一带。跋禄迦、龟兹两地近邻，物产、风俗、文化相同，两国人在东迁过程中混融共生，自然容易理解。也正因此，鱼氏的两个著名郡望冯翊（下邽）、晋阳，同时也是白氏的聚居地。例如，太原白建沿着汾水南下，西渡黄河，先居住在同州韩城县，后来其中一支继续南迁至同州（冯翊郡）下邽县。这种鱼、白混融共生的现象，绝不是毫无缘由的。从古至今，黄河两岸晋陕一带有许多鱼、白二氏的村落和人口，就是因为步落稽人原本来自西域鱼国（跋禄迦国）与龟兹国。关于鱼、白混融共生的迁徙历史，过去无人进行探讨。抉发这些不为人知的历史，既是对汉代上郡龟兹县、龟兹属国的延续认识，也为了解这一地域的人口现状及其历史溯源提供参考，使历史的潜流浮出水面，让历史真相为更多人所了解。

进入唐朝，唐中宗所娶鱼氏女子，与唐玄宗的曹野那姬一样，不列于两《唐书·后妃传》，在主流历史中毫无踪影。然而，幸得鱼涉、李承悌妻鱼夫人两方墓志发现，始知鱼氏与李唐皇室两代通婚之事，尤其是经过考证可知鱼涉之侄女嫁给了唐中宗，可补《后妃传》之缺。

当然，历史的潜流并非完全消隐不见，有些可以与史书的记载相印证，从而激活一些被忽视的历史。比如，虞弘家族的迁徙路线是曲折而漫长的，先从西域鱼国东迁至漠北茹茹（柔然），然后再南下进入中原北齐，历北周至隋一直定居在太原。这一迁徙并不是孤立的，史籍中也有类似的记载，如《北史》记述安吐根家族从粟特东迁至酒泉，他曾作为北魏使节出使茹茹，以后再南下东魏，并效力于北齐。虞弘、安吐根家族的迁徙轨迹是相当类似的，这样的案例积累多了，就能勾勒出一条当时公认的共同行走的路线，其实就是我们今天所说的丝绸之路。又如，安吐根、虞弘在东魏、北齐均曾担任凉州刺史，这个东部的凉州在《魏书·地形志》《北齐地理志》《隋书·地理志》中没有记载，《中国行政区划通史·十六国北朝卷》亦未有列，但在个别史传与墓志中零星出现，像一股潜流一样悄悄流过。通过搜辑史料与考证缘由，东魏、北齐时代的凉州面目得以浮出水面，为人所知，这对于理解高氏政权与西部世界的关系大有裨益。[①] 再如，唐朝采取世界主义的国策方针，对一切民族平等对待；而各民族也加快了汉化的步伐，取汉式郡望，很多步落稽人的身上越来越难以看出本民族的特征，白居易家族就是一个典型的例证。甘露之变中的鱼志弘与号为“鱼郑”的郑注，也同样无人关注他们的族属，但郑注被直接称为“鱼郑”“水族”，可见时人是明知郑注的本姓的。通过鱼志弘与粟特人何少直的密切关系，以及对郑注的各方面考察，透露出他们是鱼国胡人后裔的特点。当然随着时代的发展，越到后来这种民族的特征已经越来越不重要，他们已经融入了中华民族大家庭之中。

总之，历史的潜流只是因为史料寡少、书写不明而暂时地被遮盖。通过历史学者的努力，用历史研究的技艺去作精细的分析，[②] 挖掘出被掩映遮蔽的历史真相，使历史呈现出完整丰富而又多彩的实际面貌。

---

① 冯培红《东魏、北齐凉州考》，《社会科学战线》2023 年第 2 期，第 104—116 页。

② 马克·布洛赫《历史学家的技艺》，张和声、程郁译，上海社会科学院出版社，2019 年。

参考文献

一、典籍文献

司马迁《史记》，北京：中华书局，1959 年。

班　固《汉书》，北京：中华书局，1962 年。

范　晔《后汉书》，北京：中华书局，1965 年。

陈　寿《三国志》，北京：中华书局，1959 年。

房玄龄等《晋书》，北京：中华书局，1974 年。

魏　收《魏书》（点校本二十四史修订本），北京：中华书局，2017 年。

李百药《北齐书》，北京：中华书局，1972 年。

令狐德棻等《周书》，北京：中华书局，1971 年。

萧子显《南齐书》，北京：中华书局，1972 年。

姚思廉《梁书》（点校本二十四史修订本），北京：中华书局，2020 年。

魏征等《隋书》（点校本二十四史修订本），北京：中华书局，2019 年。

李延寿《南史》，北京：中华书局，1975 年。

李延寿《北史》，北京：中华书局，1974 年。

刘昫等《旧唐书》，北京：中华书局，1975 年。

欧阳修、宋祁《新唐书》，北京：中华书局，1975 年。

司马光《资治通鉴》，北京：中华书局，1956年。

杨伯峻编著《春秋左传注》，北京：中华书局，1981年。

葛　洪《西京杂记》，《古今逸史精编（西京杂记等八种）》，重庆出版社，2000年。

杨衒之著、周祖谟校释《洛阳伽蓝记校释》，上海书店出版社，2000年。

释僧祐《出三藏记集》，北京：中华书局，1995年。

释慧皎《高僧传》，北京：中华书局，1992年。

道　宣《续高僧传》，北京：中华书局，2014年。

赞　宁《宋高僧传》，北京：中华书局，1987年。

韦述、杜宝撰，辛德勇辑校《两京新记辑校·大业杂记辑校》，西安：三秦出版社，2006年。

玄奘、辩机著，季羡林等校注《大唐西域记校注》，北京：中华书局，2000年。

道　宣《释迦方志》，北京：中华书局，2000年。

释道世著，周叔迦、苏晋仁校注《法苑珠林校注》，北京：中华书局，2003年。

刘知几著、浦起龙通释、王煦华整理《史通通释》，上海古籍出版社，2009年。

李林甫等《唐六典》，北京：中华书局，1992年。

杜　佑《通典》，北京：中华书局，1988年。

李吉甫《元和郡县图志》，北京：中华书局，1983年。

林宝撰、岑仲勉校记《元和姓纂（附四校记）》，北京：中华书局，1994年。

王　溥《唐会要》，北京：中华书局，1955年。

许敬宗编、罗国威整理《日藏弘仁本文馆词林校证》，北京：中华书局，2001年。

陈子昂《陈子昂集》，北京：中华书局，1960 年。

白居易《白氏长庆集》，北京：文学古籍刊行社，1955 年。

吴在庆《杜牧集系年校注》，北京：中华书局，2008 年。

张　鷟《朝野佥载》，北京：中华书局，1979 年。

慧超著、张毅笺释《往五天竺国传笺释》，北京：中华书局，2000 年。

杜环著、张一纯笺注《经行记笺注》，北京：中华书局，2000 年。

段成式撰、许逸民校笺《酉阳杂俎校笺》，北京：中华书局，2015 年。

封演著、赵贞信校注《封氏闻见记校注》，北京：中华书局，2016 年。

张彦远撰、许逸民校笺《历代名画记校笺》，北京：中华书局，2021 年。

王定保撰、姜汉椿校注《唐摭言校注》，上海社会科学院出版社，2003 年。

孙光宪《北梦琐言》，北京：中华书局，2002 年。

董诰等编《全唐文》，北京：中华书局，1983 年。

彭定求等编《全唐诗》，北京：中华书局，1960 年。

李昉等《太平御览》，北京：中华书局，1960 年。

李昉等编《太平广记》，北京：中华书局，1961 年新 1 版。

——《文苑英华》，北京：中华书局，1966 年。

乐　史《太平寰宇记》，北京：中华书局，2007 年。

王钦若等《册府元龟》，北京：中华书局，1960 年。

郑　樵《通志二十略》，北京：中华书局，1995 年。

释行均编《龙龛手镜（高丽本）》，北京：中华书局，1985 年。

汤显祖《牡丹亭》，北京：人民文学出版社，1982 年。

二、出土文献

1. 石刻

北京图书馆金石组编《北京图书馆藏中国历代石刻拓本汇编》第2、4、9、11、15、16册，郑州：中州古籍出版社，1989年。

赵万里编《汉魏南北朝墓志集释》，《石刻史料新编》第3辑（4），台北：新文丰出版公司，1982年。

赵　超《汉魏南北朝墓志汇编》，天津古籍出版社，1992年。

王连龙编撰《魏晋南北朝墓志集成》，上海人民出版社，2021年。

罗新、叶炜《新出魏晋南北朝墓志疏证（修订本）》，北京：中华书局，2016年。

王其祎、周晓薇《隋代墓志铭汇考》，北京：线装书局，2007年。

张希舜主编《隋唐五代墓志汇编·山西卷》，天津古籍出版社，1991年。

吴钢主编《隋唐五代墓志汇编·陕西卷》第4册，天津古籍出版社，1991年。

洛阳古代艺术馆编《隋唐五代墓志汇编·洛阳卷》第3册，天津古籍出版社，1991年。

故宫博物院、陕西省考古研究院编著《新中国出土墓志·陕西〔肆〕》，北京：文物出版社，2021年。

周绍良主编《唐代墓志汇编》，上海古籍出版社，1992年。

周绍良、赵超主编《唐代墓志汇编续集》，上海古籍出版社，2001年。

赵君平、赵文成编《秦晋豫新出墓志蒐佚》，北京：国家图书馆出版社，2012年。

赵文成、赵君平编《秦晋豫新出墓志蒐佚续编》，北京：国家图书馆出版社，2015年。

张永华、赵文成、赵君平编《秦晋豫新出墓志蒐佚三编》，北京：国家图书馆出版社，2020 年。

牛诚修辑《定襄金石考》，太原：三晋出版社，2018 年。

常福江主编《长治金石萃编》，太原：山西春秋电子音像出版社，2006 年。

石俊贵主编《托克托文物志》，北京：中华书局，2006 年。

康兰英主编《榆林碑石》，西安：三秦出版社，2003 年。

张华主编、石建刚执行主编《延安石窟碑刻题记》，西安：陕西人民出版社，2020 年。

陈晓捷、王建域、任筱虎编著《铜川碑刻》，西安：三秦出版社，2019 年。

曹永斌编著《药王山碑刻》，西安：三秦出版社，2013 年。

赵康民、李小萍编著《临潼碑石》，西安：三秦出版社，2006 年。

齐运通《洛阳新获七朝墓志》，北京：中华书局，2012 年。

毛阳光、余扶危主编《洛阳流散唐代墓志汇编》，北京：国家图书馆出版社，2013 年。

毛阳光主编《洛阳流散唐代墓志汇编续集》，北京：国家图书馆出版社，2018 年。

史家珍、余扶危主编《洛阳市文物考古研究院藏石集粹. 墓志篇》，郑州：中州古籍出版社，2020 年。

吴梦麟、张永强《房山石经题记整理与研究（题记卷）》，北京：文物出版社，2021 年。

张海主编《张海书法艺术馆馆藏石刻选》，偃师：张海书法艺术馆，2015 年。

俞国璋编著《新昌历代碑刻》，北京：文物出版社，2019 年。

浙江省博物馆编《金石书画》第 1 卷，杭州：西泠印社出版社，2016 年。

王 昶《金石萃编》，西安：陕西人民美术出版社，1990年。

陆增祥《八琼室金石补正》，北京：文物出版社，1985年。

陆继煇《八琼室金石补正续编》，《续修四库全书》编辑委员会编《续修四库全书》第899册《史部·金石类》，上海古籍出版社，2002年。

2. 敦煌吐鲁番文献

中国社会科学院历史研究所、中国敦煌吐鲁番学会敦煌古文献编辑委员会、英国国家图书馆、伦敦大学亚非学院合编《英藏敦煌文献（汉文佛经以外部分）》第1—6卷，成都：四川人民出版社，1990—1992年。

上海古籍出版社、法国国家图书馆编《法藏敦煌西域文献》第3—30卷，上海古籍出版社，1994—2003年。

任继愈主编《国家图书馆藏敦煌遗书》第103册，北京：北京图书馆出版社，2008年。

吉川忠夫编集《敦煌秘笈 影片册》第8册，大阪：公益财团法人武田科学振兴财团，2012年。

三井文库编《敦煌写経：北三井家》，东京：三井文库，2004年。

中国文物研究所、新疆维吾尔自治区博物馆、武汉大学历史系编，唐长孺主编《吐鲁番出土文书》第壹、叁册，北京：文物出版社，1992、1996年。

小田义久主编《大谷文書集成》第2卷，京都：法藏馆，1989年。

荣新江、李肖、孟宪实《新获吐鲁番出土文献》，北京：中华书局，2008年。

三、中文论著

1. 专著

毕 波《中古中国的粟特胡人——以长安为中心》，北京：中国人民大学出版社，2011年。

蔡鸿生《唐代九姓胡与突厥文化》，北京：中华书局，1998年。

岑仲勉《唐史余瀋》，上海古籍出版社，1960年。

陈连庆《中国古代少数民族姓氏研究》，长春：吉林文史出版社，1993年。

陈良伟《丝绸之路河南道》，北京：中国社会科学出版社，2002年。

陈桥驿《水经注校释》，杭州大学出版社，1999年。

陈寅恪《陈寅恪集．元白诗笺证稿》，北京：生活·读书·新知三联书店，2009年第2版。

程章灿《石刻刻工研究》，上海古籍出版社，2008年。

段连勤《丁零、高车与铁勒》，桂林：广西师范大学出版社，2006年。

冯承钧编、陆峻岭增订《西域地名》（增订本），北京：中华书局，1982年。

龚方震、晏可佳《祆教史》，上海社会科学院出版社，1998年。

韩理洲辑校编年《全隋文补遗》，西安：三秦出版社，2004年。

韩理洲等辑校编年《全北魏东魏西魏文补遗》，西安：三秦出版社，2010年。

——《全北齐北周文补遗》，西安：三秦出版社，2008年。

何先成《唐代神策军与神策中尉研究》，北京：中国社会科学出版社，2021年。

胡春涛《山西五至八世纪造像碑的图像志研究》，南宁：广西美术出版社，2017年。

黄　楼《唐宣宗大中政局研究》，天津古籍出版社，2011年。

贾利尔·杜斯特哈赫选编《阿维斯塔——琐罗亚斯德教圣书》，元文琪译，北京：商务印书馆，2010年。

蹇长春《白居易评传》，南京大学出版社，2002 年。

姜伯勤《中国祆教艺术史研究》，北京：生活·读书·新知三联书店，2004 年。

蒋福亚《前秦史》，北京师范学院出版社，1993 年。

《今昔大鹏村》编委会编《今昔大鹏村》，韩城：大鹏村党支部、大鹏村村委会，韩印字［2012］第 03 号，2012 年。

李健胜、董波《刻写青海道》，西宁：青海人民出版社，2017 年。

李特文斯基，B. A. 主编《中亚文明史》第 3 卷《文明的交会：公元 250 年至 750 年》，马小鹤译，北京：中国对外翻译出版公司，2003 年。

刘军社《李茂贞与秦王陵》，西安：三秦出版社，2006 年。

刘瑞明《〈山海经〉新注新论》，兰州：甘肃文化出版社，2016 年。

卢连城、胡智生《宝鸡強国墓地》，北京：文物出版社，1988 年。

卢向前《唐代政治经济史综论——甘露之变研究及其他》，北京：商务印书馆，2012 年。

麻赫默德·喀什噶里《突厥语大词典》，何锐等译，北京：民族出版社，2002 年。

马长寿《北狄与匈奴》，桂林：广西师范大学出版社，2006 年。

——《碑铭所见前秦至隋初的关中部族》，桂林：广西师范大学出版社，2006 年。

牟发松、毋有江、魏俊杰《中国行政区划通史·十六国北朝卷》，上海：复旦大学出版社，2017 年第 2 版。

齐东方《我在考古现场：丝绸之路考古十讲》，北京：中华书局，2021 年。

荣新江《中古中国与外来文明》（修订版），北京：生活·读书·新知三联书店，2014 年。

荣新江、张志清主编《从撒马尔干到长安——粟特人在中国的文化遗迹》，北京：北京图书馆出版社，2004 年。

山西省考古研究所、太原市文物考古研究所、太原市晋源区文物旅游局编著《太原隋虞弘墓》，北京：文物出版社，2005 年。

陕西省考古研究所《西安北周安伽墓》，北京：文物出版社，2003 年。

施和金《北齐地理志》，北京：中华书局，2008 年。

石云涛《汉代外来文明研究》，北京：中国社会科学出版社，2017 年。

孙武军《入华粟特人墓葬图像的丧葬与宗教文化》，北京：中国社会科学出版社，2014 年。

太原市文物考古研究所编《北齐娄叡墓》，北京：文物出版社，2004 年。

唐长孺《魏晋南北朝史论丛》，北京：生活·读书·新知三联书店，1955 年。

王　睿《唐代粟特人华化问题述论》，北京：社会科学文献出版社，2016 年。

王仲荦《北周地理志》，北京：中华书局，1980 年。

王子今《匈奴经营西域研究》，北京：中国社会科学出版社，2016 年。

尾崎康《正史宋元版之研究》，乔秀岩、王铿编译，北京：中华书局，2018 年。

魏宏利《北朝关中地区造像记整理与研究》，北京：中国社会科学出版社，2017 年。

吴钢主编《全唐文补遗》第 1—5 辑，西安：三秦出版社，1994—1998 年。

吴廷燮《唐方镇年表》，北京：中华书局，1980 年。

吴玉贵《突厥汗国与隋唐关系史研究》，北京：中国社会科学出版社，1998年。

薛宗正、霍旭初《龟兹历史与佛教文化》，北京：商务印书馆，2016年。

严耕望《中国地方行政制度史——魏晋南北朝地方行政制度》，上海古籍出版社，2007年。

杨　泓《中国汉唐考古学九讲》，北京：文物出版社，2015年。

杨巨平《互动与交流：希腊化世界与丝绸之路关系研究》，北京：中华书局，2022年。

杨军凯《北周史君墓》，北京：文物出版社，2014年。

姚薇元《北朝胡姓考（修订本）》，北京：中华书局，1962年。

尹盛平《西周史征》，西安：陕西师范大学出版社，2004年。

余太山《两汉魏晋南北朝与西域关系史研究》，北京：中国社会科学出版社，1995年。

——《两汉魏晋南北朝正史西域传要注》，北京：中华书局，2005年。

——《嚈哒史研究》，北京：商务印书馆，2012年。

郁贤皓《唐刺史考全编》，合肥：安徽大学出版社，2000年。

张庆捷《民族汇聚与文明互动——北朝社会的考古学观察》，北京：商务印书馆，2010年。

——《胡商　胡腾舞与入华中亚人——解读虞弘墓》，太原：北岳文艺出版社，2010年。

——《解读虞弘墓——北朝定居中国的粟特人》，太原：三晋出版社，2020年。

张小贵《中古华化祆教考述》，北京：文物出版社，2010年。

——《祆教史考论与述评》，兰州大学出版社，2013年。

浙江省博物馆、西安市临潼区博物馆编《佛影湛然：西安临潼唐代造像七宝》，非卖品，2017年。

周连宽《大唐西域记史地研究丛考》，北京：中华书局，1984 年。

周伟洲《吐谷浑史》，桂林：广西师范大学出版社，2006 年。

朱　浒《汉画像胡人图像研究》，北京：生活·读书·新知三联书店，2017 年。

2. 论文

艾冲、陈娇《两汉上郡龟兹县治城位置新探》，《陕西师范大学学报》2015 年第 5 期。

安尼塔·朱里安诺、朱迪斯·勒内《根据新近的发现对美穗（Miho）石榻的再认识》，陈永耘译，周伟洲主编《西北民族论丛》第 1 辑，北京：中国社会科学出版社，2002 年。

毕　波《虞弘墓所谓“大妇宴饮图”辨析》，《故宫博物院院刊》2006 年第 1 期。

蔡鸿生《唐代社会的穆姓胡客》，《中外交流史事考述》，郑州：大象出版社，2007 年。

长治市博物馆《山西长治市北郊唐崔拏墓》，《文物》1987 年第 8 期。

——《山西长治市唐代冯廓墓》，《文物》1989 年第 6 期。

——《山西长治唐代王惠墓》，《文物》2003 年第 8 期。

陈　杰《胡化婚姻与白居易家族婚配问题探讨》，张建庭主编《杭州文博》第 7 辑，杭州出版社，2004 年。

陈世良《龟兹白姓和佛教东传》，《世界宗教研究》1984 年第 4 期。

陈守忠、陈秀实《两河西、两云中、双龟兹——历史地理考证》，《西北史地》1995 年第 3 期。

陈　玮《公元 5—10 世纪灵州粟特人发展史研究》，耿昇、戴建兵主编《历史上中外文化的和谐与共生：中国中外关系史学会 2013 年学术研讨会论文集》，兰州：甘肃人民出版社，2014 年。

陈寅恪《狐臭与胡臭》，《陈寅恪集. 寒柳堂集》，北京：生活·读书·新知三联书店，2001年。

——《白乐天之先祖及后嗣》，《陈寅恪集.元白诗笺证稿》，北京：生活·读书·新知三联书店，2009年第2版。

陈永中《“龟兹盐池”不在盐池县》，《宁夏师范学院学报》1984年第2期。

陈之卓《白居易父母非舅甥婚配考辨及有关墓志试正》，《兰州大学学报》1983年第3期。

程章灿《〈石刻考工录〉补遗》，《石学论丛》，台北：大安出版社，1999年。

党康琪《白居易祖籍考》，《渭南师范学院学报》2013年第11期。

邓　盼《新见中古鱼氏的几方新材料——兼论鱼氏族群的起源》，刘进宝主编《丝路文明》第2辑，上海古籍出版社，2017年。

丁延峰《〈思溪藏〉刻工考述》，《文津学志》第12辑，北京：国家图书馆出版社，2019年。

杜　登《稽胡族源问题研究综述》，刘迎胜主编《元史及民族与边疆研究集刊》第22辑，上海古籍出版社，2010年。

杜建录、邓文韬、王富春《后唐定难军节度押衙白全周墓志考释》，《宁夏社会科学》2015年第2期。

段　晴《筋斗背后的故事——从一个家喻户晓的词汇透视粟特文化的遗踪》，荣新江、华澜、张志清主编《粟特人在中国——历史、考古、语言的新探索》，北京：中华书局，2005年。

段志凌《陕西延安新出土唐吐火罗人罗何含墓志》，《文物》2014年第8期。

范兆飞《士族谱系的变奏——基于中古太原白氏的个案考察》，《中华文史论丛》2018年第4期。

冯承钧《中亚新发现的五种语言与支白安康尉迟五姓之关系》，《西域南海史地考证论著汇辑》，北京：中华书局，1957年。

——《再说龟兹白姓》，《西域南海史地考证论著汇辑》，北京：中华书局，1957 年。

冯培红《河西走廊上的会稽与建康》，冻国栋、李天石主编《“唐代江南社会”国际学术研讨会暨中国唐史学会第十一届年会第二次会议论文集》，南京：江苏人民出版社，2015 年。

——《中古史上的四位鱼弘——兼说流寓中国的西域鱼国人》，《档案》2018 年第 11 期。

——《廿年虞弘夫妇合葬墓研究回顾与展望——以虞弘族属与鱼国地望为中心》，《西域研究》2020 年第 2 期。

——《虞弘的家族与生平》，刘进宝主编《丝路文明》第 7 辑，上海古籍出版社，2021 年。

——《鱼与白：步落稽人东迁的混融与共生》，《西夏研究》2023 年第 1 期。

——《东魏、北齐凉州考》，《社会科学战线》2023 年第 2 期。

高启安《胡瓶传入和唐人注酒方式的改变》，沙武田主编《丝绸之路研究集刊》第 1 辑，北京：商务印书馆，2017 年。

葛承雍《崔莺莺与唐蒲州粟特移民踪迹》，《中国历史文物》2002 年第 5 期。

——《曹野那姬考》，《中国史研究》2007 年第 4 期；修订稿收入葛承雍《胡汉中国与外来文明》之《胡马度阴山：民族卷》，北京：生活·读书·新知三联书店，2019 年。

——《中古时代胡人的财富观》，沙武田主编《丝绸之路研究集刊》第 1 辑，北京：商务印书馆，2017 年。

——《上党殊样：山西长治唐胡商骑驼俑探讨》，《故宫博物院院刊》2021 年第 12 期。

郭平梁《〈虞弘墓志〉新考》，《民族研究》2006 年第 4 期。

韩康信《虞弘墓人骨鉴定》，山西省考古研究所、太原市文物考古研究所、太原市晋源区文物旅游局编著《太原隋虞弘墓》附录一，北京：文物出版社，2005年。

韩康信、张庆捷《虞弘墓石椁雕刻人物的种族特征》，山西省考古研究所、太原市文物考古研究所、太原市晋源区文物旅游局编著《太原隋虞弘墓》附录二，北京：文物出版社，2005年。

何星亮《稽胡语若干词试释》，《民族语文》1982年第3期。

河南省博物馆《河南安阳北齐范粹墓发掘简报》，《文物》1972年第1期。

姬乃军、王沛、陈明德、袁继民《延长发现一批隋唐佛教石造像》，《文博》1990年第3期。

贾发义《中古时期粟特人移入河东的原因及分布初探》，《中华文史论丛》2015年第1期。

姜伯勤《隋末奴军起义试探》，《历史研究》1963年第4期。

——《隋检校萨宝虞弘墓石椁画像石图像程序试探》，巫鸿主编《汉唐之间文化艺术的互动与交融》，北京：文物出版社，2001年。

——《隋检校萨宝虞弘墓祆教图像的再探讨》，中山大学艺术史研究中心编《艺术史研究》第4辑，广州：中山大学出版社，2002年。

李大伟《漕矩吒与䅟那天神》，《唐史论丛》第32辑，西安：三秦出版社，2021年。

李鸿宾《慕容三藏的家世与汉化》，《中央民族大学学报》2004年第2期。

——《唐兰夫人、何少直墓志铭再考》，《隋唐五代诸问题研究》，北京：中央民族大学出版社，2006年。

——《粟特及后裔墓志铭文书写的程式意涵——以三方墓志为样例》，荣新江、罗丰主编《粟特人在中国：考古发现与出土文献的新印证》，北京：科学出版社，2016年。

李建华《唐少府监郑岩乃粟特后裔考——以郑岩家族墓志为中

心》，《敦煌学辑刊》2015 年第 3 期。

李培栋《鱼豢“发蒙”》，《文史哲》1993 年第 3 期。

李瑞哲《对“图像程序”的重新认识——入华粟特人石质葬具图像所表现的共同主题》，《敦煌学辑刊》2015 年第 1 期。

李　殷《神策军将校家族的仕宦空间与中晚唐政局变迁——以新出唐符澈墓志为线索》，《学术研究》2017 年第 11 期。

林　幹《稽胡（山胡）略考》，《社会科学战线》1984 年第 1 期。

林梅村《犹太入华考》，《文物》1991 年第 6 期。

——《稽胡史迹考——太原新出隋代虞弘墓志的几个问题》，《中国史研究》2002 年第 1 期。

——《何稠家族与粟特工艺的东传》，荣新江、罗丰主编《粟特人在中国：考古发现与出土文献的新印证》，北京：科学出版社，2016 年。

林世田《敦煌写本〈贞观姓氏录〉与新发现的虞弘墓》，《文物天地》2006 年第 4 期。

刘东升《中华书局点校本〈魏书〉勘误一则》，《江海学刊》2013 年第 2 期。

刘复兴、杨富学《秦州粟特米氏墓志铭新探》，《石河子大学学报》2020 年第 3 期。

刘盼遂《唐代白氏为蕃姓之史料二事》，《女师大学术季刊》第 1 卷第 4 号，1930 年。

刘莹、王素《李商隐撰书〈王翊元与夫人李氏合祔墓志铭〉新论》，《故宫博物院院刊》2021 年第 7 期。

刘永连《“狐”与“胡”的关系再探》，《陕西师范大学学报》2010 年第 4 期。

龙成松《唐代粟特族裔会稽康氏家族考论》，《新疆大学学报》2017 年第 3 期。

——《新出墓志与白居易家族谱系、婚姻问题考论》，《新疆大学学报》2020 年第 2 期。

卢亚辉《墓葬所见唐建国元从及其后裔》，包伟民、刘后滨主编《唐宋历史评论》第 4 辑，北京：社会科学文献出版社，2018 年。

罗　丰《一件关于柔然民族的重要史料——隋〈虞弘墓志〉考》，《文物》2002 年第 6 期；后略作修订改题为《一件关于柔然民族的重要史料——隋虞弘墓志》，收入《胡汉之间——“丝绸之路”与西北历史考古》，北京：文物出版社，2004 年。

罗　汉《剥开蚕茧：在白铁余 682—683 年的佛教运动中的民族、财富和末法意识》，胡素馨编《佛教物质文化：寺院财富与世俗供养国际学术研讨会论文集》，上海书画出版社，2003 年。

洛阳市文物工作队（程永健执笔）《河南洛阳市吉利区两座北魏墓的发掘》，《考古》2011 年第 9 期。

吕　波《两汉上郡龟兹县考略》，《榆林学院学报》2011 年第 1 期。

马昌仪《西域鼠国及其信仰》，《中国历史博物馆馆刊》1998 年第 1 期。

马洪路《唐何少直墓志铭考释》，《考古与文物》1990 年第 3 期。

马孟龙《昫衍抑或龟兹——宁夏盐池县张家场古城考辨》，《中国边疆史地研究》2019 年第 4 期。

马瑞、张燕《李商隐撰并书〈王翊元夫妇墓志〉研究中的几个问题》，《人文杂志》2016 年第 6 期。

麦超美《从〈隋虞弘墓志〉看府兵制度的发展》，《西南大学学报》2008 年第 1 期。

毛阳光《一支洛阳月氏胡人家族的汉化经历——以〈支彦墓志〉与〈支敬伦墓志〉为中心》，《华夏考古》2010 年第 4 期。

——《墓志所见唐代滁州地区的粟特人》，夏炎主编《中古中国的知识与社会：南开中古社会史工作坊系列文集（二）》，上海：中西书局，2020年。

普　慧《两汉上郡龟兹属国及其文化遗存考臆》，《人文杂志》2008年第5期。

齐东方《虞弘墓人兽搏斗图像及其文化属性》，《文物》2006年第8期。

钱伯泉《汉唐龟兹人的内迁及其扩散》，《西域研究》2001年第2期。

任占鹏《姓氏教材〈敦煌百家姓〉与晚唐五代的敦煌社会》，郝春文主编《敦煌吐鲁番研究》第19卷，上海古籍出版社，2020年。

荣新江《隋及唐初并州的萨保府与粟特聚落》，《文物》2001年第4期。

——《Miho美术馆粟特石棺屏风的图像及其组合》，中山大学艺术史研究中心编《艺术史研究》第4辑，广州：中山大学出版社，2002年。

——《粟特与突厥——粟特石棺图像的新印证》，周伟洲主编《西北民族论丛》第4辑，北京：中国社会科学出版社，2006年。

——《北朝隋唐粟特人迁徙及其聚落补考》，余太山、李锦绣主编《欧亚学刊》第6辑，北京：中华书局，2007年。

——《阚氏高昌王国与柔然、西域的关系》，《历史研究》2007年第2期；修订稿收入孟宪实、荣新江、李肖主编《秩序与生活：中古时期的吐鲁番社会》，北京：中国人民大学出版社，2011年。

——《安禄山的种族、宗教信仰及其叛乱基础》，《中古中国与粟特文明》，北京：生活·读书·新知三联书店，2014年。

沙武田《唐粟特后裔郑延昌墓志线刻胡人乐舞图像研究》，沙武田主编《丝绸之路研究集刊》第4辑，北京：商务印书馆，2019年。

——《隐讳的丝路图像——胡旋女在胡旋舞考古遗存中缺失现象探微》，余欣主编《中古中国研究》第3卷《从写本到田野专号》，上海：

中西书局，2020 年。

山西省考古研究所、汾阳市博物馆《山西汾阳唐曹怡墓发掘简报》，《文物》2014 年第 11 期。

山西省考古研究所、太原市文物管理委员会《太原市北齐娄叡墓发掘简报》，《文物》1983 年第 10 期。

——《太原金胜村 337 号唐代壁画墓》，《文物》1990 年第 12 期。

山西省考古研究所、太原市文物考古研究所《太原北齐徐显秀墓发掘简报》，《文物》2003 年第 10 期。

山西省考古研究所、太原市文物考古研究所、太原市晋源区文物旅游局《太原隋代虞弘墓清理简报》，《文物》2001 年第 1 期。

山西省文物管理委员会（边成修执笔）《太原南郊金胜村三号唐墓》，《考古》1960 年第 1 期。

——（代尊德执笔）《太原南郊金胜村唐墓》，《考古》1959 年第 9 期。

——（李奉山、沈振中执笔）《太原市金胜村第六号唐代壁画墓》，《文物》1959 年第 8 期。

尚丽新《“敦煌高僧”刘萨诃的史实与传说》，《西南民族大学学报》2007 年第 4 期。

——《刘萨诃研究综述》，《敦煌学辑刊》2009 年第 1 期。

——《从刘萨诃和番禾瑞像看中古丝路上民间佛教的变迁》，《西南大学学报》2018 年第 11 期。

尚　望《阿克苏与水》，《丝绸之路》2013 年第 1 期。

沈睿文《夷俗并从——安伽墓和北朝烧物葬》，《中国历史文物》2006 年第 4 期。

——《天水石马坪石棺床墓的若干问题》，荣新江、罗丰主编《粟特人在中国：考古发现与出土文献的新印证》，北京：科学出版社，2016 年。

——《太原金胜村唐墓再研究》，沙武田主编《丝绸之路研究集刊》第2辑，北京：商务印书馆，2018年。

师艳明《隋虞弘墓石椁图像的多元文化因素分析》，山东大学硕士学位论文，2019年。

史晓明《亦论龟兹白姓》，《新疆师范大学学报》2012年第4期。

苏　航《北朝末期至隋末唐初粟特聚落乡团武装述论》，《文史》2005年第4辑。

苏利国《出土墓志与白居易家族世系新考》，《社会科学论坛》2021年第6期。

谭蝉雪《西域鼠国及鼠神摭谈》，《敦煌研究》1994年第2期。

陶正刚《山西祁县白圭北齐韩裔墓》，《文物》1975年第4期。

田林启《刘萨诃的美术——吴越阿育王塔与敦煌莫高窟第72窟》，王辉锴译，沙武田主编《丝绸之路研究集刊》第6辑，北京：商务印书馆，2021年。

童　丕《中国北方的粟特遗存——山西的葡萄种植业》，荣新江、华澜、张志清主编《粟特人在中国——历史、考古、语言的新探索》，北京：中华书局，2005年。

退　之《唐罗公夫人米氏墓志铭》，《书法》2017年第1期。

万　毅《西域祆教三联神崇拜与山西介休祆神楼》，荣新江、李孝聪主编《中外关系史：新史料与新问题》，北京：科学出版社，2004年。

王北辰《内蒙古乌审旗古代历史地理丛考——龟兹县、榆溪塞、契吴山》，《干旱区地理》1989年第4期。

王　丁《中古碑志、写本中的汉胡语文札记（一）》，罗丰主编《丝绸之路上的考古、宗教与历史》，北京：文物出版社，2011年。

王　青《早期狐怪故事：文化偏见下的胡人形象》，《西域研究》2003年第4期。

王庆卫《李商隐撰书〈王翊元暨妻李灵素墓志〉及相关问题》，《形象史学研究（2014 年号）》，北京：人民出版社，2015 年。

王庆昱《新见唐粟特人后裔〈米氏墓志〉考释》，周伟洲主编《西北民族论丛》第 18 辑，北京：社会科学文献出版社，2018 年。

——《鱼行赟墓志与唐初经营西域史事考》，《石河子大学学报》2020 年第 3 期。

王　素《北魏尔朱氏源出粟特新证——隋修北魏尔朱彦伯墓志发覆兼说虞弘族属及鱼国今地》，《故宫博物院院刊》2018 年第 5 期。

王　腾《隋唐五代西域罗氏流寓中国与敦煌罗氏家族研究》，郑炳林主编《敦煌归义军史专题研究三编》，兰州：甘肃文化出版社，2005 年。

王小甫《拜火教与突厥兴衰——以古代突厥斗战神研究为中心》，《历史研究》2007 年第 1 期。

王永平《刘累御龙与河东龙氏——基于太原龙润家族墓志的考察》，《史志学刊》2018 年第 5 期。

——《夷俗与华风：中古时期寓居内地的一个胡人家族——以太原龙润家族为中心》，《社会科学战线》2019 年第 12 期。

魏长洪《白居易祖籍新疆库车摭谈》，《新疆大学学报》1983 年第 2 期。

温建辉《虞弘墓浮雕图案中的葡萄酒文化》，《晋中学院学报》2016 年第 1 期。

吴玉贵《凉州粟特胡人安氏家族研究》，荣新江主编《唐研究》第 3 卷，北京大学出版社，1997 年。

向觉明《论龟兹白姓》，冯承钧《西域南海史地考证论著汇辑》，北京：中华书局，1957 年。

——《论龟兹白姓兼答冯承钧先生》，冯承钧《西域南海史地考证论著汇辑》，北京：中华书局，1957 年。

——《论龟兹白姓兼答刘盼遂先生》，冯承钧《西域南海史地考证论著汇辑》，北京：中华书局，1957 年。

谢承志《新疆塔里木盆地周边地区古代人群及山西虞弘墓主人 DNA 分析》，吉林大学生命科学学院博士学位论文，2007 年。

谢承志、崔银秋、刘树柏、张全超、周慧、朱泓《虞弘墓出土人类遗骸的线粒体 DNA 序列多态性分析》，山西省考古研究所、太原市文物考古研究所、太原市晋源区文物旅游局编著《太原隋虞弘墓》附录五，北京：文物出版社，2005 年。

徐苹芳《唐宋墓葬中的“明器神煞”与“墓仪”制度——读〈大汉原陵秘葬经〉札记》，《考古》1963 年第 2 期。

偃师商城博物馆（王竹林执笔）《河南偃师两座北魏墓发掘简报》，《考古》1993 年第 5 期。

杨富学《大唐西市博物馆藏〈回鹘米副侯墓志〉考释》，《民族研究》2015 年第 2 期。

杨 瑾《说唐墓壁画中的胡瓶》，陕西历史博物馆编《唐墓壁画国际学术研讨会论文集》，西安：三秦出版社，2006 年。

杨巨平《虞弘墓祆教文化内涵试探》，《世界宗教研究》2006 年第 3 期。

杨晓春《隋〈虞弘墓志〉所见史事系年考证》，《文物》2004 年第 9 期。

——《隋〈虞弘墓志〉所见“鱼国”、“尉纥驎城”考》，《西域研究》2007 年第 2 期。

殷小亮《山西长治地区唐墓人面鱼身俑探析》，《文物鉴定与赏析》2020 年第 2 期。

尹波涛《粟特康氏会稽郡望考论》，《敦煌学辑刊》2017 年第 1 期。

余太山《鱼国渊源臆说》，《史林》2002 年第 3 期。

余 欣《中古时代的菜蔬与外来文明：诸军达的伊朗渊源》，《复旦学报》2013 年第 6 期。

张朝富《白铁余起事佛教背景考察》，《四川大学学报》2012 年第 4 期。

张弛、朱竑《“阿奢理贰伽蓝”地理方位与玄奘西行“跋禄迦”的交通路线》，《历史地理研究》2019 年第 2 期。

张金龙《隋代虞弘族属及其祆教信仰管窥》，《文史哲》2016 年第 2 期。

张玖青《试论新出李商隐撰书〈太原王公墓志铭〉》，《武汉大学学报》2013 年第 4 期。

张庆捷《〈虞弘墓志〉中的几个问题》，《文物》2001 年第 1 期。

——《虞弘墓志考释》，荣新江主编《唐研究》第 7 卷，北京大学出版社，2001 年。

——《太原隋代虞弘墓石椁浮雕的初步考察》，巫鸿主编《汉唐之间文化艺术的互动与交融》，北京：文物出版社，2001 年。

——《太原隋代虞弘墓图像中的波斯文化因素》，叶奕良编《伊朗学在中国论文集》第 3 集，北京大学出版社，2003 年。

——《虞弘墓石椁图像整理散记》，中山大学艺术史研究中心编《艺术史研究》第 5 辑，广州：中山大学出版社，2003 年。

——《北朝隋唐的胡商俑、胡商图与胡商文书》，荣新江、李孝聪主编《中外关系史：新史料与新问题》，北京：科学出版社，2004 年。

——《北朝隋唐粟特的“胡腾舞”》，荣新江、华澜、张志清主编《粟特人在中国——历史、考古、语言的新探索》，北京：中华书局，2005 年。

张善庆《“李师仁”实乃稽胡离石刘萨诃》，《文献》2016 年第 3 期。

张小贵《“派提达那”非“屏息”考》，余太山、李锦绣主编《欧亚学刊》第 5 辑，北京：中华书局，2005 年。

——《虞弘墓祭火图宗教属性辨析》，余太山、李锦绣主编《欧亚学刊》第 9 辑《第二届传统中国研究国际学术讨论会欧亚专辑》，北京：中华书局，2009 年。

——《祆神密特拉源流及其形象考》，罗丰主编《丝绸之路上的考古、宗教与历史》，北京：文物出版社，2011 年。

——《祆教“犬视”及其在丝绸之路上的传播》，刘进宝主编《丝路文明》第 6 辑，上海古籍出版社，2021 年。

张　总《祆教艺术双璧》，《世界宗教文化》2001 年第 1 期。

赵康民《陕西临潼的北朝造像碑》，《文物》1985 年第 4 期。

赵世瑜《多元的标识，层累的结构——以太原晋祠及周边地区的寺庙为例》，《首都师范大学学报》2019 年第 1 期。

赵文成《浅论唐〈董谊妻史氏墓志〉》，《荣宝斋》2020 年第 12 期。

赵振华《唐代少府监郑岩及其粟特人祖先》，《中国国家博物馆馆刊》2012 年第 5 期。

——《唐代湘乡县令郑钴及其八代祖盘陁——再论唐代少府监郑岩及其粟特人祖先》，荣新江主编《唐研究》第 19 卷，北京大学出版社，2013 年。

郑　岩《青州北齐画像石与入华粟特人美术——虞弘墓等考古新发现的启示》，巫鸿主编《汉唐之间文化艺术的互动与交融》，北京：文物出版社，2001 年。

钟明善《从〈王翊元夫妇墓志铭〉看李商隐的诗文与书法》，《西安交通大学学报（社会科学版）》2011 年第 4 期。

周伟洲《隋虞弘墓志释证》，荣新江、李孝聪主编《中外关系史：新史料与新问题》，北京：科学出版社，2004 年。

周一良《领民酋长与六州都督》，《魏晋南北朝史论集》，北京大学出版社，1997 年。

——《北朝的民族问题与民族政策》，《魏晋南北朝史论集》，北京大学出版社，1997 年。

朱　雷《东晋十六国时期姑臧、长安、襄阳的“互市”》，黄惠贤、李文澜主编《古代长江中游的经济开发》，武汉出版社，1988 年。

卓鸿泽《〈大隋故仪同虞公墓志〉中鱼国胡名拟测及粟特胡、丁零胡问题》，《历史语文学论丛初编》，上海古籍出版社，2012 年。

四、日文论著

1. 专著

土肥义和编《八世紀末期~十一世紀初期　燉煌氏族人名集成：氏族人名篇　人名篇》，东京：汲古书院，2015 年。

石见清裕《ソグド人墓誌研究》，东京：汲古书院，2016 年。

桑山正进《カーピシー=ガンダーラ史研究》，京都大学人文科学研究所，1990 年。

九州国立博物馆、东京国立博物馆、产经新闻社编集《黄金アフガニスタン 守りぬかれたシルクロードの秘宝》，产经新闻社，2016 年。

森部丰《ソグド人の東方活動と東ユーラシア世界の歷史的展開》，大阪：关西大学出版部，2010 年。

森安孝夫《シルクロードと唐帝国》，东京：讲谈社，2007 年。

曾布川宽、吉田丰编《ソグド人の美術と言語》，京都：临川书店，2011 年。

谷川道雄《隋唐帝国形成史論》，东京：筑摩书房，1971 年。

山田宪太郎《東亞香料史研究》，东京：中央公论社美术出版，1976 年。

2. 论文

荒川正晴《遊牧国家とオアシス国家の共生関係——西突厥と麴氏高昌国のケースから——》，《東洋史研究》第 67 卷第 2 号，2008 年。

服部等作《ソグド人虞弘墓の浮き彫りにみる座像と饗宴の光景》，荒川正晴主编《東トルキスタン出土“胡漢文書”の総合調查》，2013~2015年度科研费补助金［基盘研究（B）］研究成果报告书，大阪大学大学院文学研究科，2006年。

影山悦子《中国新出ソグド人葬具に見られる鳥翼冠と三面三日月冠—エフタルの中央アジア支配の影響—》，《オリエント》第50卷第2号，2007年。

森安孝夫《唐代における胡と仏教的世界地理》，《東洋史研究》第66卷第3号，2007年。

村井恭子《唐末五代オルドス・河東の党項・吐谷渾関係石刻史料——研究状況の紹介と考察——》，《文物考古資料による唐~宋代オルドス地域の歴史的構造の研究》，2015~2017年度科学研究费补助金（基盘研究C）成果报告书，2018年。

齐藤达也《北朝・隋唐史料に見えるソグド姓の成立について》，《史学雜誌》第118编第12号，2009年。

——《中國におけるソグドの姓の歴史》，森部丰编《ソグド人と東ユーラシアの文化交涉》，东京：勉诚出版株式会社，2014年。

田林启《劉薩訶の美術——呉越阿育王塔と敦煌莫高窟第七二窟》，百桥明穗、田林启编著《神異僧と美術伝播》，东京：中央公论美术出版，2021年。

内田吟风《蠕蠕の寄多羅月氏領バルク地方侵入について》，《北アジア史研究—鮮卑柔然突厥篇—》，京都：同朋舍，1975年。

山下将司《新出史料より見た北朝末・唐初間ソグド人の存在形態——固原出土史氏墓誌を中心に——》，《唐代史研究》第7号，2004年。

——《隋・唐初の河西ソグド人軍団—天理図書館蔵『文館詞林』「安修仁墓碑銘」残巻をめぐって—》，《東方学》第110辑，2005年。

——《北朝末~唐初におけるソグド人軍府と軍团》，森部丰编《ソグド人と東ユーラシアの文化交涉》，东京：勉诚出版，2014年。

吉田丰、影山悦子《ソグド人—典籍を補う最新の出土資料から》，《月刊しにか》第13卷第10号，2002年。

五、西文论著

1. 专著

Mahmūd al-Kāšγarī, *Compendium of the Turkic Dialects* (*DīwānLuγāt at-Turk*), ed. and tr. by Robert Dankoff in collaboration with James Kelly, Harvard University Printing Office, 1982.

Pulleyblank, E. G., *The Background of the Rebellion of An Lu-shan*, Oxford University Press, 1955.

Stein, M. A., *Ancient Khotan: Detailed Report of Archaeological Explorations in Chinese Turkestan*, Oxford at the Clarendon Press, 1907.

2. 论文

Chen S. P., "Son of Heaven and Son of God: Interaction among Acient Cultures Regarding Sacral Kingship and Theophhoric Names", *Journal of the Royal Asiatic Society*, Series 3, vol. 12, issue 3, 2002.

Delacour, C., "Les Banquettes en Pierre une Partiquelarité des Coutumes Funéraires des Chefs de Communautés Sogdiennes Inhumés en Chine au VIe Siècle", Guimet Musée National des Arts Asiatiques (ed.), *Lit de Pierre, Sommeil Barbare: Présentation, après Restauration et Remontage, d'une Banquette Funéraire ayant Appartenu à un Aristocrate d'Asie Centrale Venu s'Établir en Chine au VIe Siècle*, Musée Guimet, 2004.

Juliano, A. L., "Converging Traditions in the Images of Yu Hong's Sarcophagus: Possible Buddhist Sources", *Journal of Inner Asian Art and Archaeology*, vol. 1, 2006.

Juliano, A. L. & Lerner, J. A., "The Miho Couch Revisited in Light of Recent Discoveries", *Orientations*, 2001.

Kageyama E., "The Winged Crown and the Triple-crescent Crown in the Sogdian Funerary Monuments from China: Their Relation to the Hephthalite Occupation of Central Asia", *Journal of Inner Asian Art and Archaeology*, 2, 2007.

Marshak, B., "La Thématique Sogdienne dans l'Art de la Chine de la Seconde Moitié du VIe Siècle", *Comptes Rendus des Séances de l'Académie des Inscriptions et Belles-Lettres*, 145e *Année*, N. 1, 2001.

Pulleyblank, E. G., "JI HU 稽胡: Indigenous Inhabitants of Shaanbei and Western Shanxi", E. H. Kaplan and D. W. Whisenhunt (ed.), *Opuscula Altaica: Essays Presented in Honor of Henry Schwarz*, Western Washington, 1994.

Weber D., "Zur sogdischen Personennamengebung", *Indogermanische Forschungen*, 77, 1972.

Zhang Q. et al., "Brief Reports of the Stone Sarcophagus of Yu Hong", A. Carved Reliefs on the Stone Sarcophagus of Yu Hong at Taiyuan (by Zhang Qingjie), *China Archaeology and Art Digest*, vol. 4, no. 1, 2000.

—— "Brief Reports of the Stone Sarcophagus of Yu Hong", B. The Pictorial Program of the Reliefs on the Stone Sarcophagus of Yu Hong (by Jiang Boqin), *China Archaeology and Art Digest*, vol. 4, no. 1, 2000.

图表目录

图 0-1　2018 年 6 月 23 日在上海师范大学作讲座

图 0-2　2018 年 7 月 19 日与学生贺钢在山西博物院考察虞弘墓志与石椁

图 0-3　2018 年 12 月 6 日在浙大东方论坛讲课

图 0-4　2019 年 6 月 12 日在北京大学“文研论坛”第 95 期作报告

图 1-1　虞弘夫妇合葬墓地理位置图

图 1-2　晋阳古城遗址

图 1-3　虞弘夫妇合葬墓石椁

图 1-4　虞弘夫妇合葬墓随葬品出土情况

图 1-5　虞弘夫妇合葬墓中的石椁（不含椁顶）

图 1-6　虞弘墓志的志盖（99TSY：13）

图 1-7　虞弘墓志的志身（99TSY：15）

图 1-8　《太原隋虞弘墓》中的墓志照片、拓片与笔者拍摄的墓志原石照片（局部）

图 1-9　虞弘夫人墓志的志盖（99TSY：55）

图 1-10　虞弘夫人墓志的志身（99TSY：18、51）

图 3-1　虞弘墓志（局部）

图 3-2　虞弘夫妇合葬墓石椁后壁内侧图像摹本

图 3-3　虞弘夫妇合葬墓石椁后壁内侧中央的墓主人宴饮图

图 3-4　东魏凉州刺史徐颖墓出土金戒指及墓志拓片
图 3-5　北齐凉州刺史范粹墓出土墓志拓片及扁壶
图 4-1　《太原隋虞弘墓》封面
图 4-2　虞弘墓志（局部）
图 4-3　莫高窟第 72 窟南壁刘萨诃因缘变（局部）
图 4-4　新疆维吾尔自治区新和县柘厥关遗址
图 4-5　新疆维吾尔自治区阿克苏市新建姑墨亭
图 5-1　虞弘夫妇合葬墓石椁结构示意图
图 5-2　虞弘夫妇合葬墓石椁门楣及与椁壁连接情况
图 5-3　虞弘夫妇合葬墓石椁内视图（西北角）
图 5-4　虞弘夫妇合葬墓石椁后壁内侧浮雕第 4、5、6 幅
图 5-5　虞弘夫妇合葬墓石椁东壁内侧浮雕第 2、3 幅
图 5-6　虞弘夫妇合葬墓石椁西壁内侧浮雕第 7、8 幅
图 5-7　虞弘夫妇合葬墓石椁前壁外侧浮雕第 1、9 幅及门楣
图 5-8　虞弘夫妇合葬墓石椁外左壁南部第 1 幅图像
图 5-9　虞弘夫妇合葬墓石椁椁座前壁图像
图 5-10 虞弘夫妇合葬墓石椁椁座前壁的中央火坛及祭司
图 5-11 虞弘夫妇合葬墓石椁椁座左壁图像
图 5-12 虞弘夫妇合葬墓石椁椁座右壁图像
图 5-13 虞弘夫妇合葬墓石椁椁座后壁图像
图 5-14 虞弘夫妇合葬墓石椁后壁内侧的虞弘头像
图 5-15 虞弘所戴鱼冠上的鱼眼珠（局部放大）
图 5-16 虞弘所戴鱼冠清摹图
图 5-17 陕西省渭南市韩城市“鱼氏先茔”碑
图 5-18 陕西省渭南市韩城市芝川镇大鹏村鱼天祥先生制作的鱼冠，戴鱼冠者为韩城市融媒体中心鱼晓娜记者
图 6-1　新疆维吾尔自治区丹丹乌里克寺院遗址板壁鼠头神画像

图 6-2 《唐太子右赞善大夫长沙罗公夫人秦州米氏墓志铭并序》拓片
图 6-3 山西省晋中市介休市祆神楼
图 6-4 山西省晋中市介休市顺城关、顺城路
图 7-1 《三国志》卷三〇裴松之注引鱼豢《魏略·西戎传》(局部)
图 7-2 《元和姓纂》卷二“鱼”条
图 7-3 陕西省西安市北周同州萨保安伽墓门额驼背火坛
图 7-4 敦煌文献 S. 2052《新集天下姓望氏族谱一卷并序》(首部)
图 7-5 《元和姓纂》卷二“虞”条
图 7-6 《下元三年八月十五日诸邑子等造像记》拓片(局部)
图 7-7 陕西省西安市临潼区庆山寺塔地宫出土的胡女头像铜壶
图 7-8 《虞祖墓志》志盖文字摹本
图 7-9 国家图书馆藏敦煌文献 BD. 8679《氏族志》(首部)
图 7-10 《太平寰宇记》卷四〇“并州”条
图 7-11 《隋上党郡中正鱼政墓志铭并序》拓片
图 7-12 山西省长治市博物馆藏绿釉人面鱼俑
图 7-13 山西博物院藏《北魏王黄罗等造像碑》碑阴及局部
图 7-14 《唐杨长恒等合邑造像记》拓片(局部)
图 7-15 陕西省咸阳市长武县洪家镇鱼家门村
图 7-16 甘肃省定西市陇西县柯寨镇鱼家柯寨村
图 8-1 陈寅恪《元白诗笺证稿》所收《白乐天之先祖及后嗣》首页
图 8-2 浙江省新昌县博物馆藏《沃洲山记》拓片
图 8-3 《唐白公济墓志铭并序》
图 8-4 《唐白敬宗墓志铭并序》
图 8-5 陕西省渭南市临渭区龙背街道北程村白居易家族墓地及白温墓

图 8-6 《隋郭羌造像碑》拓片
图 9-1 《北魏寇演墓志》拓片
图 9-2 《北魏鱼玄明之铭》拓片
图 9-3 河南省洛阳市偃师区城关镇杏元村砖厂北魏染华墓出土的骆驼俑
图 9-4 河南省洛阳市偃师区南蔡庄乡联体砖厂北魏 2 号墓出土的骆驼俑
图 9-5 河南洛阳市吉利区洛阳炼油厂基建工地北魏吕仁墓出土的骆驼俑
图 9-6 河南省洛阳市吉利区北魏吕达墓出土的男胡俑、金戒指
图 9-7 《唐鱼涉墓志铭并序》拓片
图 9-8 《唐李承悌妻鱼夫人墓志铭并序》拓片
表 2-1 高车诸说表
表 2-2 粟特诸说表
表 6-1 西域诸国国王所戴头冠表
表 6-2 《隋书·西域传》所记诸国兵数表
表 9-1 鱼遵家族世系表
表 9-2 史籍所记鱼志弘（或鱼弘志）资料表

后　记

时光过得很快，书稿一放，便是三年过去。那还是2019年上半年我在北京大学人文社会科学研究院访学时写成的初稿。是年底董理旧稿，先修改一本译著，后完成一部书稿，直到今春才有空修改本书。经过近三个月的工作，到今天终于完竣。

明天是浙江大学125周年校庆的日子。回首过去，我来浙大工作也已经有六年了。上两部著译书稿及五年前出版的拙著，主体都是在来浙大以前积累的；而本书则完全是到浙大以后所新写，虽然在较长的时间里一直在思考鱼国问题，但确切地说，是从2018年才开始动笔，翌年春夏访学北大时写成初稿，今年修改完成。

2016年调到浙大以后，我也有意识地调整了自己的研究方向，从原来的纯敦煌学研究转向丝绸之路民族史的探索。哪怕是之前已经写就的研究官制与家族的两部敦煌学书稿，也搁下不改，暂不出版。丝路民族史是个迷人的学术领域。活跃在亚欧大陆上的诸民族是丝绸之路的灵魂，伴随着他们的足迹流动，民族的融合、文化的交流、文明的互动，相互间的碰撞带来生机勃勃的新的活力，延续着人类的文明史。我把目光主要放在月氏人、粟特人、波斯人、鱼国人身上，追寻他们的足迹，探索他们的秘密，希望能将尘封的历史打开，开掘出被掩映乃至湮没的历史潜流。正如本书《缘起》中所说，这本小书献给活跃在丝绸之路上的各族先民们。

感谢中山大学范兆飞、上海师大陈大为教授邀约讲座，关于鱼国的初步思考得以与沪、京两地的同仁交流；也感谢首都师大郝春文、王永平、刘屹、游自勇教授，中央民大李鸿宾教授，杭州师大马丁教授，台湾大学康韵梅教授，中正大学朱振宏教授，浙江图书馆单骅老师，杭州湘湖横山书院叶桦女士，以及浙大艺术与考古学院谢继胜教授、历史学院孙英刚教授、社科院袁清与冯茹老师，让我在讲座、论坛或会议上发表关于鱼国的看法！最应感谢的是北大历史系叶炜教授及以邓小南教授为首的文研院诸位老师，以及来自世界各地的第六期邀访学者！文研院提供了洒满阳光、充满温馨的办公室，让我得以在美丽的静园二院从容地写作书稿，以及在交流会和文研论坛进行报告和讨论。感谢惠予我宝贵意见的同期访友，以关雪老师为代表的文研院行政团队，以及接受我的邀请在文研论坛作报告或与谈的荣新江、葛承雍、王永平、陆扬、李肖、张铁山诸位教授！记得交流会的次日，渠敬东教授加我微信，很幽默地发来一张吹笛唤鱼图，我说“打算在文研院把这条鱼做好”。十分怀念那个紫藤花开的小院，本书的初稿就在那里诞生。

在北大访学期间，我参观了京城的各大博物馆，特别是在清华大学艺术博物馆看到阿富汗文物展览，发现鱼饰圆形盘中鱼的尾巴和鳍竟然是立体可以活动的，这是以前光看图录根本看不出来的。访学结束之前，我从北京前往山西，先是在大同参加会议，然后往南经山阴、朔州至太原，考察晋北各地，再次观摩虞弘墓志与石椁。因为事先应承了大同会议，所以错失邓小南院长及助理韩笑老师邀约的陇东、宁夏考察之行，在感激两位老师好意的同时也深感遗憾！在大同会议上有幸拜识山西省考古研究所张庆捷先生，他是虞弘夫妇合葬墓的主要发掘者，不仅与同仁合著出版考古报告《太原隋虞弘墓》，而且还独立撰著《胡商胡腾舞与入华中亚人——解读虞弘墓》及其修订本《解读虞弘墓——北朝定居中国的粟特人》，为研究此墓文物及相关历史提供了丰富资料与研究指引。自那以后，张老师给了我许多无微不至的关怀和提携，热心地惠赠资料，多次邀我赴晋参会。张老师也曾南下杭州，在西子湖畔为浙大历史系、艺术与考古博物馆开设讲座。我发表的两篇关于虞弘的论文，张老师看到后都是第一时间安排在“北朝考古”公众号上推送，以及带我参观徐颖（显秀）墓室，前辈学者的提携之情令我感动不已。在与张老师接触请益的过程中，深深地感受到他的为人与为学，踏踏实实，质朴无华。我也暗下决心，一定要与张老师共同推进虞弘墓的研究。

2017年夏，我带着十多位研究生及兰州财经大学高启安教授前往新疆考察，这次西行的最西站到阿克苏，也就是本书研究认为的鱼国之地。感谢好友阿克苏地区文物局米莉古丽·毛拉买提副局长及其爱女艾米与库车市文物局肖占玉先生的热情关照和大力帮助，当时龟兹研究院的赵莉女史与苗利辉先生也为我们的考察给予方便和照顾。2018年以来，我四次赴山西考察，纵贯全省，观览虞弘墓志、石椁及其他文物古迹、博物馆和相关村落，寻觅鱼国之谜的蛛丝马迹。我以前的硕士生贺钢家在太原，不顾烈日暴晒陪同寻访残垣断壁的晋阳古城。另外，我每年独自或带博士后与博、硕士生去青海、甘肃、陕西、内蒙古、河南、安徽、江苏等地，调查博物馆、图书馆、文化馆、档案馆、墓葬及其他文物古迹，走访各地的鱼姓村落。2019年夏从日本回国后，甫下飞机就到上海图书馆调查家谱。在这里要感谢曾跟我读博、现任教于青海师大的魏军刚副教授，甘肃省陇西县文峰中学的张耀君、杨军老师，柯寨镇蒋陇民镇长及鱼家柯寨村的鱼自义、鱼海先生和鱼慧敏同学，鱼家湾佛殿川的鱼筱祾先生，镇原县临泾镇的鱼晓梅同学；陕西省咸阳市长武县文化馆洪东海馆长，博物馆雷敏馆长与梁丽华、曹红女士，鱼家门村的刘孝孝、鱼三俊先生，以及鱼治斌、鱼仓娃、鱼亚涛与范亚丽伉俪、鱼亚强先生；西安市临潼区栎阳街道的缑三性、吕民、张文利先生；渭南市临渭区下邽镇鱼李村（鱼家自然村）的鱼钢铁书记；韩城市融媒体中心的冯丽颖、鱼晓娜记者，芝川镇大鹏村的鱼天祥先生，韩城市博物馆刘姗馆长，渭南日报驻韩城记者站石小荣站长；山西省太原理工大学许栋副教授！特别是张、杨两位老师和鱼海先生开车带我寻访鱼家湾，翻山越岭，爬坡下沟，山路难走，极其危险，今日思之，犹有心悸。鱼慧敏曾就读于中国计量大学，是邻居好友范晓宇教授的学生，感谢她从下沙大老远地赶到紫金港，在晓宇家接受我的采访询问，也感谢晓宇与江洪伉俪招待午餐！感谢洪馆长花了两天陪同我调查鱼家门村和柳毅庙！年逾八旬的鱼治斌先生在夜里开老年代步车，给我赠送他主编的《长武鱼氏月盛恒家族族谱》，年逾七旬的缑先生骑着电动车捎我寻碑访人，吕先生在我离开栎阳以后时常发来资料信息，都令人感动！感谢鱼书记热情地开车相送，刘馆长慷慨提供白公济、白敬宗墓志的照片，特别是经我以前的学生丽颖引介，到大鹏村访谈鱼天祥先生，获赠《今昔大鹏村》一书，并得知“跑走马”表演中仍在使用鱼冠，与虞弘、漕国王的鱼头冠恰可对上。鱼先生还亲手制作了鱼冠，让丽颖寄赠给我，真是太珍贵了！我也很高兴地看到，自己对鱼姓村落的访谈调查，唤起了许多鱼氏族人对祖先历史的记忆，也避免了珍贵的传统文化的遗失。在这里还要感谢西安博物院王乐庆研究员、西安石油大学张利亚副教授曾热心地为我联系和寻访陕西省咸阳市长武县鱼家门村落。

与前贤时彦研究虞弘及其所出之鱼国不同的是，本书除了细考墓志、细察石椁图像、细绎史籍之外，尽可能地爬梳各种文献与考古资料，搜辑流寓中土的西域鱼氏或其后裔，开展对鱼姓村落的调查，在积累尽可能丰富的资料基础上，将虞弘家族置于遍布各地的鱼氏族群中，拓宽研究的视野，注重研究范式的转变。承蒙学界师友的好意，上海外大王丁、北京师大雷闻、洛阳师院毛阳光诸教授及陕西师大王庆昱、西北工大石建刚诸君经常主动发来微信，告诉我有关鱼氏的碑志和石窟题记资料，尤其是深圳望野博物馆阎焰馆长得知我的研究后，迅速拍照发来馆中所藏鱼骞感墓志的照片。另外，兰大吴景山教授帮助识读过虞弘墓志中的文字，武大吕博学兄在参观山西博物院时曾帮助细致察看石椁图像，浙大王瑞雷学兄清绘虞弘的鱼头冠供我观摩，博士后朱艳桐告知洛阳北魏墓出土的悬挂着鱼的骆驼俑，在日本国际佛教学大学院大学留学的张美侨博士帮我代购桑山正进先生的著作，并将这本十分厚重的书带到北京给我。陕西省社科院党斌、中国书法家协会张永强、浙江省绍兴市新昌博物馆俞国璋诸先生及鼓山中学徐红素老师，广岛大学山本孝子博士、神户市白鹤美术馆田林启博士及兰州大学杨洁、聊城大学吕德廷、湘潭大学宋翔、陕西师大殷盼盼、上虞葛启航诸君也给我提供过若干资料。本书第二、三、八章曾在《西域研究》《丝路文明》《西夏研究》杂志上先期发表，感谢陈霞女史、张玉海先生给予的充分信任！在此对以上师友一并致以深深的谢意！关于虞弘夫妇合葬墓与《隋书·虞庆则传》，还曾在浙江大学的课堂上讲授过，特别是我的同事周佳副教授参加了一学期的博士生课程，共同讨论，给我许多督励。也感谢“西北出土文献与中古史研读班”诸班员的指正，尤其是在读博士生杜冠霖、冯晓鹃、李生平、洪英与硕士生戚雅茨、钟艳雯及朱艳桐博士后、殷盼盼博士核校了所有引文史料，指出了许多我自己未能发现的错字，在此特表感谢！

饮水思源，感恩多多。在浙江大学125周年校庆来临之际，谨向给予我诸多关怀的刘进宝、黄华新、梁敬明、夏全荣、黄兰英老师及以朱晓芸主任为首的人才办诸位老师表示真诚的谢意！也向推荐我来浙大工作的北大荣新江、浙大张涌泉、中国社科院楼劲三位老师敬致谢忱！入职浙大半年后，吴朝晖校长与朱主任约我在邵医咖啡会谈，主要谈新疆研究的重要性及发挥浙大的作用，以及在全校开设敦煌学与“一带一路”通识核心课程群。课程群很快得以开设，我在其中的“丝绸之路与中外文化交流”课上就讲授过丝路鱼国，认为鱼国位于今新疆维吾尔自治区阿克苏地区，并发表了相关教学论文；我所在的浙大中亚与丝路文明研究中心于2020年入选国家民委“一带一路”国别和区域研究中心，并被聘为浙大铸牢中华民族共同体意识研究培育基地的研究人员，我觉得西域鱼国人的东迁及其融入中华民族，是一件非常有意义的事情，因为这是中亚与丝路文明研究、丝绸之路民族融合、铸牢中华民族共同体意识的典型案例。感谢刘老师与甘肃教育出版社孙宝岩副社长的费心安排，此书得列于“浙江大学中亚与丝路文明研究丛书”并获国家出版基金资助！感谢秦才郎加、张静两位编辑细心认真的编校，特别是秦才郎加兄严谨负责、兢兢业业的编校精神令我感动不已！需要说明的是，本书是浙江省哲学社科冷门绝学重点项目“中古丝路鱼国、粟特、波斯胡人比较研究”（20LMJX01Z）的主要成果，同时得到国家社科基金重点项目“中古粟特人与河西社会研究”（19AZS005）、浙江大学中西书院刘迎胜教授主持的国家社科基金中国历史研究院重大研究专项“草原—沙漠文化带研究专题”重大委托项目“丝绸之路与中原帝国兴衰”（20@WTS004）及凉州文化研究院的支持。本书的出版得到浙江大学历史学院“双一流”经费的资助，在此一并致谢！

2022 年 5 月 20 日校庆前夕于积石庐

2023 年 3 月 10 日修订